개정판

범죄예방론

임준태 · 강소영 · 김재운 · 박현호

도서출판 대영문화사

개정판 머리말

이탈리아의 체사레 베카리아(Cesare Beccaria, 1738~1794년)는 자신의 『범죄와 형벌(*Dei delitti e delle pene*)』(1764)이라는 저서에서 '범죄를 예방하는 것이 처벌보다 낫다(Prevention is better than punishment)'라고 하였다. 유럽에서 사형제도가 난무하던 시절에 사형폐지론, 죄형 균형 및 재판의 신속과 공정을 설파했던 그의 견해는 한국의 헌법과 형사사법절차에 직·간접적인 많은 영향을 미치고 있다. 필자는 박사과정 재학시절 유럽 범죄학계의 동향을 접하면서 베카리아의 사상에 깊은 감명을 받았다. 특히 유학시절에는 독일, 프랑스, 스위스, 그리고 이탈리아 학자들의 저작물을 접하면서, 미국의 범죄학 및 형사사법학계와는 학문적 경향을 경험하였다.

범죄예방 분야를 전공하면서 박사학위논문과 해외 저명학자들의 저작물을 참고하여 국내 최초로 『범죄예방론』(도서출판 좋은세상)을 출판한 바 있다. 2021년 현재, 범죄예방학 분야의 다양한 교재들이 경찰 관련 학과에서 강의자료로 활용되고 있다. 2000년 초반에는 소위 『경찰방범론』이라는 명칭의 실무용 교재가 대학가에서 활용된 적도 있다. 당시 저자는 그러한 분위기에서 과감히 탈피하여, 명실상부한 유럽과 미국의 관련 분야 저술과 이론을 토대로 범죄예방학 분야의 교재를 집필하게 되었다.

형사사법기관 3륜(경찰, 법원/검찰, 교정) 가운데, 범죄문제에 1차적으로 대응하고, 효과적인 대책을 마련하여 실행하는 공식적 범죄통제기관은 바로 경찰이다. 최근 수사권조정 및 자치경찰제 도입 등 형사사법개혁을 통해 범죄예방에 대한 경찰의 역할은 더욱더 강조되고 있다. 이에 범죄예방학 분야의 새로운 경향과 이론 및 제도를 적실하게 반영하고자, 수년 전 출판된 저서를 여러 동료학자들과 함께 개정 및 보완하게 되었다.

이와 관련, '범죄동향과 범죄예방이론', 그리고 '범죄예방과 경찰활동'이라는 영역으로 구성하면서, 다양한 범죄예방이론과 지역사회경찰활동, 경찰의 순찰활동 및 민간경비를 중심으로 경찰 단계에서 응용할 수 있는 사례 및 프로그램들을 주로 소개하였다.

이번 개정판에서 범죄예방이론 및 CPTED 전략 관련 부분에서 자료 제공 및 저술에 참여해준 해 준 용인대학교의 박현호 교수, 한국의 지역경찰과 범죄예방활동에 대해 자료를 재구성하는 데 도움을 준 연성대학교의 김재운 교수, 그리고 범죄예방론 초판부터 이번 개정판에 이르기까지 남다른 관심과 노력을 기울이며 전반적인 정리와 공동저술에 참여해준 건국대학교의 강소영 교수에게 깊은 감사를 전한다. 뿐만 아니라 개정판에서 교정 작업을 도와준 건국대학교 박사과정에 재학 중인 이은정, 석사과정의 임수민 학생에게도 고마움을 전한다.

그리고 필자가 독일 Freiburg 법과대학에서 수학하는 동안 박사학위논문을 지도해주신 Guenther Kaiser 교수님, 한국경찰학의 1세대를 시작하셨던 동국대 이황우 교수님, 경찰대학의 은사이셨던 이상안 교수님의 저작이야말로 이 책의 토대가 되었음을 지면을 통해 밝힌다. 아울러 경찰학 분야 전문서를 오랫동안 출판해 오신 대영문화사 임춘환 사장님과 편집부 직원들께도 감사를 표한다.

이번 개정판에는 필자가 오랫동안 보존해 온 경찰의 범죄예방정책 관련한 실무 자료부터 최신 자료들이 재정리되어 있다. 이 책이 경찰학 전공자 및 경찰실무자들에게 유익한 교재가 될 수 있기를 희망한다.

2021년 2월

동국관 서재에서

대표저자 임준태 교수(동국대학교 경찰사법대학)

초판 머리말

한국에서 일반 시민의 삶의 질을 저해하는 가장 심각한 요인 중에 범죄문제가 첫 번째로 거론되고 있다. 그리고 경제위기, 환경오염이 뒤를 잇고 있다. 세계 10위권의 경제 강국으로서의 위상에도 불구하고, 매년 평균 200만여 건의 범죄가 발생하면서 시민의 안전한 삶의 영역이 점차 위협받고 있다. 이제 범죄두려움은 일상적 사회 현상이 되고 있다. 이러한 상황이 관련 학문분야에 반영되어 각 대학에 범죄예방론 강좌가 개설되었고, 정착되고 있다. 필자는 2001년 3월 국내 최초로 『범죄예방론』 교재를 펴낸 바 있다. 그 후 새로운 내용들을 보완하고, 개정판 형식을 빌려 『범죄통제론』(2003)을 선보였다. 초판 교재가 출판된 이후, 관련 이론의 심도 있는 논의 필요성이 증가했고, 개정판 교재를 집필할 수 있는 용기와 힘을 얻게 되었다.

범죄를 예방하여 안전한 생활 영역(sicheres Gebiet)을 확보하는 일이 형사사법기관만의 과제는 아니다. 특히 공식적 범죄통제기관으로서 경찰은 공공의 안녕, 질서유지, 그리고 위험 방지라는 직무를 수행하고 있는바, 특히 현대 사회에서는 범죄와 무질서를 예방하고 각종 위험 요소로부터 공동체를 보호하는 역할이 더욱 강조되고 있다.

일찍이 근대 선각자였던 유길준 선생이 『서유견문』에서 "미연(未然)에 범죄를 막는 것이 행정경찰의 직무"라고 설파한 바와 같이 범죄예방은 근대경찰 태동기부터 경찰의 주요 직무로 인식되어 왔다. 근대경찰이 형성되던 시기에는 주로 대륙법계 형사사법제도의 전통을 많이 따랐으며, 해방 이후에는 영미 경찰제도의 영향을 많이 받은 가운데, 특히 범죄예방 관련 이론은 미국에서 발전, 논의된 성과들이 대부분을 차지한다. 학문적 배경에 따라서 '범죄예방학'을 바라보는 관점이 다를 수 있다.

필자는 이 책이 각급 대학의 형사사법/경찰학 분야 전공 교재로 활용될 것을 염두에 두고서 집필했으며, 전공 학생들의 범죄예방에 관한 기초 이론 이해와 실무적 응용력을 도모하고자 구상된 것이다. 집필의 방향은 범죄발생의 근원을 제거하는 노력보다는, 범죄예방 구조모델론의 관점에서 주로 범행 기회의 억제적 접근에 중점을 두었다. 형벌의 목적 사상(目的思想)과 일반/특별예방, 범죄예방의 구조모델론, 범죄피해자화 이론, 일상활동이론, 합리적 선택이론, 상황적 범죄예방론, 환경설계를 통한 범죄예방(CPTED), 범죄억제에 관한 경제학적 접근, 최근 관심을 끌고 있는 CCTV의 역할을 중심으로 관련 이론을 소개했다.

공식적 범죄통제기관인 경찰의 범죄예방활동으로서 순찰의 기능과 역할 및 범죄억제 효과에 대한 실증연구 결과를 제시하고, 미국·독일·한국의 순찰전략의 변천과정을 살펴보았다. 특히 1990년대 이후 획기적인 치안정책(zero tolerance policing)을 도입, 활용하여 범죄통제 및 삶의 질 향상에 큰 성과를 얻은 미국 뉴욕 시 경찰청 사례를 살펴보았다. 그리고 시민과 경찰이 상호협력하여 지역사회 내 범죄와 무질서를 해결하려는 노력의 일환인 지역사회 경찰활동(community policing)을 상론했으며, 치안서비스의 공동생산적 관점에서 민간경비 분야 동향을 소개했다.

새로운 저서를 집필할 때마다 부족함이 없지 않았는데, 더 나은 저서를 펴내야 한다는 자신과의 약속, 사명감으로 다음을 기약하고자 한다. 이 교재가 널리 읽히고 활용됨으로써 한국사회가 좀 더 안전해지고, 삶의 질이 향상되는 데 작은 보탬이 되기를 희망한다.

필자의 독일 유학 시절 카이제르(Guenther Kaiser) 교수님은 학문적 역량을 쌓아가는 데 많은 도움을 주었으며, 최근 캐나다에서 연구년을 보낼 때 멘토 역할을 해 준 환경범죄학의 권위자 브랜팅햄(Paul Brantingham) 교수님의 도움을 잊을 수 없다. 필자의 원고가 더욱더 좋은 교재로 탈바꿈할 수 있도록 출판을 맡아 준 대영문화사 임춘환 사장님께 감사드린다. 또한 원고 교정과 색인 작업 등 세심한 부분까지 도와 준 박사과정의 강소영, 석사과정의 김미선 조교에게도 고마움을 표한다. 필자의 저술 작업이 지체되지 않도록 넉넉지 않은 만남의 시간에도 불구하고, 많이 참고 이해해 준 아내와 두 자녀 지윤(Jiny)과 지수(Jennifer)에게도 고마움을 전한다.

2009년 6월

동국관 서재에서 저자 씀

차 례

제3장 경찰과 범죄예방

범죄예방론

제 1 장 | 최근 범죄동향과 형사사법기관의 역할
제 2 장 | 범죄예방이론
제 3 장 | 경찰과 범죄예방
제 4 장 | 각국의 순찰경찰과 범죄예방
제 5 장 | 지역사회 경찰활동과 민간경비

범죄예방론
CRIME PREVENTION

CHAPTER 1

최근 범죄동향과 형사사법기관의 역할

제 1 절 정책학 연구의 기초

1. 정책연구의 필요성

범죄두려움(fear of crime)은 일반 시민들 사이에 널리 확산되어 있는 사회적 현상 중 하나이다. 2018년을 기준으로 한국의 절반 이상(57%)의 여성들이 범죄두려움을 느끼고 있는 것으로 나타났다.[1] 실제로 2018년 성폭력 발생건수는 31,396건으로, 10년 전인 2008년 15,970건에 비해 약 2배 증가했다.

범죄두려움은 범죄발생 동향과도 무관하지 않다. 법무연수원 『범죄백서 2019』에 따르면, 2018년에는 1,738,190건의 범죄가 발생했으며, 최근 10여 년간 범죄발생추이에 따르면, 연평균 200만 건 정도로 꾸준히 발생하고 있다(법무연수원, 2020: 66).[2] 같은 기간 검거율은 77.0~89.3% 수준을 유지하면서,

1 여성가족부와 통계청이 2020년 9월 2일 '2020 통계로 보는 여성의 삶' 자료를 발표했다. https://www.nocutnews.co.kr/news/5405442(2020년 12월 10일 검색)

평균 85% 이하의 검거율을 보이고 있다.[3]

전체 강력범죄(살인, 강도, 강간/성폭력,[4] 방화)의 발생건수는 1998년 15,416건, 2007년 20,922건, 2009년 27,014건에서 2018년 35,2272건으로 지난 10년 간 30.6% 증가했다. 지난 10년 간 강력범죄에 대한 검거율은 84~96% 사이에서 등락했고, 2018년에는 95.5%를 기록했다(법무연수원, 2020: 75).

특히 살인사건의 경우, 1998년 966건, 2009년에는 무려 1,390건이 발생하며 증가 추세를 보이다가, 2016년 948건, 2018년에 들어서는 841건이 발생하는 등 감소 추세를 보이고 있다. 강력범죄자(흉악)의 경우, 전과자 비율이 무려 70~80%에 달하고 있는 가운데, 전과 4범 이상의 범죄자 비율은 죄명에 따라 40%에 육박하고 있다. 전과경력이 많은 범죄자들이 범행을 거듭할수

그림 1-1 최근 10년 간 전체 범죄의 발생 및 검거 동향(2009~2018)

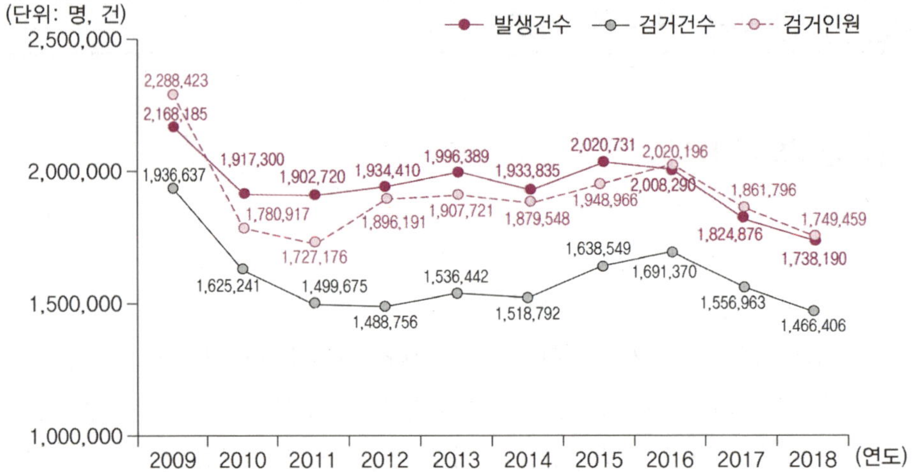

출처: 법무연수원(2020: 66).

2 전체 형법범죄의 2018년 발생건수는 988,398건이었다.

3 검거율을 연도별로 살펴보면, 2009년 89.3%, 2010년 84.8%, 2012년 77.0%, 2014년 78.5%, 2016년 84.2% 및 2018년에 84.5%를 각각 기록하고 있다(법무연수원, 2020: 66).

4 강간 및 성폭력범죄의 처벌 및 피해자 보호 등에 관한 법률위반 포함된 수치임.

그림 1-2 강력범죄(흉악)발생 및 검거 추이(2009~2018)

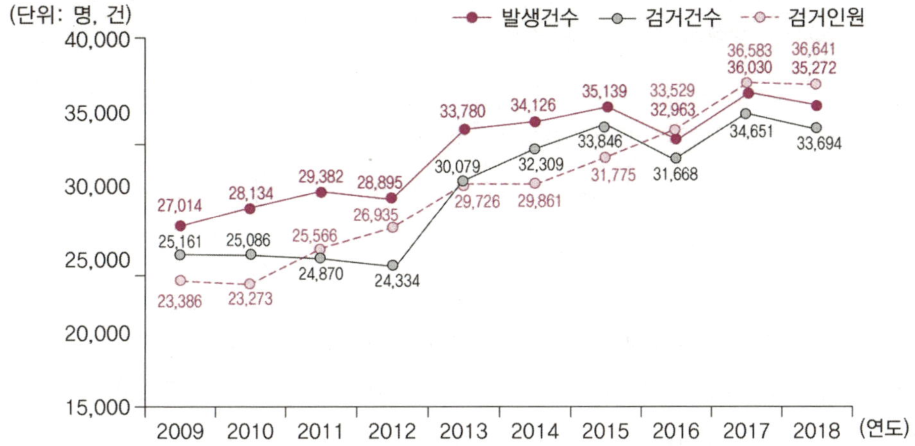

출처: 법무연수원(2020: 76).

표 1-1 연도별 강력범죄(흉악) 죄명별 발생동향(2009~2018)

단위: 건(%)

죄 명 / 연 도	합 계	살 인	강 도	방 화	성폭력
2009	27,014(100)	1,390(5.1)	6,381(23.6)	1,866(6.9)	17,377(64.3)
2010	28,134(100)	1,262(4.5)	4,402(15.6)	1,886(6.7)	20,584(73.2)
2011	29,382(100)	1,221(4.2)	4,021(13.7)	1,972(6.7)	22,168(75.4)
2012	28,895(100)	1,022(3.5)	2,626(9.1)	1,882(6.5)	23,365(80.9)
2013	33,780(100)	959(2.8)	2,001(5.9)	1,730(5.1)	29,090(86.1)
2014	34,126(100)	938(2.7)	1,618(4.7)	1,707(5.0)	29,863(87.5)
2015	35,139(100)	958(2.7)	1,472(4.2)	1,646(4.7)	31,063(88.4)
2016	32,963(100)	948(2.9)	1,181(3.6)	1,477(4.5)	29,357(89.1)
2017	36,030(100)	858(2.4)	990(2.7)	1,358(3.8)	32,824(91.1)
2018	35,272(100)	849(2.4)	841(2.4)	1,478(4.2)	32,104(91.0)

출처: 법무연수원(2020: 77).

록 그 범행수법과 증거인멸 방법 등이 더욱더 교묘화, 고도화되고 있다. 이는 형사사법당국의 강력범죄에 대한 대처를 어렵게 하고 있다(검거율 저하 및 수사의 장기화 등)(법무연수원, 2020: 83).

또한 한국사회는 지난 10여 년 간 연쇄살인범죄(serial murder),[5] 무동기적·격정적 강력범죄의 경향성, 환각·마약범죄의 증가, 재범자 격증 등을 경험했다. 보다 최근에는 과거와 달리 학교폭력, 가정폭력, 아동학대에 대한 범죄화(criminalization) 인식이 확대되었고, 온라인 사기, 디지털 성범죄와 같은 범죄의 질적 변화를 보이고 있다.

우리나라 전체 범죄자 중 여성범죄자는 지난 1992년 무렵에는 10.1%에 불과했지만(법무연수원, 2008: 127), 최근 10년 간의 추이를 살펴보면, 여성범죄자의 비율은 2009년 16.8%에서 2017년 18.8%에 이르기까지 완만한 증가세를 보이고 있으며, 2018년에는 19.7%를 기록하여 19%대에 진입하였다(법무연수원, 2020: 134).

한편, 전체 고령범죄자의 수는, 2018년 기준 128,850명으로 전년 대비 5.9% 증가하였고, 고령범죄자의 비율은 2014년 5.1%에서 2018년 7.4%를 기록하는 등 지속적인 증가 추세를 보이고 있다(법무연수원, 2020: 144).

최근 수년 간 발생한 외국인범죄는 2016년에는 43,463명으로 전년 대비 14.6% 증가하는 추세를 보이다가, 2017년에는 36,277명, 2018년에는 34,830명으로 전년 대비 4.0% 감소하였다(법무연수원, 2020: 158).

한편, 사회불안 및 치안상황과 범죄문제에 관련한 형사사법기관으로는 경찰, 법원 및 검찰, 교정기관을 들 수 있다. 특히 범죄 및 치안문제에 제1차적으로 접촉하고 대응하는 기관이 바로 경찰이다. 경찰은 범죄예방을 최우선적 직

---

5 정두영사건(9명 살해), 사채업자살인사건, 용돈 위해 3명 살해한 30대, 카드빚 변제 위한 택시위장 강도살인사건(부녀자 6명 살해), 유영철(20명 살해), 정남규, 강호순(10명 살해) 사건 등 2000년 이후 엽기적 연쇄살인범죄가 빈발하고 있는 동향이다. 최근에는 아버지·노부부를 살해한 30대가 추가범행 직전에 검거된 바 있다. 그는 연쇄살인까지 계획하고 있었던 것으로 알려지고 있으며, "유영철만큼 잔혹"한 상황이어서, 무기징역이 확정된 바 있다. 범인은 "마사지업소 종업원이 돈이 많다"며 50명을 살해해 도주자금을 마련한 뒤 해외로 도피하기로 계획을 세우는 등 치밀함을 보이기도 했다. https://www.news1.kr/articles/?4126005(2020년 12월 10일 검색). 2020년 11월 23일자 기사.

무로 삼고 있다. 따라서 범죄예방 임무를 맡고 있는 경찰에 대한 다음의 평가 동향들은 시사하는 바가 크다.

2008년 10월 조사한 결과에 의하면, '경찰을 얼마나 신뢰하느냐'는 질문에는 '신뢰한다'는 응답이 62.5%였지만, '신뢰하지 않는다'는 응답도 36.3%에 달했다. '경찰이 역할을 잘 수행하고 있다고 생각하느냐'는 질문에 '잘 못한다'가 31.1%였고, '잘 한다'가 63.3%였다.[6] 한편, 최근 형사정책연구원 조사(2020년)에 따르면, 국민신뢰도는 경찰-법원-검찰 순서로 나타났다. 경찰의 경우는 지난 2012년에는 46.9%로 3개의 형사사법기관 중 가장 낮은 수치를 보였지만, 2020년에는 49.2%의 신뢰도를 보여 검찰과 법원을 앞질러 가장 높은 수치를 기록했다.[7]

범죄예방에 관한 논의는 특정 국가에 한정되는 것이 아니며, 집계된 공식범죄통계의 추세는 국경을 초월하여 효과적인 범죄예방개념에 대한 필요와 요구를 증대시키고 있다(Kube & Koch, 1996: 14). 미국, 영국, 프랑스 등 선진

표 1-2 강력범죄자(흉악) 전과횟수 구성비(2018년)

단위: 명(%)

죄 명 / 전과횟수	살 인	강 도	방 화	성폭력
계	1,095(100)	1,320(100)	1,368(100)	32,858(100)
전과없음	258(23.6)	244(18.5)	345(25.2)	11,586(35.3)
1범	92(8.4)	133(10.1)	147(10.7)	3,896(11.9)
2범	70(6.4)	72(5.5)	95(6.9)	2,289(7.0)
3범	44(4.0)	77(5.8)	98(7.2)	1,626(4.9)
4범 이상	268(24.5)	519(39.3)	550(40.2)	6,338(19.3)
미상	363(33.2)	275(20.8)	133(9.7)	7,123(21.7)

6 http://kr.news.yahoo.com/service/news/shellview.htm?linkid=10&articleid=2008100909441151370&newssetid=458(2008년 10월 9일 검색) 한국갤럽에 의뢰하여 전국 만 19세 이상 남녀 1,235명을 대상으로 조사한 것이다. 당시 여론조사의 오차 한계는 95% 신뢰수준에서 ±2.8%포인트였다.

7 https://view.asiae.co.kr/article/2020101318293958579(2020년 12월 10일 검색)

표 1-3 각급 형사사법기관에 대한 국민 신뢰도 추이(2012~2020)[8]

기 관 \ 연 도		2012	2015	2016	2017	2019	2020
경찰	평균 (%)	2.99 (46.9)	2.82 (24.9)	2.79 (23.1)	3.26 (41.8)	2.95 (42.0)	3.09 (49.2)
검찰	평균 (%)	3.01 (47.2)	2.51 (16.6)	2.32 (12.7)	3.11 (35.0)	2.75 (36.3)	2.65 (31.0)
법원	평균 (%)	3.16 (50.5)	2.74 (24.2)	2.72 (23.4)	3.36 (45.6)	2.9 (39.6)	2.8 (35.3)

각국에서도 범죄나 치안문제가 경제적 이슈와 더불어 대통령선거의 공약과 같은 중요한 정책이슈로 등장하고 있다. 독일의 경우, 범죄문제가 실업문제 다음으로 심각한 사회문제화되고 있다(GfK-Umfrage, 1996: 35). 시민들은 2018년에 한국사회의 불안요인으로, 범죄(20.6%), 국가안보(18.6%), 환경오염(13.5%), 경제적 위험(12.8%)순으로 응답한 바 있다.[9]

사회 내에서 범죄두려움이 지속적으로 확산되면, 사람들은 불안감으로 인하여 정신적 손상까지 입게되고, 일상적인 사회생활이 위협받게 된다(宮澤浩一[미야자와 고이찌], 장규원 역, 1999: 41 이하). 만약 사람들이 범죄피해자가 된다는 두려움을 갖게 되면, 그 자신의 자유가 아주 심각하게 제한된다(Birzele, 1995: 3).

시민들의 안전감은 삶의 질에 있어서 중대한 요소가 되고, 형사정책적 노력들의 중요한 표준점이 된다(Kury & Obergfell-Fuchs, 1995: 31). 공공의 안전은 현대사회에 있어서 아주 중요한 법익이다. 민주주의 국가, 특히 형사사법기관들은 그 시민들의 이러한 법익을 보호해야 할 의무가 있으며, 그들이 잘 보호되고 있는지 꾸준히 살펴야 한다(Feltes, 1994: 6). 위험방지는 역사적으로 국가의 헌법적 임무이기도 하다(Riegel, 1984: 7). 이러한 임무를 수행하는 국가 기관이 바로 경찰이며, 무엇보다도 범죄로부터 시민들을 최우선적으

8 https://blog.naver.com/legaltimes/222116180701(2020년 12월 10일 검색)

9 https://news.joins.com/article/23923667(2020년 12월 11일 검색)

로 보호해야 한다(Kury, Dörmann, Richter, & Würger, 1984: 7). 사회질서를 유지하고 안전한 생활 영역을 확보하는 것은 국가 규제정책의 목표이다(이상안, 1989: 1). 경찰이 범죄문제에 효과적으로 대처하여 사회질서를 효과적으로 유지하기 위한 정책수단으로서 가장 중요한 것은 범죄예방을 위한 순찰활동이다(이상안, 1998: 587).

범죄에 대한 정책적 대응은 형사사법기관의 제한된 인력, 예산, 장비, 기술 등에 의해 제약될 수밖에 없다.[10] 그렇기 때문에 예방 위주의 경찰활동과 검거 및 처벌 위주의 검찰·법원, 특별예방 위주의 교정활동 간에 어떤 정책적 수단이 더 우선적이냐 하는 문제에 직면할 때, 형사정책상 예방위주의 경찰활동이 우선적으로 고려되어야 할 것이다.

범죄행동의 억지효과면에서 처벌의 엄격성보다는 체포확률의 크기가 더 강한 억제요인이라는 점은 이미 범죄경제학적 논증을 통해 확인되었다(이상안, 1998: 35). 한정된 치안공공재를 바탕으로 비용부담이 적은 방식을 통해 효율적으로 정책목표를 달성하는 것은 모든 행정조직에서 필요한 것이다(이상안, 1998: 19). 특히 "범죄예방을 통한 사회질서유지"라는 규제정책목표와 그 달성수단으로서 "경찰활동(순찰)의 효과성"을 확보하는 것은 경찰행정에 있어서 매우 중요하다. 즉, 이와 관련 경찰정책에서는 사후진압적 조치인 수사보다는 사전예방적 조치인 범죄예방(순찰)이 우선적으로 고려되어야 한다. 경찰이 효과적으로 사전예방 활동을 전개한다는 것은 형사정책적·사회적 비용을 최소화하는 데도 기여할 것이다.

경찰이 수행하는 범죄예방임무가 통상적으로 순찰근무를 통하여 이루어지기 때문에, 순찰부서나 그 기능은 어떤 국가를 막론하고 중요시되고 있다. 그래서 각국 경찰은 이러한 목표를 달성하기 위하여 범죄예방 순찰부서에 가장 많은 경찰력과 재원을 투자하고 있다. 이처럼 순찰활동의 효과성 여부는 형사정책적

---

10 범죄경제학적 관점에 의하면, 만약 국가가 범죄예방에 보다 많은 자원(경찰력 및 예산)을 투입하게 되면, 범인의 체포와 처벌의 가능성(확률)이 증대되는데, 이것을 범인의 범행면에서 보면, 범죄비용을 증가시키는 결과가 되어 이 비용의 증가를 통해 범죄의 공급총량이 줄어들게 된다고 한다. 따라서 범죄의 공급 감소가 일어난다는 것이다(이상안, 1998: 115).

측면뿐만 아니라 규제정책 목표 달성을 위해서도 중요한 요소가 아닐 수 없다.

형벌에 의한 일반 및 특별예방적 기능이 제대로 발휘되기 위해서는 형벌의 크기나 처벌의 가혹성을 통한 범죄억지 효과보다는 범죄자가 발각될 혹은 체포될 가능성이 더 중요하다. 즉, '형벌의 강화'라는 형사정책적 수단을 통한 범죄억제 기능보다는 사전예방, 체포·발각·처벌될 가능성을 높일 수 있는 정책적 수단이 더 효과적이라는 의미이다.[11] 따라서 경찰활동의 빈도, 순찰력 강화 및 시민과 경찰 간의 협력관계 증진에 역점을 두어야 한다.

그런데 순찰근무는 외부의 노출된 공간에서 정복경찰관 및 순찰차의 가시성에 의하여 범죄를 예방하는 것이기 때문에, 그 효과는 노상범죄로 한정될 것이다. 따라서 이러한 범죄유형에 대해 범죄억지력을 행사할 수 있는 방범순찰전략, 순찰 효과성, 순찰직무의 전문성, 지역사회 경찰활동의 응용, 경찰력의 효율적인 배치 등에 대한 연구가 필요하다. 또한 다양하고 체계적인, 그리고 과학적 범죄예방이론에 토대를 둔 효과적인 형사정책 수립은 범죄문제 해결에 관건이 된다.

세계적인 범죄도시로 오명을 지녔던 미국 뉴욕(New York) 시가 1990년 초반부터 실시해온 범죄감소대책과 치안정책은 많은 나라의 모범사례가 되었다. 또한 미국보다 더 심각한 범죄문제로 고통을 겪고 있던 프랑스에서는 치안문제가 대통령선거의 이슈로 등장하기도 했었다. 영국에서도 장기적인 치안대책을 수립한 것에 이어, 최근 대부분의 선진국들이 치안문제를 통치권 차원에서 범정부적·지속적으로 대처하고 있으며, 과거 우리나라에서도 1990년대 초반 "범죄와의 전쟁"을 선포한 바 있다. 범죄의 원인이 단순하지 않은 것처럼, 범죄문제 해결 노력 역시 다양하고 입체적, 그리고 지속적으로 추진되어야 그 해결이 가능하다.

---

11 Ehrlich의 범죄공급함수 연구 결과, Hill과 Sterns의 범죄방정식, Avio와 Ckark의 범죄공급 추정함수 분석결과 등에 의하면, 투옥의 가혹성보다는 투옥의 가능성이, 처벌의 가혹성보다는 처벌의 가능성, 기소의 가능성과 형량의 크기보다는 체포·검거율이 각각 범죄억지력에 더 효과적이라고 증명한 바 있다(이상안, 1998: 129).

CHAPTER 2

범죄예방이론

제 1 절 서 설

많은 학자들이 오랫동안 범죄문제를 연구해 왔지만, 범죄발생의 원인에 관한 이론의 발전을 통해서도 범죄문제는 좀처럼 해결되지 않고 있다. 심지어 범죄 그 자체는 공동체에서 하나의 '자연스러운' 현상이라고 여겨지기도 한다(Sellin, 1973: 366). 범죄의 양과 질에 대해 다양한 사회에서는 정상적인 것 혹은 자연스러운 것으로 인식하고, 모든 사회는 자기 스스로 해결할 수 있는 만큼의 범죄를 지니고 있다고 여기기도 한다. 그러나 모든 형태와 범위의 범죄에 대해 자연스러운 것으로 받아들여서는 안 될 것이다(Kube & Koch, 1996: 5). 어떠한 범죄라도 예방·제지되어야 하는 것은 지극히 당연한 것이다.

범죄예방이란 단순히 범죄에 관한 예방을 의미하며(Göppinger, 1997: 148), 범죄의 실제 수준 혹은 범죄두려움을 감소시키기 위해 계획된 활동으로 규정하기도 한다. 종종 범죄예방과 범죄통제란 용어가 혼용되고는 있지만, 동의어는 아니다. 즉, 범죄예방은 어떤 사건이 발생하기 이전에 혹은 미래의 어떤 행동이 일어나기 전에 범죄를 제거하기 위한 시도를 뜻한다. 이와 달리, 범죄통제는 부여된 혹은 존재하는 행동 수준을 유지하는 것, 그리고 그러한 많은 행동들의 관리를 의미한다(Lab, 1997: 19). 뿐만 아니라 많은 학자들은 범죄자들이 범죄를 저지르기 전에 이를 방지하기 위해 필요한 모든 공식적·비공식적 사회통제 활동을 범죄예방이라고 규정짓기도 한다(Schneider, 1993: 323).

범죄원인을 규명하여 이에 대한 합리적 방지 대책을 강구하는 것을 형사정책이라고 한다면, 범죄예방은 오래전부터 형사정책상 중요한 목적으로 여겨져 왔다(Kaiser, 1996: 246). 범죄예방 및 통제와 관련된 범죄학 이론으로서는 형벌의 목적 사상을 통한 고전적 범죄예방 개념, 즉 소극적·적극적 일반예방이론과 특별예방이론, 의료모델에 입각한 1차, 2차, 그리고 3차적 예방이라고 일컬어지는 구조모델론, 범죄피해자화이론을 응용한 범죄예방, 합리적 선택이론에 근거한 범죄예방전략, 상황적 범죄통제전략, 환경설계를 통한 범죄예방(CPTED), 그리고 색다른 시각이라고 할 수 있는 범죄경제학적 접근을 통한 범죄 억지전략 등 다양한 접근 방식들이 거론될 수 있다. 특히 이 장에서는 다양한 이론들을 소개하고, 범죄예방학적 관점에서 경찰활동과의 관련성을 소개하고자 한다.

제 2 절 범죄통제모델에 관한 논의

1. 범죄통제이론의 흐름

범죄예방을 위한 범죄통제모델과 관련하여 제퍼리(C. Ray Jeffery)는 『환경설계를 통한 범죄예방(*Crime Prevention Through Environmental Design*)』이라는 저서를 통해 범죄억제 및 처벌모델, 처우 및 사회복귀모델, 환경설계를 통한 범죄예방모델(CPTED) 등 세 가지 범죄대책 모델을 제시하였다(Jeffery, 1997: 51-234). 제퍼리(Jeffery, 1977: 16)는 오늘날 형사사법 시스템의 성장 및 발전과정은 정의에 입각한 응보 및 복수, 처벌과 억제, 그리고 처우와 복귀 사상 등 세 가지 기본적인 철학적 토대에 기인하고 있다.

그리고 역사적으로 범죄통제는 응보, 억제, 그리고 치료적 접근 방식 등 세 가지 모델 중 하나로 정의되었다(Jeffery, 1997: 28). 범죄행동을 통제하는 데 처음의 두 가지 방식은 본질적으로 형벌적인 반면에, 세 번째 모델은 처벌이 아닌 치료적인 것이다. 처벌은 철학과 정의라는 이름으로 실천되지만, 처우는 공리주의적, 교정, 그리고 사회방위라는 이름으로 실천되고 있다. 복수와 정의(正義)이론은 처벌에 대해 정당성을 갖고 있는 바, '눈에는 눈, 이에는 이' 혹은 '범죄자에 대해서는 정의감 확립이 필요하기 때문에 처벌되어야 한다는 것'을 지지하고 있다. 즉, 복수이론은 다음과 같은 기본적인 교의를 갖고 있다.

- 범죄행동은 자발적이며 도덕적으로 잘못된 행동이다.
- 처벌은 위반행위에 적합해야 한다.
- 처벌은 도덕적으로 잘못된 행동에 대해 잘못된 행위자에게 고통이 되돌아가는 것을 보여 줘야 한다(Jeffery, 1997: 16).

표 2-1 제퍼리의 범죄통제모델 유형과 주요 내용들

범죄억제모델	사회복귀모델	환경설계를 통한 범죄통제모델
형벌을 수단으로 범죄를 미연에 방지하려는 노력을 말한다. 주로 범죄인을 교화·개선하여 범죄가 다시 발생하지 않도록 하는 데 중점을 두는 전통적인 방법에 속한다.	범죄억제모델과 비교할 때, 범죄인의 처우 측면에서 다르다. 임상적 치료를 통해 개선하는 방법 또는 지역활동, 교육, 직업훈련 등을 통해 사회복귀를 도와주는 방법을 활용한다. 이 모델은 현대 교정의 가장 중요한 기초를 이룬다.	범죄정책에 국한하지 않고, 사회 전반의 분위기를 조정함으로써 범죄를 감소시키려는 노력을 말한다. 각종 도시환경정책, 주거환경 개선 등 물리적인 것뿐만 아니라 사회구성원에 대한 교육과 인간관계 개선 등 포괄적 정책을 포함한다.

출처: 배종대(1999: 269) 이하 내용을 재구성한 것임.

제퍼리(C. Ray Jeffery)

제퍼리는 플로리다 주립대학교 범죄학부 명예교수였다. 그리고 과거 미국 범죄학회(American Society of Criminology: ASC)의 회장을 지냈고, 그 협회로부터 서덜랜드상(Sutherland Award)을 수상하기도 했다. 풀브라이트-헤이(Fullbright-Hay) 연구자로서 네덜란드에 파견된 적이 있으며, *Criminology: An Interdisciplinary Journal*이라는 학술지의 중요한 편집자이기도 했다.

제퍼리 박사의 초기 전문가적인 관심사는 범죄예방에 관한 것이었으며, 범죄행동에 관한 생물학적 토대였다. 그의 중요한 저서들에는 *Crime Prevention Through Environmental Design: Biology and Crime, and Criminology, an Interdisciplinary Approach*가 포함되어 있다. 그가 강조한 부분은 생물학, 심리학, 사회학 및 법학을 포함하여, 통합적인 접근에 의한 범죄예방이었다. 제퍼리는 1954년 인디애나대학교에서 사회학/정치철학 박사학위를 받았다. 박사학위를 받을 당시, 제퍼리는 스키너(B. F. Skinner)가 심리학부의 학부장으로 재직하고 있었던 인디애나대학교에 다녔다. "Fort Skinner of the West"라고 알려진, 애리조나 주립대학교에서 약간의 시간을 보낸 적이 있었다. 그것은 바로 제퍼리의 저술들이 스키너 교수의 영향을 받고 있었음을 알려 주는 것이다.

범죄행동에서 생물학의 역할에 대해 학습하면서, 제퍼리의 범죄예방 아이디어는, 사실상 심리학적 측면에서 생물학적 측면으로 발전되었다. 제퍼리는 자신의 아이디어들이 얼마나 더 통합적인 모델로 발전되었는지에 관해 상당히 많이 저술하고, 언급했다. 불행하게도, 범죄학적 이론과 범죄예방기법은 여전히 제퍼리에 비해 수십 년 뒤처져 있다. 제퍼리는 환경설계를 통한 범죄예방 프로젝트의 책임자로 일했다(HUD Grant, Albany, Georgia, 1990~1991). 또한 반사회적 행동에 관한 생화학적 측면의 프로젝트(the Biochemical Aspects of Antisocial Behavior Project: Thomasville and Albany, Georgia, 1990~1991)의 책임자, 캠퍼스 범죄 연구 프로젝트(the Campus Crime Research Project: Florida State University, 1991~1992)의 책임자, 탈라하세에서 범죄예방 및 범죄 프로젝트의 책임자(1991~1992)로 각각 일한 바 있다(Paulsen & Robinson, 2004: 89). 그는 2007년 12월 6일, 범죄예방 분야에 많은 학문적 업적을 남긴 채 세상을 떠났다.

1) 고전주의 학파

복수이론은 철학적으로나 도덕적으로 다음과 같은 입장을 갖고 있는데, 피고인의 과거 행동으로 되돌아가는 것이지, 범죄자의 미래 행동을 고려하는 것은 아니다. 이 이론은 비록 범죄자가 교화되고, 장래에 그러한 범죄를 저지르지 않도록 억제되었다 하더라도, 살인 혐의자가 감옥으로부터 자유롭게 석방되는 것을 정당화해 주지 않는다(Jeffery, 1997: 16).

범죄행위에 대한 국가의 강력한 처벌을 통해 범죄를 억제하려는 억제이론적 철학은 고전주의(classicism) 학파로부터 현실화되었는바, 대표적인 학자로는 벤담(J. Bentham), 베카리아(C. B. di Beccaria), 로밀리(Samuel Romilly), 그리고 포이에르바흐(P. J. A. Feuerbach)를 들 수 있다.

고전학파에 따르면, 형법의 목적은 범죄자가 아니라 범죄행위를 처벌하는 것이며, 범죄와 형벌은 죄형법정주의적 원칙에 입각, 법률적인 한계 내에서 개념 정의되었다. 인간을 합리적 이성을 가진 존재로 파악하는 고전주의 학자들의 견해에 따르면, 장래의 범죄행동을 억제하기 위해 처벌적 요소들이 부가된 법률과 함께, 자유로운 도덕적 행위자는 만족을 극대화하고, 고통을 최소화할 수 있는 행위대안을 선택하는 쪽으로 행동한다고 보았다(Jeffery, 1997: 17). 그런데 이러한 자유 의지(free will)와 결정론에 관한 고전주의 학파의 인식은 데카르트(R. Descartes)의 이원론에 이르러 절정에 달으면, 이들은 범죄의 법적 속성, 범죄자의 '도덕적 책임', 그리고 '처벌을 통한 범죄자의 억제에 초점'을 맞추고 있다(Jeffery, 1977: 16-17).

베카리아(Cesare di Beccaria, 1738~1794)[1]

2) 실증주의 학파

실증주의 학파는 19세기 영국 경험주의의 산물로서, 로크(J. Locke), 흄(D. Hume), 다윈(C. Darwin)의 생물학적 결정론, 콩트(A. Comte)의 사회학적 실증주의, 마르크스(K. Marx)의 경제적 결정론 등과 같은 이론에서 발견되는데,

1 http://www.utilitarianism.com/beccaria.jpg; http://www.beppegrillo.it/immagini/Cesare_Beccaria.jpg(2009년 3월 12일 검색)

그러한 철학은 행위주의, 경험적 심리학, 생리학적 심리학, 그리고 객관주의로 이어진다.

실증주의 학자들은 모든 고전주의적 형법적 기본 교의들을 거부했다. 사회적 요구들은 법적 기준, 과학적·도덕적 책임과 자유 의지, 그리고 치료적 처벌을 대체했다. 그들의 관심 사항은 범죄에서 범죄자 쪽으로 옮겨졌다(Jeffery, 1977: 18).롬브로소(Casare Lombroso), 가로팔로(James Garofalo), 페리(Enrico Ferri)와 같은 이탈리아의 실증주의 학자들은 범죄가 아닌 범죄자를 분석의 대상으로 삼았으며, 범죄자의 생물학적, 심리학적, 그리고 사회학적 특성 연구에 과학적 방법들을 적용했다.

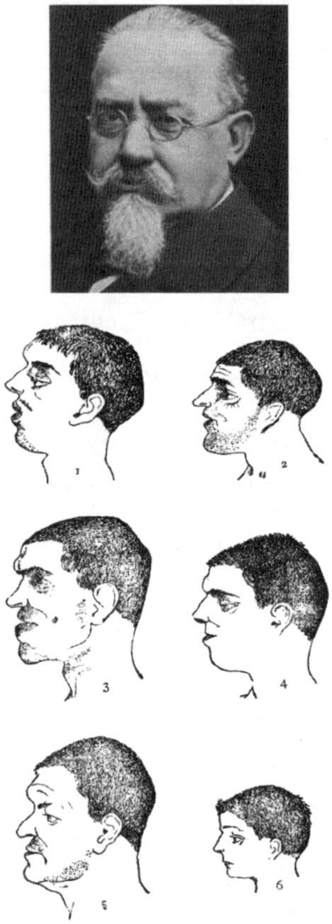

이탈리아의 실증주의 범죄학자 롬브로소[2]와 그가 제시한 범죄인 유형

래드지노비츠(Leon Radzinowicz)는 "고전주의 학자들은 인간에게 정의(正義)를 연구하도록 권하고 있으며, 실증주의 학자들은 정의로 하여금 인간을 연구하도록 한다"고 언급했다. 이탈리아의 형법학자 페리(Enrico Ferri)는 그의 스승격인 롬브로소의 '생래적 범죄인론'을 비판하면서, 사회학적·인류학적 관점에서 『범죄사회학(*Criminal Sociology*)』을 저술했으며, 범죄자로부터 사회를 보호하기 위해 책임과 도덕적 범죄를 폐지하고, 이를 형벌로 대체함으로써, 형법으로부터 범죄학을 완전히 분리시켰다.

가로팔로는 범죄를 동정이나 결백과 같은 자연적 감정의 관점에서 정의하였고, 범죄자에 대한 심판이라기보다는 '행동과

2 http://commons.wikimedia.org/wiki/File:Lombroso.JPG; http://classiques.uqac.ca/classiques/lombroso_cesare/homme_criminel_1895/(2009년 3월 11일 검색)

학 전문가'인 심판관으로 하여금 범죄자의 운명을 결정할 수 있도록 했다. 그래서 "처벌은 범죄가 아닌 범죄자 개인에게 적합한 것이 되어야 한다"고 주장했다.

한편, 사회 방위적 관점에서 범죄자에 대한 처우(치료)와 복귀는 처벌을 대체했다. 후일 이러한 모델에서는 "범죄자는 처벌이 아닌, 치료가 필요한 환자"라고 하면서(Jeffery, 1977: 17), 질병에 대한 치료의 문제로 이해하게 됨으로써 의료적 분석과 모델이 범죄학에서 유행하게 되었다. 도덕적 책임과 정의보다는 잠재적인 사회적 위험성과 사회방위가 행위를 판단하는 기준이 되었다.

2. 응보와 억제모델

1) 범죄통제모델 대 적법절차모델

비록 형법이 치료와 복귀라는 철학에 효과가 있더라도, 그것은 여전히 복수와 처벌에 기본적으로 충실하다고 할 수 있다. 한때 형법을 고전주의적 입장 쪽으로 되돌리고, 정의를 위해 처우적 해석으로부터 탈피하려는 노력들이 있었다. 파커(L. Graig Parker)와 같은 학자는 형법은 그 자체로 유죄와 비난 가능성을 고려해야 한다고 했다. 그는 범죄행동의 재발을 방지하기 위해 억제적 입장 혹은 처벌을 사회를 위해 혹은 사회에 유익한 쪽으로 옮겨 놓았다. 그래서 처벌과 처우를 명백하게 구별했는데, 처벌은 다른 사람을 보호하기 위한 것이고, 처우는 처우되고 있는 개별 범죄자에 유익하고, 그를 개선하기 위한 것이라고 했다(Jeffery, 1977: 18). 일찍이 파커는 형사사법체계에서 두 가지 서로 다른 모델을 구별하여 제시했는데, 이것이 범죄통제모델과 적법절차모델이다.

(1) 범죄통제모델

범죄의 수사와 예방에 강조점을 두면서, 행정적 효율성에 중점을 둔 것이 범죄통제모델이다(Jeffery, 1977: 52). 소위 경찰과 입법 당국에서 지지하고 있는 범죄통제모델은 판결이 이루어지는 절차에 대해서는 거의 관심을 갖지 않은 채, 경찰활동의 효율성에 토대를 두고 있으며, 범죄억제, 신속한 체포 및 높은 체포율과 및 유·무죄에 대한 신속한 재판, 범죄자에 대한 유죄 선고율 등 효율적 요소를 중시한다.

이러한 모델에 따르면, 경찰은 광범위하게 수사권을 행사해야 하며, 체포는 수사상의 이유를 위해 이루어져야 한다. 자백과 불법적으로 취득된 증거가 법정에서 증거로 받아들여져야 한다. 그리고 경찰은 아주 전문화된 기법을 구사할 수 있도록 훈련을 받아야 한다. 그래서 범죄자가 법률적 전문성에 입각하여 도망가지 못하도록 해야 한다. 범죄통제모델은 체포 후에 검사가 기소를 결정해야 한다는 견해에 근거한다. 높은 가석방 및 보호적 유치는 반드시 일반 시민을 보호하기 위해 실시되어야 하며, 유죄 입증은 법원에 의해 처리되어야 한다는 것이다.

(2) 적법절차모델

범죄 혐의를 받고 있는 인간의 권리가 강조되고 보호되어야 한다는 측면에서 형사사법적 당사자주의 시스템에 토대를 둔 것이 적법절차모델이다(Jeffery, 1977: 52). 적법절차모델은 당사자주의적 시스템과 용의자를 체포하고 유죄의 심증을 형성하는 절차에 대해 중점을 두고 있다. 적법절차모델에서는 효율성이라는 목적보다는 절차가 요구되고 있다. 이 모델에 따르면, 체포는 상당한 이유에 근거하여 이뤄져야 하며, 만약 신문 과정에 지체가 있다면, 자백이 결코 이루어져서는 안 되며, 불법하게 취득된 증거는 법정에서 허용되어서는 안 된다.

경찰활동은 전문적인 경찰조직에 의해서가 아니라, 반드시 법원에 의해 신중하게 통제받아야 한다. 경찰의 수사 권한은 반드시 제한을 받아야 하며, 수사 과정 중에 피의자를 위한 변호가 제공되어야 한다(Jeffery, 1977: 53). 한편, 적법절차모델에서는 예비 심문, 최소한의 가석방, 법원에 의한 유죄 입증 평가, 그리고 전심법원의 오류에 대한 항소법원의 일반적 평가가 유죄 확인 절차에서 필수적인 요소들이라고 주장한다.

파커는 억제모델에 관한 이러한 두 가지 설명에 대해 다음과 같이 언급하고 있는바, 범죄통제모델은 국가에 의한 형벌을 행사하는 것에 대해 절차적 보호를 확립하는 것이고, 적법절차모델은 절차적 보호 장치 없이 범죄를 억제하기 위해 처벌권 행사를 강조하는 것이다. 경찰은 통상적으로 전자인 범죄통제모델에, 변호사는 후자인 적법절차모델에 중점을 두고 있다(Jeffery, 1977: 19).

2) 억제모델과 경찰활동의 효율성

처벌의 억제효과에 초점 둔 억제이론은 고전학파의 범죄이론을 바탕으로 하는데, 범죄행위에 대한 국가의 강력한 처벌을 통해 범죄를 억제하려는 것이다. 특히 억제이론과 밀접하게 관련있는 형사사법기관은 경찰관서이다. 경찰은 범죄자에 대한 수사와 체포, 그리고 처벌이 있다면 범죄율이 줄어들 것이라는 전제 하에 자신의 존재를 정당화시키고 있다. 억제이론이 효과적이기 위해서는 경찰활동 역시 효과적이어야 한다. 왜냐하면 신속하고 확실한 체포와 처벌은 억제모델에서 기본적인 요소가 되기 때문이다(Jeffery, 1977: 51). 즉, 경찰에 의해 우선적으로 범죄자가 체포되지 않으면, 법원과 교정 시스템은 범죄자를 처벌할 수 없다. 범죄 혐의자에 대한 공식적인 법적 조치는 경찰관서에 신고 또는 경찰이 범죄를 스스로 인지함으로써 시작된다.

미국 대통령위원회에서는 빈곤, 불충분한 교육과 차별과 같은 범죄의 근본적인 원인에 대해, 비록 경찰활동이 빈곤, 실업 혹은 도시지역의 불안을 치료할 수 없더라도 높은 체포율은 범죄를 억제하는 영향을 갖게 될 것이라고 언급한 바 있다. 만약 범죄자가 체포된다면, 그들은 곧바로 더 이상의 범죄를 저지를 수 없게 되며, 그들이 석방된다면, 수사받을 가능성이 적은 상황에서만 범죄를 저지를 것이다. 따라서 체포와 처벌은 범죄를 억제할 수 있다. 결국 경찰은 처벌을 통한 억제이론에 토대를 두고 활동하고 있는데, 결국 처벌의 효과성은 확실성과 신속성에 달려 있다.

3. 교정과 처우모델

19세기에 이르러 범죄자에 대한 처우와 교정에 관한 실증주의자들의 철학은 형사사법 시스템의 표준이 되었다. 1870년, 미국 교정협회(American Prison Association)에서는 교정과 비징벌적 고통이야말로 형사처벌의 목적이 되어야 한다고 천명했다. 레진스(Peter Lejins)는 징벌적, 교정적, 그리고 기계적인 범죄예방을 구별했다. 그리고 범죄학에서 교정적 측면은 광범위하게 퍼져 있는 현상이다. 교정모델은 형법과 범죄행동에 대해 주로 행동과학적 원칙의 적용에 입각하고 있다(Jeffery, 1977: 19). 영국의 사회과학자이면서 법률가인 우튼(B. Wootton)은 행동과학적 원칙에 입각하여 형법에 대한 아주 강력한 주장을 했는데, 그녀는 도덕적 책임, 자유 의지와 범의를 폐지하면서, 범죄자의 행동과 그 예방에 집중했다.

실증주의 학자들은 개별 범죄자와 개별화된 사법적 정의에 치중하면서, 형사재판, 범죄, 그리고 형법을 덜 강조했다. 사법적 정의라는 것은 범죄에 대한 것이 아니라, 범죄자의 특성에 토대를 둔 형벌의 선고를 의미했다. 부정기형, 소년법원, 기소유예와 보호관찰, 개별적·단체적 처우, 직업교육, 교정·교화적 교육, 그리고 지역사회 교정프로그램이 범죄학에서 실증주의자들의 활동 결과로서 등장하게 되었다. 형벌을 형법의 주요 목적으로 대체함으로써, 범죄자에 대한 처우와 사회복귀는 현대 형사사법의 상징이 되었다.

사회복귀모델은 정신병적인 측면에 토대를 개인적 병리모델과 사회학 및 사회복지적 측면에 토대를 둔 사회병리적모델 등 두 가지 형태로 나뉜다(Jeffery, 1977: 19-21). 개인적 병리모델은 가정 내 치료 서비스, 어린이보호센터, 그리고 다른 정신병리적 사회복지적 접근을 활용했다. 반면에, 사회적 병리모델은 빈곤의 퇴출, 인종차별, 실업, 열악한 학교교육 제도, 그리고 다른 사회적 부정의를 강조하고 있다. 그런데 둘 다 어떤 방식으로든지 성공 여부가 증명되지 않았다.

개인적 책임에 근거를 둔 고전주의적 모델은 각 개인은 자유 의지를 갖고 있으며, 도덕적으로 그의 행동에 대한 책임이 있다고 한다(도의적 책임론).

만약 한 개인이 법을 위반하면 처벌받게 되어 있다. 실증주의적 모델은 주로 사회적 책임에 근거한다. 만약 어떤 사람이 반사회적 태도를 취한다면, 그것은 사회가 그를 범죄자로 만들었기 때문(사회적 책임론)이라고 한다(Jeffery, 1977: 32).

한편, 1930년대에서 1960년대에 이르기까지 사회복귀를 위한 처우와 처벌에 대한 실패야말로 제퍼리의 1971년 『환경설계를 통한 범죄예방(CPTED)』이라는 책 출판에 커다란 동기 부여가 되었다고 한다. 처우와 사회복귀에 대한 비판적 논문들이 여러 학자들에 의해 제공되었다. 특히 미시간대학교의 법과대학장인 앨런(Francis A. Allen) 교수는 심지어 사회복귀적 철학은 형사사법체계를 부패시켰으며, 치료가의 자비를 범죄자에게 남겨놓았고, 사법적 정의는 자의적 치료기법에 의해 대체되었으며, 범죄자에게는 아무런 예방책이 없었다고 혹평한 바 있다.

초기 범죄학사에서는 생물학적, 심리학적, 그리고 사회학적 연구들이 시도되었다. 실증주의 학파는 범죄자에 대해 행동과학적 시스템 고안을 시도했다. 그러나 기본적 연구를 지원해 줄 정치적 의지 부족과 함께, 관련된 행동에 대한 지식의 부족으로 처우모델적 접근은 실패로 이어졌다. 이후 미국에서 치료모델을 완전히 거부하도록 만들었으며, 오히려 응보적, 그리고 사법적 정의에 관한 징벌적 철학으로 되돌아가게 하였다(Jeffery, 1977: 28-29).

4. 새로운 범죄통제모델로서 범죄예방

범죄통제에 대한 새로운 모델은 범죄예방기법과 이론에 토대를 둔다. 만약 처벌과 처우적 기법이 실패한다면, 그리고 응보적 모델이 사회적 일탈에 대한 비공리적 답이 된다면, 그때 상황 논리는 범죄통제에 대해 새로운 접근을 요구하게 된다. 즉, 범죄예방은 형사사법체계의 목적으로서 처우와 처벌을 대체하게 되었다. 이와 관련, 범죄예방 프로그램은 ① 처벌 혹은 처우모델에서 예방모델로의 이동, ② 본질적으로 심리·생물학적인 행동에 관한 학제적 이론, 그리고 ③ 범죄행동을 포함하여, 인간행동에서 물리적 환경의 역할에 대한 평가에 토대를 두고 있다.

한때 제퍼리는 범죄예방학회에서, 벌금형이야말로 효과적인 범죄예방수단이라고 경찰관들에게 주장하면서, 범죄예방 프로그램이 지녀야 할 다양한 특성들을 제시했다(Jeffery, 1977: 43-44).

- 예방 프로그램은 범죄가 저질러진 후가 아니라, 사전에 어떤 행동을 취하는 것이어야 한다.
- 예방 프로그램은 간접적 통제가 아니라, 행동에 대한 직접적 통제에 초점을 맞추는 것이다.

표 2-2 억제 혹은 처우모델에서 각급 형사사법기관의 역할

구 분	범죄발생	경 찰	법 원	교 정	결 과	미 래
억제모델 (deterrence model)	개인적인 범죄자의 제지를 위해 실행된 행동	조사, 체포, 범죄자의 신원 확인 그런 다음 그들을 처벌	소송절차 통한 유죄 결정 또는 형벌을 적용하기 위한 판결	개별적인 범죄자의 제지를 위해 수용소의 사용, 수용자의 관리	낮은 성공률, 체포, 그리고 경찰효율성에 대한 낮은 비율, 경범죄의 높은 비율, 낮은 선고 비율-답변 거래의 높은 비율, 제지하기 위한 수용소 체계의 실패: 범죄 사법 체계의 과다 수용	억제모델의 실패, 높은 범죄 비율, 시설 내 과다 수용; 경찰서, 법원, 교정기관의 부적당한 수용시설; 범죄자에 대한 좀 더 억압적인 수단
처우모델 (re-habili-tation model)	개인적인 범죄자의 사회복귀를 위해 실행된 행동	조사, 체포, 범죄자의 신원 확인, 그 다음에 사회복귀	처우에 대한 필요성의 결정, 성범죄자나 마약범죄자의 강제적인 처우나 부정기형, 가석방, 보호관찰, 소년원에서 처우될 수 있는지 판단	교육, 직업 훈련, 그룹 인터뷰를 통한 개별 범죄자의 사회복귀	가석방casework, 보호관찰, 개인 프로그램, 직업훈련 사회복지 프로그램, 치료를 통한 성공의 낮은 비율: 사회복귀 모델의 실패와 더불어 심각한 범죄의 발생	사회복귀 모델과 처우의 실패, 높은 범행의 비율, 높은 상습적인 범행의 비율, 학교의 중도 퇴학, 비행, 높은 실직자 비율; 부적당한 가석방과 보호관찰의 실패; 좀 더 강한 처우 프로그램의 압력: 경찰서 단계의 사법 시스템에서 새로운 범죄자의 등장; 경찰서 단계의 사법 시스템에서 상습범죄자의 등장

- 예방 프로그램은 개별적인 범죄자에 초점을 맞추는 것이 아니라, 범죄가 일어나는 환경과 그 환경과 함께 있는 인간의 상호작용에 초점을 맞추는 것이다.
- 범죄예방 프로그램은 학제적 노력이며, 인간행동을 다루는 모든 원칙에 토대를 두고 있어야 한다.
- 범죄예방은 처벌이나 처우보다 덜 비용적이며, 좀 더 효과적이다.

제퍼리에 따르면, 범죄학은 중요한 범죄예방모델을 발전시키지 않았으며, 또한 발전시키려고 준비하지도 않았다고 비판했다. 그의 범죄학에 대한 중요한 가정과 패러다임들은 몇 가지 이유에 대해 범죄예방과는 반대되는 입장에 있었다(Jeffery, 1977: 43-44).

- 범죄학은 행동이론에 관한 학제적 접근을 발전시키지 않았으며, 오히려 그것은 거의 절대적으로 생물학과 심리학을 배제하면서 사회학적 접근에 치중해 왔다. 그렇기 때문에 새로운 범죄학은 현재 심리적 생물학, 유전학, 그리고 뇌과학에 기초를 두고 발전되고 있고, 인간행동에 관한 새로운 이론은 새로운 범죄예방 기술에 대한 토대를 제공할 것이라고 한다.
- 범죄학은 사회적 환경에 대해서는 호의적이었으면서, 물리적 환경을 경시해 온 점을 지적했다. 범죄는 특별한 물리적 특성이 있는 지역에서 발생하며, 범죄통제는 범죄행동에 대한 물리적 환경과 관련되어야 하며, 환경설계를 통한 범죄예방모델에서 범죄학은 도시설계와 공간분석과 관련되어야 한다고 주장한다.
- 범죄학의 처벌지향적 혹은 처우지향적인 태도와 범죄예방에 대한 중요한 장애 요소로서 범죄통제에 대한 새로운 대안 고려를 거부하려는 자세, 그리고 계속적으로 처벌 · 교도소 · 전기의자에 많이 의존하고 있는 정치 시스템을 비판하고 있다.

표 2-3 새로운 범죄통제모델로서의 범죄예방

구 분	환경설계를 통한 범죄예방	행동설계를 통한 범죄예방	결 과	미 래
범죄가 저질러지기 전	surveillance system, 범행을 저지르는 기회의 제거를 위한 설계	법적인 행동의 보상, 범죄적인 행동으로부터 보상 제거, 범죄예방을 위한 경찰순찰활동, 시민의 참여, 잠재적인 피해자에 대한 교육, 보험 프로그램들, 이웃들의 사회적인 결속력	범죄 비율의 감소 시민, 경찰서, 법원, 교정기관의 감소된 압박; 범죄의 낮은 비율; 범죄 활동을 위해 적은 돈이 쓰여짐; 환경 개발, 교육 개발, 도시개발을 위해 더 많은 돈이 쓰여짐	감소된 범죄 비율 향상된 환경 상태; 범죄에 대한 낮은 비용; 복지사업에 대한 낮은 비용; 도시환경의 재생산; 무질서한 행동의 감소
범죄가 저질러진 후	빠른 응답 시스템의 개발; 과학적인 증거를 통한 유죄의 판결; 컴퓨터화된 데이터 시스템; 의사전달 시스템; 좀 더 빠른 발견/체포 시스템	범죄행동의 통제 위에서 환경과 행동의 조사; 미래 범죄조사를 위해 기초로서 저질러진 범죄의 사용	범죄자의 행동을 통한 행동통제 개발; 도시 노동집단 안에서의 범죄자의 경로	범죄예방 시스템 안에서의 새로운 범죄의 재생산, 교정기관이나 법원 안에서는 새로운 범죄가 재생산되지 않음

서덜랜드(Edwin Hardin Sutherland, 1883~1950)

한편, 서덜랜드(Sutherland)와 크레시(Donald R. Cressey)는 그들의 저서인 『범죄학(*Criminology*)』에서 지역사회 내 공동체 및 활동, 비행에 대한 사례연구 및 단체 활동, 그리고 제도적 재조직화 등의 관점에서 범죄예방을 논의하고 있다 (Jeffery, 1977: 44).

제 3 절 형벌의 목적 사상과 범죄예방

1. 일반예방이론

일반예방이론은 형벌의 목적 사상에 관한 가장 중요한 논의를 다루고 있다(Müller-Dietz, 1985: 813-314; Schöch, 1985: 1081-1082; Maurach & Zipf, 1992: 82; Baumann, Weber, & Mitsch, 1995: 16-17; Roxin, 1994: 47-48; Jescheck & Weigend, 1996: 72-73). 형벌의 일반예방적 목적에는 소극적 일반예방과 적극적 일반예방 두 가지가 있다. 일반예방적 목적에 따르면, 제3자의 범죄행위를 사전에 방지하기 위해 범죄자가 처벌된다. 즉, 형벌은 제3자가 범죄를 저지르지 않도록 위축시키는 기능을 갖고 있다(소극적 일반예방)(Dölling, 1990: 1; Kerner, Kury, & Sessar, 1983: 51-52). 그리고 형벌은 처벌될 만한 행위를 저지르는 잠재적 범죄자의 의지를 위축시킬 것뿐만 아니라 시민들이 일반적으로 법질서의 존속력과 집행력에 대한 신뢰감을 유지하는 것과 강화시키는 기능(적극적 일반예방)을 포함한다(Schöch, 1985: 1083; Kaiser, 1997: 80; Roxin, 1997: 50). 그래서 형벌이야말로 범죄예방에 매우 중요한 역할을 하는 것으로 본다.

그런데 이 이론은 사람이 자신의 범죄행동을 결정할 때, 다양한 행위대안 간의 이익과 불이익(비용과 편익)을 서로 비교 형량할 수 있는 합리적 인간이란 전제에서만 의미가 있다고 할 수 있다(Reynolds, 1980: 34). 범행을 저지르는 데 범인에게 비용적 요소로 작용하는 것에는 범죄를 통해 얻을 수 있는 이익, 형벌에 대한 두려움, 처벌의 강도, 발각될 위험성, 형사소추 가능성 등이 있다(이상안, 1998: 117). 특히 처벌될 위험은 범행을 결정할 때 비용적 측면으로 작용하며, 일반예방이론은 형벌에 의한 두려움이 범행 결정-손익 형량 비교 과정(David, 1983: 10-11; 이상안, 1998: 54 재인용)에서 비용 요소로 영향을 미친다는 가정에 근거를 두고 있다(Albrecht, 1993: 157-158). 이성적 인간은 잠재적 범죄자로서 형사처벌이나 형벌을 통해 그 자신의 처벌될 만한 행위들이 위축될 수 있다는 것을 의미한다.

일반예방의 개념은 형법학에서 그 응용이 발견되는데, 형벌이론과 양형론은 본질적으로 형벌의 일반예방적 기능을 포함하고 있다(Albrecht, 1993: 157). 이 이론은 형벌의 목적에서 불법을 저지른 책임 있는 자에 대한 복수를 한다는 절대적 형벌이론이 아니라(이형국, 1990: 67), 오히려 장래에 발생할 범죄를 예방하기 위한 상대적 형벌이론에 속한다. 이 이론은 범죄를 저지르려는 제3자를 두렵게 하는 기능을 가지고 있으며(Dölling, 1990: 2), 형법적 행위규범을 확실하게 하기 위한 하나의 전략이다(Kaiser, 1997: 80).

한편으로, 범죄예방은 의식적 또는 무의식적인 범행의 저지로서 형사소추와 형사처벌 회피를 목적으로 하고 있는 위하를 통해 달성되어야 하며, 다른 한편으로는 법공동체의 법의식에서 사회적 가치 개념 강화를 통해 통합을 목적으로 달성되어야 한다고 한다. 그런데 형벌에 의한 위하와 처벌은 기본적으로 범죄행위에 대한 단지 하나의 반작용일 뿐이다(Eisenberg, 1995: 718). 그렇기 때문에 경제적 측면에서 행위, 상황, 그리고 행위자에 대한 위하이론

그림 2-1 형벌의 일반예방적 관점과 범죄행동의 비용/편익적 요소

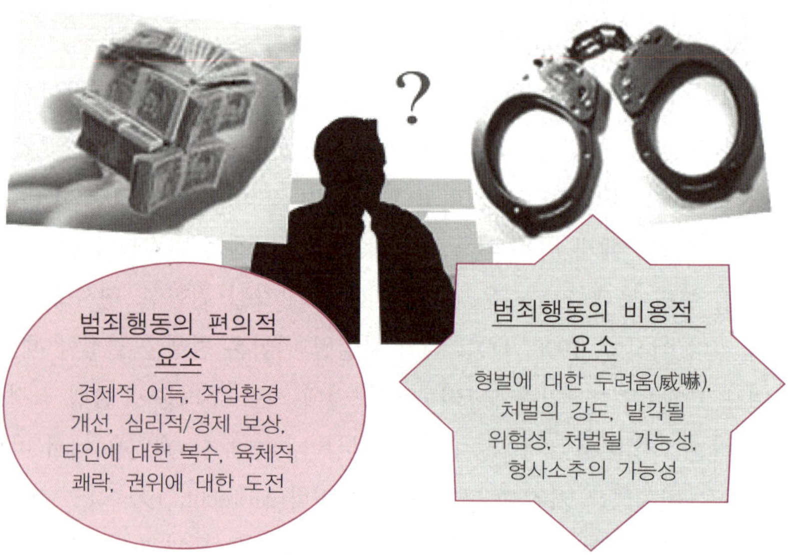

의 효력 범위를 한정시키고 특정하기 위해서는 사람들이 언제, 그리고 어떤 조건에서 합리적으로 형량할 수 있을지를 설명할 수 있어야 한다는 문제가 생긴다(Albrecht, 1993: 157-158; Otto, 1992: 14).

1) 소극적 일반예방이론

소극적 일반예방이론은 형벌을 통한 위하와 형집행을 잠재적 범죄자에 대한 위협과 경고를 통해 설명한다(Müller-Dietz, 1985: 824; Schneider, 1993: 262; Kürzinger & Josef, 1996: 320). 이 이론은 국가형벌권의 강화를 통해 잠재적 범죄자가 범죄행위를 저지르는 것을 위축시킬 수 있음을 의미한다(Albrecht, 1985: 818; Schich, 1985: 1084). 법률상의 형벌 위하(Jescheck & Weigend, 1996: 68), 형사소추와 처벌을 통한 잠재적 범죄자의 심리적 위축이 종종 예방이라는 개념으로 이해되며, 범죄발생 빈도는 형벌의 가능성, 공형벌의 엄격성, 형벌로 이어지는 처벌의 신속성 등에 의해 좌우된다는 인식을 근거로 하고 있다. 처벌 가능성과 형벌의 엄격성을 강화하는 것은 잠재적 범죄자에게 형벌에 대한 두려움을 동시에 높일 수 있다(이상안, 1998: 130; Kaiser, 1997: 80; Mergen, 1995: 143).

다만, 지금까지 형벌에 의한 위하 효과 문제는 경험적 연구에 의해 확실하게 설명되지 않고 있으며(Kürzinger, 1996: 321; Baumann, Weber, & Mitsch, 1995: 16; 신진규, 1987: 60), 형벌의 일반예방적 효과를 측정하는 것 역시 매우 어렵다(Dölling, 1990: 7; Jescheck & Weigend, 1996: 69; Roxing, 1997: 51). 이러한 논의는 근세 이후 형사정책의 논쟁 가운데 중요한 쟁점 중 하나로 다루어졌으며, 전통적으로 인정되어 왔던 형벌의 일반예방적 기능의 존부와 상태에 관한 것이다. 고전학파의 입장에서는 이를 강력히 인정하고 있는데 비해, 실증학파의 입장에서는 이를 거의 부인하다시피 했다. 후자의 형벌회의론 입장에서 제시한 논의는 첫째로 출소자 중의 다수가 재범자가 되고 있다는 사실, 둘째로 사형집행 장소에서 절도행위가 자행되는 예가 있는 점으로 미루어 범죄자들의 범죄행위는 그 자유의지에 의해 행해진다기보다 소질과 환경 조건에 의해 결정된다고 볼 수 있다는 것이다. 셋째로 매년 범죄발생률이 거의 일정하다는 사실 등이다. 이러한 견지에서 범죄학자들은 범죄자에 대한 처우는 일반예방을 위해서가 아니라 범죄자 개개인의 교정·교화를 위해 운용되어야 한다고 주장한다.

2) 적극적 일반예방이론

적극적 일반예방이론은 법을 위반할 수 없다는 기본사고처럼 시민들의 법적 신뢰감에 대한 심각한 침해나 동요에 대해 범죄가 저질러지기 전에 법질서를 보호해야 한다는 것에 근거한다(Schöch, 1985: 1083; Müller-Dietz, 1985: 817). 그리고 이 이론은 규범의 신뢰성에 의한 훈련, 규범에 대한 인식, 그리고 법에 대한 신뢰감을 지향하고 있다(Schöch, 1985: 1084; Kürzinger, 1996: 320). 형법이야말로 법공동체에게 법질서의 불가침성을 증명하고, 시민들의 법적 신뢰감을 강화하는 임무를 갖는다(Roxin, 1997: 50). 적극적 일반예방이론은 형벌 위하가 사회의 규범의식을 강화시켜 주는 효과를 가짐으로써 범죄가 예방된다는 이론이다. 즉, 일정한 범죄행위를 법률로 금지하여 계속 처벌함으로써 형벌은 도덕 형성력을 가지고 동시에 국민들의 준법의식도 적극적으로 강화하고(배종대, 1999: 301), 법규범에의 자발적인 복종을 가능케 하는 기능을 갖는다고 본다(박상기, 1996: 15). 하지만 적극적 일반예방이론의 경우도 형벌이 사람들의 규범의식을 강화시켜 준다는 것이 경험적으로 설명되지 않았다는 한계가 있다(배종대, 1999: 301).

오늘날에는 일반 국민의 법규범 준수 의식을 강화하여 사회의 규범 안정을 도모하는 적극적 일반예방이론이 강조되고 있으며(박상기·손동권·이순래, 1999: 301), 소극적 일반예방이론의 순수한 위하 효과보다 적극적 일반예방이론에 훨씬 더 큰 의미를 부여하고 있다(Roxin, 1997: 50; Zipf, 1993: 139).

일부 범죄학자들은 도덕적 신념과 사회화가 범죄를 발생시키는 일상생활 활동에 영향을 미칠 수 있다고 믿는다. 심지어 범죄기회가 있을 때, 만약 그들이 보수적인 친구들과 가까이 접촉하고 있거나 보수적인 태도를 갖도록 사회화되었다면, 범죄를 삼가게 될 것이라고 한다. 사회적 유대의 견고성은 범죄에 대한 완충제로서, 범죄기회에 대한 유혹을 충분하게 억제할 수 있는 것으로 작용할 수 있다(Bernburg & Thorlindsson, 2001: 543-568; Siegel, 2003: 93).

3) 형벌의 일반예방적 사상과 경찰활동의 응용

형벌을 부과하여 사회의 질서를 유지하기 위해서는 적당한 법률이 존재할 것과 그 위반자를 검거할 것이 전제되어야 한다. 주의할 것은 범죄 중 경찰활동에 의해 예방될 수 있는 것과 예방이 어려운 것도 있다는 점이다. 절도범 등은 전자에 속하고, 대부분의 사기, 횡령, 원한에 의한 살인 등은 후자에 속하며, 이런 것은 형벌에 의한 위협이 주된 예방 수단이다. 또 범인의 검거가 신속, 확실히 이루어지지 못하면 아무리 내용이 좋은 법률이 있더라도 그것은 단순히 도덕적인 규범으로서 있을 뿐이며, 반사회적 행위를 방지할 힘은 없을 것이다. 이 검거가 경찰력에 의존함은 물론이니 이것 역시 경찰의 기본적 임무라 할 것이다(서재근, 1963: 26).

형벌의 일반예방적 사상과 경찰의 범죄예방 및 수사활동을 구체적으로 결부시켜 보면, 길거리에서의 부단한 순찰활동 강화를 통해 범행기회를 억제하고, 시민과 경찰과의 긴밀한 협조체제를 구축, 피해자로부터 신속하고 적극적인 범죄신고, 효율적인 수사활동과 경찰의 대응시간 단축을 통한 체포 가능성을 높이고(신진규, 1987: 106), 엄정한 법집행을 통한 국민들로부터 신뢰를 확보하는 것은 처벌될 가능성을 높이는 전략으로서 대단히 중요하다. 경찰의 순찰활동을 크게 강화하는 것은 범죄예방 효과를 가져오며, 검거의 가능성 증대는 범죄억제력을 지닐 수 있다(이상안, 1998: 127).

실제로 경찰력의 강화, 즉 빈번한 순찰과 경찰활동의 강화는 범인의 체포될 가능성에 영향을 미친다(Rubin, 1980: 19). 범인은 범행을 저지를 때, 개인적 위험성 평가와 체포 가능성에 의해 상당히 영향을 받는다(Dölling, 1983: 62-63). 경찰의 활동 가운데 범죄억제 효과와 관련하여 활발하게 논의되는 것들 가운데 하나가 체포활동이다. 경찰의 체포활동은 처벌의 확실성 및 엄중성과 연결되어 있다. 즉, '범죄에 대한 체포율이 높을수록, 범죄행위에 대한 처벌의 확실성 및 엄중성이 높아진다'는 것을 의미한다. 따라서 체포의 가능성이 높으면, 합리적인 잠재적 범죄자는 법적인 처벌의 두려움으로 인해 범죄를 저지르지 않는다는 것이다. 이러한 체포의 억제력은 장래 범죄의 증감뿐만 아니라 다양한 측면에서 범죄 과정에 영향을 미치는 것으로 밝혀지고 있다. 즉, 체포는 범죄발생률, 범죄자의 범죄활동의 종료 시기, 범죄활동의 지속 기간, 재범 기간 등에 영향을 미친다는 것이다(Smith & Gartin, 1989: 94-105; Sherman, 1990: 1-48).

범죄행위에 대한 처벌의 억제 효과를 극대화하기 위해서는 처벌의 신속성, 확실성, 엄격성이 요구된다. 사형제도의 범죄억제 효과나 살인죄에 대한 깁스(Jack Gibbs), 티틀(Charles R. Tittle)과 에를리히(Isaac Ehrlich) 등의 경험적 연구 결과에 의하면, 처벌의 가혹성보다는 처벌의 확실성, 체포 가능성 증가가 가장 큰 억제 효과를 지닌다는 것이다(이상안, 1998: 150).

경찰력의 강화는 범죄에 대해 신속하고 확실하며, 엄격하게 대응할 수 있는 능력을 높이고, 이러한 강화된 범죄통제력이 범죄자로 하여금 범죄에 대한 비용을 증가시킴으로써 범죄를 포기하도록 지향하고 있다. 그래서 경찰은 범죄문제를 해결하기 위해 경찰력을 증가시키고, 예산을 증액하는 것과 함께 경찰관의 자질을 향상시키고, 전문인력의 충원과 교육 및 훈련에 노력하며, 각종 첨단장비의 보강 및 도입을 통해 경찰력을 강화하려고 한다. 이와 같은 경찰력 강화 조치는 범죄발생을 억제하고, 범죄를 감소시킬 수 있는 기반을 조성하는 노력이라 할 수 있다(기광도, 2001).

2. 특별예방이론

특별예방이란, 행위자 자신에 대한 직접적인 작용을 통해 그가 장차 형벌 없는 생활을 영위할 수 있도록 적절한 영향을 주는 형벌의 기능을 말한다(이

형국, 1990: 26). 즉, 이 이론은 이전에 범죄를 저질러 발각되었던 자가 새로운 범죄를 저지르지 않도록 새롭게 예방하기 위한 여러 가지 조치와 관련된다(Eisenberg, 1995: 727; Kürzinger, 1996: 320-321). 특별예방이론은 처벌의 가능성, 보안처분 및 개선조치를 수단으로 범죄자에 대한 직접적인 작용을 통해 장래의 범죄행위를 예방하는 것을 의미하며 개별적인 법 위반자를 지향하고 있다(Baumann, Weber, & Mitsch, 1995: 16-17). 형벌의 목적을 범인의 사회복귀에 두고 형벌을 통해 범인을 교육 개선함으로써 범인 그 자체의 재범을 예방하려는 사고를 말한다(박상기 · 손동권 · 이순래, 1999: 301).

일반예방이론이 잠재적 범죄자인 일반인에 대한 형벌의 예방 기능을 강조한 것이라면, 특별예방이론에서는 형벌을 구체적인 범죄자 개인에 대한 영향력의 행사라고 보고(박상기, 1996: 17), 범죄자를 교화함으로써 재범하지 않도록 하는 것이다(배종대, 1999: 301). 특별예방은 개별 법규 위반자를 지향하고 있으며, 일반예방과 마찬가지로 두 가지 방향으로 작용하는데, 적극적, 그리고 소극적 특별예방이다(Kaiser, 1997: 265).

적극적 특별예방은 교육, 개선 조치, 재활 및 원상회복 등을 통한 범죄자의 재사회화나 사회화를 지향한다(Roxin, 1994: 44; Kürzinger, 1996: 320). 자유형과 같은 형벌의 집행, 다양한 개선 조치나 보안처분의 적용을 통해 범죄자가 다시 사회 내로 복귀할 수 있는 길을 만드는 데 노력하는 것이다(Otto, 1992: 14). 따라서 특별예방은 재사회화와 보안이 무엇보다 중요하다.

소극적 특별예방이론은 범죄자가 재범하지 않도록 위하하고(Kürzinger,

표 2-4 예방이론의 범위

	일반예방	특별예방
적극적	▸법규범에의 자발적 복종, 준법의식 강화, 규범 신뢰성에 의한 훈련, 법질서의 불가침성	▸범죄자의 재사회화, 교육
소극적	▸잠재적 재범자 위하	▸개별 범죄자에 대한 위하를 통한 보안조치

출처: Kunz(1994: 269), Bock(1995: 116).

1996: 320; Roxin, 1994: 43-44), 범죄자에 대한 일반적인 보안 조치를 지향하며, 이 이론은 장래에 형벌 위화나 무력화를 통해 범죄자가 장래에 규범 합치적 태도를 취할 수 있도록 모색한다(Kaiser, 1996: 265). 여기에서도 출발점은 또 다른 범죄를 저지르지 않도록 하는 형벌을 통한 위협이다. 특별예방과 관련, 경찰의 역할은 일반예방적 측면과 달리 다소 제한적인 영역에서 의미가 있다. 예를 들면, 우범자 보호관찰,[3] 가석방자에 대한 관할 경찰서의 관리[4] 등을 들 수 있다.

제4절 범죄예방의 구조모델론

1. 질병예방과 구조모델

범죄예방의 구조모델은 1차, 2차, 3차 예방이론으로 체계화되어 있다(Göppinger, 1997: 148-149; Kube & Koch, 1996: 9). 이러한 범죄예방의 개념은 질병예방과 의학적 치료를 위한 의료모델에 기원을 두고 있다. 다시 말하면, 질병예방 모델을 일반 범죄예방에 응용한 것이라 할 수 있다. 특히 범죄예방에는 어떤 원리 한 가지만으로는 범죄를 예방할 수 없기 때문에 이와 같은 학제간 접근 방식이 필요하다(Jeffery, 1977: 45).

질병예방에서, 1차 예방이 뜻하는 것은 정신의학과 정신건강을 위해 지역공동체에서 활용되고 있는 의료 모델에서 발견된 1차적 예방을 말한다(Gottesfeld, 1972: 128; Jeffery, 1977: 37 재인용). 1차 예방은 질병의 발병을 감소시키기 위해 일반인들에 대해 취해지는 조치들을 언급한다. 2차 예방은 이미 발병된 경우에 초기의 진단과 개입을 위해 취해지는 행동을 의미한다.

---

3 '우범자 첩보 수집 등에 관한 규칙'(2008년 12월 8일 경찰청 예규 제385호: 2005년 6월 구(舊) '우범자 관찰보호규칙'을 개정).

4 '형의 집행 및 수용자의 처우에 관한 법률 시행령'(대통령령 제21095호) 제140조(가석방자 준수 사항의 고지 등).

POLITIK
MEDIZINREPORT

Primäre Prävention mit Cholesterin-Synthese-Hemmern

Weshalb „Statine" in die Diskussion geraten sind

Nach der Vorstellung der „West of Scotland Coronary Prevention Study" (WOS) auf der Jahrestagung der American Heart Association in Anaheim knallten die Korken. Pravastatin hatte in der primären Herzinfarkt-Prävention gehalten, was die „Scandinavian Simvastatin Survival Study" (4 S) ein Jahr zuvor in der sekundären Vorbeugung versprochen hatte:

rat verringert, dafür waren allerdings andere Todesursachen häufiger aufgetreten, so daß sich an der Gesamtmortalität nichts geändert hatte. Dieser bislang unerklärte Anstieg der nichtkardialen Todesursachen, entweder ein Effekt der Medikamente oder der Lipidsenkung an sich oder schlichter Zufall, trat in der WOS-Studie nicht auf: Pravastatin hatte

bezogen: Um 27 Personen vor einem Herzinfarkt zu bewahren, müssen 973 andere fünf Jahre lang ein Medikament nehmen, das ihnen – zumindest in diesem Zeitraum – keinen spürbaren Vorteil bringt. Zudem muß die Therapie nach dem Stand des Wissens lebenslang geschehen – für die meisten also 20 bis 30 Jahre lang. Da ist mit potentiellen Risiken einer jahr-

1차적 질병예방을 다루고 있는 의료 분야 저서와 논문[5]

브랜팅햄(Brantingham) 교수 부부

3차 예방은 보통 입원 혹은 집중적인 치료를 의미하는데, 질병이 발전하고 있는 이후 단계에서 개입하고 치료하는 것을 의미한다(Jeffery, 1977: 37).

범죄예방 개념은 샤(S. A. Shah)와 로스(L. H. Roth), 그리고 브랜팅햄(Paul J. Brantingham)과 파우스트(Frederic L. Faust)에 의해 논의되었다(Brantingham & Faust, 1976). 병의 발전을 통제하고자 취해진 조치들을 포함한다. 3차 예방은 혈액 부족으로 인해 심장이 파괴된 환자에게 인공심장을 이식시키는 것이라든지 온몸에 암이 퍼진 상태에 있는 환자에게 방사선 치료를 실시하는 것을 포함한다.

구조모델의 체계적 분류는 브랜팅햄과 파우스트에 의해 명시적으로 시도, 범죄학에 소개되었다(Jeffery, 1977: 37; Albrecht, 1983: 7; Brantingham & Faust, 1976: 284-285; Heinz, 1998: 24). 독일에서는 이 구조모델을 쿠베

5 https://www.frohberg.de/artikelbilder-frohberg/zoom/9783939069164.jpg; http://www.aerzteblatt.de/v4/archiv/artikel.asp?id=605(2009년 3월 12일 검색)

그림 2-2 범죄예방의 구조모델(주사위 모델)

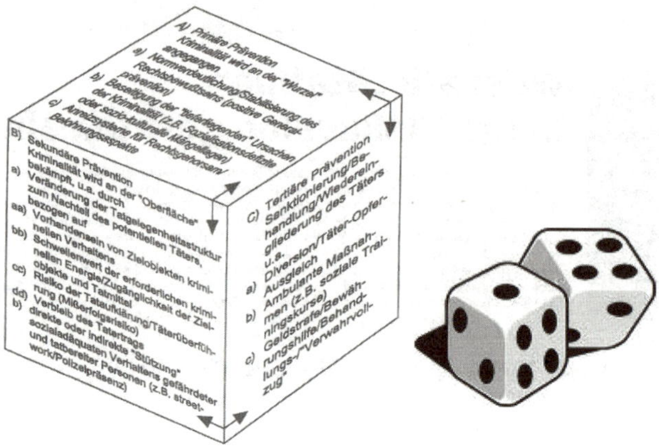

출처: Kube & Koch(1996: 10).

(Edwin Kube) 교수가 주사위(Würfel) 모델로 응용, 이해하기 쉽게 소개하고 있다(Kube & Koch, 1996: 10). 각 예방 단계(1, 2, 3차)에서 경계가 확연히 구분되는 경우도 있지만, 직육면체의 모서리가 서로 만나듯이 서로 중첩되는 부분도 있다. 1차 예방 단계가 기본적으로 모든 시민에게 적용되는 것임에 반하여, 2차 예방은 잠재적 범죄자 또는 기회범에 대한 예방을 지향하고 있으며, 3차 예방은 재범자나 범죄성이 강한 범죄자를 지향하고 있다(Kaiser, 1996: 249).

2. 1차 예방

1차 예방은 범죄의 근원에 초점을 둔 이론으로서, 범죄행동의 심층적 원인을 이상적으로 제거하자는 것이다(Kube & Koch, 1996: 9). 제퍼리가 주장하는 1차적 의미의 예방이란 처음부터 범죄발생을 막는 것이다. 그것은 전환제도, 중간 처우의 집 혹은 초기의 비행 확인 등과 같은 것을 언급한 것은 아니다(Jeffery, 1977: 40). 범죄발생 원인과 상황에 영향을 미치는 문화, 경제, 교통, 사회정책 등을 통한 범죄예방전략을 말한다(Schwind, 1998: 155; Gramckow, 1994: 31; Kaiser, 1997: 76-77).

1차 예방은 형사정책에서 모든 노력의 핵심이라 할 수 있다. 전통적 형벌이론의 체계에 따르면, 형법적 반작용을 통해 규범의식을 강화한다는 의미에서, 적극적 일반예방이론을 1차적 예방이론과 같은 차원으로 설명할 수 있으며(Göppinger, 1997: 149), 일반적인 규범 의식과 가치 인식의 강화는 1차적 예방의 한 목적이 된다(Heinz, 1998: 26).

그림 2-3 구조모델론을 응용한 범죄예방전략을 소개하고 있는 독일 작센 주 경찰[6]

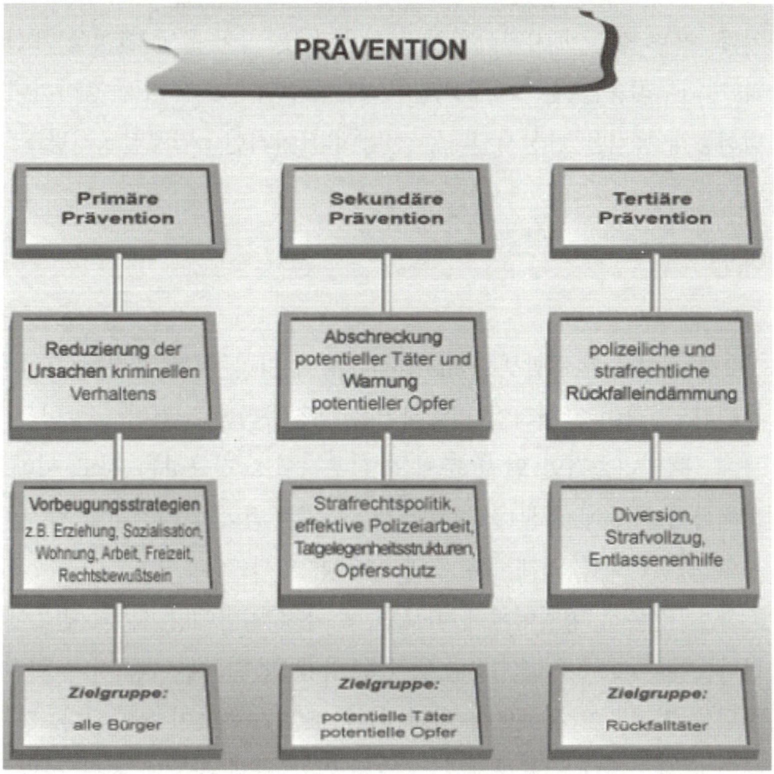

6 http://www.polizei.sachsen.de/afi/bilder/bilder_inhalt/praeve2_72dpi_7R_Q10.jpg(2009년 3월 12일 검색)

1차 예방 영역에서는 사회적 결함 또는 결핍구조의 개선과 심지어는 범죄를 저지르기 전 단계의 실업문제, 교육문제, 사회화, 주거환경 또는 노동 조건, 여가활동 및 휴양활동 등이 거론된다(Kaiser, 1997: 26; Heinz, 1998: 35). 피해자지향적 경찰의 문제 해결 활동(Problem-solving policing)이나 범죄를 사전에 예방하고 공공의 안전을 강화하기 위한 지역사회지향적 경찰활동도 1차 예방 범주에서 고려될 수 있다. 지역사회와 경찰 간의 파트너십 구축을 위한 지역사회 경찰활동은 이 단계에서 강조된다(Schneider, 1993: 325).

지역사회 경찰활동은 경찰과 지역주민이 서로 협력하여 범죄예방 프로그램을 수립하고, 재원을 마련하여 운영하는 종합적인 범죄예방활동이다. 이는 경찰과 시민의 상호협력을 통해 지역사회의 범죄를 억제·예방하려는 활동이다. 이는 경찰이 지역사회의 질서유지 및 범죄 유발 환경을 개선하여 범죄와 범죄두려움을 감소시키고, 지역사회 주민과의 유대를 강화하여 비공식적 범죄통제 능력을 향상시킨다는 전략이다(이기헌·임영철·기광도, 1995: 11).

3. 2차 예방

2차 예방은 범죄발생 전에 범죄유형에 따라 이를 중점적으로 저지하려는 것이다. 경찰이 잠재적인 피해사건을 해결하려는 노력이나 방범을 위해 건축물에 대한 기술적인 안전 조치를 실무적으로 강구하는 것도 이에 해당한다. 범죄학적 측면에서 본다면, 이러한 조치는 범죄가 저질러질 수 없도록 범죄자의 범행기회를 억제하는 것과 관련이 있다.

또한 전통적 형벌이론에 따르면, 소극적 일반예방이론의 범주에 속하기도 한다(Göppinger, 1997: 149). 범행 준비가 막 완료된 범죄자가 실질적인 범죄행위를 저지르지 못하도록 하기 위한 모든 노력들이 해당된다. 가족 간의 도움이 필요하거나 교육문제와 같은 특별한 문제 상황에 처한 사람을 돕고 지원하는 일, 범행 비용과 발각될 위험성을 높이거나 범죄를 통해 얻을 수 있는 기대이익을 감소시키는 일, 범행기회구조를 변경시키는 것(Koch & Kube,

1996: 9; Dreher, 1996: 174), 침입 방지 시설과 고가품에 대한 안전 조치를 강구하고, 환경설계를 통해 범죄를 예방하려는 노력, 범행에 용이한 상황들을 감소시키는 일과 잠재적 범죄피해자를 위한 호신술 훈련 등이 2차 예방 단계에서 고려된다. 이 범행의 기회구조를 변경시키는 전략은 잠재적 범죄자, 피해자 또는 제3자에게도 적용될 수 있다(Heinz, 1998: 25-26, 32). <표 2-5>는 범죄와 기회 간의 연관성을 잘 설명해 주고 있다.

2차 예방 단계에서 범죄자지향적 범죄억제 노력은 가장 일반적이고 널리 알려진 예방 수단이다. 이러한 예방 노력은 비행의 위험성이 있는 청소년과 근본적으로 우범자를 우선적으로 고려하고 있다(Schneider, 1993: 327). 여기서의 관심 영역이나 대상은 잠재적 범죄자나 범죄발생에 결정적인 영향을 초래할 수 있는 상황들이다(Kaiser, 1997: 76; Albrecht, 1983: 7). 2차 예방의 중점은 형법정책과 일반예방의 중요성을 포함한 실질적인 집행력에 있다. 그리고 형법의 일반, 특별예방 기능 외에 범죄가 발생될 수 있는 상황과 그러한 영향에 대한 사전 인식이 우선적으로 고려되어야 한다. 청소년 보호활동, 매스미디어 통제, 도시계획, 그리고 건축설계 등은 사전예방적 경찰의 직무 영역에 속한다(Kaiser, 1993: 573).

범죄로 진전되기 전에 이를 사전에 대비하거나 범죄를 진단하는 것, 다이

표 2-5 범죄와 기회에 관한 열 가지 원칙

1. 범죄기회는 모든 범죄를 야기하는 역할을 한다.
2. 범죄기회는 아주 구체적이다.
3. 범죄기회는 시간과 장소에 집중된다.
4. 범죄기회는 일상적인 이동 경향에 달려 있다.
5. 하나의 범죄는 다른 범죄에 대한 기회들을 만들어 낸다.
6. 몇몇 결과는 더 많은 유혹적인 범죄기회를 만들어 낸다.
7. 사회적, 그리고 기술적 변화는 새로운 범죄기회를 변화시킨다.
8. 범죄기회는 감소될 수 있다.
9. 범죄기회를 감소시키는 것이 보통 다른 범죄를 대체시키지는 않는다.
10. 범죄기회에 초점을 맞춤으로써, 더 광범위한 범죄에 감소 경향을 만들어 낼 수 있다.

출처: Adler, Mueller, & Laufer(2007: 215).

버전의 심사와 같은 조치들은 경찰의 임무로 설명될 수 있다. 이웃감시를 통한 범죄예방, 경찰의 위험 방지작용, 비공식적 문제 해결 전략이 이에 속한다(Kaiser, 1997: 76).

■ 이웃감시를 통한 범죄예방(neighborhood watch)

미국의 보안관협회(National Sheriffs' Association: NSA)가 1972년에 창안한 이웃감시 프로그램은 주민이 주도하는 지역사회 범죄예방활동의 대표적인 사례로 주민과 경찰이 서로 협력하면 지역사회에서 발생하는 여러 유형의 주거침입범죄를 효과적으로 방지할 수 있다는 확신에서 착안된 것이다. 전국에 산발적으로 조직되어 있는 다양한 형태의 방범 관련 보호 프로그램들을 하나로 통합하는 데 필요한 절차와 지침을 NSA에 수립하여 각 지역에 전파함으로써 수립된 제도이다.

이웃감시 프로그램은 범죄감시, 구역감시 혹은 지역사회 경보 등으로 불리고 있으며, 이 프로그램은 범죄가 발생하기 전이나 범죄가 발생할 당시를 대상으로 주로 감시와 신고 방법에 의존하며, 일정한 규칙과 절차에 따라 운영

그림 2-4 이웃감시 프로그램 시행 표지판[7]

7 http://www.kycrimeprevention.org/sitebuildercontent/sitebuilderpictures/NeighborhoodWatchSign.jpg; http://monteroneighborhoodwatch.info/images/neighborhoodwatch.gif; http://www.yourstrulybrand.com/yourstruly/files/lookbook/neighborhood-watch.jpg(2009년 3월 12일 검색)

표 2-6 라이스(Rice)대학교 캠퍼스 내 'Campus Watch' 프로그램[8]

'The Campus Watch Crime Prevention' 프로그램은 라이스대학교의 교수, 교직원, 대학생들을 위한 범죄예방 프로그램이자 조직이다. 1996년 9명의 자원봉사자들로 시작했다. 라이스대학교 캠퍼스 내에서 가장 빈번하게 발생하는 범죄유형은 절도범죄이다. 기회적 절도범죄는 예방될 수 있는 범죄이며, 그것을 위해 필요한 모든 조치는 개인적인 책임이라고 인식, Campus Watch 프로그램을 운영하고 있다. 이러한 기회적 절도범죄를 이해하기 쉽도록, 범죄발생 삼각형 구조를 제시하고 있다. 삼각형은 3면으로 된 기하학적 구조를 띠고 있다. 만약 당신이 삼각형의 어떤 한 변이라도 제거한다면, 범죄가 발생할 수 있는 구조는 무너진다. 이러한 메커니즘은 기회적 절도범죄에도 해당된다. 한쪽 변은 욕구인데, 범죄를 저지르려는 개인 측면에서, 범죄 욕구가 있어야 한다. 두 번째 변은 범죄를 저지를 수 있는 기술이다. 범죄자는 범죄를 저지를 수 있는 어떤 확실한 능력을 갖고 있어야 한다는 것을 의미한다. 기회적 절도범죄에서 범행 기술은 대단히 중요하다. 범죄발생 기회는 삼각형의 밑변으로서, 기초가 된다. 만약 우리가 그 기회를 제거하거나 없애버리면, 어떤 범죄도 일어날 수 없다.

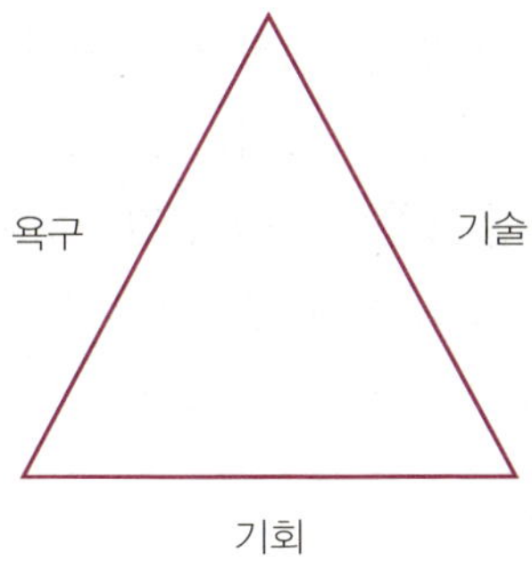

되고 있다. 이웃감시 프로그램이 갖는 이점으로는 첫째, 프로그램 방법이 복잡하지 않고 단기간에 실행될 수 있으며, 둘째, 간접비용과 비싼 장비가 필요하지 않아 저렴한 비용으로 실행될 수 있고, 셋째, 지역주민의 요구에 맞추어서 유동적으로 운영 가능하며, 넷째, 시민들이 상호간에 관심을 갖도록 조장할 수 있고, 다섯째, 시민의 시간과 재정적인 지출을 크게 요구하지 않는다는 점을 들 수 있다(최인섭, 1994: 136).

피해자지향적 2차 예방 노력은 특별한 우범상황, 지역에서 범죄가 발생될 기회를 감소시키고, 사회적 연계성과 비공식적 통제를 강화하기 위해 잠재적 피해자 집단에 적용될 수 있다(Schneider, 1993: 328). 노상범죄의 감소나 범행 기회구조의 관점에서 본다면, 정복경찰관이 거리에서 자주 보이도록 하거나 순찰 빈도를 강화하여 범죄를 사전에 예방하는 경찰의 역할은 매우 중요하다(Steffen, 1998: 257).

8 http://www.ruf.rice.edu/~owlwatch/cpm.htm;http://www.ruf.rice.edu/~owlwatch/cpm_files/image008.jpg(2009년 3월 13일 검색)

한편, 상황적 범죄예방이론(situational crime prevention)은 사회나 환경을 개선시킴으로써 범죄를 감소시키려는 방법이 아니라 범죄가 발생하는 상황적 조건 및 범죄기회를 감소 내지 제거함으로써 범죄를 예방하고자 하는 노력을 말한다(최인섭 · 진수명, 1995: 48). 범죄자를 고정된 성향을 가진 자로 보지 않고, 오히려 가변적인 상황적인 요인, 즉 범죄환경과 기회 조건에 따라 행동하는 역동적인 존재로 본다. 범죄기회가 주어지면, 누구든지 범죄를 저지를 수 있다고 인식하며, 이 예방이론에 근거한 경찰의 범죄예방활동은 범죄 기회를 줄이는 활동과 범죄피해를 줄이는 활동으로 나눌 수 있다. 이러한 개념에 근거한 경찰의 범죄예방활동으로는 범죄예방 홍보활동, 보안점검, 범죄대상물의 보호 강화, 재물 등록 등을 통해 범죄기회를 사전에 제거하여 범죄발생을 감소시키는 활동으로 나타난다(이기헌 · 임영철 · 기광도, 1995: 11).

4. 3차 예방

3차 예방 및 범죄자지향적 범죄예방 노력은 무엇보다도 형사법적, 그리고 경찰에 의한 재범대책을 지향하고 있다(Kaiser, 1993: 573; Schneider, 1993: 332; Albrecht, 1983: 7). 이 예방 단계는 주로 범죄자의 처벌, 처우 및 재분류와 관련이 있다(Kube & Koch, 1996: 10).

특별예방적 제재를 통해 개별 범죄자의 새로운 범죄성을 억제시키거나 약화시킬 수 있는 조치들이 3차 예방 단계에서 논의된다(Heinz, 1998: 26). 형벌이론적으로 특별예방적 영역 안에서 교육, 재사회화, 보안처분과 개별적 위하와 같은 다양한 측면들이 인정되고 있다(Göppinger, 1997: 150). 이 예방단계는 또 다른 범죄의 억제를 지향하고 있으며, 약하고 경미한 제재를 통한 비공식적 문제 해결 차원에서 가해자에 의한 피해 원상회복 조치와 가해자-피해자 간의 화해, 심지어는 보안처분까지 고려하고 있다(Schneider, 1993: 332). 피해자지향적 3차 예방 영역에서는 피해자를 돕고, 재차 피해를 입지 않도록 하거나 또는 새로운 범죄피해를 면할 수 있는 피해자 지원 프로그램과 피해자 치료 프로그램이 중요하다(Schneider, 1993: 332-333).

제 5 절 범죄피해화이론과 범죄예방

1. 형사정책과 피해자학

형사정책에서 피해자에 대한 논의는 크게 두 영역과 관련이 있다. 하나는 범죄원인론에서 피해자가 범죄발생에 미친 영향과 관련되는 문제이고, 다른 하나는 피해자에 대한 적절한 보호 대책과 관련되는 문제이다. 전통적으로 범죄학 혹은 형사정책에서 피해자 관련 연구보다는 범죄자 연구에 더 많은 비중을 두었던 것이 사실이지만, 최근 들어 피해자지향적 연구 경향이 강조되고 있는 실정이다(배종대, 1999: 121).

범죄학자들은 오랫동안 주로 범행을 저지르는 범죄자에게 초점을 맞추고 연구를 진행해 왔는데, 사실상 피해자의 역할은 거의 무시되었다고 할 수 있다. 거의 50여 년 전부터 학자들은 피해자가 단순한 수동적인 범죄대상이 아니라, 오히려 그러한 피해자의 행동이 그 자신의 운명에 영향을 미칠 수 있으며, 피해자들이 범죄자를 만들기도 하고 형성하기도 한다는 것을 깨닫기 시작했다. 이러한 초기의 업적들은 범죄문제에서 피해자의 역할에 대해 주의를 환기시킬 수 있도록 도와주기도 했다(Siegel, 2003: 90-91).

오늘날에는 범죄피해 원인을 설명하는 데 다양한 이론들이 활용되고 있다. 비록 피해자화가 여러 범죄이론에서 언급되고 있지만, 피해자들이 범죄사건에서 갖는 역할에 대한 직접적인 고려는 2차적인 의미가 되고 있다. 기초범죄학에서, '실종되고 있는 피해자'의 결과로서, 피해자화이론은 피해자의 관점으로부터 혹은 마음속의 피해자와 함께 범죄를 이해할 목적으로 발전되었다(Adler, Mueller, & Laufer, 2007: 222).

피해자학(victimology)은 범죄피해를 입거나 받을 위험이 있는 자에 대해

포이에르바흐(Paul Johann Anselm von Feuerbach)[9]

그 생물학적·사회학적 특징을 과학적으로 연구하고 이를 기초로 범죄발생 시 피해자의 역할과 형사사법에서 피해자 보호 등을 연구하는 학문 분과를 말한다(배종대, 1999: 123).

피해자학의 기원은 18세기 말 피타발(François Gayot de Pitaval, 1673~1743)과 포이에르바흐(Paul Johann Anselm von Feuerbach, 1775~1833) 등이 범죄에서 피해자가 구체적으로 어떤 태도를 보였는가를 연구한 데에서 시작되었다. 20세기 전반, 가로팔로(James Garofalo)는 범죄피해자가 가해자의 공격을 유발하는 측면이 있다는 것에 주목했다. 다른 몇몇 학자들도 범죄원인 분석과 관련하여 피해자의 종류나 피해 상황을 지적하기도 했다.

체계적인 연구는 제2차 세계대전 이후 멘델존(Benjamin Mendelsohn)과 헨티히(Hans von Hentig, 1887~1974)에 의해 본격화되었다. 범죄학에서 피해자에 관한 역사는 1941년 헨티히가 피해자에 관한 주제로 처음 논문을 쓴 것으로 거슬러 갈 수 있으며, 그는 "범죄는 범죄자와 피해자 간의 상호작용"이라는 명제를 만들었다(Hentig, 1941: 303-309; Adler et al., 2007: 222 재인용).

헨티히는 1948년 출판된 그의 책, 『범죄자와 그의 마음(*The Criminal and His Mind*)』을 통해, 피해자학에 관한 범죄학적 하위 구분의 기초를 다졌다. 그것은 범죄사건이 발생하는 동안 피해자에 의해 행해진 역할을 탐구하는 것이다(Hentig, 1948). 이에 앞서 멘델존은 1940년 강간범죄 피해자를 연구하여 형사정책적으로 의미 있는 피해자학의 기초를 마련했으며, 그 후 1956년에 『피해자학』이라는 책을 저술하면서, 피해자학이라는 용어를 사용하기 시작했

9 http://de.wikipedia.org/w/index.php?title=Datei:Anselm_von_Feuerbach.jpg&filetimestamp=20051023022818(2009년 6월 28일 검색)

다. 피해자학은 1947년 루마니아의 변호사였던 멘델존에 의해 부쿠레슈티에서 개최된 루마니아 정신병협회(Romanian Psychiatric Association)의 "새로운 생물정신의학-사회학적 지평: 피해자학(New Bio-Psycho-Social Horizons: Victimology)"이라는 제목의 강연에서 만들어졌으며, 1948년 미국의 정신병학자였던 워탐(Fredric Wertham)이 미국에서 처음으로 사용했다(Wertham, 1948: 259; Adler et al., 2007: 222).

캐나다의 범죄학자 파타(Ezzat Fattah)에 따르면, 헨티히는 "많은 범죄피해자가 범죄자를 자극하거나 또는 범죄가 저질러지는 상황을 유발시킴으로써 그들 자신이 피해자가 되도록 촉진했다"고 주장했다(Fattah, 1989: 44; Adler et al., 2007: 222). 즉, 범죄행동은 범죄자의 행동 및 범죄자와 피해자 간의 상호작용과 관련되기 때문에, 범죄를 저지르는 것과 피해자가 되는 것에는 부인할 수 없는 연관성이 있다는 것이다.

이외에도 제2차 세계대전 이후의 피해자 연구로는 '피해원인'이라는 개념을 제시한 엘런버거(Henri Ellenberger)의 "범죄자와 피해자 간의 심리학적 관계"가 있고, 프라이(Frey)의 "피해자를 위한 정의"가 있다.

향후 피해자학의 과제는 다음의 몇 가지로 나누어 볼 수 있는데, 범죄 원인과 피해 원인의 규명, 형사절차상 피해자 보호, 그리고 피해자에 대한 공적 구조 등이다. 특히 이 절에서는 범죄예방 차원에서 피해 원인을 규명하는 데에 있다.

2. 범죄피해 원인에 대한 주요 개념

1) 범죄근접성

범죄에 대해 물리적으로 근접한 경우에는 피해자가 되기 쉽다. 즉, 범죄가 빈발하는 지역에 살고 있거나, 상대적으로 범죄가 많이 발생하는 곳에 자주 출입하는 자는 범죄근접성이 높다고 할 수 있다. 이러한 사람들은 범죄자와 접촉할 기회가 많기 때문에 범죄피해자가 될 수 있는 가능성 또한 그만큼 높아지게 된다. 범죄근접성은 단순히 범죄가 많이 발생하는 장소의 문제뿐만 아니라 범죄가 일어날 가능성이 높은 경제적 · 대인적 환경을 포함한다. 범죄근접성과 범죄피해의 상관관계는 도시와 농촌의 범죄피해의 현저한 차이처럼 실증적으로 증명되고 있다(배종대, 1999: 128).

2) 범죄노출성

범죄를 당할 위험성이 높은 상태로 노출되어 있는 경우에는 범죄피해자가 될 확률이 높다. 개인의 범죄에 대한 취약성 문제이다. 즉, 외딴 곳에 출입하거나 심야 등 위험한 시간에 다닌다거나 상대적으로 위험성이 높은 곳에서 일상생활이 이루어지는 경우에는 그렇지 않은 경우보다 절도, 강도 기타 성범죄에 대한 위험성이 높을 수밖에 없다. 이와 같은 범죄 노출은 주로 개인의 일상활동과 생활양식에 기인한다. 노출 정도를 측정하는 기준으로 가정 외적 활동을 위해 위험한 시간대에 외출하는 빈도, 가정 외적 활동을 위해 위험한 장소에 외출하는 빈도, 집을 비우는 평균 시간 등이 활용된다. 노출 정도가 많을수록 범죄피해의 위험성 또한 비례하여 높아지게 된다(배종대, 1999: 128).

3) 표적(범행대상물)의 매력성

이것은 범죄피해자로 지목된 자는 가해자에게 일정한 상징적 · 경제적 가치가 있기 때문에 선택된다는 것을 의미한다. 매력의 기준은 적극적 이욕 가치뿐만 아니라 소극적으로 표적의 크기나 물리적 저항 정도도 될 수 있다. 즉, 표적과 관련된 여러 가치와 범죄자의 주관적 유용성이 기준이다. 구체적으로는 재물의 고가성, 이동성, 사회경제적 지위, 소득 수준 등이 표적의 매력을 결정한다. 범죄자에게 주관적 물질적으로 가치가 높은 사람과 물건은 그렇지 않은 것에 비해 범죄피해의 위험성도 높아질 수밖에 없다(배종대, 1999: 128).

4) 보호능력

보호능력은 피해자가 범죄를 방지할 수 있는 능력을 의미하며, 보호능력이 적을수록 범죄피해자가 될 확률은 높아진다. 보호능력은 사회적, 물리적 차원을 모두 포함한다. 사회적 보호능력은 가족구성원이나 기타 이웃 주민 등 다른 사람의 협조를 구할 수 있는 경우이고, 물리적 보호능력은 방범시설이나 일정한 장치가 행하는 범죄 방지 기능을 의미한다. 보호능력의 강화는 범죄자 입장에서는 범죄 비용의 증대와 함께 범죄피해의 감소를 가져온다(배종대, 1999: 129). 개인적 또는 집단적 차원의 보호능력 강화조치로 CCTV 설치, 사설경호, 민간경비시스템의 발전, 환경설계를 통한 범죄예방(CPTED) 등을 그 사례로 들 수 있다.

3. 범죄피해화이론

1) 피해자책임론(피해자촉진론)

피해자 촉진적 관점에 따르면, 어떤 사람들은 결과적으로 자신의 신체 상해 혹은 사망에 이르도록 하는 대결 국면을 실제로 주도하는 경우도 있다. 이러한 피해자의 촉진적 역할은 적극적인 경우와 수동적인 경우로 나눌 수 있다.

적극적 촉진은 피해자가 종종 자극적으로 행동하거나, 위협이나 싸움을 거는 듯한 말을 사용하고 혹은 심지어 먼저 공격하는 경우에 발생한다. 한편, 수동적 촉진은 피해자가 부지불식간에 공격자를 협박하거나 조장하는 인격적 특징을 드러냄으로써 종종 발생한다. 개인 간의 충돌 혹은 갈등, 예를 들면 어떤 두 사람이 직장, 승진, 연애 관계 혹은 다른 귀중한 것들 혹은 매우 탐나는 물건 때문에 경쟁을 할 때 범죄가 발생할 수 있다.

2) 생활양식이론

피해자화에 관한 생활양식이론(lifestyle theory)은 1978년 힌데랑(J. Michael Hindelang), 갓프레드슨(R. Michael Gottfredson), 가로팔로(James Garofalo)에 의해 발전되었다. 생활양식의 다양성은 높은 피해 위험성과 함께 수많은 상황들에 영향을 미친다(Hindelang, Gottfredson, & Garofalo, 1978: 245; Adler et al., 2007: 222). 즉 개인의 직업적 활동, 여가활동 등 모든 일상적 활동의 생활양식이 그 사람의 범죄 위험성을 높이는 중요한 요인이 된다는 이론이다. 일부 범죄학자들은 사람들의 생활양식이 범죄자에게 노출을 증가시킴으로써 범죄피해자가 될 수 있다고 믿는다. 한 개인의 생활 상태는 피해 위험성에 영향을 미칠 수 있다. 왜냐하면, 그것은 사람들의 ① 범죄자에 대한 시간적 · 공간적 근접성, ② 범죄자에게 노출될 가능성이 있는 시간, ③ 범죄 대상물로서의 매력성, 그리고 ④ 범죄로부터 보호받을 가능성 등을 통제하기 때문이다(Miethe & Meier, 1994; Siegel, 2003: 94).

이 이론의 기본 전제는 범죄가 무작위로 발생한다기보다는 오히려 피해자의 생활양식에 달려 있다는 것이다. 사람마다 범죄 위험이 높은 상황이나 우범지역, 범죄가 자주 일어나는 시간 등에 노출되는 정도가 다르고, 그 가운데 범죄피해자가 되는 생활양식이 정해진다는 것이다. 이 연구는 사회계층별 폭력범죄 위험성을 밝히려는 시도로 시작되었다가 나중에 재산범죄까지 확대되었다. 연구 결과, 청년, 남성, 미혼, 저소득, 저학력 집단이 다른 집단보다 범죄피해자가 될 확률이 상대적으로 높은 것으로 나타났다. 그 이유는 이 집단이 가족과 보내는 시간은 적은 반면에, 외부에서 활동하는 시간이 많기 때문에 범죄자와 접촉할 기회가 증대되기 때문이다(Siegel, 2003: 92).

피해자화에 관한 생활양식이론은 미래의 연구를 위해 이론의 핵심과 신호 등과 같은 방향을 대략적으로 그려 주는 수많은 구체적인 주장들에 치중하고 있다(Adler et al., 2007: 223).

▸ 주장 1: 개인적인 범죄피해로 고통 받을 가능성은 직접적으로 어떤 사람이 공공장소에서, 그리고 특별히 야간에 공공장소에서 보내는 시간의

양과 연관된다.

- 주장 2: 공공장소에서 있을 가능성은 특히 야간에, 생활양식의 기능만큼 다양하다.
- 주장 3: 사회적 접촉과 상호작용은 유사한 생활양식을 공유하는 개인 간에 불균형적으로 일어난다.
- 주장 4: 범죄피해에 관한 가능성은 각 개인이 범죄자와 공유하는 인구사회학적 특징들의 범위에 달려 있다.
- 주장 5: 한 개인이 가족이 아닌 구성원 간에 보내는 시간의 비율은 생활양식의 기능으로서 다양하다.
- 주장 6: 범죄피해의 가능성은 한 개인이 가족이 아닌 구성원들과 보내는 시간의 정도만큼 증가한다.
- 주장 7: 생활양식의 다양성은 그들 자신을 범죄자 특징을 갖고 있는 사람들로부터 분리시킬 수 있는 능력면에서 다양성과 관련된다(안전하게 보호되는 교외지역을 위해, 높은 범죄 발생지역을 떠날 수 있는 능력).
- 주장 8: 생활양식상의 다양성은 편이성, 매력성, 그리고 개인적인 피해자화에 대한 표적물로서 사람에 대한 정복 가능성의 다양성과 관련된다.

고위험성 생활양식(high-risk lifestyle)을 갖고 있는 사람들은 음주, 약물복용, 범죄에 관여하는 등 더 많은 범죄피해 기회를 유지하는 셈이다. 예를 들면, 가출 청소년은 높은 범죄피해 위험성을 갖고 있는데, 거리에 노출되는 시간이 많을수록, 범죄피해자가 될 위험성이 더 높아진다. 10대 남자 청소년들은 극단적으로 아주 높은 범죄피해 위험에 노출되어 있다. 왜냐하면 그들의 생활양식은 학교에 있을 때와 학교를 벗어날 때 모두 높은 위험에 놓이게 된다. 그들은 친구들과 서성거리면서, 재미있는 것들을 찾으면서 많은 시간을 보낸다. 그들의 친구들은 가짜 신분증을 주기도 하며, 근처에 있는 술집에 드나들기도 한다. 이러한 장소들은 그들을 위험에 처하게 하는데, 알코올이 제공되는 장소에서는 다반사로 싸움이 벌어지고 폭력이 발생하기 때문이다. 심각한 비행행위에 가담한 전력이 있거나 갱과 관련을 맺고 있으며, 총기를 소지하고 마약을 파는 등의 행동을 하는 사람들은 총에 맞거나 혹은 스스로 자살할 가능성이 그만큼 높아지게 된다(Loeber, DeLamatre, Tita, Cohen, Stouthamer-Loeber, & Farrington, 1999: 339-351). 생활양식상의 위험성은 청년과 청소년들 사이에서 계속된다. 매주 파티를 즐기면서 며칠 밤을 새우고, 오락용 약물을 복용하는 대학생은 위험한 대학생활을 회피하고 있는 다른 학생들보다 훨씬 더 폭력범죄에 노출될 가능성이 높다. 성인들도 마찬가지로 범죄를 저지르는 사람은 살인범죄의 피해자가 될 가능성이 증가한다고 할 수 있다(Dobrin, 2001: 151-173; Siegel, 2003: 92). 다수의 자료들에서 범죄자와 피해자는 둘로 분리될 수 없으며, 서로 구별된 집단이 아니라는 것을 보여준다. 게다가, 피해의 위험성은 젊은 층의 고위험성 생활양식과 무기를 소지한 갱단의 소년들과 직접적으로 연결되어 있다는 것을 증명하고 있다.

3) 피해자-가해자 상호작용

볼프강(Marvin Wolfgang) 교수(1924~1998)[10]

볼프강(Marvin E. Wolfgang)은 1950년대 필라델피아 지역의 살인범죄 연구를 통해 피해자들 가운데 많은 사람이 실제로 살인사건으로 이어지는 쪽으로 자기 자신을 몰아갔다는 사실을 밝혀냈다. 볼프강에 따르면, 1/4에서 1/2에 이르는 고의 살인사건들의 경우, 피해자 촉발한 사건으로 추정하면서, '피해자 촉진론(victim precipitation)'이라는 용어를 사용했다(Wolfgang, 1958: 253; Adler et al., 2007: 223).

테데쉬(James Tedeschi)와 펠슨(Richard Felson)은 '강제적 행동'에 관한 이론을 주장했는데, 피해자와 범인이 상호작용하는 것은 폭력범죄에서 큰 역할을 한다고 강조했다(Tedeschi & Felson, 1994; Adler et al., 2007: 223 재인용). 그들에 의

10 http://www.upenn.edu/almanac/v44/n30/wolfgang.gif(2009년 3월 13일 검색)

하면, 사람들이 폭력범죄를 고의적으로 저지른다고 주장하고 있다. 다른 한편으로, 사람들이 곧바로 통제력을 상실하는 것은 아니라고 한다. 그들 자신보다 약한 표적물을 선택하는 경향이 있다.

4) 반복된 피해자화

반복된 피해자화에 관한 이론은 반복된 피해자화뿐만 아니라, 최초의 피해자화에 대해 책임 있는 요소들을 판단하기 위해, 상황들에 관한 구체적 특징들에 초점을 맞추고 있다(Trickett, Ellingworth, Hope, & Pease, 1995: 343-359; Farrell, 1995: 467-534; Adler et al., 2007: 223).

반복된 피해자화이론은 복합적 피해자화라고 불리기도 한다. 1982년부터 1992년까지 영국의 범죄조사(British Crime Survey) 및 피해자조사(victimization survey)에 의하면, 대물범죄와 대인범죄의 모든 피해자 중 24%에서 32% 정도가 1년 내외 동안에 무려 5번 또는 그 이상의 범죄피해를 경험했다고 한다(Trickett, Ellingworth, Farrell, & Pease, 1995: 360-365; Adler et al., 2007: 224). 또한 반복된 범죄피해자화에 대한 다른 연구에서는 텍사스 주 샌안토니오에 소재한 34개 패스트푸드 레스토랑이 1990년부터 1992년 사이에 경찰에 도움을 요청한긴급전화를 분석한 결과, 패스트푸드 레스토랑들은 거의 1주일 이내에 반복적으로 긴급전화를 통해 도움을 요청하는 것으로 나타났다(Spelman, 1995: 366-383).

반복된 피해자화에 관한 연구들은 범죄자의 범행 의사결정에 관한 합리적 선택이론은 반복된 피해자화를 이해하는 데 유용하다는 결론을 내렸다. 범죄자는 범죄의 위험성과 보상에 관해 이전에 얻었던 지식에 근거하여, 범행 표적물을 선택한다고 한다(Farrell, Phillips, & Pease, 1995: 384-399; Adler et al., 2007: 224). 최근의 연구에 따르면, 반복된 주거침입절도 범죄피해는 부유한 지역과 비교했을 때, 불리한 처지에 놓인 지역에서는 심각한 문제가 되고 있다. 반복된 범죄피해를 처리할 수 있는 전략을 세우는 것은 확실히 비용면에서 효과적이며, 비교적 몇몇 대상물에 자원을 집중할 수 있다. 하지만 유감

스럽게도 경찰 기록 시스템이 반복된 범죄피해를 지속적으로 추적할 수 있도록 고안된 것이 아니었다. 몇몇 혁신적인 연구자들은 이러한 문제를 극복하기 위해 '범죄다발지역(hot spots)'으로 불리는 새로운 연구들을 개시하면서 자신들의 데이터베이스를 구축했다(Adler et al., 2007: 224).

5) 일탈지역과 범죄다발지역이론

일탈지역이론(deviant place theory)에 따르면, 피해자들이 범죄를 조장하지는 않지만, 사회적으로 해체된 범죄발생 빈발지역에 거주하기 때문에 그들 자신의 행동이나 생활양식에 관계없이 피해를 입게 된다고 한다(Siegel, 2003: 92). 결과적으로, 하류계층이 거주하는 지역의 거주자를 위해 그들의 생활양식을 바꾸거나 안전조치를 취하는 것이 별 의미가 없을 것 같다고 한다. 왜냐하면, 개인의 행동방식 선택은 피해 가능성에 대해 별로 영향을 미치지 않기 때문이다. 이웃 간의 범죄 수준은 아마도 피해 가능성을 결정하는 데 대해 개인적 특성보다 훨씬 더 중요하다.

일탈지역들은 대체로 빈곤하고, 인구밀도가 높고, 상업지역과 주거지역의 토지가 혼재해 있으며, 유동성이 높은 지역이다. 상업지역은 절도범죄를 저지르기에 용이하다. 부유한 사람들은 대체로 이렇게 낙인이 찍힌 지역에서 벗어나 살고 있으며, 이러한 지역은 예를 들면, 주거 부정자, 약물중독자, 지체자 및 빈곤한 노인층처럼 쉽게 범죄대상이 될 '도의심이 저하된 사람들을 위한' 주거지역이다. 버제스(E. W. Burgess)의 동심원지대 모델에 따르면, 제2지대가 이러한 일탈지역에 해당한다. 참고로 이 모델은 다음과 같다:

제1지대 – 환상(環狀), 업무 중심지역(central zone): 상업과 공업이 점유

제2지대 – 변이지대(transitional zone, 퇴화지대, 빈민가): 공업과 상업에 의해 잠식되어 가는 과정. 가난한 사람들, 이주자 및 이민자들이 주거하는 지역을 포함

제3지대 – 노동자들의 거주지역: 2~3세대용 주택이 대부분

제4지대 – 중류층 거주지대(residential zone): 단독주택 위주, 중류층 지역

제5지대 – 통근자 거주지역(commuter's residential zone, 교외 주변지역): 이러한 지대 유형은 생태학적 과정, 특히 경쟁을 통해 출현한다.

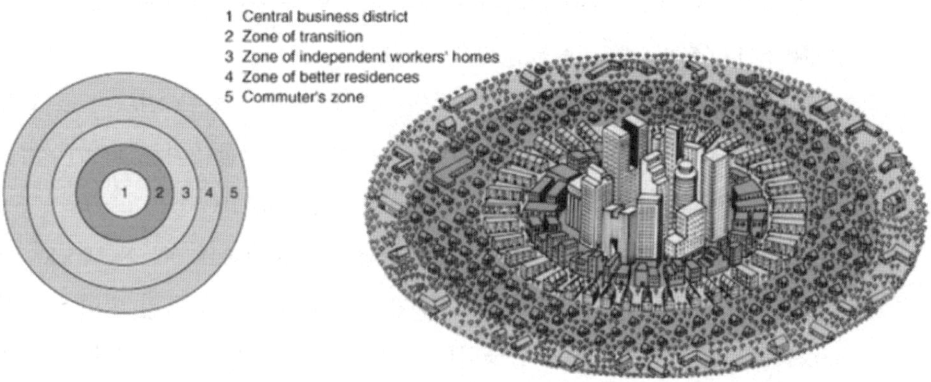

출처: Rubenstein, James M. The Cultural Landscape: An Introduction to Human Geography, 9th, © 2008. Reprinted by permission of Pearson Education, Inc. New York, New York.

사회학자 윌슨(William Julius Wilson)은 위험한 지역을 떠날 수 있을 정도로 경제적으로 여유가 있는 사람들이 어떤 방식으로 그렇게 하는지에 대해 기술한 바 있다. 그는 부유층 사람들은 법집행이 엄격하고 범죄발생률이 낮은 지역으로 이사감으로써 범죄피해를 피할 수 있다고 주장했다.

1989년 셔먼(Lawrence W. Sherman), 가틴(Patrick R. Gartin), 그리고 버저(Michael E. Buerger)는 미네소타 주 미니애폴리스에서 1985년 12월 15일부터 1986년 12월 15일까지 1년 간 경찰의 도움을 요청하는 911 긴급전화를 분석했다. 지도상에 320,000건 정도의 경찰 긴급전화를 기입했으며, 3%에 해당하는 주소들과 도시 내 교차로에서 긴급전화의 50% 이상을 차지하고 있는 것으로 나타났다(Bowers, Johnson, & Peace, 2004: 641–658; Adler et al., 2007: 224). 이는 특정한 범죄유형이 특별한 지역에서 저질러진다는 사실을 밝혀냈다. 연구자들은 범죄피해를 막기 위해 피해자들에게 집중할 것이 아니라, 범죄다발지역을 범죄로부터 덜 취약하게 만들 수 있도록 집중해야 한다고 결론을 내렸다.

이를 위해서 이웃들에게 범죄다발지역을 알도록 해야 한다. 그리고 사회적 무질서를 감소시키고, 안정된 근린지역에 기초한 주택을 장려해야 한다. 후속 연구는 범죄다발지역에 관한 경찰활동을 통해 범죄 및 무질서 감소 영향을 보여 줌으로써, 이러한 아이디어를 지지하고 있다(Bowers, Johnson, & Pease, 2004: 641-658; Adler et al., 2007: 224).

2000년대 후반에는 범죄다발지역의 아이디어에 기초한 연구가 등장했다. 그것은 '범죄 지리학(geography of crime)'이라고 이름붙여졌다. 연구자들은 더 많은 범죄가 고등학교 주변(Roncek & Faggiani, 1985: 491-505), 술집이 있는 구역(Roncek & Maier, 1991: 725-753), 주류 가게(Block & Block, 1995: 145-183), 시내 중심가(Adler et al., 2007: 224) 그리고 방치된 빌딩 주변에서(Spelman, 1993: 481-495) 발생한다는 것을 밝혀냈다. 안전하지 않은 방치된 빌딩들은 불법 사용자를 유혹하고 있다. 시내 중심가에는 범죄를 저지를 더 많은 기회가 있으며, 일반적으로 그러한 장소에는 사회적 통제가 별로 없다.

한편, 뉴저지 주 저지 시티(Jersey City)에 소재한 마약시장에 관한 연구에 따르면, 불법적 마약 거래와 관련 있는 지역이 불균형적인 체포량과 경찰 긴급전화에 대해 설명할 수 있음을 보여 준다(Weisburd & Green with Gejewski & Bellucci, 1994: 61-76; Mazerolle, Kadleck, & Roehl, 1998: 371-404; Braga, Weisburd, Waring, Mazerolle, Spelman & Gajewski, 1999: 541-580). 적은 수의 장소에서 많은 양의 범죄가 발생하고 있으며, 그러한 장소가 구별될 만한 특징을 갖고 있다. 범죄학자들은 이러한 연구 결과를 통해, 누가 범죄를 저질렀는가에 대한 문제가 아니라, 오히려 범죄가 어디에서 저질러지는가에 대한 관점에서 설명하게 되었다(Adler et al., 2007: 224).

6) 일상활동이론

(1) 개념 및 주요 전제

일상활동이론(routine activity theory)이란 생활양식의 일정한 유형이 범죄를 유발하는 사람이 그렇지 않은 사람보다 범죄피해자가 되기 쉽다는 이론이다. 이 이론은 시간의 흐름에 따른 범죄율의 변화를 설명하기 위해 등장했다. 따라서 사회적 계층에 따른 범죄피해 위험성의 차이를 설명하기 위한 생활양식, 노출이론과 구별되지만, 기회 및 생활양식과는 연관되어 있기도 하다(Miethe & Meier, 1994; Siegel, 2003: 94 재인용). 일상활동이론의 주요 내용은 시간과 장소에서 범죄발생의 세 가지 요소, 즉 범행동기가 부여된 잠재적 범죄자의 존재, 범행대상물의 존재, 보호능력의 부재가 있을 때, 범죄가 발생한다는 것이다(Cohen & Felson, 1979: 588).

일상활동이론은 펠슨(Marcus Felson)의 『범죄와 일상생활(*Crime and Everyday Life*)』이라는 저서에서 설득력 있게 설명하였다. 일상생활적 관점에서 펠슨은 왜 미국의 범죄발생률이 그렇게 높은지, 그리고 왜 미국 시민들이 그렇게 높은 범죄발생률과 피해율에 고통을 받고 있는지에 대해 설명했다. 코헨과 펠슨은 도시 내에는 이러한 범죄발생의 세 가지 요소가 결합된 것들이 존재하기 때문에 많은 범죄가 저질러진다고 주장했다(Ainsworth, 2001: 53). 일상활동이론은 종종 기본 범죄삼각형(basic crime triangle)으로 불리기도 한다.

다만, 이 이론은 범죄자들이 왜 범죄를 저지르는가에 대한 관심을 갖지는 않는다. 오히려, 주어진 지역공동체 내에서 범죄행동을 저지르려고 하는 수많은 사람들이 있다는 것을 추정한다. 범죄자들이 적당한 범죄표적물이 될 것 같다고 인식한 것을 범행대상으로 선택할 것이라는 사실을 제외하고는, 이 이론이 피해자에 관해 언급하는 것은 거의 없다(Ainsworth, 2001: 53).

코헨과 펠슨은 범죄를 저지르려고 의도하고 있는 사람(잠재적 범죄자), 피해자가 될 것 같은 물건 혹은 사람(적당한 표적), 그리고 현장에서 범죄를 예방하거나 감시할 수 있는 사람이 없을 때에만 범죄가 발생할 수 있다고 주장했다. 이후 개정판에서는 네 번째 요소인 잠재적 범죄자의 행동을 통제해 주는 사람이 없을 때에 범죄가 발생할 수 있다고 추가하였다(Adler et al., 2007: 216). 감시를 받지 않는 적당한 표적물이 어떤 시간과 장소에서 제대로 통제되지 않은 채, 잠재적 범죄자와 함께 존재할 때 범죄발생 가능성이 존재하게 된다Cohen & Felson, 1979: 588-608). 바로 이러한 설명이 일상활동적 접근이라고 불린다. 그것은 범죄를 저지르려는 범죄자에게 영향을 미치는 요소들을 탐색하는 것은 아니다. 대신에, 코헨과 펠슨은 직장에 출근하는, 레크리에이션을 즐기려는, 심부름을 가는, 그리고 그와 같은 사람들의 일상적 혹은 매일매일의 활동에 초점을 맞추고 있다. 범죄자가 합당한 피해자와 표적물과 접촉하게 되는 것은 일상적 활동을 통해 이루어진다는 점을 설명하였다(Adler et al., 2007: 217).

미국 럿거스대학교의 펠슨(Marcus Felson) 교수

일상활동이론은 코헨과 펠슨에 의해 미국에서 범죄율이 증가하는 것을 설명하는 데 사용되었다. 저자들에 의하면, 다른 이론들은 그 범죄율 증가에 대해 설명하지 못했다고 한다(Paulsen & Robinson, 2004: 102). 이러한 일상활동적 접근은 제2차 세계대전 이후(1947~1974년), 미국에서 사회경제적 조건이 개선되고 있었을 때에 범죄율이 오히려 증가한 것을 분석함으로써 시작되었다. 그러한 범죄 증가는 많은 사람들을 어리둥절하게 만들었다. 일반 시민과 몇몇 범죄학자들은 범죄율이 경제적 번영과 함께 감소할 것으로 기대했었다. 그러나 일상활동적 접근을 주장했던 저자들에 따르면, 어떤 확실한 과학기술적 변화와 변경이야말로 새로운 범죄발생 기회를 만들어 낸다는 것을 증명했으며(Felson, 1994: 20-21), 범죄율은 잠재적 범죄자 수 혹은 범행 동기의 실질적인 변화 없이 변할 수 있다는 것을 설명했다(Pearson, 2004: 103).

일상활동이론의 쟁점은 간단하다. 개인의 일상적 패턴이 범죄로부터 통제받지 않는 상황 하에서 범행동기가 부여된 범죄자, 적당한 표적물, 그리고 감시가 부재한 상태가 어떤 시간과 장소의 접점에서 범죄발생의 가능성을 발견할 수 있다는 것이다. 만약 한 가지 요소가 이러한 상황에서 제거된다면, 범죄가 발생하지 않을 수도 있다. 그리고 만약 모든 구성 요소들이 한 장소에 있으면서, 그것들 가운데 어느 한 가지가 강화된다면, 범죄가 훨씬 더 증가할 것이다.

이러한 접근은 특별한 범죄피해율, 도시의 살인범죄, 범죄다발지역을 설명

그림 2-5 일상활동 이론적 접근 모델에서 범죄사건 구성 요소

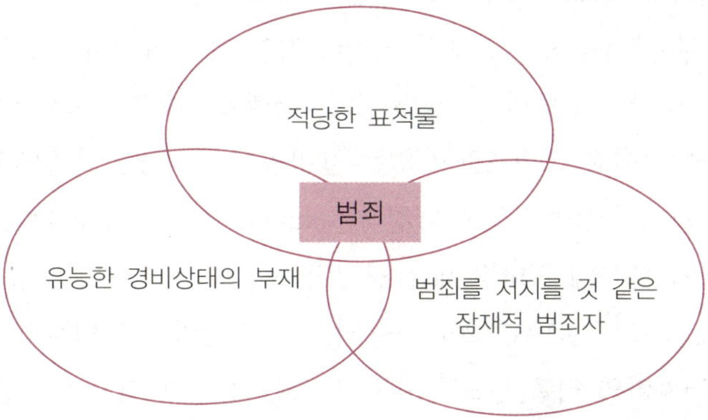

하는 데 도움이 되었다(Adler et al., 2007: 218). 그들은 약탈범죄의 양과 분포는 전형적인 미국인의 생활양식에 관한 일상활동을 반영하는 다음 세 가지 변수들의 상호작용에 밀접하게 관련되어 있다고 결론을 내리고 있다. 즉, 장래에 범죄가 발생할 때에는 시간과 공간에서 적어도 다음 세 가지 정도의 요소들이 동시에 같은 장소에서 틀림없이 존재한다는 것이다.[11]

일상활동이론은 또한 잠재적 범죄자의 범죄기회를 감소시키는 접근과 같은 상황적 범죄예방을 지향하고 있다. 이러한 범죄예방전략에는 범죄피해자를 보호하는 것과 보호능력을 늘리는 것과 같은 범죄표적물 강화기법(target-hardening) 등이 포함된다(Adler et al., 2007: 227).

(2) 일상활동이론과 생활양식이론

일상활동이론은 또한 생활양식 혹은 잠재적 범죄자와 피해자에게 독특한 요소들을 제시하고 있다. 피해자의 생활양식의 중요성은 생활양식/노출이론에 의해서 부각된다. 범죄사건에 관한 이러한 모델은 범죄피해 위험성을 잠재적인 피해자의 일상활동과 연결시킨다(Goldstein, 1994: 5; Kennedy & Forde, 1990: 208).

11 http://www.crimereduction.homeoffice.gov.uk/learningzone/rat.htm(2009년 3월 13일 검색)

생활양식은 이른바 유형화된, 규칙적인, 정기적으로 되풀이되는 일상적 활동들이다(Robinson, 1997). 이처럼 생활양식은 의무적인 활동과 임의적인 활동 등 두 가지를 모두 포함하여, 일상적인 기초 위에서 사람들이 종사하는 활동들로 이루어져 있다. 생활양식/노출모델에 따르면, 다양한 인구사회적 요소들 안에 차이점을 내포하고 있는 생활양식은 사람들의 일상활동과 범죄피해에 대한 취약성에 영향을 미친다(Kennedy & Forde, 1990: 208). 생활양식은 다양하기 때문에, 범죄피해는 공간과 시간을 가로질러 균일하게 분포되지는 않는다(Garofalo, 1987: 26). 구체적으로, 생활양식은 범죄피해의 위험과 잠재적 범죄자와의 접촉 빈도를 다르게 하는 장소와 시간에 대한 사람들의 노출에 영향을 미친다.

(3) 일상활동이론의 범죄발생 3요소

① 적당한 범죄표적

범행표적의 선택 과정에서는 범행대상물의 휴대 가능성 혹은 이동 가능성뿐만 아니라, 범행대상물의 실제 가치, 금전 및 범죄자에게 상징적인 바람직한 것, 범죄자 혹은 정보제공자에게 보일 만한 것, 접근성, 범행현장으로부터 이탈의 용이성 등이 고려된다(Felson, 1983: 666). 범죄에 대한 첫 번째 조건은 적당한 표적물이 틀림없이 범죄대상으로 될 수 있어야 한다는 것이다. 피해자와 같은 단어보다는 표적이란 단어가 신중하게 선택된다. 표적에는 세 가지 중요한 범주가 있는데, 사람, 물건, 그리고 장소가 해당될 수 있다.

펠슨과 클라크는 범죄피해를 당할 수 있는 대상물의 위험성에 영향을 미치는 네 가지 요소들을 VIVA로 설명했다. 그것은 Value(가치), Inertia(부동성), Visibility(가시성) 그리고 Access(접근성)이다(Paulsen & Robinson, 2004: 103). 이와 같은 네 가지 사항은 범죄자에게 표적으로서 적당하게 고려된다.[12]

▸ 가치(Value)

범죄자는 반드시 그들이 얻을 수 있는 것에 대한 표적에 가치를 부여하거

12 http://www.crimereduction.homeoffice.gov.uk/learningzone/rat.htm(2009년 3월 13일 검색)

나 혹은 범행대상물(표적물)을 가졌을 때의 효과에 가치를 부여한다. 예를 들면, 주거침입절도는 절도범이 도난품을 원하거나 그것을 처분함으로써 얻을 수 있는 금전을 원하기 때문에 발생하는 것이다. 범죄자가 가치를 부여하는 효과에는 심리적 만족이 포함되기도 한다. 이것은 범행대상물이 범죄자에게 가치가 있어야 한다는 것을 언급한 것이며, 그야말로 가치가 높은 물건이 훨씬 더 매력적이다.

▸ 표적물의 부동성(Inertia)

범죄표적물의 크기 혹은 무게는 그것이 얼마나 표적물로서 적당한가에 대해 영향을 미칠 수 있다. 부동성은 범인에 의해 취득될 수 있는 가능성을 언급한 것이며, 쉽게 취득될 수 있는 것일수록 훨씬 더 매력적이다.

▸ 가시성(Visibility)

표적물이 얼마나 잘 보이는가 하는 것도 대상물 선정에 영향을 미칠 수 있다. 가시성은 범죄자에게 범행대상물이 얼마나 쉽게 눈에 띌 수 있느냐는 것을 언급한 것이다. 쉽게 눈에 띄는 것은 훨씬 더 쉽게 공격을 받을 수 있다.

▸ 접근성(Access)

접근성은 범행대상물이 범죄자에 의해 얼마나 쉽게 접근될 수 있느냐를 설명하는 것이다. 좀 더 쉽게 접근할 수 있는 범행대상물은 훨씬 더 쉽게 공격을 받을 수 있다. 각각의 요소는 일상활동이론에 중요하게 작용한다. 각 요소는 범죄자 인구상의 변화 없이도 범죄의 증가를 야기할 수 있다(Paulsen & Robinson, 2004: 103). 만약 범죄표적물을 쉽게 얻을 수 있다면, 범행대상물로서의 적합성은 훨씬 더 높아진다. 그래서 상점 밖에 전시된 물건이나, 야간에 중심 시에서 멀리 떨어진 외진 구역으로 걸어가는 사람들은 쉽게 접근할 수 있는 대상이 된다.

② 보호능력의 부재

범죄발생의 조건 중 중요한 하나는 범죄를 억제할 수 있는 유능한 경비상태가 범죄현장에 존재하지 않아야 한다는 것이다. 유능한 경비상태는 범죄가 발생하는 것을 억제시켜 주는 경비원이나 시스템을 의미한다. 이는 공식적이거나 비공식적으로 존재할 수 있다. 유능한 경비상태는 일반 시민이 그들의 일상적 삶을 통해 만들 수 있다(Felson, 1983: 666). 실제로, 가장 중요한 경비상태는 일상을 영위하는 일반 시민들이 만든다(Felson, 1994: 31). 전형적인 경비상태는 대부분의 사례에서 경찰관이나 민간경비원이 아니라, 이웃, 친구, 가족 등에 의해 만들어진다. 따라서 유능한 경비상태는 범행대상물을 보호해 줄 수 있는 어떤 사람이 되기도 한다(Eck & Weisburd, 1995: 5). 예를 들면, 피해자의 친구, 경찰과 경비원과 같은 공식적인 관계자, 부모, 교사, 종업원처럼 가까운 취급자, 청소부, 아파트 관리자와 같이 장소를 관리하는 사람들이 포함된다(Paulsen & Robinson, 2004: 102). 이것은 잠재적 피해자들의 일상활동이 범죄를 억제할 수도 있다는 것을 의미한다(Ainsworth, 2001: 53).

유능한 경비상태, 즉 보호능력은 경찰순찰, 보안요원, 이웃감시, 출입문 안내, 잠금장치, 조명등, 경보장치, 경비원 및 공동 근무자, CCTV 시스템 등을 들 수 있다.[13] 보호능력의 부재는 일반 시민이 그들의 일상적 삶을 통해 만들 수 있다(Felson, 1983: 666). 즉, 잠재적 피해자들의 일상활동이 범죄피해를 용이하게 할 뿐만 아니라, 범죄를 막아 줄 수도 있다는 것을 의미한다(Ainsworth, 2001: 53).

범죄표적물이 범죄를 저지르기에 적당하고 범죄자가 될 가능성이 있는 자가 존재하더라도, 만약 범죄현장 주변에 유능한 경비상태가 존재하면, 범죄는 일어나지 않을 것이다. 예를 들어, 유능한 경비상태의 존재는 바로 상점절도범을 억제·예방할 수 있는 보안요원 역할을 한다. 그리고 상점 내·외부를 모니터링할 수 있는 CCTV는 경비원의 역할을 대신할 수 있다 (Ainsworth, 2001: 53).

경비원 가운데 일부는 보안요원처럼 공식적이며 신중하지만 다른 일부는 비공식적이며 이웃사람들처럼 부주의한 경우도 있다. 경비원을 현장에 존재

---

13 CRAVED라는 약어를 사용해가면서, 잠재적 범행대상물을 설명하기도 한다. 그 내용은 다음과 같다: Concealable(은닉 가능한), Removable(제거 가능한), Available(활용 가능한), Valuable(가치있는), Enjoyable(즐길 수 있는), Disposable(처분 가능한): http://www.crimereduction.homeoffice.gov.uk/learningzone/rat.htm(2009년 3월 13일 검색)

하도록 하는 것이 비효과적인 경우도 있다. CCTV가 설치되어 있지만 위치가 잘못 선정되어 있으면, 그 카메라는 별로 유용한 경비 수단이 될 수 없는 것처럼 요원들이 가게에 배치될 수 있지만, 충분한 훈련이나 감각이 없으면 효과적인 범죄억제를 할 수 없다.[14]

펠슨(Felson, 1993)은 많은 현대화된 도시에서 주거침입절도범죄가 높은 발생률을 보이는 것이 놀랄 일이 아니라고 했다. 그러한 지역에는 동기가 부여된 수많은 범죄자와 적당한 피해자가 있을 뿐만 아니라, 일반적으로 범죄자를 억제하기 위한 유능한 경비상태가 없을 수도 있다. 펠슨은 유복한 집주인이 소유하고 있는 고가의 전자제품 중의 하나를 대상으로 전형적인 시나리오를 상정하고 있다. 그러한 물건은 주인이 직장에 출근하거나 혹은 사회적 활동을 하는 동안에, 많은 시간 동안 주의가 기울여지지 않은 채 집에 남겨둔 상태이다. 집주인은 이웃과 좋은 관계를 형성할 시간도, 그러한 의향도 갖고 있지 않을 것이다. 그렇게 부주의한 집은 어떤 형태로든 유능한 경비상태가 부족한 셈이다. 이러한 관점에서 유능한 경비상태를 이해하면, 1인 가구의 사람들이 그렇지 않은 사람들보다 더 많이 범죄피해자가 될 것 같은지를 부분적으로 설명할 수 있다(Felson, 1998: 26). 1인 가구의 경우 자기 자신만이 경비원인 셈이며, 그렇지 않은 경우의 사람들은 훨씬 더 자주 경비원 역할을 해주는 파트너와 함께 지낼 수 있다. 비면식 강간사건은 파트너들과 함께 외출하는 사람보다, 혼자서 외출하는 여성에게서 더 자주 발생한다. 일상활동이론의 구체화된 몇몇 원칙들에 대해 이해하는 것은 범죄유형을 이해하기 위해 노력하는 프로파일러에게 확실히 이점이 되고 있다(Ainsworth, 2001: 53).

일반적으로 개인의 집 또는 집 근처에서 주로 일상활동을 하는 사람들의 경우에는 재산범죄의 위험성이 낮아질 것이다. 왜냐하면, 그들은 경비상황의 능력을 강화시킬 수 있기 때문이며, 경비상황의 수준을 높이는 것은 범죄자가 눈에 띌 수 있을 가능성을 증가시키는 것이기 때문에 범죄피해를 당할 위험은 감소하게 된다(Paulsen & Robinson, 2004: 102).

---

14 http://www.crimereduction.gov.uk/skills08.htm

③ 동기가 부여된 잠재적 범죄자

잠재적 범죄자는 그들이 범죄를 저지르기 전에 반드시 보호되지 않은 적당한 범죄표적물을 찾을 기회를 모색한다. 범죄가 빈발하는 장소에서 보호되지 않은 매력적인 대상은 동기가 부여된 범죄자에게 범죄표적물이 될 수 있다. 가장 절망적인 혹은 자포자기한 범죄자라도 잘 보호되고 있는 범죄표적물을 공격할 때에는 주저할 수밖에 없다. 그래서 범죄가 빈발하는 장소에서는 아직 보호되지 않고 있는 매력적인 범죄대상물에 대해 동기가 부여된 범죄자는 어쩔 수 없이 표적물로 삼을 수 있다. 만약 사람들이 ① 범죄발생률이 높은 지역에 살고, ② 늦은 밤에 외출을 하고, ③ 고가의 물건을 휴대하고, ④ 술 마시는 것과 같은 위험성이 높은 행동을 하고, ⑤ 그들을 도와 줄 친구나 혹은 가족이 없는 사람들이야말로 상당히 높은 범죄피해 가능성을 갖게 된다는 것은 놀랄 일이 아니다(Siegel, 2003: 93).

이처럼 일상활동이론은 범죄자의 관점에서 범죄를 바라본다. 범죄를 저지를 가능성이 있는 자가 표적물이 적당하고 유능한 경비상태가 존재하지 않는다고 생각한다면, 범죄는 저질러질 것이다. 범죄가 발생할 것인가 여부를 판단하는 것은 상황에 대한 범죄자의 평가에 달려 있다. 잠재적 범죄자는 범죄를 저지르는 것에 대해 다른 많은 이유를 갖고 있다. 이러한 이유들의 일부를 이해하는 것은 중요하다. 범죄자의 관점에서 상황을 분석하는 능력은 범죄를 감소시키기 위해 노력하는 실무자들에게 효과성을 높여 줄 것이다.

이와 같은 세 가지 요소에 시간적·공간적인 영향이 어우러져서 범죄가 발생한다(배종대, 1999: 129). 따라서 범죄를 예방하기 위해서는 가능한 한 이 세 가지 요건이 충족되지 않도록 해야 할 것이다. 잠재적 범죄자에 대한 가시성과 접근이 용이하고 동시에 범죄표적의 매력성이 있으며, 나아가 보호능력의 부재, 무방비 상태일수록 범죄피해의 위험성은 그만큼 높아지지만, 이러한 범죄피해 발생과 거리가 먼 일상활동 유형을 가진 사람은 거꾸로 범죄기회를 얼마든지 감소시킬 수도 있기 때문이다. 이것은 범죄예방 가능성과 직결되는 문제이다(배종대, 1999: 130).

(4) 기본 범죄 삼각형

일상활동이론에 따르면, 범죄가 발생하기 위해서는 잠재적 범죄자가 보호능력이 없는 상황에서 적당한 범죄표적물을 발견해야 한다. 이것은 [그림 2-6]과 같이 나타낼 수 있으며, 기본 범죄 삼각형(basic crime triangle)[15]으로 표현된다.

그림 2-6 일상활동이론의 기본 요소인 기본 범죄 삼각형[16]

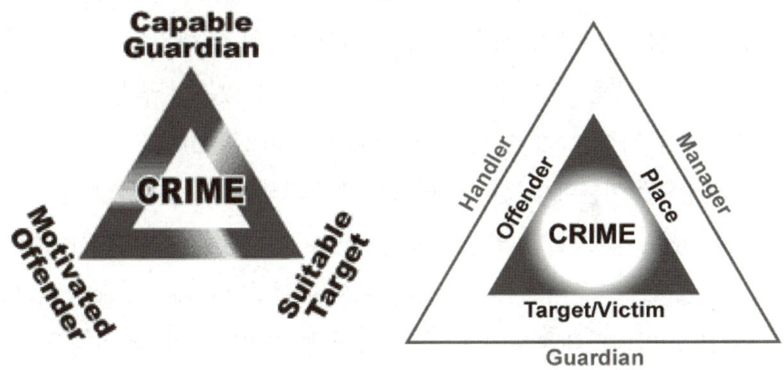

어떻게 일상활동이론을 실무에 활용할 수 있을까? 왜 범죄가 일어나는가에 대한 적절한 정의가 있지만, 그것만 갖고서는 어떻게 범죄를 예방할 수 있을지를 잘 설명할 수 없다. 이에 반해, 일상활동이론에 따르면, 범죄발생의 세 가지 조건 중의 어느 하나라도 변경시킨다면, 범죄를 예방하는 데 유용하다. 예를 들면, 재물에 표시를 해놓는 것은 부적당한 표적물로 만드는 것이다. 이웃감시 프로그램을 구축하면 사람들이 이전에 존재하지 않았던 지역에 유능

---

15 http://www.crimereduction.homeoffice.gov.uk/skills/skills08.htm(2009년 3월 13일 검색)

16 범죄문제(Victim, Location-Place-, Offender) 분석에 활용되는 문제분석 삼각형과 범죄문제에 대한 개입을 발전시키기 위해 활용되는 일상활동이론에서의 세 가지 요소(Target/Victim, Location, and Absence of a capable Guardian)를 통합한 것이다(http://www.crimereduction.homeoffice.gov.uk/learningzone/rat.htm)(2009년 3월 13일 검색).

한 경비원을 배치하는 셈이다. 이러한 사례는 범죄발생 조건 중의 하나를 변경시킴으로써 범죄를 예방하고 감소시킬 수 있는 방법이다.

(5) 일상활동이론에 관한 주요 연구 성과

대규모의 연구 결과들이 피해자의 일상활동 및 생활양식과 범죄피해 간 관련성을 설명해 주고 있다. 일상활동이론에 대한 초기 연구에서 코헨과 펠슨(Cohen & Felson, 1979: 600)은 주간에 발생하는 주거침입절도범죄는 하루 종일 외부에서 보내는 시간의 양과 함께 증가했다는 것을 밝혀냈다. 그리고 미테, 스태퍼드와 롱(Miethe, Stafford, & Long, 1987: 192)은 집 밖에서 주간 및 야간활동 시간이 적은 사람은 재산범죄의 피해위험이 매우 낮았으며, 주간 및 야간활동 때문에 집에서 멀리 떨어져 있는 사람들은 범죄피해를 당할 가능성이 가장 높게 나타났다(Paulsen, 2004: 103).

일상활동이론에 관한 연구들은, 범죄피해에 대한 위험성은 사람들 스스로 처해 있는 장소와 그들의 재물이 놓여 있는 상황과 장소 사이에서 다양하다는 것을 보여 준다. 구체적으로, 코헨과 펠슨(Cohen & Felson, 1979: 596)에 의하면, 범죄피해율은 사람들의 나이에 반비례하며, 집안일을 돌보는, 일을 할 수 없게 된, 은퇴한 사람들과 같이 '덜 활동적인' 사회적 지위를 가진 사람의 경우 피해율이 낮다고 한다. 그런데 코헨과 펠슨은 실제로 각각의 지위와 관련된 활동 수준을 측정하지는 않았다. 사실, 잠재적 피해자의 생활양식 혹은 일상활동은 전형적으로 인구사회학적인 변수로부터 추론되며, 직접적으로 측정되지는 않는다. 현장관찰을 통해 직접적으로 일상활동을 측정했던 한 연구에 따르면, 주택가 주변에서의 증가된 활동이 주거침입절도범죄에 대한 더 낮은 위험성을 갖고 있음을 발견했다(Robinson, 1999). 수많은 연구들이 각 개인의 일상활동과 그들의 범죄피해 가능성 간의 연관성을 보여준다(Riley, 1987: 340).

샘슨과 울드레지(Sampson & Wooldredge, 1987: 372)에 따르면, 적극적인 생활양식은 잠재적 범죄자로 하여금 낮은 수준의 경비상태에 처해 있는 적당한 범죄표적물을 발견할 수 있는 가능성을 높임으로써 범죄피해의 위험성을 증가시킨다고 한다. 그렇지만 적극적인 생활양식이 어떤 사람의 범죄피해 위험성을 증가시키지 않을 수 있다. 예를 들면, 거주자, 이웃 혹은 주거지역을 지나가는 사람들에 의한 상당히 많은 활동이 있다면, 재산범죄를 노리고 있는 범죄자가 주거지역에서 피해를 줄 수 있는 가능성을 감소시키는 데 도움이 될 수 있다. 사실, 재산범죄를 노리는 많은 범죄자들은 일반 시민의 눈에 띄지 않으려고 하면서, 거주자, 이웃 혹은 지나가는 사람들의 눈에 띄는 것을 피하려고 하기 때문이다(Paulsen & Robinson, 2004: 104).

한편으로 생활양식/노출이론과 일상활동이론 두 가지 모두 더 일반적인 기회모델(general opportunity model)의 부분 집합으로서 고려될 수 있으며, 합리적 선택이론(rational choice theory)으로 해석될 수 있다. 가로팔로(Garofalo, 1987: 27)는 "본질적인 차이라기보다는, 오히려 저자들에 의해 어떻게 해석되는지 여부에 관련되어 있음"을 지적하면서, 두 가지 접근 간의 기본적 차이점을 설명했다. 예를 들면, 코헨과 펠슨(Cohen & Felson, 1979)은 일상활동에 관한 집합적 조치를 활용했다. 그리고 시간이 지나면서 그것들을 범죄율이 변하는 것과 연결시켰다. 반면에 힌데랑, 갓프레드슨과 가로팔로(Hindelang, Gottfredson, & Garofalo, 1978)는 시간상의 어떤 특정 시점에서 일정한 사람들의 생활양식에서 나타나는 차이점을 차별적 범죄피해율과 연관지었다(Paulsen & Robinson, 2004: 104).

(6) 이론에 관한 문제와 비판

일상활동이론은 상황적 범죄예방이론처럼 범죄자를 고려하지 않고 있다. 비록 범행동기가 부여된 범죄자들이 그 모델의 한 부분이지만, 일상활동이론에 관한 실험들은 범죄자의 범행동기를 직접적으로 측정하지는 않는다. 아마도 훨씬 더 문제가 될 만한 것은 실제로 이 이론에 관한 중요한 개념을 직접적으로 연구한 것들이 실제로 단 몇 가지 정도밖에 되지 않는다는 점이다(Robinson, 1999).

일상활동이론에 관한 초기의 자료들이 아직 광범위하게 활용 가능한 것은 아니다. 코헨과 펠슨(Cohen & Felson, 1980: 145)은 일상활동적 접근을 범죄피해화 쪽으로 조작하고 엄격하게 실험하기 위해 요구되는 많은 자료들을 당시에는 얻을 수 없다고 결론내렸다. 결과적으로, 그들의 입장에서는 대용적인 인구사회학적 변수들을 활용한 것이다(Paulsen & Robinson, 2004: 106).

이것은 매시, 크론과 보나티(Massey, Krohn, & Bonati, 1989: 383)로 하여금, 이전의 연구가 적당한 범행대상물과 유능한 경비상태에 관한 대용적 지표로서 사회 인구통계적 요소들에 너무 많이 의존되었다고 설명했다. 예를 들면, 코헨과 펠슨(Cohen & Felson, 1979)은 일상활동을 직접적으로 측정하기보다는 일상활동의 지표로서, 고용이나 결혼 상태를 활용했다. 또한 생활양식 변수와 범죄피해화의 위험성과 연관시키기 위해 다양한 유형의 장소에서 개인들이 보내는 시간의 양을 결코 측정하지는 않았다. 오히려 그들은 일상활동이 추정되는 장소 내에서 이루어지는 전국적 동향과 함께, 전국적인 범죄패턴을 설명했다.

코헨과 펠슨은 가족과 집에서 떨어져 있는 사람들에 의해 이루어지는 활동의 분산과 범죄피해를 당할 위험성이 매우 높은 여분의 내구성 가재도구를 소유할 가능성 때문에, 특정 연도에 대인적 · 대물적 범죄피해 위험성에 아주 많이 노출될 것으로 예상되는 미국의 가구당 비율 추정치로서, '가구당 활동 비율(household activity ratio)'을 고안해 냈다(Cohen & Feslon, 1979: 601). 가정 내에서 적절한 경비가 이루어지고 있는 수준에 관한 지표로서 이러한 조치에 관한 논리에 따르면, 대부분의 시간을 자신의 집에서 보내는 사람의 경우, 그러한 가구는 범죄피해를 훨씬 덜 입을 것 같다는 것이다(Stahura & Sloan Ⅲ, 1988: 1107). 이러한 가구별 활동 수준 측정은 결혼해서 남편이 있는 가구의 여성 노동 참가자와 남편/부인 관계가 아닌 가구의 숫자를 합친 것을 미국 전체 가구 숫자로 나눈 것으로 계산했다. 매시, 크론과 보나티(Massey, Krohn, & Bonati, 1989: 380)에 따르면, 가구당 활동 비율은 집으로부터 혹은 유능한 경비상태로부터 떨어져서 이루어지는 활동의 분산과 적당한 범행대상물이 되곤 하는 값비싼 여분의 내구성 가재도구를 소유할 가능성 혹은 지속적인 점유에 의해 보호되고 있는 않은 가구까지 측정하기 위해 고안된 것이다(Stahura & Sloan Ⅲ, 1988: 1107).

매시, 크론과 보나티(Massey, Krohn, & Bonati, 1989: 380)는, 이러한 측정을 창조적인 것으로 언급했지만, 유능한 경비상태와 범행대상물의 적합성에 관한 두 개 차원을 혼동한다고 비판했다. 스타후라와 슬로언(Stahura & Sloan Ⅲ, 1988)은 고용상태의 집중도, 다가구주택의 비율, 채용된 경찰에 의한 총체적 조치로 이뤄진 유능한 경비상태, 경찰예산, 그리고 경제활동에 비참여하고 있는 여성 노동력에 관한 총체적인 조치와 함께 범죄발생 기회를 측정했다. 하지만 명백하게, 이러한 조치들은 표현하고자 의도된 직접적인 조치는 아니었다.

7) 범죄피해이론의 장 · 단점 및 상호 관련성

최근에 범죄피해화이론과 범죄이론들의 통합 경향을 볼 수 있다. 예를 들면, 피해자화에 관한 생활양식이론 및 일상활동이론적 접근을 활용한 연구는 일상적 음주가 피해자화와 어떻게 연관되고 있는지를 탐색하고 있다(Lasley, 1986: 529-542). 알코올이 잠재적 피해자들로 하여금 자기 자신(보다 적당한 표적물)을 덜 방어되도록 함으로써, 피해자화에 기여했다는 것이 밝혀졌다. 범행동기가 부여된 범죄자들 역시 범죄표적물을 어디서 찾을 것인지 알고 있었다. 비록 알코올, 생활양식, 그리고 증가된 범죄피해화 위험성 간의 관련성에 대한 증거가 결정적인 것은 아니지만, 이 연구는 생활양식과 일상활동이론 간의 상호작용을 테스트하는 데 중요한 시도를 보여주었다(Schwartz & Pitts, 1995: 9-31).

결국, 범죄피해율을 조사하기 위해 일상활동이론처럼, 범죄에 관한 이론들을 생활양식이론과 상황적 요소(예: 알코올), 장소적 고려 사항(예: 술집 바와 대학 캠퍼스들)을 성공적으로 연관시키면서, 범죄학 연구는 범죄를 설명하기 위해 새로운 차원을 추가해 왔다(Meier & Miethe, 1993: 459-499; Titus, 1995).

표 2-7 범죄피해화이론의 명제 및 장점

이 론	주요 명제	이론의 장점
피해자 촉진론	피해자 자신의 자극적인 행동에 의해 범죄행동을 유발한다. 적극적인 유발은 싸움을 하려는 듯한 말과 제스처와 관련이 있다. 소극적인 유발 상황은 피해자들이 알아채지 못한 상태에서 가해자들을 위협할 때 발생한다.	다양한 피해자 이론을 설명한다. 만약에 사람들이 범죄를 유발한다면, 만약 그들의 행동이 시간이 지나면서 지속된다면, 그들은 반복적인 피해자가 될 것이다.
생활양식 이론	피해자가 될 위험성은 사람들이 고도의 위험성이 있는 생활양식을 갖고 있을 때 증가한다. 어떤 사람이 위험을 무릅쓰고 위험한 지역에 혼자 나가 있도록 하는 것은 결과적으로 피해가 증가하도록 하는 것이다.	사회구조상의 피해 패턴을 설명한다. 남성, 젊은층, 그리고 빈곤층이 높은 피해율을 갖고 있는데, 왜냐하면 그들은 여성, 노년층, 그리고 부유층보다 위험성이 더 높은 생활양식을 갖고 있기 때문이다.
일탈지역 이론	일탈지역에 사는 사람들은 범죄에 대한 위험성이 높다. 피해자들의 행동은 범죄자의 행동에 대해 별다른 영향을 미치지 않는다.	일탈지역 내에서 범죄에 초점을 두고 있다. 전통적인 생활양식을 갖고 있는 사람들이 왜 범죄피해자가 되는지를 설명해준다.
일상활동 이론	범죄발생률은 적당한 범행대상의 유용성, 충분한 방어 능력의 부재, 그리고 동기가 부여된 범죄자에 의해 잘 설명될 수 있다.	범죄발생률과 경향을 설명할 수 있다. 피해자의 행동이 어떻게 범행기회에 영향을 미치는지를 설명해 준다. 범죄에 대한 피해 위험성은 경계활동을 증가시킴으로써 혹은 범행대상이 공격받을 수 있는 가능성을 줄임으로써 감소시킬 수 있다.

제 6 절 합리적 선택이론과 범죄통제

1. 범죄행동과 합리적 선택 관점

합리적 선택 관점에 따르면, 범죄자는 어떤 방식으로든지 자기에게 이익이 되는 쪽으로 범죄를 계획하고 저지른다. 이 관점은 범죄자에게 범행동기를 충족시킬 수 있는 기회를 제공하는 특수한 환경 안에서 특별한 범행동기가 부여된 범죄자가 어떻게 범죄를 저지르는지를 이해하려고 한다.[17]

미국 럿거스대학교의 클라크(Ronald V. Clarke) 교수

클라크(Ronald V. Clarke)와 코르니시(Derek Cornish)에 의해 발전된 합리적 선택 관점은 두 가지 중요한 이론적 접근에 근거를 두고 있다(Clarke & Cornish, 1985: 147-185; Cornish & Clarke, 1986; Adler, Mueller, & Laufer, 2007: 215). 그 중 하나는 공리주의인데, 사람들이 만족을 극대화하고 고통을 최소화하려는 목적과 함께 의사결정을 한다는 것을 가정하고 있다. 합리적 선택 관점에 대한 두 번째 기초는 전통적인 경제적 선택이론이다. 그것은 사람들이 선택하는 것을 평가하고, 자신의 욕구를 만족시킬 것이라고 믿는 것을 선택한다는 점이다. 이러한 관점에 따르면, 사람은 이익/만족이 위험과 노력을 능가한다고 결론을 내린 후에 특별한 범죄를 저지르려고 결심한다(Bentham, 1789; Becker, 1968: 169-217).

합리적 선택 관점은 사람들이 그들의 목적을 갖고 어떤 결정을 하며, 다소간에 영리하게, 그리고 자유의지를 갖고 이러한 결정들을 한다고 추정한다. 사람들이 범죄를 저지를 때, 통제할 수 없는 어떤 힘이 그들로 하여금 범죄를 저지르게 한다는 가설을 강조한 범죄이론과 합리적 선택 관점은 서로 대비된다. 합리적 선택은 합리성에 관한 제한된 감각을 의미한다. 범죄자는 상황에 대해 상세한 내막을 알 수 없다. 이것은 범죄자가 비용과 편익을 정확하게 계산할 수 있을 것 같지 않다는 것을 의미한다. 그러한 결정은 아마도 어리석은 것처럼 보인다. 그래서 때로는 범죄자는 마약이나 알코올 중독으로 인해 현명한 선택을 할 수 있는 능력에 결함이 있는 것처럼 보일 수 있다. 하지만 합리적 선택 관점에 따르면, 대부분의 범죄는 특별히 터무니없는 것도 아니고,

17 http://www.crimereduction.gov.uk/skills02.htm

그림 2-7 클라크 교수가 제시한 범행기회구조(Opportunity Structure for Crime) 모델

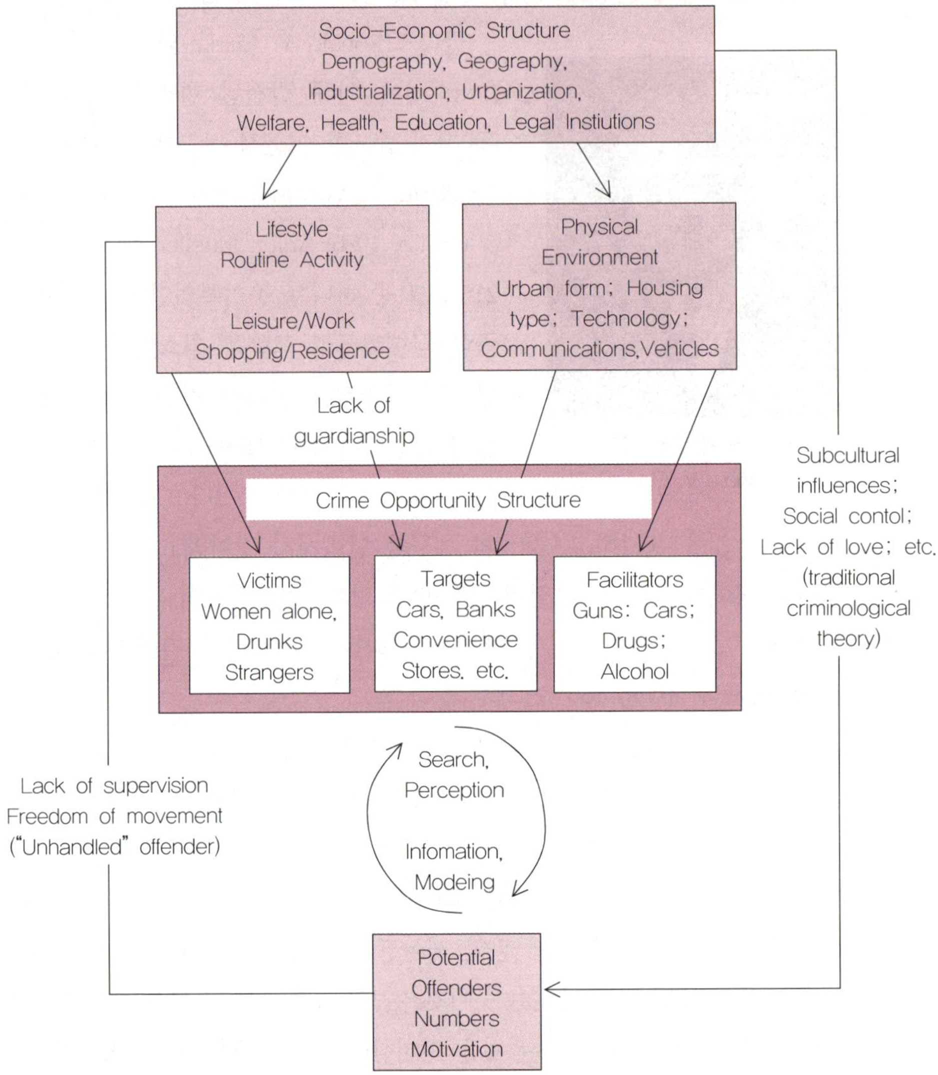

출처: http://www.criminology.fsu.edu/crimtheory/Image3.gif(2009년 3월 13일 검색)

광기로 인한 부산물도 아니다. 오히려 대부분의 범죄는 상당히 정상적이며, 체포될 가능성이 낮고, 얻을 수 있는 이익에 대한 가능성이 높다고 판단하는

합리적인 개인들에 의해 저질러진다(Adler et al., 2007: 215).

범죄자가 범죄를 저지르려고 결정할 때, 다양한 요소들이 역할을 한다. 이러한 요소들은 '선택을 구조화시키는 특성'이라고 부른다(Adler et al., 2007: 216). 범죄 특성에 기반을 두고 각각의 범죄를 분석하려는 합리적 선택이론을 강조하면서, 각각의 특별한 범죄유형은 그 자체의 선택을 구조화시키는 특성을 갖고 있다. 즉, 주거침입절도범죄에 대한 특성은 절도범죄에 대한 특성들과는 다르다. 그럼에도 불구하고, 이러한 특성은 다음과 같은 일곱 가지 범주에 해당하는 경향이 있다. 그래서 잠재적 절도범은 범죄를 저지르기 전에, 다음과 같은 측면들을 고려하는 것 같다(Adler et al., 2007: 216).

- 범행대상물의 숫자와 그것들에 대한 접근가능성
- 선택된 범행 방법에 대한 친숙도(예를 들면, 신용카드를 이용한 사기)
- 각 범죄당 얻을 수 있는 금전적 수익
- 범죄를 저지르는 데 요구되는 숙련도
- 범행을 감행하는 데 필요한 시간
- 관련된 물리적 위험
- 체포될 위험성 등

특성들은 두 가지 구별되는 내용에 해당하는데, 범죄자와 범죄에 관한 특성이다. 범죄자에 관한 특성은 구체적인 욕구, 가치, 학습 경험 등이다. 범죄에 관한 특성은 범행대상물의 장소와 잠재적 이익이다. 합리적 선택이론에 따르면, 범죄에 연루된다는 것은 범인이 취득 가능한 정보를 평가한 후에 취해지는 개인적 결정에 달려 있다. 합리적 선택이론은 전통적 이론들과는 달리, 전반적인 범죄예방에 관계되는 것은 아니다. 오히려, 주어진 어떤 상황에서 범죄행동에 관련된 누군가에 의해 범죄가 저질러질 가능성을 감소시키는 것과 연관되어 있다.

범죄자는 범행을 결정할 때, 범죄의 유형, 범행장소 및 시간, 그리고 범행대상을 고려한다(Siegel, 2003: 111). 그래서 이 이론은 잠재적 범죄자가 범죄를 저지르는 것을 막기 위한 전략을 발전시키는 데 상당한 잠재성을 갖고 있다.

2. 합리적 선택이론과 범행 결정 시 고려 사항

1) 범죄유형의 선택

범죄자가 범죄유형을 선택할 때는 소위 시장의 상황이나 조건들에 대한 범인들 나름대로의 합리적인 분석이 이루어진다. 예를 들어, 자동차절도범은 매우 전문적인 범죄자들이다. 반면, 일반적인 범죄자는 하루는 마약을 팔고 그 다음날에는 주거침입절도를 저지르는 차이를 보인다. 또한 미국에서 노인 대상 강도범죄가 월초에 발생할 가능성이 높은 이유는 노인들이 매월 초 정부로부터 수령한 사회보장 수표를 현금으로 바꾼다는 사실을 잘 알고 있기 때문이다. 가끔씩은 급히 현금이 급히 필요한 경우에 범죄를 저지르는 범죄자도 있다. 보머(Eric Baumer)와 그의 동료들의 연구에 의하면, 크랙(crack)형 코카인의 소비량이 많은 도시에서는 종종 강도범죄 발생이 증가하고, 반대로 주거침입절도가 감소하는 것을 경험할 수 있다고 한다. 크랙을 흡입하는 범죄자는 약물을 구입하기 위한 현금이 곧바로 필요하기 때문에, 범행 계획을 세우고, 훔친 물건을 파는 등 시간이 많이 걸리는 주거침입절도와 같은 범죄를 선택할 가능성이 다소 낮아진다(Baumer, Lauristen, Rosenfeld, & Wright, 1998: 316-340). 그래서 범인의 생활양식을 충족시킬 수 있는 현금을 대상으로 한 범죄가 저질러질 수밖에 없다.

2) 범행 시간 및 장소의 선택

범죄자들이 범행을 저지르는 방식에서 나름대로 합리적이라는 증거는 범행 시간과 장소를 선택하는 데에서 발견된다. 예를 들면, 미국의 경우 주거침입 절도범죄는 주로 주부들이 일하는 시간대라고 할 수 있는 오전 9시부터 11시경과 오후에 자주 발생하는데, 이 시간대에는 주부들이 일을 하거나 이웃집에 들르거나 자녀들을 데리러 학교에 가는 등으로 집을 비우는 시간대이다. 반면, 범죄자는 토요일에 주거침입절도를 저지르는 것을 꺼린다고 한다. 왜냐하면, 미국의 경우 주5일제 근무가 정착되면서 대부분의 가족이 토요일에는 집에 있는 경우가 많기 때문에, 범죄자 입장에서는 주거침입절도를 감행하기에는 많은 위험 부담이 따를 것이기 때문이다. 그래서 주로 사람들이 교회에 가는 일요일 오전(10 : 00~12 : 00) 시간대가 주거침입절도를 저지르는 절호의 기회로 여겨지기도 한다(Siegel, 2003: 112).

뿐만 아니라 범행장소를 선택하는 데도 나름대로 합리적으로 선택한다는 증거들이 발견되고 있다. 절도범들은 대체로 주변에 다른 빌딩들이 거의 없는 외딴 빌딩을 범죄대상으로 삼지 않는다. 왜냐하면, 이러한 건물에서 사건이 발생할 경우 경찰에 의해 쉽게 봉쇄될 수 있기 때문이다(Robinson, 1990: 27-52). 또한 외딴 곳에 떨어져 있으며, 주위에 숲이 우거진 지역에 위치한 주택이나 막다른 골목 끝에 있는 주택이 좋은 범행대상이 되기도 한다(Buck, Hakin, & Rengert, 1993: 497-507).

범죄자는 목표물의 편리성도 고려하는데, 도보나 대중교통을 이용하여 범행대상 지역에 접근하기도 한다. 범죄를 저지르기 위해 먼 곳까지 이동하려는 것을 꺼려하기 때문에, 아주 멀리 떨어진 곳에서 범죄를 저지르기보다는 범죄를 저지르고 신속하게 시내 중심가로 도주하는 것을 선호하는 것이다.

다양한 막다른 골목(cul-de-sac) 주택단지 설계[18]

18 http://dms-us.com/i/culdesac.jpg; http://lh3.ggpht.com/tessellar/Rr3SzmJDVyI/AAAAAAAABr0/_ONwCFqOZYI/s800/CUL+DE+SAC.jpg; http://www.cyburbia.org/gallery/data/508/medium/culdesac_design_5.jpg; http://allkinds.org/images/culdesac.jpg(2009년 3월 13일 검색)

물론 일부 범죄자는 주거지에서 멀리 떨어진 곳까지 진출하여 범행을 저지르는 경우도 있지만, 대부분의 범인은 그들에게 익숙한 인근 지역 혹은 직장·주거지·자주 다니는 가까운 곳에서 범행을 저지른다. 특히 적극적인 경찰활동이 전개되는 지역은 수동적인 경찰활동이 전개되고 있는 지역보다는 잠재적 범죄자들에게 덜 매력적인 곳으로 인식되고 있다(Robert & Cohen, 1988: 163-188).

특히 범죄자들의 이러한 속성을 감안하여 발전되 범죄수사 기법 중 지리적 프로파일링이 최근 영국, 캐나다, 미국을 비롯한 각국 경찰에서 활용되고 있다.

지리적 프로파일링(geographic profiling)

지리적 프로파일링은 특별한 수사 지원 기법으로서 연쇄범죄 사건의 해결을 돕기 위해 고안되었으며, 연쇄범죄 사건을 처리하기 위해 자료관리 전략 기능을 가지면서, 방대한 자료에 대한 선별 작업을 돕기 위한 것이다. 이러한 절차는 관련성이 있는 연쇄범죄의 장소 분석과 장소에 대한 연고감(neighbourhoods)적 특성, 그리고 범인은 자신이 거주하거나 근무(활동)하는 지역에서 범죄를 저지를 가능성이 매우 높다고 하는 범인의 심리학적 프로파일에 토대를 두고 있다. 즉, 지리적 프로파일링은 범죄자가 가장 있을 법한 장소에 대해 예측하는 것을 돕는 수사기법이다.[19]

범죄지역, 도로망, 근린지역의 인구사회학적 특성, 피해자의 일상활동 패턴, 물리적 또는 심리적 지역경계 구별 등 각종 범죄현장의 지역정보를 비교·분석하여 범인의 거주 가능 지역을 추출하는 기법이다(권창국, 2002: 9). 따라서 집, 직장, 사회적 활동지역, 여행경로 등은 범행현장과 범인의 지리감을 판단하는 중요한 요소가 된다. 지리적 프로파일링에서 중요하게 고려되어야 할 요소들은 다음과 같다(Rossmo, 1994).

---

19 http://www.firststrike.net/maps.php(2009년 3월 14일 검색)

그림 2-8 용의자가 있을 가능성이 높은 지역을 표시하는 지리적 프로파일링 프로그램[20]

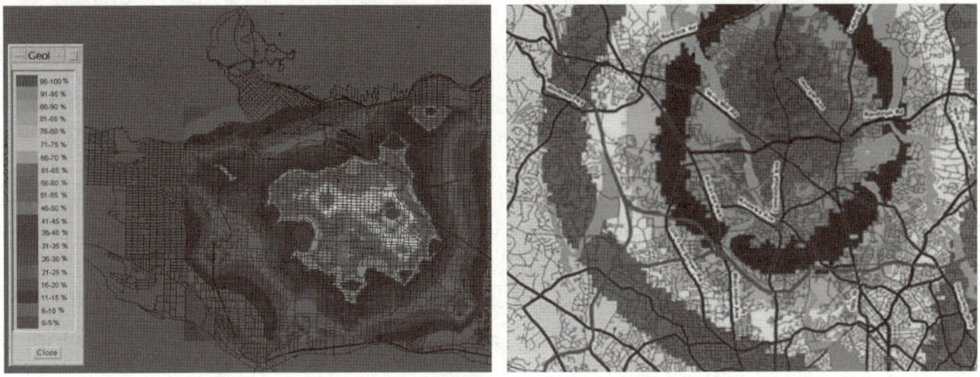

- 범죄장소의 유형[차량 혹은 도보와 같이 범죄자의 이동 방법에 영향을 받음, 우연히 마주친 장소, 바(bar), 공원, 길거리, 유흥가, 피해자와 범죄자가 공유하는 물리적 · 심리학적 공간, 피해자를 처음 공격한 장소, 범죄장소, 피해자 처리 장소, 시체를 유기하거나 피해자를 풀어 준 장소 (Holmes & Holmes, 2002: 217-218),[21] 자동차를 비운 장소 등]
- 간선도로 및 고속도로(자전거, 자동차, 공공교통기관, 도보, 정지신호 등)
- 물리적 및 심리학적 경계(강, 하천, 철도, 친숙하지 않은 지역, 사회경제적 차이가 있는 지역, 다른 인종 거주지역 등)

---

20 http://www.ma.utexas.edu/users/smmg/Figure%202.jpg; http://www.firststrike.net/maps.php (2009년 3월 14일 검색). 좌측 지도는 캐나다 밴쿠버 시가지이다. 우측 지도는 미국 워싱턴 D.C. 근교에서 발생한 스나이퍼 사건의 용의자를 추적한 것이다.

21 만약 피해자를 처리한 장소가 처음 조우한 장소, 공격 혹은 범죄장소와 다르다면, 그는 좀 더 조직화된 성격을 지닌 자로 의심할 수 있다. 이런 범인은 세심한 계획을 세울 능력이 있을 뿐만 아니라, 범죄를 저지르기 위해 더 먼 곳까지 기꺼이 이동하려고 한다. 조직화된 범죄자는 스토킹, 공격 혹은 피해자 처리를 위해 대체로 더 멀리 떨어진 곳으로 이동한다. 이런 범죄자는 처음 접촉한 장소보다 멀리 떨어진 곳에 거주한다고 볼 수 있다. 그런데 만약 모든 장소가 같은 곳이라면, 그 범죄자는 훨씬 비조직화된 성격을 지닌 자로 의심할 수 있는 합리적 이유가 된다. 이러한 유형의 범죄자는 가까운 혹은 친숙한 이웃에서 아주 안정감을 가진다. 비록 범죄자들의 특징이 같을지라도, 각각의 범죄는 특수하기 때문에, 모든 사건은 분리해서 판단해야 한다고 권고하고 있다.

▸ 주로 사용되는 지역(주거지역, 상업지역, 공장지역 혹은 공원, 쇼핑센터 인근, 사무실 지역, 공장, 교통 수단, 정거장, 버스노선, 조깅지역, 지하철 정거장 등)

▸ 근린 간 인구통계학적 요소(성 · 인종 · 연령 · 직업별 구성, 사회경제적 지위, 범죄율)

▸ 피해자의 일상적 행동(피해자의 평상시 행동 및 여행 습관, 만약 살인사건에서 시체가 유기된 장소가 발견되었다면, 피해자의 평상시 행동 반경과 관심 사항이 중요하다. 시체의 유기 상태는 범인의 성격을 반영)

▸ 범죄장소 등의 치환(置換: 피해자 공격 장소와 사체 유기장소 및 범죄장소가 바뀌는 예가 종종 있음, 경찰의 집중순찰의 영향을 받음, 부적절한 언론 보도에 의한 범행 수법의 변화) 등

지리적 프로파일링은 장소지향적이다. 즉, 다음 범행이 어떤 장소에서 발생할 것인가를 예측할 수 있으며, 용의자의 생활 근거지와 활동무대를 추정하여 용의지역에서 집중적 탐문수사를 실시함으로써 범인을 조기에 검거하는 데 도움을 주는 기법이다. 특히 로스모(Kim D. Rossmo)는 이 프로그램의 정확성을 검증하기 위해 캐나다에서 발생한 악명 높은 연쇄살인사건에서[22] 범인 올센(Clifford Olsen)의 주거지를 분석한 결과, 집이 4평방 블록 안에 있다는 것을 밝혀냈다.[23]

이 프로파일링 기법은 연쇄강간, 연쇄살인, 연쇄방화, 연쇄강도, 연쇄주거침입사건, 연쇄폭파 및 약탈성 범죄(강간살인, 어린이 학대 등), 여러 장소에 걸쳐서 발생하는 범죄유형(공중전화를 이용한 범죄, 신용카드 관련 범죄, 노출범죄), 그리고 실종사건 등에 응용이 가능하다. 그런데 이러한 기법을 완벽하게 활용하기 위해서는 동일 유사한 사례나 관련된 장소가 적어도 5건 정도

22 1980년을 전후하여 캐나다 밴쿠버에서 발생한 연쇄살인사건으로서, 범인은 올센(Clifford Olsen: 1940년 미국 뉴욕 태생)이었다. 1982년 1월 11일 11건의 살인사건으로 종신형을 선고받았다.

23 http://www.ecricanada.com/about/index.html

는 되어야 한다. 그렇지만 경우에 따라서 이보다 적은 사례를 가지고도 사건이 해결되는 경우도 있다.[24]

심리학적 프로파일링과 지리적 프로파일링과의 관계는 두 가지 방법이 상호보완작용을 한다는 점에서 중요하다. 심리학적 프로파일링은 범죄자의 가능한 일상생활과 마음 상태 간의 관련성을 결정하는 데 중요하며, 지리적 프로파일링은 범죄발생 장소와 몇 가지 관련성이 있는 최소한의 공간적 정보가 있는 사건들을 특별히 재구성함으로써 결과적으로는 더 큰 가치를 갖게 된다.

예를 들면, 1996년 캐나다 연방경찰(RCMP)은 브리티시 컬럼비아 주 버나비 시에서 일어난 14건의 방화사건을 수사하는 과정에서 심리학적 프로파일링 기법과 지리적 프로파일링을 모두 활용했다. 이 두 가지 프로파일에 근접했던 용의자는 수사관의 관심을 끌기에 충분했고, 본격적인 추적을 받게 되었다. 범인은 체포된 후 범죄사실을 자백했으며, 심리학적 프로파일은 적중했다. 실제 용의자 거주지는 지리적 프로파일링을 통해 예측되었던 지역의 맞은편 거리였던 것으로 밝혀졌다(Rossmo, 2000: 213).

3) 범행대상의 선택과 환경의 영향

범죄자는 범행대상의 취약성을 고려하기도 한다. 예를 들면, 비행적이거나 반사회적 행위와 관련된 사람들이 범죄피해자가 될 가능성이 아주 높다는 증거들이 발견되고 있다. 소위 '더럽혀진 손(dirty hands)'을 가진 사람은 범죄피해를 당해도 쉽사리 경찰에 신고할 수 없거니와 법망에 걸리는 것을 싫어하기 때문에 좋은 범행대상이 된다는 것을 약탈적 범죄자들은 잘 알고 있다. 터넬(Kenneth Tunnell)의 상습 재산범죄자와의 인터뷰에 따르면, 주거침입 절도범은 주위에 경찰관이 있다고 느끼거나 소란스러운 이웃이 있어서 의심을 받을 소지가 있다고 느끼는 범행대상은 꺼린다(Tunnell, 1992: 105).

합리적 선택이론은 일상활동이론과 긴밀하게 연결되어 있다. 범죄자들은 범죄를 저지르기 전에 잘 갖춰진 경비상태나 범행대상물의 매력성을 고려한

24 http://www.criminalprofiling.ch/types.html

다. 또한 유죄 선고를 받은 범죄자들을 면담한 결과에 의하면, 범행대상은 범죄로부터 얻을 수 있는 이익에 대한 비용을 비교 후 결정된다(Ainsworth, 2001: 51). 일상활동이론과 합리적 선택이론은 범죄기회가 범행 과정에서 아주 중요한 요소라고 하는 점에서 공감하고 있다. 이러한 두 가지 관점 사이에서 겹치는 영역이야말로 범죄학자들이 효과적인 범죄통제 수단을 제공할 수 있도록 도와준다(Siegel, 2003: 112).

유죄선고를 받은 범죄자들의 면담결과에 따르면, 범행대상은 범죄로부터 얻을 수 있는 이익에 대한 비용을 비교함으로써, 어느 정도 결정된다고 한다. 예를 들면, 베넷과 라이트(Bennett & Wright, 1984)가 발견한 바에 의하면, 주거침입 절도범은 전형적으로 용이한 출입구가 있고, 이웃사람이 눈여겨보지 않는 단독주택들을 물색한다(Ainsworth, 2001: 51). 즉, 범죄자가 범행대상을 완전히 임의적으로 선택하지는 않지만, 범죄자가 특정한 범죄를 저지를지 여부를 판단할 때에는 합리적으로 선택한다(Ainsworth, 2000: 55). 그런데 범죄자들이 항상 그렇게 합리적으로 계산하는 것은 아니며, 범죄자 자신의 어떤 룰을 무시하는 쪽으로 선택하기도 한다. 그리고 순간적인 자극에 의해 범행하기도 한다.

다만, 합리적 선택이론을 지지하고 있는 많은 데이터가 유죄를 선고받은 자들과 교도소에 수감되어 있는 재소자들과의 면담에 기초하고 있다는 점을 명심해야 한다. 만약 범죄자가 합리적 선택을 하는 데 어느 정도 익숙해져 있다면, 그들은 결코 체포되지 않으며, 유죄가 선고되지 않을 것이라는 점을 누군가가 주장하고 싶어할 것이다. 끝내 체포되지 않은 상습 범죄자들과 면담하는 것이 가능하다면, 어느 정도 다른 결과를 찾아낼 수 있을 것이다. 합리적 선택이론과 몇몇 유사점을 공유하는 것은 일상활동이론이다(Cohen & Felson, 1979). 처음에는 노상강도와 같은 범죄를 설명하기 위해 고안되었지만, 지금은 일상활동이론이 광범위한 범죄행동을 망라할 수 있을 정도로 확대되었다(Ainsworth, 2001: 52).

기회와 합리적 선택이론

합리적 선택이론의 경우, 범죄자의 의사결정과 위험성 평가, 범죄로 인한 보상, 그리고 다양한 행동에 관한 도덕성과 같은 것에 영향을 미치는 요소들을 고찰한다(Clarke, 1983: 232). 범죄를 저지르면서 발생할 것 같은 위험성과 보상들 간의 균형은 범죄자가 범행대상물을 선택하는 데 영향을 미친다. 브랜팅햄과 브랜팅햄(Brantingham & Brantingham, 1984)에 따르면, 위험성의 수준은 범행대상물을 '좋은 혹은 나쁜' 것으로 만드는 요소들 중의 하나이다. 범죄자들은 가장 최적의 범행대상물을 선택함으로써, 범죄를 저지르면서 발생하는 위험성의 수준을 감소시키려고 계획한다.

테일러와 하렐(Taylor & Harrell, 1996: 2)에 따르면, 범인은 범죄를 저지른 데 노력이 적게 들어가는 그렇지만 범죄를 통해 높은 보상을 얻을 수 있는, 그리고 고통스러운 결과에 대한 낮은 위험성을 갖고 있는 범죄를 저지르는 것을 선택하기 때문에, 범죄자들은 종종 합리적 경향으로 행동한다고 주장한다. 히키(Hickey, 1991)와 라이트(James D. Wright), 그리고 로시(Peter H. Rossi, 1983)에 따르면, 심지어 폭력범죄자들이 그들의 범행 표적물에 대해 얼마나 선택적이었는지를 논했는데, 연쇄살인범들은 좀처럼 역도선수나 혹은 무술 유단자를 피해자로 선택하지 않는다고 한다. 다른 폭력범죄자들도 좀처럼 무장한 피해자를 선택하지 않는다. 왜냐하면, 그렇게 하면, 범인들은 아주 높은 위험성에 노출되기 때문이다(Siegel, 1995).

피해자들이 무작위적으로 선택되는 것이 아니라는 단순한 사실은 범죄자가 합리적이라는 것을 보여주고 있는 셈이다(Fattah, 1993: 244). 물론, 그들의 행동에 근거하여, 범죄자들이 합리적이라고 결론짓는 것과 그리고 나서 그 동일한 행동을 설명하기 위해 합리성의 개념을 활용하는 것은 순환논법의 논리적 오류를 구성한다(Akers, 1994: 8 참조). 예를 들면, 제퍼리와 잼(Jeffery & Zahm, 1993: 339)에 따르면, 선택의 개념은 "경험적인 것도 아니며, 또한 관찰될 만한 것도 아니다. 그리고 주어진 방식으로 개인이 행동할 때, 연구자는 언제 한 개인이 선택할지를 단지 알 수 있을 뿐이다. 관찰된 행동으로부터, 연구자는 (합리적 선택 혹은 사회적 통제와 같은) 하나의 원인을 투입한다." 제퍼리와 잼(Jeffery & Zahm, 1993: 337)에 따르면, 합리적 선택 모델의 핵심은 "각 개인이 환경으로부터 얻은 정보를 처리하는 사고 혹은 인지적 수단에 관한 분석"에 초점을 두고 있기 때문에, 이 이론을 직접적으로 시험하는 것은 가능하지 않다고 주장한다. 범죄자 내면의 생각은 직접적으로 연구될 수는 없으며, 단지 범인들에 의해 구두로 표현될 뿐이다.

쿡(Cook, 1986)에 따르면, 기회이론을 범행대상물이 "높은 이익과 적은 위험성 때문에 매력적일 때," 범인에 의해 기회라고 평가된 범행대상물과 연관된 피해자와 가해자 간의 상호작용으로 정의하고 있다(Jeffery & Zahm, 1993: 335). 물론, 많은 환경적 연구가 합리적 선택과 기회이론 둘 다를 활용함으로써, 해석될 수 있다. 왜냐하면, '합리적'이라는 것은 기회의 평가와 관련되기 때문이다(Cornish & Clarke, 1986). 기회의 개념은 합리적 선택의 관점에서 중심적이다(Fattah, 1993: 248). 합리적 선택 관점은 범죄를 기회작용으로서 바라본다. 기회구조는 물리적 외부 환경 내에서 접촉에 의해 결정된다(Fattah, 1993: 236, 239). 하지만 이 이론은 왜 특별한 범죄자가 범행대상물을 훨씬 더 좋거나 혹은 훨씬 더 적당하다고 생각하는지 혹은 무엇이 범죄자로 하여금 범행 동기를 갖게 했는지, 그리고 범죄행동을 야기했는지를 설명할 수 없다(Paulsen & Robinson, 2004: 105).

3. 합리적 선택이론에 근거한 범죄통제전략

1) 상황적 범죄예방전략

상황적 범죄예방은 엄격히 말해 이론은 아니지만, 특별한 장소와 시간에 범죄를 저지르는 범죄자의 결정에 영향을 미치도록 노력하는 접근방법이라고 할 수 있다. 이 전략은 잠재적 범죄자에게 범행대상물에 대해 접근하지 못하도록 통제한다면, 범죄를 예방할 수 있다는 원칙을 전제로 한다. 시민들이 보안시스템을 설치하거나 경비원을 배치하면, 그 지역은 경비가 잘 이루어지고, 범죄자들로 하여금 그 지역에 접근하지 못하게 하는 경고 효과가 생긴다. 이는 범죄자에게 위험을 무릅쓰고 범행을 저지를 가치가 없다는 것을 보여 주는 잠재적 효과를 가져온다(Siegel, 2003: 117).

합리적 선택이론가들은 상황적 범죄예방기법들을 재평가했다. 그들은 죄의식이나 범죄기회에 관한 범죄자의 인식과 관련된 요소들을 연구 범주에 추가했다(Clarke & Homel, 1997; Wortley, 1998: 173-188). 이와 같은 범주의 추가는 합리적 선택에 관한 중요한 확장이다. 예를 들어, '상점에서 물건을 가져가는 것은 절도범죄'라고 고지하는 것이나, 체포된 후에 수치심을 느끼게 하는 요소들은 개인적·사회적 비용을 증가시킴으로써 일반적인 범죄를 예방하기 위한 조치들에 포함된다(Adler et al., 2007: 227).

2) 일반예방전략

일반예방전략은 잠재적 범죄자가 범죄를 저지르려고 하는 과정에서 두려움을 느끼도록 하는 것이다.[25] 이 전략은 처벌의 위협을 통해 범죄자에게 대가를 치르게 된다는 것을 확신시켜 주는 데 중점을 둔다. 일반예방은 범죄율이 형벌의 위하를 통해 통제받는다는 것을 지지하고 있다. 국가의 형사사법

25 독일 문헌에서는 일반예방(Generalpraevention)이라고 소개하는 경우가 많지만, 영미 문헌에서는 일반억제(general deterrence)라는 표현을 주로 사용한다.

기관이 범죄자를 신속하게 체포하고, 범죄자를 빠짐없이 처벌하며, 죄질에 상당하는 엄격한 처벌할 경우에 범죄억제 효과는 극대화된다. 처벌에 의한 범죄억제 효과는 일반억제 효과와 특별억제 효과로 구분된다. 일반억제 효과는 범죄행위에 대한 국가의 처벌이 일반인으로 하여금 범죄를 저지르지 못하게 하는 효과이다. 즉, 법을 위반하면 처벌된다는 것을 일반 공중에게 보여 줌으로써 일반인의 범죄를 억제하려는 것이다. 또한 특별억제 효과는 범죄를 저지른 자가 다시 범죄를 저지르지 못하게 하는 억제 효과를 뜻한다. 범죄자 개인에게 범죄에 대응하는 처벌을 함으로써 구금시설에 수형된 기간과 이후의 생활에서 처벌의 두려움으로 인해 범죄행위를 저지르지 못하게 하려는 것이다(Zimring & Hawkins, 1973; Gibbs, 1975; 기광도, 2001). 그렇다면 범죄발생률과 처벌의 엄격성, 확실성, 신속성 간에 관련성이 있어야 한다(Siegel, 2003: 121).

(1) 처벌의 확실성

억제이론(deterrence theory)은 18세기에 전개된 고전학파의 범죄이론을 바탕으로 처벌의 억제 효과에 초점을 두고 범죄를 감소시키려는 이론이다. 국가의 형사사법기관의 강화를 통해 범죄를 감소시키려는 정책은 기본적으로 억제이론에 근거한다. 억제이론에서는 인간의 자유의지와 도덕적 책임감을 강조하며, 범죄자를 합리적으로 결정하고 행동하는 존재자로 파악한다. 즉, 인간은 자기 스스로 쾌락을 극대화하고, 고통을 극소화하려는 경향으로 행동을 결정하고 수행한다는 것이다. 따라서 국가는 범죄자를 처벌하여 장래에 발생할 범죄를 예방할 수 있다고 믿는다.

억제이론에 따르면, 체포, 유죄선고, 그리고 구금 가능성이 높아지면 범죄발생률이 반드시 감소하게 된다. 합리적 범죄자들은 증가된 처벌 가능성이 어떤 범행을 통해 취할 수 있는 이익을 상회한다는 것을 곧바로 알아차리게 될 것이다. 그런데 범죄는 꾸준히 일어난다. 왜냐하면 대부분의 범죄자들이 어떤 특정 범죄를 저지르는 것에 대한 체포될 기회가 거의 없다고 믿거나, 경찰관들이 종종 어떤 범죄를 인지하고 있을지라도 체포하는 것을 꺼려한다거나, 심지어 비록 체포될지라도, 관대한 처벌을 받을 좋은 기회가 있다고 믿기 때문이다(Daniels, Baumhover, Formby, & Clark-Daniels, 1999: 209-225).

이와 같은 결과는 억제이론에 모순되는 측면이다. 일부 범죄학자들은 처벌의 확실성을 그들이 소위 '티핑 포인트(tipping point)'로 언급하는 개념에 결부시킨다. 즉, 체포될 가능성이 특정한 수준까지 도달할 수 있을 때에만, 처벌의 확실성은 의미가 있다. 예를 들면, 만약에 경찰이 그들의 직무 효과성을 향상시키고, 적어도 신고된 모든 사건의 30% 이상을 체포할 수 있다면, 범죄발생률은 상당한 정도로 감소할 것이라는 연구가 있다(Tittle & Rowe, 1974: 455-492).

그렇다면 경찰력의 증강이 범죄를 억제할 수 있을까? 만약 체포와 처벌의 확실성이 범죄자의 행동을 억제할 수 있다면, 그러한 경우에 순찰근무할 경찰관의 숫자를 증가시킴으로써 범죄발생을 차단해야 한다. 게다가, 이러한 경찰관이 범죄에 적극적으로, 그리고 공격적으로 맞서는 투사(crime fighter)가 된다면, 범죄자는 체포 위험성이 범행을 통해 취할 수 있는 어떤 이익보다 더 크다는 것을 깨닫게 된다. 과거 범죄학자들은 지역사회 내에 단순히 경찰관들의 숫자를 증가시킴으로써 범죄발생률을 낮출 수 있을지에 대해 의문을 품어 왔다. 그런데 추가적인 경찰력 투입이 범죄억제력을 만들어 낸다는 증거는 거의 없다(Marvell & Moody, 1996: 609-646).[26] 문제는 범죄율이 증가할 때, 지역사회는 경찰력을 추가 증원한다는 것이다. 결과적으로, 범죄 증가에 따른 경찰력의 증원은 오히려 범죄발생률을 증가시키는 것처럼 보이게 한다.

최근의 다소 복잡한 방법론을 사용한 연구에서 범죄 수준의 증가는 적은 규모의 경찰관 숫자를 단순히 증가시키는 데 비하여, 증가된 경찰관의 수준은 시간이 지나면서 상당한 정도의 범죄를 감소시켰다고 밝힌바 있다(Kovandzic & Sloan, 2002: 65-76; Levitt, 1997: 70-91). 그래서 경찰관의 존재는

---

26 1970년대 초기에는 경찰 인력과 예산 등이 범죄율에 미치는 효과를 일방적인 인과관계를 설정하여 분석했다(Jones, 1974; Wellford, 1974; Swimmer, 1974; Skogan, 1976). 이러한 연구에서는 경찰력과 범죄 간의 관계는 약한 부(-)의 관계가 주로 제시되었지만, 경찰력과 범죄율 간의 정(+)의 관계도 제시된 바 있다(Skogan, 1976).

실제로 상당한 정도의 범죄억제 효과를 갖는다는 것이 가능하다. 즉, 특정한 지역의 특정 범죄문제에 대처하기 위해 지역사회의 각종 범죄예방기법을 개선하는 접근 방식에 더 많은 초점을 맞출 때, 경찰은 범죄를 억제할 수 있다. 단순히 어떤 지역에 경찰력을 집중시키는 것보다는, 특정한 문제와 지역에 노력을 집중적으로 투입하는 것이 범죄억제적 효과를 지닌다(Siegel, 2003: 122).

미국의 군중통제와 영국경찰의 질서유지 활동[27]

CRIME PREVENTION

윌슨과 볼랜드(Wilson & Boland, 1978: 367-392)는 경찰력과 범죄 간의 관계에 대한 이론적 논의와 경험적 연구를 종합하여 체계적인 분석을 시도했다. 경찰과 범죄 간의 상호 결정적 관계와 경찰력이 범죄에 미치는 매개 과정에 대해 분석하고자 했다. 경찰자원과 순찰활동, 체포활동, 그리고 범죄 간의 인과관계를 설정하여 경찰력이 범죄에 미치는 직접적 효과와 체포활동을 매개로 한 간접적 효과를 분석했다. 윌슨과 볼랜드는 1974년도의 미국의 35개 대도시의 자료를 수집하여 가설(① 경찰의 자원과 활동이 강화될수록, 강도범죄의 체포 가능성은 높아진다. ② 경찰의 범죄체포율이 높을수록 범죄발생률은 감소한다)을 분석했다. 다른 인구학적 변수들을 통제했을 경우, 강도발생률은 강도범죄의 체포율과 강한 부(負)의 관계를 갖는다는 것과 체포율은 경찰의 자원 및 적극적 활동에 비례한다는 것을 밝혀냈다. 이러한 결과를 토대로 경찰의 자원과 활동은 다른 사회경제적인 요소들을 통제했을 경우에도 강도범죄율에 독립적인 영향을 미친다고 결론지었다. 그리고 경찰자원을 강화하고 적극적으로 활동하여 범죄를 감소시킬 것을 제안하기도 했다.

27 http://www.romm.org/rnc08/20080901rnc098crowdcontrol.jpg

(2) 처벌의 엄격성과 억제 효과

억제이론에 따르면, 처벌의 엄격성은 범죄발생률 수준과 반비례 관계에 있다. 처벌을 증가시키면 범죄발생률이 감소해야 한다. 몇몇 연구에서는 실제로 구금의 수준을 증가시키는 것은 일반적인 범죄행동을 통제할 수 있다고 한다. 예를 들면, 1997년 국립정책분석센터(National Center for Policy Analysis)는 특정 범죄유형에 대한 구금 가능성과 범죄발생률의 감소 간에 직접적인 연관성이 있다는 증거를 밝혀냈다. 살인범에 대한 구금 가능성이 1993년에서 1997년 사이에 17% 증가했으며, 같은 기간 살인범죄율은 23%나 감소했고, 강도범의 구금 가능성이 14% 증가하면서, 강도범죄율은 21% 감소했다.

이러한 자료들은 상당히 설득력이 있어 보이지만 형사 제재의 엄격성만이 범죄행동을 감소시킬 수 있다는 데에는 거의 합의를 이루지 못했다. 왜냐하면, 어떤 범죄에 대한 체포 가능성은 비교적 낮기 때문에, 범죄억제적 조치들의 충격은 시간이 지나면서 대수롭지 않게 된다. 비록 법률을 강화시키는 것이 범죄발생률을 줄일 수 있다고 하는 몇몇 연구가 있지만, 다른 한편에서 범죄억제 효과에 의문을 제기한다. 결국, 특정한 범죄에 대한 처벌을 강화시키는 것만이 범죄발생을 줄일 수 있음이 증명되지 않고 있다(Siegel, 2003: 122).

(3) 사형제도와 억제 효과

만약 엄격한 처벌이 범죄를 억제할 수 있다면, 사형이라는 형벌에 대한 두려움이 살인범죄율을 현저하게 감소시켜야 한다는 주장이 설득력을 갖게 된다. 다수의 연구들에서 사형제도가 폭력범죄를 억제한다는 가설을 검증해 왔다.

만약 사형제도가 범죄를 억제한다면, 사형에 대한 충격은 사형집행을 공개한 후에는 훨씬 더 커져야 한다. 댄(Robert Dann)은 1935년 이러한 가정을 실험하기 위해, 5명의 살인범에 대한 사형집행이 공개된 상황들을 선별한 뒤 사형집행 전·후 60일 간 살인사건 발생건수를 확인했다(Dann, 1935). 그 결과, 사형집행이 이루어진 후 60일 동안에 평균 4.4건 정도 더 많은 살인사건이 일어났음을 발견했다.

또한 다른 유형의 연구는 사형제도가 폐지된 형사사법 관할구역과 사형제도를 유지하고 있는 관할구역들의 살인범죄율을 비교하는 것이었는데, 그 연구결과들에서도 살인범죄율에서 별다른 차이를 보이지 않았다. 즉, 사형은 살인사건 비율에 영향을 미치지 않은 것으로 보였다(Sellin, 1959; Reckless, 1969: 43-51). 전 세계 14개 국가에서 수행된 연구에서도 사형제도를 유지하고 있는 국가의 살인범죄율이 그렇지 않은 나라들보다 더 낮다는 증거를 거의 발견하지 못했다(Archer, Gartner, & Beittel, 1983: 991-1014).

마지막으로, 시계열 분석을 통해 텍사스 주의 사형집행에 따른 억제적 효과를 살펴본 결과, 1984년부터 1997년까지 집행된 사형과 살인범죄율 간에 연관성이 없는 것으로 나타났다(Sorenson, Wrinkle, Brewer, & Marquart, 1999: 481-493).

CRIME PREVENTION

사형제도를 반대하는 사람들은 이러한 연구 결과를 마치 유죄 선고받은 범죄자들에게 사형을 집행하는 것은 잠재적 범죄자의 행위에 대해 거의 영향을 갖고 있지 않다는 결론적 증거처럼 평가하고 있다(Bailey, 1986: 827-589). 왜 사형이라는 형벌제도의 두려움이 억지력을 갖는 것에 실패했는지에 대해서는 아직 명확하지는 않지만, 그 원인은 살인범죄 그 자체의 성질에 있을 수 있다. 살인행위는 서로 알고 지내는 사람들, 그리고 약물이나 알코올의 영향에서 벗어나지 못하는 사람들과 관련된 '격정적 범죄(crime of passion)'로 종종 표현된다. 살인은 빈곤의 부담과 수입의 불평등 때문에 고통받고 있는 사람들의 범죄행동의 부산물이기도 하다(Messner & Tardiff, 1986: 297-317).

사형제도가 살인범죄율에 어떠한 영향을 미치는지 확실하게 검증되지 않았으며, 또한 살인을 예방하기 보다 더 많은 해악을 야기할 수도 있다고 주장하면서, 많은 범죄학자들이 사형제도의 효용성에 대해 의문을 갖는다. 그럼에도 불구하고, 단기적으로 범죄자를 사형시키는 것이 살인범죄율을 줄일 수 있다고 믿는 일부 지지자들이 있다(Phillips, 1980: 139-148; Ziesel, 1984: 1014-1032).

범죄학자 스타크(Steven Stack)는 사형집행 상황을 잘 공개하는 것에 대한 직접적인 영향이 그 다음 달의 살인범죄율을 낮출 수 있다는 수많은 연구들을 수행해 왔다(Stack, 1987: 532-540; 1998: 1-12). 또한 범죄학자 융커(James Yunker)는 국가적 자료 모음을 활용하면서, 주(州)와 주 사이에 비교가 이루어졌을 때, 구별될 만한 사형제도의 억제적 효과가 있다는 증거를 발견했다. 가장 의미있는 효과는 사형집행의 속도가 가속화되었던 수년 동안에 달성되었다(Yunker, 2001: 297-312). 비록 대부분의 범죄학자들이 동의하지는 않지만, 몇몇 학자는 여전히 사형제도의 활용이 살인범죄율을 낮추는 데 도움이 되었다고 믿고 있다.

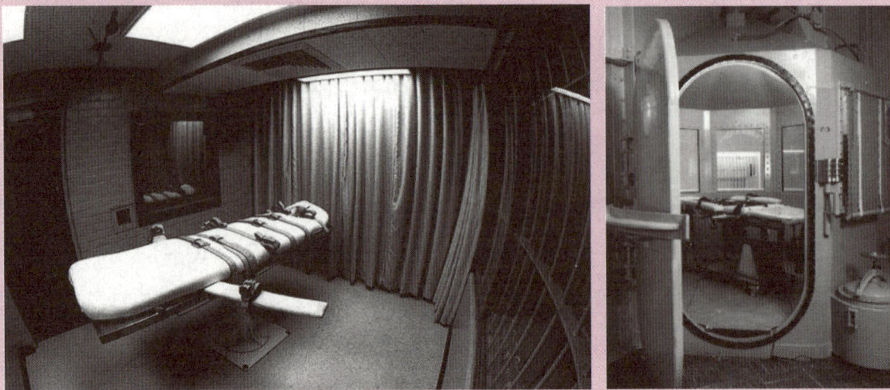

다양한 사형집행 방법[28]

(4) 억제 효과에 대한 경험적 논의

고전주의 범죄이론에 따르면, 처벌에 대한 두려움이 매우 중요한 범죄예방 요인이 된다고 한다. 그래서 범죄행위에 대한 처벌이 확실하고 신속하며, 심각하다는 것이 범죄인들에게 인식된다면, 범죄가 감소될 것이라는 주장이 응보 및 억제(처벌) 모델의 핵심 요소가 된다(박광배, 1995: 287). 이와 관련, 미국의 뉴저지 주에서는 한때 재소자들의 수형생활을 비행 청소년들에게 관람시키면 그것이 처벌에 대한 공포심을 유발하여 비행 청소년들의 새로운 범죄행위를 예방할 수 있을 것이라는 가정 하에 체계적인 프로그램(부트 캠프: Boot Camp)을 시행한 적이 있었다. 그런데 예상과는 달리 이 프로그램에 참여했던 비행 청소년들을 추적 조사한 결과 그 프로그램이 소기의 목적을 전혀 달성하지 못한 것으로 판명되었다(Heeren & Shichor, 1984; Lewis, 1983).

청소년들은 흔히 자신의 담력과 용기를 과시하기 위해 범죄를 범하는 경우에는 처벌에 대한 두려움이 제지 효과를 가질 수 없다고 한다. 성인들도 범

28 http://greatdebate2008.wikispaces.com/file/view/Death-Penalty-Peri-Lithwick-horizontal.jpg; http://www.rutherford.org/Issues/Images/DeathPenalty.jpg; http://www.amnesty.ca/take_action/actions/images/china_death_penalty.jpg; http://z.about.com/d/civilliberty/1/0/I/1/-/-/electricchair500.jpg(2009년 3월 14일 검색)

죄를 저지를 때에는 처벌받을 것을 염두에 두고 이를 걱정하는 것은 아니라고 한다. 게다가, 중형을 선고받고 교도소에 장기간 복역한 재소자들은 범죄에 대해 긍정적인 가치관을 습득하게 되고, 공격적인 충동을 억제하고 통제할 수 있는 사회화 과정을 경험, 습득할 기회를 가지지 못하며, 심지어는 처벌이 간접적으로 쾌감을 유발할 수도 있다고 한다(Glaser, 1969; Solomon, 1980).

캐롤(Caroll, 1982)은 여러 가지 범죄에 대한 시나리오를 만들고 각 범죄가 성공하는 경우에 생기는 이득, 성공 확률, 실패하는 경우의 처벌 강도, 처벌 확률 등을 정한 후 이 시나리오들을 범법자들과 일반인들에게 알려 주고 그들이 각 범죄를 범할 가능성을 스스로 평가하게 했다. 이 연구로부터 범법자와 일반인은 자신이 범죄를 범할 가능성을 평가하는 데 처벌의 강도나 확률은 거의 고려하지 않으며, 반면에 성공할 때 생기는 이득과 성공 확률을 중점적으로 고려한다는 것이 밝혀졌다. 이러한 결과는 고전주의 학파가 중요하게 여기는 비용-편익분석, 이성을 가진 합리적 경제인, 형벌의 경고를 통한 위하력 내지 심리적 강세 기능에 대한 새로운 집근을 모색케 할 수 있다.

범죄자에 대한 처벌이 당사자가 다시 재범할 가능성에 대해서는 큰 특별예방 효과를 가지지 못하지만, 범죄자에 대한 처벌이 다른 일반인으로 하여금 범죄를 범하지 못하게 하는 일반예방 효과를 어느 정도 가지고 있음을 시사하는 연구들이 있다(박광배, 1995: 288). 앤턴스와 헌트(Antunes & Hunt, 1975)의 공동 연구에 따르면, 1년 동안 경찰에 신고된 범죄 건수에 대한 당해 연도의 신입 교도소 수감자 비율을 처벌의 확실성으로 정의하고, 이 확실성이 높을 때 범죄 건수가 적어지는가를 검증했다. 각 범죄유형에서 선고량의 평균치를 처벌의 강도(심각성)으로 정의한 후, 처벌의 강도가 높은 범죄와 처벌의 강도가 낮은 범죄를 비교했다. 그 결과 처벌의 강도가 높을수록 오히려 범죄 건수가 더 많았다고 한다. 다시 말하면, '처벌의 확실성'은 일방예방 효과를 갖는 반면, 처벌의 강도는 오히려 범죄를 증가시킨다는 암시가 제기되었다.

한편, 음주운전에 대한 좀 더 엄격한 법적용이 가지는 범죄억제 효과를 확인하는 연구가 실시되었다(Ross, 1982). 사망자가 발생하는 교통사고 건수를 음주운전에 대한 간접적 지표로 사용하여 전 세계 10개국에서 음주운전에 대한 법이 강화되기 전과 후의 교통사고 건수를 비교했다. 그 결과 음주운전에 대한 벌칙의 강화는 교통사고에 의한 사망사고를 줄이는 데 전혀 기여하지 못했다고 한다. 반면에 음주운전 단속을 빈번히 하여 적발될 가능성 혹은 확실성을 높이는 경우, 교통사고에 의한 사망자 수가 확실히 줄어든다는 것이다.

그뿐만 아니라 그린버그와 케슬러(Greenberg & Kessler, 1982)는 범인 검거율을 처벌의 확실성 지표로 사용하여 미국 내 98개 대도시에서 발생한 범죄를 조사했는데, 검거율이 높을수록 범죄빈도가 낮다는 것이 확인되었다(박광배, 1995: 289). 그 밖에도 왈도와 치리코스(Waldo & Chiricos, 1972)의 연구에 따르면, 처벌의 확실성이 처벌의 심각성보다 범죄예방 기능을 더 가지고 있다는 것을 암시하고 있다. 또한 그래스믹과 브라이잭(Grasmick & Bryjak, 1980)은 처벌과 범죄의 관계에 대해 좀 더 정교한 가설을 검증했다. 대상 집단에게 각 범법행위에 대한 체포 가능성과 처벌의 심각성을 평가하게 했다. 이 연구에 의하면, 전체적으로 처벌의 심각성이 주관적으로 높게 평가된 범법행위일수록 더 많은 사람들이 범하는 경향이 있음이 발견되었다. 즉, '처벌의 확실성'을 낮게 평가하는 사람들에게서는 처벌의 심각성과 범죄빈도 간에 상관성이 없었다(박광배, 1995: 290).

3) 특별예방전략

특별예방전략은 범죄자를 혹독하게 처벌함으로써 재범을 저지르지 않도록 하는 데에 중점을 둔다. 만약 범죄행동이 합리적이라면, 고통스러운 처벌은 반드시 재범을 감소시켜야 할 것이다(Siegel, 2003: 124). 예를 들면, 음주운전 혐의로 상당한 액수의 벌금형과 1주일 간 유치장에 수감되었던 자가 장래에 또 그와 같은 위반행위를 저지른다고 할 때, 그 범죄자는 음주운전 때문에 치러야 할 불이익이 상당히 크다는 것을 인식해야 한다. 이와 비슷하게 주거침입절도를 저지르고 5년 간 중구금 시설에서 수감생활을 한 자의 경우, 절도

범죄에 대한 열망이 저절로 약화되어야 할 것이다. 만약 의도한 행동과 그러한 행위 결과간의 연관성이 확립될 수 있다면, 원칙적으로 처벌은 효력을 발생할 것이다. 만약에 이러한 기억들이 적절하게 강하게 남아 있다면, 범죄행동이 또다시 나타나지 않을 것이다. 그러나 한 번 이상 처벌받았던 전과자는 대부분 그들이 겪었던 처벌에 의해 영향을 받지 않았으며, 체포와 처벌이 전과자들에게는 별 효과가 없었다.

상습범죄자 연구에 의하면, 소년 형사사법시설에 구금시키는 것은 상습범죄자가 성인범으로 발전하지 못하도록 억제하는 데 별로 도움이 되지 않는다. 대부분의 교도소 수용자들은 이미 다른 체포 경력과 이미 전과경력을 갖고 있고, 중죄로 유죄선고를 받은 자의 2/3 정도는 교도소에서 석방된 지 3년 이내에 체포되었으며, 이 전과자들 대부분은 상습범죄자들이었다. 구금이 단기간 내에 상습범죄의 속도를 늦추거나 지체시키는 역할을 할 수 있을지 모르나, 전체적으로 재체포 가능성은 그 다음 수감에 별 변화를 주지 못할 것이다(Siegel, 2003: 124-125).

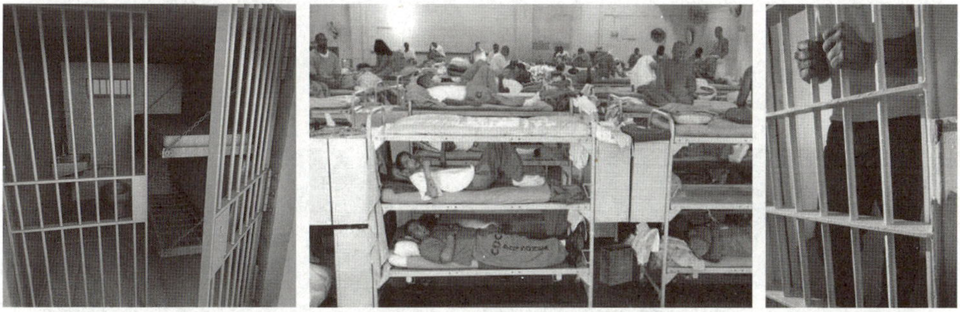

미국 캘리포니아 주 교도소[29]

29 http://latimesblogs.latimes.com/photos/uncategorized/prison.jpg; http://timesonline.typepad.phocom/tos/uncategorized/prison.jpg; http://www.tpuc.org/files/image/prison2.jpg(2009년 3월 14일 검색)

4) 범죄자 무력화 및 선별적 무력화 전략

무력화 전략은 잠재적 범죄자들에게 범죄기회를 차단함으로써 범죄발생률을 감소시키려는 시도이다. 만약, 법률과 처벌을 통한 위협에도 불구하고, 어떤 사람들에게 범죄를 저지르는 것이 여전히 매력적인 것으로 여겨진다면, 그러한 경우 범행을 통제할 수 있는 유일한 방법은 상당한 기간 동안 그들을 구금하는 것이다. 대부분의 사람이 나이가 들면서, 범죄를 저지르지 않기 때문에, 범죄자가 범죄를 지속하는 기간은 제한되어 있다. 범죄를 저지를 수 있는 기간이 짧을수록, 범죄자가 평생 동안 저지를 수 있는 범죄는 줄어든다.

CRIME PREVENTION

흉악범죄자 수감과 재범 가능성에 대한 사례

만약 위험한 범죄자들이 수감된다면, 그들은 다른 사람들을 범죄의 희생양으로 삼을 수 있는 기회를 절대 못 가질 것이다. 범죄자 수감의 효용성에 관한 가장 극적인 사례 중의 하나가 있다. 그것은 바로 싱글턴(Lawrence Singleton)이라는 강간범 사건이다. 범인은 1978년 캘리포니아에서 빈센트(Mary Vincent, 당시 15세)라는 한 여성을 강간했으며, 도끼로 피해자의 양쪽 팔을 절단했다. 그 범인은 8년간 교도소에서 복역한 후 출소했다. 그는 출소하자마자 플로리다로 이사갔으며, 거기서 범인은 1997년 헤이스(Roxanne Hayes)라는 여성을 살해했다. 범인에게는 사형이 선고되었다. 싱글턴과 같은 흉악범죄자가 수감 상태에서 석방되어야 하는가? (Siegel, 2003: 125)[30]

Thursday, January 30, 2003
A victim, a survivor, an artist; Once left to die, she now draws from life[31]

---

30 http://crimeshots.com/MaryVincent1978.jpg; http://golubimaging.com/galleries/albumsphotoal/News/MARY%20VINCENT%20221973.jpg; html; http://pro.corbis.com/images/U1948689.jpg?size=67&

무력화 전략을 지지하는 사람들은 미국사회에서 구금의 증가로 인해 1993년부터 시작된 장기적인 범죄율 감소 경향에 영향을 미쳤다고 한다. 그러나 이러한 주장이 설득력이 있음에도 불구하고, 모든 범죄학자들이 무력화 전략의 효과를 지지하는 것은 아니다. 린치(Michael Lynch)의 연구에 의하면, 1972년부터 1993년까지 기간 동안에도 교도소 수용 인구가 늘어났지만, 범죄율의 감소는 거의 없었다(Lynch, 1999: 347-362). 즉, 범죄자 무력화 전략에 대한 평가는 기대했던 것보다 적었음을 보여 준다. 범죄자를 수감하는 것이 재범을 억제할 것이라는 증거는 거의 없으며, 그들이 석방되면 더 많은 범죄를 저지르는 경향이 있을 것 같다고 믿을 만한 것도 거의 없었다.

일부 학자들은 이 연관성이 일종의 착각이며, 안정적인 범죄율은 실제로 다음과 같은 요인들에 의해 통제된다고 믿고 있다(Karmen, 1996).

- 10대 청소년의 인구 규모
- 새로운 단호한 강제적인 형 선고의 위협
- 건전한 경제 동향
- 엄격한 총기 규제 법률
- 크랙(crack) 등 마약 확산의 억제
- 대도시에서의 공격적인 경찰활동 전략 실행 등

범죄자 무력화 조치가 범죄를 과연 감소시킬 수 있을까? 무력화 조치에 관한 직접적인 이점들에 관한 연구는 결론에 도달하지 못했다. 수많은 연구들이 범죄발생률에 대한 무력화 조치의 효과를 측정하려고 했으나 그 결과들이 엄격한 무력화 조치 정책을 지지하지는 못했다(Ehrlich, 1973: 521-567; Bowker, 1981: 206-212). 범죄통제전략으로서 범죄자를 수감하는 것은 일반사회에서 범죄를 저지르는 자들이 교도소나 구치소에서는 계속해서 범죄를 저지를 수 없다는 것을 고려하면서, 그 역할을 해야 한다. 예를 들면, 뉴욕 시에서 201명의 헤로인 남용 사범에 관한 연구에 의하면, 만약 이러한 남용 사

---

uid=%7B8AEBD145-E2DA-41C8-A6A2-DE1D41899181%7D(2009년 3월 14일 검색)

31 http://seattlepi.nwsource.com/local/106424_maryvincent30.shtml(2009년 3월 14일 검색)

범이 1년 동안 수감되었다면, 그들이 저지를 수 있는 1년치 정도의 범죄들을 저지를 수 없었을 것이라고 밝혀냈다(Greenberg & Larkin, 1998: 205-228). 그럼에도 불구하고, 범죄자 수감전략에 대한 평가는 그러한 전략의 영향이 기대했던 것보다 적었음을 보여 준다. 범죄자를 수감하는 것이 장래 범죄를 저지르지 못하도록 억제할 것이라는 증거는 거의 없으며, 그들이 석방되면 더 많은 범죄를 저지르는 경향이 있을 것 같다고 믿을 만한 것도 거의 없다고 한다. 심지어 재소자들이 더 일찍 교도소 수감을 경험할수록, 석방된 지 12개월 이내에 재범할 가능성이 훨씬 더 높다는 연구 결과도 있다(Siegel, 2003: 128).

선별적 무력화 전략은 상습적인 전과자들을 찾아내는 것에 기초를 둔, 보다 효율적인 모델로 제안되었다. 한 국가의 범죄율이 비교적 소수의 사람들에게 책임이 있다면, 이 소수의 범죄자들을 찾아 구금하려는 노력은 범죄예방에 상당히 가치가 있다는 것이다. 랜드(RAND) 연구소의 그린우드(Peter Greenwood)는 선별적인 수감조치가 범죄감소전략에 효과적일 수 있다고 주장했다(Greenwood, 1982).. 그는 캘리포니아, 미시간, 그리고 텍사스 주에서 절도죄로 복역하고 있는 2,000명 이상의 재소자들에 대한 연구에서, 상습적인 범죄자에 대한 선별적 수감조치는 15% 정도의 강도범죄 발생률과 5% 정도의 재소자 비율을 줄일 수 있었음을 발견했다. 즉, 선별적 무력화 전략을 지지하는 사람들은 범죄경력이 많은 수형자들이 교도소 밖에 있는 평균적인 범죄자들보다 매년 훨씬 더 많은 범죄를 저지르고 있다고 주장한다.

한편, 광범위하게 주목받고 있는 다른 개념은 바로 삼진아웃제도(Three strikes and you are out)이다. 이는 3건의 폭력범죄를 저질러서 유죄를 선고받은 범죄자에게 가석방 없는 의무적인 징역형을 선고하는 정책이다. 많은 주(州)에서 이미 상습범죄자에게 장기형이나 종신형을 선고할 수 있는 상습범죄 대책 법률들을 채택하고 있다. 범죄학자들은 비록 이러한 전략이 정치적으로 어쩔 수 없는 것이라고 하지만, 다음과 같은 사유로 인해 그것들이 제대로 작동하지 않을 것이라고 반박해 왔다(Siegel, 2003: 128).

▸ 3회 정도의 전과를 가진 대부분의 범죄자들이 범죄에서 멀어질 정도로

나이가 들어가고 있다.

- 폭력범죄에 대한 최근의 형벌 선고가 이미 엄격하다.
- 교도소 내 수용 인구를 늘리는 것은 교도소 유지비용을 더 높일 것이다.
- 형벌 선고에서 인종적 불일치가 있어 왔다.
- 이미 2건의 범죄를 저지른 범죄자가 세 번째 범죄로 체포되면, 종신형을 선고받을 것임을 알고 격렬하게 저항함으로써 경찰이 위험에 처하게 될 것이다.
- 교도소 인구에는 아마도 수감 빈도가 아주 높은 범죄자를 이미 다수 포함하고 있다.

선별적 수감조치전략을 지지하는 사람들은 교도소에 이미 수감되어 있는 범죄자들 교도소 밖에 있는 평균적인 범죄자들보다 매년 훨씬 더 많은 범죄를 저지르고 있다고 주장한다. 유죄 선고를 받은 모든 범죄자들에 대해 의무적인 징역형 선고를 요구하면서, 이들은 또한 만약 수감조치에 대한 광범위한 정책이 채택되었다면, 낮은 상습 범죄율을 갖고 있는 더 많은 범죄자들이 교도소에 수감될 것이며, 비교적 적은 범죄를 저지르는 대부분의 집단을 수감하는 것은 비용이 더 들어가면서, 비생산적이 될 수 있다고 한다. 한편, 형선고 기간을 늘임으로써 높은 상습범죄율을 가진 알려진 범죄자를 대상으로 한 수감조치 노력에 초점을 맞추는 것이 훨씬 더 경제적일 것이다(Siegel, 2003: 129).

5) 관련 이론을 토대로 한 범죄유형의 이해

합리적 선택이론을 토대로 어떤 사람이 왜 특정 상황에서 범죄를 저지르게 되는가를 이해하도록 한다. 이러한 범죄이론이 다양한 범죄들을 설명하는데 어떻게 활용되는지, 그리고 이론을 토대로 등장한 아이디어가 어떻게 형사사법 분야에서 실무적 활용을 갖고 있는지를 살펴본다(Adler et al., 2007: 218).

(1) 주거침입절도범죄

범죄학자들은 범죄자들이 주거침입절도범죄를 저지르려는 쪽으로 의사결정을 하는 데 영향을 미치는 요소들에 관심을 갖게 되었다. 차고에서 집 앞 도로까지의 노상에 세워둔 자동차 혹은 음악이 나오는 라디오를 집안에서 틀어놓는 것 등이 범죄자로 하여금 주거침입절도범죄 대상을 선택하는 데 중요한 영향을 미칠까? 렌거트(George Rengert)와 바실치크(John Wasilchick)는 주거침입절도범죄 기술을 이해하기 위해, 교외의 범죄자들과 광범위한 인터뷰를 실시했으며, 몇 가지 요소들에 관해 의미 있는 차이들을 발견했다(Rengert & Wasilchick, 1985).

- 주거침입절도범죄를 저지르기 위한 상당한 정도의 계획들: 주거침입절도 전문범죄자는 아마추어 범죄자보다 훨씬 더 많이 계획하고 있다.
- 범죄자가 주택에 대해 체계적인 선택을 할 때의 범위: 몇몇 주거침입절도범죄자는 주거침입 방지용 경보장치, 경비견, 우편함에 우편물이 쌓여 있는지 여부, 문 입구에 쌓여진 신문들과 같이 확실해 보이는 단서들을 조사한다. 보다 경험이 있는 범죄자들은 꺼져 있는 에어컨과 함께 닫친 이중 창문과 같은 약간 불확실한 단서들까지 찾는다.
- 주거침입절도범이 상황적 단서들에 주의를 기울이는 범위: 몇몇 범죄자는 더 많은 도주로를 제공하는 모서리에 위치한 재물을 선택한다. 그곳에는 재물에 인접한 물건들이 적어서 가시성이 많이 제공하여 확보되기 때문이다.

렌거트와 바실치크는 또한 주거침입절도를 저지를 때, 시간과 장소가 활용되는 상황을 조사했다. 시간은 주거침입절도범에게 아주 중요하다. 왜냐하면, 다음과 같은 세 가지 이유들이 있다.

- 범인들은 주거침입하려는 의도가 나타나지 않기 위해, 범행표적이 된 장소에서 소요되는 시간을 최소화해야 한다.
- 주거침입절도를 저지르기 위한 기회는 다시 말하면, 주간에 거주지역이 적절하게 경비되고 있지 않거나 혹은 점유되어 있지 않을 때에 일어난

다. 많은 주거침입절도범죄자는 아프다고 하면서, 합법적인 직장에서 벗어나곤 한다. 다른 어떤 범죄자의 경우, 자신이 저지르는 주거침입절도범죄에 방해된다고 판단하여 직장을 단순히 그만두기도 한다.

▸ 주거침입절도범은 일하는 시간을 갖는다. 다시 말하면, 만약 범죄자들이 합법적인 직장에 다니고 있다면, 제한된 시간 동안에만 범죄에 활용할 수 있는 시간을 갖고 있다.

범죄를 저지르기 전에 주거침입절도범은 그 지역에 익숙함, 남들이 알아차릴 것에 대한 두려움, 자신이 그곳에 속하지 않는 누군가로서 다른 사람의 눈에 쉽게 띌 것 같은 고민, 그리고 특별한 지역이 더 이상 비용 대비 효과적이지 않을 것 같은 가능성을 고려한다(Adler et al., 2007: 219).

계절 역시 중요한 역할을 한다. 한 경험 많은 주거침입절도범죄자가 언급하기를, 여름철에는 이웃 지역들이 아이들로 붐비기 때문에, 겨울철에 범죄를 저지르는 것을 선택한다고 했다. 그는 또한 "여기서 범죄를 저지르기에 가장 좋은 시간은 아침 08 : 00~09 : 00 무렵이다. 모든 어머니들이 아이들을 학교로 데려다 주는 시간이다. 나는 그 자동차가 떠나는 모습을 지켜보며 기다린다. 그 어머니들이 집에 돌아올 즈음에, 나는 범죄를 마치고 현장을 떠난다"며 범행에 유리한 시간대도 고려함을 언급했다(Cromwell, 1991: 45-46).

주거침입절도범이 자신이 저지르려고 하는 범행대상물에 대해 사전 지식을 갖는 것이 얼마나 중요한지를 보여 주는 연구도 있다. 범죄자들은 그러한 물건을 점유하고 있는 사람을 몰래 알아봄으로써, 잠재적인 범행대상물을 세밀하게 관찰함으로써 그러한 지식을 얻는다. 몇몇 주거침입절도범죄자는 심지어 그들의 잠재적 피해자의 일상적인 활동을 관찰할 수 있는 기회를 제공해 주는 직업을 갖고 있기도 한다. 또 다른 범죄자는 가옥의 내부에 접근할 수 있는 기회를 얻어 귀중품을 찾으며 다음날에 그것들을 절취한다. 반면, 범죄를 계획하는 대신, 그들의 일상적인 활동을 하는 동안에, 주거침입절도범죄 기회들과 마주치는 사람들도 있다(Clarke & Felson, 2004; Wright & Decker, 1994: 63-68; Piquero & Rengert, 1999: 451-472).

표 2-8 필라델피아 교외에 소재한 상업지역의 주거침입절도범들에 의해 고려된 열 가지 요소들

1. 주거침입절도범에 의해 만들어지는 이익들: 높은 이익이 될 만한 것이 있는가?
2. 체포될 가능성: 나는 그곳으로부터 도주할 수 있는가?
3. 범죄표적물의 장소: 그 표적물이 중요한 도로 혹은 통로에 가까운가? 상가지역의 주거침입 절도범들은 멀리 떨어져 있는 표적물을 좋아한다.
4. 모서리 장소: 범죄표적물이 코너에 있는가? 코너에 있는 재물들이 들어가고 나오기에 용이하다.
5. 쇼핑몰: 범죄표적물이 쇼핑몰 안에 있는가? 몰(mall)과 대규모 소매상점들은 이상적인 범죄표적물이다.
6. 상업지역의 집중성: 주변에 다른 상가들이 있는가? 상업적 시설물들이 주변에 많을수록 주거침입절도를 당할 가능성은 더 크다.
7. 주거침입절도 경보장치: 가시적인 경보장치 혹은 경보 표시가 있는가?
8. 외부의 조명 상태: 범죄표적물 주변 지역이 얼마나 어두운가?
9. 상가지역에서 시설물이 형성되었던 시간의 길이: 이것은 새로운 가게인가? 새로운 상업지역 시설물은 주요한 범행표적물이다.
10. 소매상점: 범죄표적물이 소매가게인가? 소매가게는 도매가게보다 선호된다.

출처: Hakin & Shachmurove(1996: 443-456).

(2) 강도범죄

라이트(Richard Wright)와 데커(Scott H. Decker)는 노상강도범들과의 심층 인터뷰를 가졌다. 그리고 노상강도범이 종종 마약 거래자, 마약 상용자, 그리고 갱단원들과 같이 노상과 연관된 다른 사람들에게 피해를 입혔다는 사실을 발견했다. 그런데 피해자들 역시 스스로 범죄자이기 때문에, 그러한 피해 사실을 경찰에 신고하러 갈 것 같지 않은 자들이다. 이러한 사람들은 또한 많은 돈을, 보석을, 그리고 다른 귀중한 물건을 가졌을 것으로 믿어지기 때문에 범죄의 표적이 되었다.

노상강도범들에 따르면, 그들은 종종 특별히 좋아하지 않는 사람들, 다른 사람을 해치는 사람들 혹은 과거에 그들에게 범죄를 저질렀던 사람들을 범행표적으로 삼는다고 한다. 또한 여성들이 범행표적이 되는 것은 경우, 피해 여성들은 저항하지 않을 것이며, 무장하지 않았을 것이라고 강도범들이 믿기 때문이라고 한다. 다른 한편으로, 여성들은 좋은 범행표적이 아니기도 하다. 왜냐하면, 여성은 남성만큼 많은 돈을 갖고 다니지 않는다고 강도범들이 생각하기 때문이다(Wright & Decker, 1998: 37-66).

범죄학자들은 또한 상업적 강도범이 노상강도범처럼 동일한 방식으로 범죄표적물을 선택하는지 여부에 대해 연구하고 있다. 상업지역으로 구성된 장소에서 강도를 저지르려는 강도범은 주거침입절도범이 고민하는 것과 같은 몇몇 요소들에 관심을 갖고 있다. 약탈자들은 잠재적 강도범죄 장소, 잠재적 이익, 보안요원의 역량, 우연하게 누군가가 끼어들 가능성, 경비원의 배치, 감시카메라, 경보장치와 같은 것을 주의 깊게 살펴본다(Cook, 1983).

범죄학자들은 잠재적 피해자와 시설물이 강도를 당할 수 있는 가능성을 감소시키는 데 약간 기여할 수 있다는 것을 발견했다. 1985년 플로리다 주 게인스빌(Gainesville)에서 다음과 같은 편의점에서 발생하는 일련의 강도사건들로 인해 시(市) 규정을 통해 가게 소유자들이 가게 내부를 들여다보는 데 장애가 될 수 있는 창문에 게시된 표시물들을 제거하도록 했다. 그리고 거리에서도 가게 안의 계산대가 잘 보이도록 적당한 위치에 배치하고, 전자 감시카메라를 설치하라고 규정했다. 1년이 조금 안 된 기간 내에 편의점 강도사건이 무려 64%나 감소했다(Adler et al., 2007: 221).

(3) 절도범죄

왜 절도범들이 어떤 물건은 절취하려고 하며, 다른 물건은 절취하려고 하지 않는가? 표적물을 매력적으로 만드는 것은 무엇인가? 코헨과 펠슨(Cohen & Felson, 1979: 588-608)에 따르면, 만약 쉽게 눈에 띄고, 취득하기에 용이하고, 가치 있고, 접근 가능한 것이라면, 그러한 물건들은 매력적이다. 20년 후, 클라크(Ronald V. Clarke)는 뜨거운 논쟁을 하면서 이런 생각을 확대했는데, 절도범들에게 매력적인 물건들은 CRAVED(concealable, removable, avai-able, valuable, enjoyable and dispsable)라는 약어를 붙일 수 있는 소비재들이다. 클라크는 CRAVED라는 약자를 활용해 가면서, 만약 그러한 물건들이 숨길 수 있고, 옮길 수 있으며, 취득 가능하고, 가치 있는, 즐길 수 있는, 그리고 처분할 수 있는 것이라면, 이러한 물건들은 매력적이라고 주장하면서, 자신의 생각을 정리했다. 이러한 접근은 CRAVED라는 용어를 붙일 수 있는 그런 물건들이 도난당한 후, 절도범들이 그러한 물건을 어떻게 처분하는지를 고려하는 것이다. 왜냐하면, 그 요소가 범죄자들로 하여금 물건의 매력성에 관한 쪽으로 결정하도록 만들기 때문이다(Clarke, 1999; Hayers, 1999: 7-18; Farrington, 1999: 9-28).

6) 합리적 선택이론의 정책적 함의

처벌의 가능성은 형벌의 가혹성보다 범죄예방 효과가 훨씬 더 크다고 할 수 있다. 따라서 수사, 소추, 재판, 형벌의 집행 단계에서의 형사 정책적 수단보다는 경찰의 사전 예방활동과 수사 단계에서의 체포 가능성 및을 증대시키는 것이 범죄예방에 더 효과적이다. 뿐만 아니라 수사보다 예방이 더 우선적이라는 것을 고려한다면, 경찰의 범죄예방활동 중 순찰근무의 효과성과 체포역량을 강화시키는 것이야말로 더 중요한 형사 정책적 수단이 될 것이다.

고전주의 이론의 기원에서 현대 합리적 선택이론 관점에 이르기까지, 범죄자들이 합리적 선택을 통해 범죄를 저지른다는 생각은 법률, 처벌, 그리고 범죄와의 관련성에 영향을 주었다. 비록 합리적 선택이론과 억제이론의 핵심적인 원칙에 관한 연구가 혼합된 결과를 도출하고 있지만, 이러한 모델들은 범죄예방 전략에서 중요한 영향을 가져왔다(Siegel, 2003: 129).

제 7 절 상황적 범죄예방전략

1. 개념 및 이론의 등장 배경

최근 실용적인 범죄예방이론에서는 범죄자가 아닌 범죄가 발생하는 물리적 상황, 즉 장소, 시간 등과 같은 상황에 중점을 두고 있다(박현호, 2003: 8). 또한 합리적 선택 및 기회에 중점을 둔 이론들이 많이 제시되고 있다. 클라크의 '상황적 범죄예방이론(situational crime prevention theory)'이 대표적이다. 합리적 선택이론은 상황적 범죄예방기법을 설계하고 그 분류를 위한 기초를 제공하고 있다. 상황적 범죄예방은 범죄가 발생하는 것을 예방하기 위해 어떻게, 어디서, 그리고 언제 특별한 상황을 변경시키는 구체적인 조치를 이행할 것인가에 대한 지식으로 이뤄져 있다(Adler et al., 2007: 227). 즉, 상황적 범죄예방은 범죄가 발생할 수 있는 기회를 제거하는 것을 지향하고 있다(Paulsen & Robinson, 2004: 97). 특정한 문제, 장소, 사람 또는 시간에 초점을 맞추고 있는 이 접근 방식은 분명히 2차 예방 영역에 속하며, 대부분의 설명은 범죄를 저지르는 기회에 대한 관점이다(Lab, 1997: 153).

상황적 범죄예방론은 잠재적 범죄자로 하여금 범죄를 저지르는 것이 덜 매력적인 환경을 만들고, 그 환경 내에서 변화를 초래하는 것이 가능하다는 생각에 기초하고 있다. 즉, 상황적 범죄예방은 지역사회 환경이나 범죄발생요인을 개선함으로써 범죄가 발생할 수 있는 기회를 감소시키거나 제거하여 범죄를 통제하려는 전략이다. 특정 유형의 범죄가 자주 발생하는 환경을 관리하고 정리함으로써 범죄의 기회를 감소시키고, 잠재적 범죄자에게 검거의 위험성을 증대시키기 위한 방법으로서 범죄자가 범행을 실행하는 데 들게 되는 비용을 극대화하고 수익을 최소화하여 범죄자에게 범행을 포기케 하는 것이다. 범죄를 저지르는 행동은 특별한 위반행위이기 때문에, 합리적 선택이론에서는 범죄예방, 혹은 최소한 범죄 감소라는 것은 잠재적 범죄자가 범죄행동을 단념하도록 그들의 행동을 지연시키고 혹은 특별한 범행대상을 기피할 수 있도록 확신시키는 정책을 주장하고 있다(Siegel, 2003: 117). 만약에 잠재적 범행대상물이 주의 깊게 보호되고, 범죄를 저지를 수단이 통제된다면, 그리고 잠재적 범죄자가 주의 깊게 감시된다면, 범죄행동은 회피될 수 있을 것이다. 절망적인 사람들이 충동적으로 범죄를 저지르려고 마음먹을 수도 있지만, 단지 비합리적인 사람들만이 보안 조치가 잘 강구된 범행대상물, 접근이 어려운 대상물에 대해 범죄를 저지려고 할 것이다.

상황적 범죄예방이라는 용어와 개념은 1970년 초반 미국에서 제퍼리(C. Ray Jeffery)의 『환경설계를 통한 범죄예방(*CPTED*)』이라는 저작과 뉴먼

방어공간을 확보함으로써 대형 산불로부터 안전하게 보호된 주택[32]

(Oscar Newman)의 '방어공간(defensible space)' 개념에 뿌리를 두고 처음으로 일반화되었다(Newman, 1973). 이 모델은 영국 정부의 내무부 연구부서에 의해 교정기관에서의 처우에 대한 연구에서 얻은 교훈을 통해 유래되었다. 이 연구는 교도소 시설의 직접적인 환경 내에서 상황적 요소를 조작함으로써, 재소자들의 비행을 제거할 수 있는 잠재력을 보여 주었다(Clarke, 1992: 4-5).

클라크에 따르면, 상황적 범죄예방론의 개념은 방어공간과 CPTED에 의해 곧바로 영향을 받았다고 한다. 그럼에도 불구하고 미국에서 그것은 범죄예방기법에 관한 연구 흐름과 관련되어 있다.

상황적 범죄예방론은 문제지향적 경찰활동(problem-oriented policing)의 개념(Goldstein, 1979)에 의해 영향을 받았다. 문제지향적 경찰활동은 범죄행동으로 이어지는 문제들을 기다리기보다는 오히려 특정한 지역공동체의 문제를 확인하고 해결하는 데에 목표를 둔 접근이며, 범죄행동은 중요한 문제에 관한 증상으로서 평가되고 있다. 클라크(Clarke, 1992: 7)는 상황적 범죄예방론이 CPTED보다 더 넓은 개념이라고 적고 있다. 왜냐하면, 전자는 범죄와 관련된 환경에 대한 모든 범위를 포함하고 있기 때문이다. 그리고 그것은 디자인을 통한 해결뿐만 아니라, 법률적인, 그리고 관리상의 해결책을 포함하고 있기 때문이다. 반면에, CPTED는 만들어진 환경에 대한 설계에 중점을 두는 경향이 있다(Paulsen & Robinson, 2004: 98).

제퍼리의 CPTED에 관한 개념은 실제로 상황적 범죄예방론보다 더 광범위

32 http://www.cccfpd.org/exhazard/images/defspacehouse_000.JPG(2009년 3월 15일 검색)

하다. 왜냐하면, 제퍼리는 장소에 관한 외부적 환경과 범죄자에 관한 내부적 환경 둘 다를 포함하는 범죄예방전략을 논의하고 있기 때문이다.

2. 구체적 기법과 전략

1992년 클라크는 『상황적 범죄예방(*Situational Crime Prevention*)』이라는 책을 출판했는데, 이 책에는 범죄발생을 줄일 수 있는 가장 잘 알려진 전략과 전술 및 기법이 소개되어 있다. 이외에도 범죄학자들은 범죄발생률을 줄일 수 있는 수많은 상황적 범죄예방 노력을 제시하고 있다. 어떤 한 접근은 특정한 범죄를 대상으로 하는 것이라기보다는 상당히 고무된 범죄자집단에게 유혹적인 범죄대상에 대한 접근을 제한함으로써 전반적인 범죄발생률을 감소시킬 수 있는 환경을 만들어 내는 것이다. 이러한 접근은 어떤 특정한 범죄를 제거하기 위해 고안되었다기보다는 전반적인 범죄발생률을 감소시키기 위한 것이라는 데 유의할 필요가 있다(Siegel, 2003: 117).

이 이론에 근거하여 취할 수 있는 전략은 범죄자의 범죄 실행을 어렵도록 만들려는 전략, 즉 범죄기회를 감소시키기 위해 잠금장치나 경보장치 등을 사용함으로써, 범죄 목표물의 물리적 안전성을 증대시키려는 대상의 강화(target hardening), 잠금장치, 울타리를 치는 등의 활동을 통해 잠재적 범죄자의 접근을 통제하는 접근통제, 무기의 구입이나 공공장소에서의 음주행위 등을 통제함으로써 범죄 실행을 촉진시킬 수 있는 소재들의 활용을 통제하려는 요인통제, 출입에 따른 요구 조건을 따르지 않은 사람을 통제하는 출입자통제, 경찰의 순찰과 민간경비원 고용, 비상신고 체제 등의 유지, CCTV 설치, 가로등의 개선, 방어공간을 통한 자연감시 등 위험을 증대시키려는 전략, 보상을 감소시키려는 전략(가정이나 사업장에 현금을 보관하지 않기, 범죄의 목표가 될 만한 대상물을 제거하는 목표 제거, 범행의 목표가 될 만한 목표물에 표시, 재물 등록) 등을 들 수 있다. 또한 이 전략에서는 범죄분석을 통한 구체적 범죄발생 조건 및 수법의 분석, 범죄자의 의사결정 과정, 범죄예방 프로그램 및 예방 조치의 제시 등이 주요 연구 대상이 된다(김용환, 1998: 62). 이처럼 상황적 범죄예방은 특별히 고유한 대책이 있는 것은 아니며, 잠재적인 범죄자에 의해 범행기회가 감소된다고 인식되는 한 매우 다양한 형태를 띨 수 있다(최인섭, 1994: 111).

1) 전 지역공동체 차원의 총체적 · 상황적 범죄예방모델

- 학교의 스케줄을 통일적으로 마련함으로써, 어린 학생들과 무단결석을 쉽게 확인
- 무단결석자 통제
- 어린이들이 어른들의 감시 · 감독 하에 보호될 수 있도록 방과 후 활동 조직화
- 학교 내 학생들을 보호하고, 쇼핑지역으로부터 어린이들을 멀리 떨어질 수 있도록 학교에서 급식을 제공하기
- 어린이들에게 범행대상이 되거나, 마약이나 술을 소비할 기회를 줄이기 위해 현금을 소지하지 못하도록 하는 것
- 쇼핑지역과 학교를 멀리 떨어져 있게 하는 것
- 경비나 보안을 최대한 강화하고, 불법적 행동을 최소화할 수 있는 건물을 건축하기
- 이웃 간의 유동성을 줄이고, 안정성을 강화하여 거주자들 간에 서로 친숙하게 하기
- 공원이나 레크리에이션 시설물들에 대한 사유화를 장려하고, 해당 지역에 대한 안전이나 보안에 대한 책임감을 높여 주기 등(Felson, 1992: 30-34).

표 2-9 영국 내무부 연구부서에서 제시하는 상황적 범죄예방기법들

Situational crime prevention takes the following forms:

• **target hardening**

e.g strengthening coin boxes in telephone kiosks, fitting steering column locks, installing anti-robbery screens in banks.

• **controlling access to crime targets**

e.g installing entry phones, appointing caretakers, using fencing.

• **surveillance**

e.g installing Closed Circuit Television (COT'!) and burglar alarms, providing better street lighting.

• **target removal**

e.g installing removable car radios, setting up Women's Refuges, accepting credit cards rather than cash, organising secure late night transport.

• **property identification**

e.g marking property, vehicle licensing.

• **reducing temptation**

e.g introducing gender-neutral telephone listings, off-street parking.

• **alerting consciences**

e.g installing roadside cameras, posting notices alerting people to crime and the role they can play in reducing it.

• **controlling factors which undermine constraint**

e.g banning alcohol consumption from public places, imposing age checks in premises selling alcohol.

• **making compliance easier**

e.g introducing more litter bins.

2) 특별한 범죄를 대상으로 한 범죄예방기법

코니시와 클라크(Cornish & Clarke, 2003: 41-96)[33]는 범죄를 유발할 수 있는 상황을 변경하기 위한 5가지의 주요한 방법을 제시하였다. 여기에는 ① 범죄자가 범죄를 실행하기 위한 노력을 증가시키는 방법, ② 범죄자가 범죄

33 Cornish. D. & R. V. Clarke(2003). "Opportunities, precipitators and criminal decisions: A reply to Wortley's critique of situational crime prevention" In M. Smith & C. B. Cornish(eds.), "Theory for situational crime prevention", *Crime Prevention Studies*, Vol. 16, Monsey, NY and Cullompton, Devon, UK: Criminal Justice Press: pp.41-96.

행위 시 직면하게 되는 위험(체포 가능성)을 증가시키는 방법, ③ 범죄로 인해 얻을 수 있는 보상 또는 이익을 감소시키는 방법, ④ 범죄상황에서 범죄자의 충동을 부추기는 자극을 줄이는 방법 ⑤ 범죄행동을 합리적이거나 정당한 것이라고 변명을 못하게 방지하는 방법 등이다. 이러한 상황변경을 위한 주요한 5가지 방법은 각각의 기술들을 가지게 되는데 이를 모두 '25가지의 기술'로 분류하고 있다.

상황적 범죄예방과 연계하여 기회이론의 맥락에서 영국의 Office of the Deputy Prime Minister & Home Office(2004: 11)[34]는 CPTED 관점에서 범죄의 원인은 매우 복잡다양하고 시간적 공간적인 차이에 따라서 변화하기 때문에 그러한 기회적 원인에 대한 상황적 통제의 중요성을 강조하고 있다. 범죄를 저지를 동기가 있으며 그러한 기질을 가진 범죄자가 범죄를 일으키기 용이한 환경과 접했을 때 발생하며 그 환경은 사람이든 재물이든 막론하고 적절한 대상이 있으며, 범죄를 방어하거나 피해자를 보호해 줄 사람이나 기계가 없고, 범죄를 일으킬 잠재적 인간들이 많은 환경을 말하며, 이를 범죄기회의 결합이라고 일컫는다.

상황적 범죄예방에 관한 여러 가지 성공적인 사례들이 있다. 예를 들면, 상

표 2-10 범죄기회 감소를 위한 5가지 방법과 25가지 기술들

노력의 증대 (Increasing Effort)	위험의 증대 (Increasing Risks)	보상의 저감 (Reduce Rewards)	자극의 저감 (Reduce Provocations)	변명의 방지 (Remove Excuses)
범죄대상물을 강화하라 (Hardening Targets) – 차량 운전대 자물쇠, 금고, 은행강도 예방용 스크린, 수정이 곤란한 봉인, 자동차 도난 경보장치	**보호를 강화하라** (Extend guardianship) – 야간에 다수가 이동, 사용 중 표시하기, 휴대폰 · 귀금속 · 현금 등은 휴대	**목표물을 감추어라** (Conceal Targets) – 주차 전용공간의 설치, 전화번호부 성별 미기재	**좌절/스트레스를 줄여라** (Reduce frustration and stress) – 업무의 신속한 절차 마련, 공손한 서비스의 제공, 좌석의 확대, 음악과 조명의 조절	**규칙을 정하라** (Setting Rules) – 세관 신고, 건물출입, 활동수칙제정, 임대계약에 대한 규칙의 제정

34 Office of the Deputy Prime Minister & Home Office(2004). *Safer Places–The Planning system and Crime Prevention*, UK, p.11.

장소에 대한 접근을 통제하라 (Control access to facillities) – 주출입문 시정장치, 신분확인용 인터폰(entry phone) 설치, 출입증 패용, 마그네틱 카드 이용 출입, 지문 또는 망막 인식 도어록	자연적 감시를 지원하라 (Assist natural surveillance) – 가로등 설치 또는 조도 개선, 방어공간적 건축물설계(defensible space architecture), 영업시간 이후 점포 실내등 점등	목표물을 제거하라 (Remove Targets) – 물품 보관소, 동전 공중전화 카드식으로 전환, 가정폭력 피해여성 보호소(women's refuge) 설치, 탈착 가능한 카 오디오	논쟁을 피하라 (Avoid disputes) – 라이벌 축구팀의 경기 시 응원단을 분리시켜라, 술집 내의 인원을 제한하라, 고정된 택시 요금을 책정하라.	경고문(안내문)을 세워라 (Post Instructions) – "주차금지", "사유재산", "캠프파이어 금지", "출입통제"
출입 시 검색하라 (Screen Exits) – 출입허가와 반출문서, 물품의 전자태그, 공항이나 항만에서의 물품검색, 주차장 자동 티켓 게이트, 도서관 도서 절도 감지장치(library tags)	익명성을 감소시켜라 (Reduce Anonymity) – 택시기사에 대한 ID 번호 부여, 운행불편에 대한 신고카드, 교복의 착용	소유물을 표시하라 (Identify property) – 차량번호 부여, 차량부품에 마킹, 자전거 등에 형광물질로 이름 표시	감정적 충동을 줄여라 (Reduce emotional arousal) – 폭력적인 성인물을 관리하라, 경기장에서는 바람직한 행동을 촉구하라.	양심에 경고하라(Alert Conscience) – 도로변 속도 표시계의 설치, "바보만이 음주운전한다" 라는 경고판 게시, 반입신고에 대한 서명
범죄자를 우회시켜라 (Deflect Offender) – 사건 · 사고 빈발 버스정류장 이전, 폭력 다발 술집 위치 변경, 막다른 골목만들기(Street closures), 낙서 많은 장소에 낙서판 비치	장소관리자를 활용하라 (Utillise Place Managers) – 차량 내 CCTV 설치, 편의점 내의 종업원을 복수로 배치, 자경활동에 대한 보상	(암)시장을 관리하라 (Disrupt Markets) – 전당포의 감시, 노점상의 등록제, 광고란의 통제	동료의 압력을 중화시켜라 (Neutalize Peer Pressure) – 음주운전을 강요하는 동료의 압력에 대항하라, 교내 문제아들을 분산시켜라.	준법을 지원하라 (Assist Compliance) – 쓰레기통의 비치, 공중화장실 개선, 도서관 체크아웃
도구/무기를 통제하라 (Control Tools) – 불법총기류 관리 강화, 낙서방지 위한 스프레이캔의 판매 통제, 스마트건(Smart Gun), 강화유리 술잔	공식적인 감시를 강화하라 (Strengthen formal surveillance) – 경찰순찰, 경비원 순찰활동, 무인속도 카메라, 침입 경보	범죄의 이익을 차단하라 (Deny benefits) – 사용에 비밀번호가 필요한 카스테레오, 물품에 이름쓰기, 낙서 제거, 도난 휴대전화 사용정지	모방을 차단하라 (Discourage Imitation) – 파손된 물건은 신속히 복구하라, TV 성인물의 수신을 차단하라, 범행방식을 다루는 방송내용은 사전에 검열하라.	마약과 술을 통제하라 (Control Drugs and Alcohol) – 음주가능연령 법에 규정, 음주측정기 활용, 종업원 개입 프로그램, 음주없는 행사의 권장

출처: Cornish & Clarke(2003).

황적 범죄예방기법들은 디즈니 월드에서 범죄를 예방하고, 자동차절도를 중지시키고, 편의점에서 강도범을 찾아내고, 주차시설 내에서 범죄를 감소시키는 데 성공적으로 그 역할을 감당했었다(Adler et al., 2007: 228).

(1) 디즈니 월드

디즈니 월드에서 범죄예방은 어떻게 가능했는가?(Clarke, 1992: 124-132) 예를 들면, '도널드 덕 1'에서는 방문객에게 자동차를 주차시켰다는 것을 기억하라는 충고와 함께 주차장에서 범죄예방이 시작된다. "즐거운 시간을 가지라"라는 친절한 인사와 함께, 네버-네버랜드로 들어가는 고무바퀴로 된 기차에 올라탄 방문객들에게 감시의 눈이 둘러싼다. 군중통제는 어디든지 있지만, 눈에 잘 띄지 않는다. 사인은 사람들을 유혹하는 것들의 당황스러움 속에서도 방문객들을 안내한다. 물리적 울타리가 부상을 방지하며, 성인과 어린이들의 이동을 비슷하게 정리한다. 미키마우스, 구피가 사람의 이동을 모니터한다. 꽃이 핀 정원, 수영장, 그리고 분수대가 보기에 아주 예쁘다. 그것들 역시 특별한 장소 쪽으로 사람을 안내한다. 그러나 이러한 모든 만들어진 통제전략에도 불구하고, 이동과 활동에 관한 그들의 선택이 어느 정도 제한을 받고 있다고 느끼는 방문객은 거의 없다(Adler et al., 2007: 228).

(2) 자동차절도

자동차절도사건에서, 행동연구가 어떻게 작용하는지를 알아보기 위해 자동차절도사건의 시나리오를 살펴보면 다음과 같다. 첫째, 파라머스(Paramus) 경찰서에서는 절도범죄가 일어나는 특정한 장소뿐만 아니라, 구체적인 모델 및 도난된 자동차 제조에 관한 정보를 수집한다. 도요타 랜드 크루저(Toyota Land Cruiser), 도요타 4러너, 그리고 미쓰비시 몬테로(Mitsubishi Montero)와 같은 자동차는 절도범이 선호하는 스포츠용 자동차들이다. 그런 반면에, 어떤 혼다(Honda) 모델이나 도요타 캠리는 절도범들이 가장 선호하는 자동차들이다(Adler et al., 2007: 229).

둘째, 미국 국립보험범죄국에서 제공한 정보들에 의하면, 이러한 자동차 제조사 및 모델들의 몇몇은 뉴저지 주 버겐(Bergen) 카운티 자동차 몰에서뿐만 아니라, 미국 전역에 걸쳐서 가장 좋은 범행표적이 되는 자동차들이라고 한다. 이러한 정보와 함께, 상황적 범죄예방 실무가들은 자동차절도범죄자의 표적물이 되는 자동차, 예를 들면, 특별히 취약한 측면 창문틀, 연료탱크에 있는 자동차 키 코드들(절도범은 간단하게 키 코드를 받아 적은 후, '분실'된 자동차 키로 대체시킨다)과 같은 구체적인 상황적 요소를 분석한다(Hazelbaker, 1996). 그런데 상황적 범죄예방조치를 고안해 내는 것은 자동차 키 코드를 보안이 더 잘 유지되는 장소에 위치시켜야 한다는 것을 자동차 제조회사에게 제안하는 것만큼 항상 용이한 것은 아니다. 또한 연구자가 자동차를 절취하는 범죄자유형을 분석하는 것이 중요하다(Adler et al., 2007: 230).

(3) 편의점절도

가장 성공적인 범죄예방에 관한 연구 중 하나는 탈라하세 편의점 연구였다. 실제로, 그것은 CPTED 개념을 개시한 것이었다. 편의점이 강도범죄의 주요 표적물이 되어 왔다는 것은 오랫동안 알려져 왔다. 연구자들은 생명과 재산의 관점에서 손실뿐만 아니라 위험성을 평가하면서, 이러한 가게의 취약성을 아주 상세하게 연구했다. 연구자들은 한 가게에 두 명 혹은 그 이상의 점원이 함께 근무하게 하고, 'limited cash'라는 사인을 달고, 외부의 조명등을 강화하고, 강도범들의 잠재적인 도주로와 은닉 장소를 제한하라고 권고했다. 연구는 1990년 플로리다 주에서 '편의점 안전에 관한 법률'을 통과시키는 계기가 되었다. 그것은 확실한 안전 조치를 의무적으로 하도록 한 것이었다. 이러한 조치를 통해 플로리다 주에서 편의점 강도사건이 2/3까지 감소했다(Adler et al., 2007: 230-231).

(4) 주차시설

지하주차장은 위험함 곳으로 인식된다. 사람들이 넓은 공간에 혼자 있고, 많은 사각지대가 있다. 자동차와 그 내부엔 내용물이 많고, 심지어 대중에게 개방되어 있으며, 조명상태는 대체로 불량하고, 범죄자의 자동차는 쉽게 이동할 수 있다. 그러나 통계에 따르면, 주차장과 주차장으로 오가는 시간은 매우 잠시 동안이며, 비교적 제한된 횟수로 이동하기 때문에 사람들이 주차장에서 범죄를 당할 가능성이 매우 낮다는 것을 보여 준다.

그럼에도 불구하고, 이러한 시설물에서 피해에 대한 두려움은 매우 높다. 그렇기 때문에 이러한 환경을 개선하기 위해 조명상태를 관리하고, 복도와 공기가 통하도록 개방된 엘리베이터를 개선하고, 주차관리 근무자가 출입자들을 모니터링할 수 있도록 하고, 주차 장소를 색깔로 코드화된 사인들을 디자인하고, 공중 화장실을 제거하거나 재설계하면서, 비상벨과 응급전화 및 CCTV를 설치하고, 유니폼을 착용한 안전요원들을 배치한다(Adler et al., 2007: 231).

3) 상황적 범죄예방과 범죄억제자

상황적 범죄예방의 성공 여부는 범죄예방에 직접적인 영향을 미칠 수 있는 사람의 행동에 달려 있는데, 이러한 사람을 소위 범죄억제자라고 한다(Felson, 1995: 53-66; Siegel, 2003: 118). 이러한 범죄억제자는 크게 세 집단으로 나뉜다(Siegel, 2003: 119).

- ▶ 상점의 경비원과 같이 범죄대상을 관찰하고 모니터하는 경비원
- ▶ 보호관찰관이나 부모처럼 잠재적 범죄자를 통제하고 감시하는 범죄자 통제자
- ▶ 장소를 감시 · 통제하는 관리인, 즉 집주인, 출입문 안내자 등

범죄억제자는 주택의 소유자가 아파트를 관리하고 부모가 자녀를 통제하는 것처럼, 인간적인 관계에까지 깊이 관여하면서, 다양한 수준의 책임을 지고 있는 집단이 있는가 하면, 쇼핑몰에서 상점 절도의 의심이 가는 사람을 정지시켜 질문할 수 있는 정도의 단순히 비인격적인 일반적인 관계인 경우도 있다.

특히 펠슨(Marcus Felson)은 범죄억제자 개념은 상황적 범죄예방전략을 세우는 데 유용하게 활용될 수 있다고 주장한다. 다음과 같은 상황들이 이루어진다면, 보다 효과적인 범죄 감소가 이루어질 것이다.

- 관리인에게 특정한 장소를 감시 · 모니터링할 수 있는 보다 개선된 수단들을 부여한다.
- 경비원에게 목적물을 보호할 수 있도록 장비가 잘 갖추어져 있어야 한다.
- 범죄자를 다루는 사람들이 범죄자에 대해 적극적인 통제와 노력이 가능토록 허용되어야 한다. 예를 들면, 가게 점원이 상품을 감시할 수 있는 반사경과 감독자의 도움을 요청할 수 있는 비상벨과 무장을 했다면, 유리한 위치에서 범죄를 억제할 수 있게 된다.

오클랜드 경찰의 연구 평가에 따르면, 근무지나 주거지역 내의 질서유지에 이해관계를 갖고 있는 주민과 직장인 간에 적극적인 파트너십을 유지하거나 동시에 다른 시민 참여를 증진시키는 것은 마약거래와 같은 범죄를 줄이는 데 기여한다. 문제를 해결하기 위한 집단적인 행동과 상호협력은 범죄를 통제하는 데 효과적인 반면에, 911 긴급전화 신고를 한 개인행동은 별 효과가 없었던 것으로 나타났다(Marzelle, Kadleck, & Roehl, 1998: 371-404).

4) 상황적 범죄예방과 성공 사례

휴, 클라크와 메이휴(Hough, Clarke, & Mayhew)는 범죄기회가 감소되면, 잠재적 범죄자들의 범죄 실행은 저지된다고 주장한다. 또한 클라크(Clarke, 1992)는 만약 다음과 같은 범주들 가운데 하나 이상의 것들을 강조한다면, 상황적 범죄예방조치는 가장 훌륭한 역할을 할 것이라고 주장했다(Ainsworth, 2001: 50).

클라크는 첫째, 범죄를 저지르는 것과 연관된 범죄예방조치를 증가시키기 위해 노력해야 한다. 이러한 노력이 늘어나면, 일부러 범죄를 저지르려고 애쓰지 않을 것이다. 둘째, 범죄예방조치는 범죄를 저지르려는 인식의 위험 수준을 증가시켜야 한다. 잠재적 범죄자가가 목표로 하는 범행대상이나 지역이 CCTV 감시 하에 놓여 있다는 것을 알아차린다면, 아마도 체포될 위험성을 감수할 가치가 없다고 판단하게 될 것이다. 셋째, 범죄를 통해 얻을 수 있는 이익을 감소시킬 수 있는 시도가 이루어져야 한다고 주장한다. 모서리에 위치한 가게 소유자들은 야간에 가게 문을 닫고 떠날 때 계산대의 서랍을 열어두도록 권고받는다. 그래서 잠재적인 주거침입절도범이 돈이 없는 채 열려있는 그 서랍을 볼 수 있도록 한다. 클라크는 범죄를 통해 얻게 될 이익이 될 만한 것을 감소시키는 한편, 범죄를 저지르면서 감수해야 할 비용을 증가시킬 수 있는 것이야말로 성공적인 상황적 범죄예방조치가 될 것이라고 주장했다(Ainsworth, 2001: 50).

클라크(Clarke, 2001: 7)는 상황적 범죄예방론의 기초자로서, 다음과 같은 사항을 포함하여, 100가지 이상의 문서화된 성공 사례들을 제시하였다.

- 런던의 자동차 성매매 예방을 위한 가로 차단
- 1980년대, 스웨덴에서 수표 사기를 막기 위해 신분증 요구
- 영국 공영주택 단지 내 가로등 개선
- 오스트레일리아 공공장소에서 주취자 통제를 위한 책임있는 음주관행 유도
- 미국의 편의점에서 현금 사용 줄이기
- 세계 각처에서 항공기 화물 조사
- 영국의 도심지에 CCTV 설치
- 스코틀랜드에서 교통신호등에 자동카메라 설치
- 뉴욕 지하철의 낙서 제거
- 런던의 우체국의 강도 차단용 스크린 설치 등

대부분의 성공적인 범죄예방은 비교적 경미한 범죄유형에 주도된 것이다. 클라크(Clarke, 2001: 17)는 처음 소개된 상황적 범죄예방론은 주로 전통적인 노상범죄유형인 강도, 주거침입절도, 반달리즘, 그리고 자동차절도범죄에 대해 범행기회를 감소시키는 데 활용되었다. 또한 광범위한 범주에도 적용되었다. 상업지역과 스포츠 경기장, 야간에 사람들이 운집하는 장소들, 그리고 시내 중심가에서 주취자와 무질서를 감소시키는 데에도 도움을 주었다. 그리고

세금 사기, 복지 관련 사기, 성폭행 및 자동차범죄와 같이 일반인에 의해 저질러지는 범죄에 대해서도 활용되었다. 상황적 범죄예방론이 범죄를 감소시키는 데 역할을 하고 있다는 것에 대해, 실제로 모든 사람들이 만족하고 있다. 아마도 그것은 일반인들의 상식에 강하게 호소하고 있기 때문이라고 한다.

5) 상황적 범죄예방에 대한 평가

범죄예방에 관한 실무를 강조하는 대부분의 이론들처럼, 상황적 범죄예방론은 범죄자를 고려하지 않고 실제로 범죄자를 관련성이 없는 것처럼 보고 있다. 즉, 범죄자의 범행 동기를 언급하지 않는다. 앞에서 언급된 것처럼, 상황적 범죄예방론적 노력에 의하면 범죄자는 합리적이기 때문에, 물리적 환경을 변경시킴으로써 범죄가 억제될 수 있다고 추정한다. 상황적 범죄예방론은 실제로 범인의 합리성을 측정하지 않은 채, 단지 범죄율 변화에 근거를 둔 채 범인의 합리성을 추론하고 있다. 범죄율 변화라는 것은 물리적 환경에 대한 변화와 관련이 될 수도 있고 그렇지 않을 수도 있다.

만약 정부 당국의 기본적인 몇몇 의무 중의 하나가 바로 범죄뿐만 아니라, 범죄로 이르게 되는 유해한 조건들로부터 그 시민을 보호하는 것이라는 점을 인정한다면, 적어도 상황적 범죄예방론은 이러한 목적과 일치되지 않는다고 한다. 상황적 범죄예방론은 범죄원인을 언급하지 않고, 범죄자 내부에 있는 범행동기의 수준에 결코 영향을 미치지 않으면서, 대신에 단순히 범죄에 대한 기회를 제거할 뿐이라고 한다(Paulsen & Robinson, 2004: 100).

이러한 비판에 대해, 펠슨과 클라크(Felson & Clarke, 1998: 1)는 대부분의 범죄학적 이론은 왜 어떤 사람들이 훨씬 더 범죄적인 경향으로 기울어질 수 있는지 혹은 덜 그런지에 대해 질문하면서, 범죄자에 대해서만 관심을 표명한다. 이것은 두 범죄적 경향을 행동으로 옮겨지도록 도와주는 환경에 관한 중요한 특징들을 무시한다. 상황적 범죄예방론은 범죄를 저지를 수 있는 기회를 변경시키는 것을 제외하고, 범죄적 경향을 변화시키려는 다른 것을 지향하지는 않는다고 주장한다. 그리고 범죄발생을 확실하게 보장해 주는 단일한 범죄원인은 없다. 그러나 다른 모든 것 이상으로, 범행기회는 필요하다고 했다.

마지막으로, 범죄에 대한 상황적 유혹을 제거하거나 혹은 변경시키려는 노력이 실제로 범죄를 예방한다기보다는 오히려 단순히 범죄를 이동시킨다는 전이현상(displacement)으로 인식했다. 이것은 상황적 범죄예방론에서 심각한 한계가 되고 있다. 하지만 대부분의 증거에 따르면, 전이현상은 실제로 나타나지 않으며, 이익의 확산에 관한 증거들이 발견되기도 한다. 즉, 범죄유형을 예방하기 위해 어떠한 노력이 이루어졌을 때, 다른 유형의 범죄가 또한 예방되기도 한다는 것이다.

(1) 확산과 억제

상황적 범죄예방전략에는 확산과 억제라는 보이지 않은 장점이 있을 수 있다. 확산이라는 것은 한 가지 범죄를 예방하기 위해 투입된 노력들이 예기치 않게 다른 범죄를 예방하게 될 때, 그리고 한 지역의 범죄를 감소시키기 위해 투입된 범죄통제 노력이 대상 지역으로 삼지 않은 다른 지역의 범죄까지 감소시키는 경우를 말한다(Siegel, 2003: 120).

① 범죄의 확산 유형과 사례

범죄의 확산은 범죄가 한 장소에서 다른 장소로 퍼지는 것을 언급하는 것이다. 범죄와 관련된 확산에는 범죄의 확산, 이익의 확산 등 중요한 두 가지 유형이 있다. 이러한 유형의 확산은 전염성 확산과 계통적 확산 등 두 가지 세부 항목으로 나뉜다. 전염성 확산은 직접적 접촉에 좌우된다. 예를 들면, 이웃 도시나 카운티 지역과 같은 인접 지역 사이에서 발생한다. 그런 반면에, 계통적 확산은 일반적으로 공유된 영향을 통해 광범위하게 퍼지는 것이다(Cohen & Tita, 1999: 451). 후자의 유형은 직접적인 접촉을 요하지는 않고, 자발적 쇄신과 모방을 통해 나타나는 경향이 있다.

이익의 확산은 원래 예상했던 이상으로 범죄예방의 추가적인 이점들을 언급한 것이다(Clarke & Weisburd, 1994). 클라크(Clarke, 1998: 14)는 이익의 확산을 범죄전이현상의 반대라고 부르고, 범죄예방조치들이 닿지 않았던 곳

이상으로 광범위하게 범죄가 감소한 것이라고 정의한다.

오클랜드 시에서 실시한 약물통제 프로그램인 SMART 프로그램 효과에 관한 연구에서, 범죄학자 그린(Lorraine Green)은 목표로 삼았던 특정 지역에서의 마약 거래를 감소시켰을 뿐만 아니라, 그 주변 지역에서도 개선된 것을 발견했다. 이 프로그램은 마약 구매자와 폐쇄된 소굴을 익숙하게 여겼던 판매자를 가장 잘 억제시켰다고 한다. 경찰이 비록 그러한 프로그램이 목표로 삼았던 지역 내에서 작전을 편 것은 아니었지만, 마약 거래를 더 이상 방치하지 않겠다는 의지는 아마도 약물남용 행위에 가담된 모든 사람들의 수를 감소시켰다고 할 수 있다.

② 범죄확산에 관한 다양한 논의

범죄의 확산을 다룬 연구들은 확산과 자동차절도(Rice & Smith, 2002), 강도사건(Smith, Frazee, & Davison, 2000), 약물남용(Fischer et al., 2003), 그리고 다른 심각한 노상범죄를 다루었다. 스미스 등(Smith, et al., 2000)에 따르면, 근린관계의 사회적 해체와 범죄자의 일상활동 모두 일정하게 마주치는 블록에서 강도사건이 발생할 가능성을 증가시킨다고 제시한다.

확산에 관한 다른 연구들은 어떻게 범죄가 한 장소에서 다른 장소로 이동하면서 증가하는지에 대해 설명하려고 한다. 모레노프와 샘슨(Morenoff & Sampson, 1997)에 의하면, 어떻게 폭력범죄와 손실이 한 지역에서 다른 지역으로 이동하여 증가하는지를 보여 주고 있다. 시카고에서 발생한 살인사건에 관한 그들의 연구에서, 살인사건의 이동은 사회경제적 손실의 이동과 매우 유사한 패턴을 따르고 있는 것으로 밝혀졌다. 한 결과에 따르면, 이동할 수 있는 사람들은 경제적 손실과 살인사건 위험성이라는 이중의 비극적인 것들로부터 벗어나기 위해 이동한다고 한다.

그리고 그것은 사회해체에 관한 조건을 더욱 악화시키는 것으로 인식되고 있다. 궁극적으로 범죄 덩어리로 이어지게 할 수 있는, 심지어 범죄의 확산을 한계지을 수 있는 차별(예: 은행 서비스의 거부 혹은 서비스 비용 인상)에 의해 사회적 소외가 어쩔 수 없이 일어날 수 있다. 이것은 왜 가난하고, 격리된,

그리고 소수인종 집단이 거주하는 지역 내에서 살인사건 비율이 가장 높은 것으로 밝혀지는지에 대해 설명하곤 한다(Ro-senfeld, Bray, & Egley, 1999). 멘켄과 바넷(Mencken & Barnett, 1999: 408) 등의 연구에 따르면, 몇몇 카운티 안에 있는 도시지역에서 시골지역 쪽으로 살인사건이 확산되고 있다는 증거를 발견했다. 연구는 카운티의 폭력범죄와 살인사건 비율에 영향을 주는 요소들이 있다고 했다. 예를 들면, 빈곤가구, 소득의 불평등, 도시화, 그리고 인구의 유동성과 같은 것이다. 범죄확산은 쉽게 지도로 표현되기도 한다. [그림 2-9]는 2년 동안에 걸쳐 미국의 한 도시에서 동심원적인 패턴으로 마약범죄가 외부로 퍼지면서 증가하고 있는 확산의 사례를 보여 준다.

범죄이익 확산을 증명하는 연구 사례들도 많다. 셰르딘(Scherdin, 1992)에 따르면, 대학 도서관에서 마그네틱 태그가 부착된 책을 활용함으로써 도서절도를 감소시켰다. 뿐만 아니라 오디오테이프 및 비디오테이프 절도까지 감소시켰는데, 그러한 것들은 태그가 부착되지 않는 것들 이었다. 이 밖에도 유사한 다른 사례들이 있다:

- 포이너(Poyner, 1997)에 따르면, 영국의 한 대학 주차장에 CCTV를 설치함으로써, 감시카메라가 작동하고 있는 주차장에서 절도범죄를 감소시켰을 뿐만 아니라, 카메라에 의해 감시되고 있지 않는 주차장의 1/4에서도 범죄가 감소되었다고 한다. 클라크(Clarke, 1998)에 따르면, 자동차절도범은 감시카메라가 어떻게 작동되는지, 그리고 어떤 장소가 보호되고 있는지에 대해 몰랐기 때문에, 자동차절도범이 대학 캠퍼스 전체에서 절도범죄를 저지르는 것을 회피했을 것이라고 해석하고 있다.
- 펠슨 등(Felson et al., 1996)은 뉴욕 시 항구 내 버스터미널 당국에서 실시한 63개의 개입 프로그램들을 조사했는데, 그 가운데에는 해당 지역을 청소하는 것, 공간에 대한 접근 통제, 쇼핑과 같은 합법적 이용을 위한 기회를 개선하면서, 이용자들에 의한 자연적 감시가 원활하게 이루어지도록 한 다른 조치들이 포함되었다. 해당 버스정류장 내에서, 강도범죄뿐만 아니라 폭력행위도 줄었다. 또한 강도범과 폭력범죄자가 역 주변에서도 줄었다는 것을 밝혀냈다. 이러한 결과에 대한 하나의 가능

그림 2-9 마약범죄의 확산 과정 사례(미국의 도시)

◆ 2001년 1~7월까지 동향

◆ 2001년 8~12월까지 동향

◆ 2002년 1~7월까지 동향

◆ 2002년 8~12월까지 동향

출처: Paulsen & Robinson(2004: 165)의 Figure 6.7 Diffusion of Drug Crimes를 인용함.

한 해석은 강도범죄자가 될 법한 자들은 그 지역(역뿐만 아니라, 그곳을 둘러싼 이웃 지역에서조차)을 완전히 떠났다는 것이다.

- 라비뉴(LaVigne, 1994)는 라이커스 아일랜드(Rikers Island) 구치소에서 부정한 방법으로 전화를 이용하는 것에 대한 비용통제를 목표로 한 재소자들의 공중전화 접근을 제한한 프로그램을 조사했다. 전화 비용은 감소되었다. 그런데 전화 관련 재소자 간 상호 폭력행위도 감소되었다. 이러한 결과에 대한 가능한 해석에 따르면, 보통 바람 쐬려고 나오는 재소자들의 전화사용이 줄어들었으며, 이로 인해 재소자 간의 싸움도 줄었다.

펠슨과 클라크(Felson & Clarke, 1998)는 다음과 같은 사례를 추가하고 있다.

- 뉴저지의 한 전기제품 가게는 절도를 방지하기 위해 물품창고 안에서 매일 아주 잘 팔리는 물건들을 집계하기 시작했다. 그러자 그러한 집계된 물건에 대한 절도의 감소뿐만 아니라, 실제로 집계하지 않았던 다른 물건에 대한 절도범죄도 줄어들었다.
- 영국에서 주거침입절도범죄가 일어났던 가정에서, 그러한 범죄를 줄이기 위한 목적의 노력이 결국에는 범죄예방조치들에 의해, 목표로 삼지 않았던 다른 가정의 주거침입절도범죄의 감소로 이어졌다고 한다.
- 미국의 6개 도시에서 자동차 추적장치를 설치한 것은 도시 전체에서의 자동차절도범죄의 감소로 이어졌다. 자동차 추적장치가 부착되지 않은 자동차 소유자에게도 그러한 영향이 미쳤다. 범죄자들이 잠재적 범죄대상물에 대해 만들어진 변화를 인식하게 되면, 결과적으로 범죄자의 행동을 변화시킨다는 것이 추정되고 있다. 위의 사례들을 통해, 범죄자들은 단순한 환경적 개선으로 범죄를 저지르는 것으로부터 억제될 수 있다는 것을 제시해 주고 있다. 그런데 전문가들에 따르면, 범죄자가 처음 생각했던 만큼, 발각되거나 노출될 위험성이 증가하지 않았다는 것을 알게 되면서, 범죄예방 노력을 통한 확산의 이점은 시간이 지날수록 쇠퇴한다는 점이 지적되고 있다. 만약 이것이 사실이라면, 범죄예방 확산의 많은 이점들은 오래가지 못할 것이라고 한다(Paulsen & Robinson, 2004: 167).

(2) 범죄전이현상

범죄전이현상은 전형적으로 범죄예방 노력에 대한 반응으로서, 범죄가 한 장소에서 다른 장소로 옮겨가는 것을 언급하는 것이다. 전이이론에 따르면, 범행기회를 제거하거나 혹은 범죄가 일어날 수 있는 상황을 변경시킴으로써 범죄를 예방하려고 하는 것은 실제로 범죄를 예방한다기보다는 단순히 범죄를 주변으로 이동시키는 것이라고 주장했다(Pearson, 2004: 159). 또한 전이현상이 범죄예방을 불가능하게 만든다고 주장해 왔던 학자들은 범죄자와 범죄에 대해 몇 가지를 염두에 두고 있다. 클라크(Clarke, 1998: 2)는 몇몇 사람들은 범죄예방이 전이 효과 때문에 추구할 가치가 없는 것처럼 느껴지고, 범죄 동기는 억제되지 않았기 때문에, 범행기회를 줄이는 것은 거의 쓸데없는 노력인 것처럼 보인다고 설명했다. 한편, 와이스버드(Weisburd, 1997: 4)에 따르면, 범죄는 상황적이거나 뜻밖에 저지르는 경향이 있다. 중요한 것은 범죄 기회가 단순히 제거되었을 때, 대부분의 범죄자들은 목적을 갖고 다른 표적을 위해 범죄를 추구하지 않을 것이라는 점이다. 그러나 범죄가 용이한 기회 속에서 다시 일어날 수 있다면, 범죄자는 다시 범죄를 저지를 것이다.

비록 상황적 범죄예방전략이 어떤 상황에서 효과가 나타나기는 하지만, 이러한 방법의 성공을 제약하는 문제들도 존재한다. 범죄를 예방한다는 것은 범죄자의 동기를 조장하거나 억제시키는 것은 아니다. 범죄로부터 어떤 이익을 취하려는 사람들은 원래 목표로 삼았던 범행대상이 아닌 대안이 될 만한 다른 범행대상을 선택할 수도 있다. 그래서 범죄는 예방되는 것이 아니라 전이되는 것이며, 대체되는 것이라고 주장하기도 한다(Siegel, 2003: 120). 이처럼 상황적 범죄예방전략들은 전반적인 범죄발생 수준을 감소시키는 것이 아니라, 한 장소에서 다른 지역으로 범죄를 전이하는 것을 문제로 삼는다(Heal & Laycock, 1986). 그러나 이러한 주장에 따른 전이현상 여부를 증명하는 것이 쉬운 일은 아니다.

그 지역에서 저질러지는 범죄패턴을 이해하려고 노력하는 분석가는 단지 무슨 범죄가 일어나고 기록되었는지에 관한 정보를 가질 수 있을 뿐이다. 범죄자가 의도했지만, 실행에 옮기지 않았던 범죄에 관한 어떤 기록도 당연히 없을 것이다. 심지어 전이현상이 일어날 것처럼 보이더라도, 이것은 상황적 범죄예방조치가 완전히 실패한 것이라고 의미할 필요가 있는 것은 아니다. 예를 들면, 범죄자는 억제된 결과로서, 훨씬 덜 심각한 범죄를 저지를 수 있다. 게다가, 만약 범죄자가 그들의 관심을 좀 더 용이한 범행대상물로 바꾸는 것처럼 보이면, 그때 이러한 범행표적이 되는 지역은 더 나은 상황적 범죄예방 조치의 도입을 위해 어떤 표시가 되어야 한다. 만약 새로운 자동차들이 더 나은 경보 체계와 더 복잡한 고정 시스템으로 설비가 이루어지면, 잠재적 자동차 절도범은 더 낡은 자동차를 물색할 것이며, 보호 조치가 덜 된 것을 찾게 될 것이다. 만약 경찰이 이것을 알게 된다면, 경찰은 그러한 오래된 자동차가 가장 흔한 장소에 대해 경찰력을 보다 잘 집중할 수 있을 것이다(Ainsworth, 2001: 51).

범죄예방 프로그램이 실제로 범죄발생률을 줄일 수 없으며, 단지 그러한 프로그램은 범죄를 이리저리로 옮기게 할 뿐이라는 논쟁이 종종 이루어지고 있다. 예를 들면, 어떤 특정한 경찰 관할구역에서 강력한 경찰력을 동원하면, 인접한 경찰 관할구역으로 범죄가 이동하게 될 것이며, 혹은 지하철에서 강력한 경찰활동이 전개되면, 범죄가 플랫폼과 지하철 계단 주변으로 이동하게 될 것이라고 한다. 범죄통제에 대한 이러한 유형의 반응에 관한 명백한 답은 어떤 예방 프로그램이 단지 실행되고 있는 범위만큼은 효과가 있다는 것을 밝혀내는 일이다.

클라크(Clarke, 1998: 2)에 따르면, 다음과 같은 범죄전이현상 유형이 확인되었다.

- 이곳에서 다른 장소로 옮겨가는 범죄의 전이현상
- 이 때에서 다른 때로 옮겨가는 범죄의 전이현상
- 이 대상물에서 다른 대상물로 옮겨가는 범죄의 전이현상
- 이러한 종류에서 다른 종류의 범죄로 전이되는 현상 등

이와 유사하게, 펠슨과 클라크(Felson & Clarke, 1998: 25)에 의하면, 범죄가 주변으로 이동한다는 이 이론에서 다섯 가지의 범죄전이현상을 확인하고 있다.

- 지리적 전이현상: 범죄가 이 장소에서 다른 장소로 이동하는 곳에서의 전이
- 시간적 전이현상: 범죄가 이 시점에서 다른 시점으로 옮겨가는 곳에서의 전이
- 범행대상물 전이현상: 이러한 범행대상물 혹은 범죄피해자에서, 다른 대상물 혹은 피해자로 범죄가 이동하는 곳에서의 전이

- 전술적 전이현상: 범죄를 저지르는 이러한 방법이 다른 방법으로 대체되는 곳에서의 전이
- 범죄유형의 전이현상: 이러한 범죄유형이 다른 유형으로 대체되는 곳에서의 전이현상

클라크(Clarke, 1998)에 따르면, 네덜란드 법무부에서는 범죄전이에 관한 55개의 연구를 조사해 보았는데(Hesseling, 1994), 22가지 연구에서는 범죄전이의 증거가 없었으며, 33개의 연구에서는 몇몇 전이현상들이 발견되었지만, 규모면에서 작은 경향이었다. 어떤 사례에서도, 범죄가 예방되었던 양과 동일한 정도의 전이가 일어났던 곳은 없었던 것이다.

펠슨과 클라크(Felson & Clarke, 1998: 26)는 범죄전이현상이 불가피하다고 추정하는 사람들은 범죄가 발생할 수 있는 능력을 과대평가하고 있다고 언급하면서 전이현상에 관한 증거를 발견하지 못한 연구의 몇몇 사례들을 다음과 같이 제시하고 있다.

- 스웨덴에서 새로운 신원 확인 절차를 도입함으로써, 다른 유형의 재산범죄에 대한 전이현상을 초래하지 않고도 수표 사기가 감소되었다.
- 오스트레일리아의 은행에서 범행대상물 강화정책을 통해 낮은 강도범죄율을 경험했으며, 은행 주변 지역은 강도범죄에서 후속적인 증가들을 나타내지 않았다.
- 가두판매대를 재조정하거나 가로등을 개선함으로써 시장 주변에서의 절도범죄가 인접 지역에서의 어떤 범죄전이현상 없이 감소했다.
- 영국에서 주차장 층의 안전을 개선한 것은 그들의 안전에 관한 예방책을 변화시키지 않은 다른 주차장 층 쪽으로 절도범죄의 증가를 초래하지 않았다.
- 가로통제 및 증가된 경찰순찰을 통해, 공원에서의 성매매행위를 통제한 노력은 성매매 관련 범죄를 감소시켰다. 그러나 그것은 인접한 지역에서의 성매매행위를 증가시키는 쪽으로 이어지지 않았다.

[그림 2-10]은 범죄예방활동 이니셔티브에 초점을 맞춘 것이 다른 새로운 지역으로 범죄를 확산시키지 않은 채, 얼마나 범죄 감소로 이어졌는지를 보여 준다. 이 사례에서, 주거침입절도범죄의 문제가 있는 근린지역에 접해 있는 도로가 특별한 주거침입절도단이 그 길을 따라 그 지역으로 들어오고 있다는 결론에 근거하여 차단되었다. 그 결과는 어떤 다른 전이현상의 증거 없이 주거침입절도가 감소되었다는 것이다(Paulsen & Robinson, 2004: 161).

한편 범죄예방전략가들은 전이가 항상 일어나는 것은 아니라는 것을 증명해 왔다. 독일의 오토바이 헬멧 관련 법률이 그 점을 증명해 주고 있다. 많은 교통사고의 결과로서, 오토바이 운전자로 하여금 반드시 헬멧을 착용하도록 하는 법안이 통과되었으며, 엄격하게 법률이 집행되었다. 그 결과, 머리 손상이 현저하게 줄어들었다. 그러나 추가적인 예상치 못한 결과들이 있었다. 오토바이 절도 비율이 극적으로 줄어들었다. 오토바이를 절취하는 위험성이 너무 높아지게 되었다. 왜냐하면, 범죄자가 될 법한 자들이 헬멧을 착용하지 않고서 오토바이를 훔쳐서 타고 갈 수 없었다. 바로 이때에, 연구자들은 도난당한 자동차 혹은 자전거의 숫자가 증가할 것이라는 점을 예상했지만, 그렇지 않았다. 아주 약간의 전이현상만 있었다. 물론, 몇몇 범죄자는 다른 범행기회를 찾을 것이다. 그러나 많은 다른 범죄자는 얼마 동안 범죄를 중단할 것이

그림 2-10 특정 도로를 차단한 전후의 주거침입절도범죄 발생 동향(좌: 차단 전, 우: 차단 후)

다(Adler et al., 2007: 232).

(3) 관련 이론의 요약

범죄확산 및 전이를 포함하여, 장소와 관련된 몇 가지 중요한 현상들이 소개되었다. 가장 중요한 몇 가지 요점들은 다음과 같은 내용을 포함하고 있다(Paulsen & Robinson, 2004: 169).

- 전이(displacement)는 특정 지역 안에서 범죄예방 노력이 시작된 후, 범죄가 한 지역에서 다른 지역으로 이동하면서, 물리적으로 어떤 장소에서 벗어나고 있는 것으로 보이는 것을 언급하는 것이다.
- 확산(diffusion)은 시간이 지나면서 혹은 범죄예방 이점들이 다른 범죄유형 쪽으로 퍼짐으로써, 의도된 범죄예방 이점보다 훨씬 더 클 때, 다른 지역으로 퍼져 나가도록 허용하는 혹은 야기하는 것으로 이해될 수 있다.
- 범죄는 여러 가지 측면에서 질병과 아주 유사하다. 범죄는 다른 것보다도, 몇몇 환경적 특성이 존재하는 곳에서 나타난다. 그것은 다른 사람들보다 몇몇 사람에게 영향을 미치는 경향이 있다. 그것은 환경적 패턴을 통해, 한 지역에서 다른 지역으로 퍼지는 경향이 있다. 범죄는 완전히 예방되지 않으면서, 한 장소에서 다른 장소로 이동될 수 있다.
- 범죄 감염(전염)에 대해 가장 많이 연구된 것들 중의 하나는 갱(gang) 활동과 불법적 마약 거래의 한 부분으로서, 1980년대 후반 미국에서 총기를 소지한 젊은층과 시내 중심부의 남성에 의해 불균형적으로 저질러진 살인사건의 유행이다.
- 미국에서 1980년대 발생한 살인사건 증가의 대부분은 시내 중심부로 크랙형 코카인의 침투로 인해 총기가 등장함으로써, 저질러진 살인사건 때문이라고 한다.
- 깨진 유리창이론은 어떤 환경 조건이 황폐화된 채로 남겨졌을 때, 그러한 환경은 범죄를 유혹한다는 것을 보여 준다.
- 학자들이 확인한 전이의 유형은 지리적인 전이, 시간적인 전이, 범행대

상물의 전이, 범죄 수법상의 전이, 그리고 범죄유형의 전이를 포함한다.

- 지리상의 전이라는 것은 한 장소에서 다른 장소로 범죄가 이동하는 것을 일컫는다.
- 시간적 전이는 범죄가 어떤 시간대에서 다른 시간대로 옮겨가는 것을 일컫는다.
- 범행대상물의 전이는 범죄가 한 대상물 혹은 피해자 집단에서 다른 대상물 혹은 피해자 집단으로 이동하는 것을 일컫는다.
- 범죄 수법(기술)의 전이는 범죄를 저지르는 한 방법이 다른 것으로 대체되는 것을 일컫는다.
- 범죄유형의 전이는 한 범죄유형이 다른 범죄유형으로 대체되는 것을 일컫는다.
- 범죄전이에 관한 연구를 통해 밝혀진 바에 따르면, 전이된 범죄의 양(量)은 예방된 범죄의 양과 동일하지 않으며, 전이되었다는 증거도 없고 또한 그것보다는 훨씬 적다고 한다.
- 범죄자의 확산은 전염성 확산, 계층적 확산을 포함한다.
- 전염성 확산은 직접적 접촉에 달려 있으며, 예를 들면 도시 혹은 카운티 주변과 같이 인접하고 있는 지역 내에서 발생한다.
- 계층적 확산은 일반적으로 공유된 영향력을 통해 광범위하게 퍼진다. 직접적 접촉을 요하지 않으며, 모방에 의한 자발적인 변화를 통해 나타나는 경향이 있다.
- 전염성 확산은 추가적으로 재배치적 확산과 확장적 확산으로 세분될 수 있다.
- 재배치적 확산은 범죄가 한 장소에서 나타나서, 그 지점에서 외부로 퍼져 나갈 때 발생한다.
- 확장적 확산은 범죄가 한 장소에서 나타나 원래 그 지점으로부터 밖으로 퍼져 나갈 때 또한 발생한다. 그러나 범죄가 물결치기 시작했던 원래 그 장소는 높은 범죄발생률을 계속 경험한다.
- 비록, 살인사건 확산에 관한 연구가 이러한 현상에 대해 완전한 증거를

제시할 수 없더라도, 범죄의 확산과 범죄예방 이점의 확산에 관한 실상을 서면화하기 위한 수많은 연구가 있다.

제 8 절 물리적 환경과 범죄예방: 환경설계를 통한 범죄예방

1. 물리적 환경과 범죄

1) 환경범죄학

환경범죄학(environmental criminology)은 생태학적 전통에서 유래되어, 1970년대 후반 캐나다의 브랜팅햄(Paul J. Brantingham)과 브랜팅햄(Patricia L. Brantingham) 교수가 소개하면서 등장했다(Godwin, 2001: 276). 환경범죄학은 특정한 범죄가 일어난 장소, 그리고 범죄유형을 이해하고 설명하기 위해 범죄가 발생하는 범주를 연구하는 것이다. 환경범죄학자들은 다음과 같은 질문을 한다: 그러한 범죄가 언제, 어디서 일어났는가? 그러한 범죄가 일어난 현장들의 물리적, 그리고 사회적 특징이 무엇인가? 어떤 범행동기로 범죄자와 범죄피해자가 범죄현장으로 함께 가게 되었는가? 시간과 물리적 공간이 어떻게 범죄자, 피해자(범행대상), 그리고 그러한 범죄행위를 불법적 행위로 규정하는 법률과 상호작용하는지를 알고자 한다(Brantingham & Brantingham, 1991: 8; 1998: 31-60).

환경범죄학은 범죄자의 이동성과 범죄자의 범행 근거지가 된 집과 범행대상 지역과 연관되어 있다. 범죄자는 인구 통계적 특성에 근거하기보다는 범죄자 개인이 갖고 있는 정신적 이미지와 관련 있는 지역을 바탕으로 범죄를 저지르는데, 환경범죄학은 장래 범죄가 저질러질 수 있는 그러한 지역을 예측하고자 한다.

브랜팅햄 교수는 도시공간에서 발생하는 범죄를 찾아내기 위해 이론적 공간모델을 제시했는데, 범행기회와 범죄자의 동기 개념, 이동성의 개념, 다음 범죄대상이 될 것 같은 지역과 범죄자의 주거지를 예측하기 위한 인식 둘 다 포함하는 개념을 활용했으며, 또한 범죄자는 정신적으로 더 잘 알고 있는 곳, 즉 자신의 집과 가까운 곳에서 잠재적인 범행기회를 갖게 될 것이라고 했다(Godwin, 2001: 276-277).

환경범죄학 내지 환경설계를 통한 범죄예방전략에서 중시하는 시간과 공간에 대한 통제야말로 범죄통제에 매우 중요하다. 뿐만 아니라 2차 예방적 기법에서 논의되는 범죄발생 기회나 상황적 범죄예방론에서 거론되는 범죄가 발생하는 상황, 즉 시간과 공간이 어우러져 형성되는 환경이야말로 범죄통제에서 빼놓을 수 없는 요소가 된다.

2) 물리적 환경과 범죄

전통적으로는 심리학자들, 그리고 상당수의 범죄학자들은 거의 전적으로 범죄자와 내부적 범행동기에 초점을 맞추면서 범죄를 이해하려고 했다. 즉, 범죄학자들은 범죄가 일어나는 물리적 환경을 무시하면서, 개별 범죄자와 범죄자의 소질을 강조했다(Jeffery, 1977: 41). 또한 사회학자들의 영향으로 범죄학자들은 물리적 환경을 경시하면서 사회적 환경에 초점을 맞추었으며, 개별 범죄자에 대한 연구조차 주로 간접적인 행동 기록들, 예를 들면 공식적 기록, 피해 연구 혹은 자기보고식 연구와 같은 것에 근거를 두었다. 그들은 점차 범죄가 일어나는 환경에 대한 몇몇 새로운 연구들을 경험했으며, 물리적 환경과 관련된 범죄의 생태학적 분포를 통해 환경설계와 범죄예방에 대한 중요한 측면을 깨닫게 되었다. 그 후 왜 특정한 범죄가 발생하는지를 이해하는 방법으로서, 개별적인 범죄를 둘러싸고 있는 상황들을 고려하는 쪽으로 이동하는 경향이 있다. 이것은 물론 많은 범죄유형을 분석하는 작업의 기초이기도 하다.

아마 이러한 방향으로의 변화를 강조했던 것 중 메이휴(Patricia Mayhew)와 동료들이 수행한 연구 결과가 가장 영향력이 컸다. 메이휴와 그녀의 동료들은 「기회로서의 범죄(Crime as Opportunity)」라는 제목의 영향력 있는 보고서를 작성했다. 그들은 범죄를 이해하고 예방하고자 한다면, 범죄자의 중요한 범행동기에 초점을 두기보다는 오히려 범죄발생 기회를 감소시키는 것을 고려하는 편이 낫다고 주장했다(Ainsworth, 2001: 40).

어떤 지리학적 지역 내 몇몇 장소의 경우, 다른 행동은 그러한 장소와 별로 관련이 없었던 반면, 범죄행동은 특정한 장소와 아주 밀접하게 연관되어 있다는 사실이 명백했다. 경찰과 보험회사는 특정 타운과 도시 내에 있는 몇몇 지역이 다른 지역보다 훨씬 더 높은 범죄피해 위험성을 갖고 있다는 것을 파악하고 있다. 그런데 심지어 이러한 지역들 안에는 다른 지역이 범행 표적이 되는 것보다 훨씬 더 심각하게 범행표적이 될 장소가 있다고 한다. 그러한 모순이 발생하는 원인의 한 부분은 서로 다른 환경이 만들어 내는 범행기회와 연관된 것으로 추정되었다.

뉴먼(Oscar Newman)의 주장에 따르면, 물리적 환경이 그 경계선상에서 일어났던 몇 종류의 행동에 상당히 큰 영향을 미쳤다는 측면에서, 물리적 환경이 중요하다고 한다. 또한 제이콥스(Jane Jacobs)의 주장에 의하면, 물리적 환경은 행동 유형과 지역의 범죄발생률에 직접 영향을 미칠 수 있다고 한다. 그런데 이러한 주장이 높은 인구밀도가 있는 모든 대도시들이 나쁘다는 쪽으로 이해되어서는 안 된다.

갠스(Gans, 1962)가 언급한 바에 의하면, 심지어 대도시들 내에서도 소규모 지역공동체와 같은 감정을 유지하고 있으면서, 비교적 낮은 범죄발생률을 갖고 있는 몇몇 고립된 지역이 있다. 갠스는 그러한 지역에 '도시마을들'이라는 용어를 붙였으며, 그 지역은 끊임없이 활기차고 생명력 있는 감정과 낮은 범죄발생률을 갖고 있다. 이러한 도시마을에는 특별한 인종적 배경에서 유래된 동질적 주민들이 종종 거주하고 있으며, 낮은 인구 이동과 주요 인종 집단에 의해 좌우되는 경향이 있었다.

범죄발생률에 관한 환경적 영향의 다른 사례는 콜먼(Alice Coleman)의 저작에서 발견할 수 있다(Coleman, 1985). 콜먼은 범죄발생률에 관한 자료와 다른 형태의 반사회적 행위를 축적했으며, 다른 형태의 주택으로 이루어진

표 2-11 미국의 물리적 환경에 대한 분석 사례

워싱턴 시(Washington D.C.)를 포함하여 많은 지역공동체가 오후 5시 이후 쇼핑몰, 극장, 그리고 레스토랑이 텅 비지 않도록 다운타운 쇼핑가를 재설계했다. 그래서 가로등 사용의 확대, 경찰의 순찰 증가, 그리고 공공 교통 수단을 확대시킴으로써, 어두워진 후에도 가게 문을 열어놓을 수 있도록 장려했다. 워싱턴 시에서는 F-Street 13번가와 14번가를 따라서 그러한 노력들을 전개했다. 인구 90,000여 명이 넘는 탈라하세의 경우, 다운타운이 쇠퇴해져 가는 것을 발견하고, 도심지역 광장을 새로이 건설하게 되었다. 직감적으로 어떤 지역은 안전한 반면에, 다른 지역이 그렇지 못하다는 것을 알게 된다. 특히 제퍼리는 뉴욕대학에 있을 때, 도로 사용 패턴과 범죄에 관한 제이콥스(Jane Jacobs)의 저작물을 읽었는데, 제이콥스는 "눈(眼)이 있는 거리는 안전하다"[35]고 했다. 예를 들면, 대부분 6층짜리 브라운스톤(Brownstone)에 사람들이 사는데, 저녁이 되면 이들은 거리에서 서로 직접적으로 눈을 마주치게 된다. 몇몇 사례에서, 아파트 거주자들은 오후 4시까지 발코니에서 맥주를 마시곤 한다. 특히 더운 7월에는 그렇다. 이렇게 해서 저녁에는 거리가 아주 안전해진다고 했다. 한편, 브로드웨이(Broadway)와 프린스(Prince)가 출구지역에는 주로 물류 저장고와 창고들이 있는데, 이 지역은 주로 바느질과 면으로 된 의류들을 모으기 위해 노스캐롤라이나의 섬유공장에서 사용하는 지역이다. 그런데 이 지역은 오후 5시부터 아침 7 : 30분까지 거의 사람들이 다니지 않는다. 그래서 이곳은 저녁이 되면 매우 위험한 지역이 되곤 한다. 빌리지(Village)에 매우 인접한 차이나타운(Chinatown)은 저녁에도 매우 활발하게 사람들이 오가는 지역으로서 비교적 안전했다. 이와 반대로, 42번가 주변에 있는 타임스퀘어(Time Square)의 경우, 야간 생활, 포르노 가게, 영화, 그리고 음주로 결합된 곳이다. 이곳은 잠재적 피해자뿐만 아니라 상당수의 범죄자들까지 통상적으로 유혹할 수 있는 지역이다.

출처: Jeffery(1977: 193).

현대식 고층단지의 특성과 비교했다. 연구 결과에 의하면, 주택 유형과 범죄 발생률, 그리고 반사회적 행위 간에 상관관계가 있음을 밝혀냈다. 또한 물리적 환경 그 자체가 특정 지역의 높은 범죄발생률에 대해 책임이 있다고 주장했다(Ainsworth, 2001: 46).

이처럼 범죄행동을 포함하여, 물리적 환경은 인간의 행동에 중요한 역할을 한다. 범죄학자들은 자동차절도범을 교도소로 보내는 것보다 자동차에 자동 잠금장치를 설치하는 것이 훨씬 낫고, 기를 쓰고 파리를 잡는 것보다는 더러운 하수구 배출시설을 개선하는 것이 낫다고 생각하기 시작했다. 특히 제퍼

35 'streets with eyes are safe'는 눈(眼)이 있는 거리로 해석되는데, "감시가 잘 이루어지는 거리는 안전하다"로 새길 수 있다.

리는 이러한 관점에서 범죄유형과 관련된 물리적 환경을 소개했다(Jeffery, 1977: 42).

범죄가 공간적으로 혹은 시간적으로 고르게 분포하는 것은 아니지만, 대부분의 범죄는 아주 극소수의 장소에서, 그리고 매우 예측할 만한 시점에 발생한다. 앤젤(Schlomo Angel, 1968)은 범죄발생률은 사회적 · 물리적 환경, 지역성, 접근성, 그리고 피해자의 행동과 관련이 있음을 발표한 바 있다. 목격자, 감시, 그리고 지역공동체의 인식이야말로 범죄억제적 조치로서 간주되었다(Jeffery, 1977: 185, 191-192).

물리적 환경개선을 통한 범죄예방 프로그램은 여러 단계에서 논의될 수 있으며, 다음 사항들이 고려될 수 있다.

- 출입문과 창문을 포함한 물리적 안전: 이것은 건축설계에서 하드웨어적인 것으로 간주된다.
- 좀 더 복잡한 도시공간 활용 단계에서 논의될 물리적 안전: 아파트 건물, 도로, 공원, 그리고 공항 터미널, 버스 터미널 등의 설계가 여기에 포함된다.
- 잠재적 피해자를 지향한 사회계획 혹은 교육적 프로그램: 여기에는 신원 확인 프로그램, 에스코트 프로그램, 일반감시 프로그램이 포함된다.
- 과학과 연구에 강조점을 둔 물리적-사회적 계획: 사람과 환경 간의 상호작용이 그러한 접근에 기초가 된다.

2. 환경설계를 통한 범죄예방전략의 개념 및 구성 요소

1) 기본 전제 및 개념

환경개연론적 맥락에서는 더 좋은 환경이 더 좋은 사회, 더 좋은 사람을 만드는 데 일정한 기여를 한다고 생각했다. 건축가와 계획가들은 공간과 범죄의 상관성에 일찍부터 관심을 가져왔으며, 건조환경(built environment)을 잘 조성하면 범죄를 획기적으로 줄일 수 있다는 것이 그 인식의 핵심이다.[36]

환경설계를 통한 범죄예방(crime prevention through environmental design: CPTED)[37]은 범죄행동을 위한 기회를 제공하거나 혹은 범행을 촉진시키는 물리적, 그리고 사회적 환경에 관한 조건을 확인하고, 그러한 조건의 변경을 통해 범죄가 발생하는 것을 예방하는 것을 지향한다. 즉, CPTED의 개념은 적절한 설계와 건조환경의 효과적인 활용을 통해 범죄와 범죄두려움을 감소시켜 삶의 질을 향상시키는 것이다.[38]

영국식 CPTED는 디자인 학계에서 범죄피해에 취약한 각종 공공시설물과 하드웨어 제품, 예를 들면 도난에 취약한 휴대폰, 자전거와 자전거 주차대, 핸드백, 현금인출기(ATM) 주변 시설, 벤치, 클럽이나 바의 의자, 노트북, 흉기로 돌변하는 유리 술병이나 술잔, 상품 진열대 등에 대해 방범기능설계(Design Against Crime: DAC)를 통해 북미식에 비해 보다 다양한 형태와 범주로 폭넓게 발전해 나가고 있다. 특히 DAC 운동은 건축, 산업디자인, 엔지니어 등 기술자와 디자이너들이 디자인 실무에서 범죄 문제를 디자인 반영을 통해 줄이거나 축출하도록 노력하는 것이 '사회적으로 책임성 있는 디자인'이라는 윤리적인 반성에서 시작되었다는 점에서 긍정적인 사회적 평가를 받고 있다.[39]

CPTED는 범죄를 줄이고 안전감을 증진시키기 위한 다양한 접근 방법이고, 범죄자의 행동에 영향을 미치는 것에 의존한다. 또한 범죄가 발생할 수 있는 물리적 환경을 변경함으로써 범죄자로 하여금 범죄를 저지르지 못하도록 하는 것을 추구하는데, 환경이 범죄자에게 어떻게 영향을 미칠 수 있는가를 이

---

36 김홍순(2007). "非性別的 도시의 모색: 도시환경요소가 주는 잠재적 범죄위협에 대한 여성인식의 고찰," 『국토계획』, 42(1).

37 북미에서는 주로 CPTED라는 용어를 많이 사용하고 있으나 영국을 중심으로 한 서유럽에서는 Designing Out Crime, 즉 DOC라는 용어를 셉테드 대신 주로 사용하고 있다.

38 Crowe, T. D(2000). *Crime Prevention Through Environmental Design*, MA, Butterworth-Heinemann.

39 Socially Responsible Design(SRD) is to widen discussion about ethical approaches designers, architects and engineers can take in order to help 'design out' crime from society. Gamman, L. & Pascoe, T.(2004) Design Out Crime? Using Practice-based Models of the Design Process, *Crime Prevention and Community Safety: An International Journal*, 6(4), pp.9-18.

해하는 것에 달려 있다. 행동심리학에 중점을 두면서, CPTED 개념과 전략은 사람과 그들의 환경 간에 존재하는 관련성을 활용하는 것이다(Siegel, 2003: 117). 실무적으로 CPTED 원칙은 사회계획에서 도시설계에 이르기까지 혹은 지역사회 안전에서 특수한 위험 요소 관리를 위한 응용에 이르기까지 광범위하게 활용된다.

2) 셉테드(CPTED) 전략의 기본 원칙

CPTED는 다섯 가지 기본 원리를 갖추어야 한다.[40] 첫째, 범죄피해를 당할 잠재적 피해자를 보호하기 위해 범죄의 구성요소인 피해자, 범죄인, 장소들 간의 상관성을 분석하여 일반인들에 의한 가시권을 최대화시킬 수 있도록 건물이나 시설물을 배치하는 자연적 감시(natural surveillance) 원리이다.

둘째, 사람들을 도로, 보행로, 조경, 문 등을 통해 일정한 공간으로 유도함과 동시에 허가받지 않은 사람들의 진출입을 차단하여 범죄목표물에 대한 접근을 어렵게 만들고 범죄행위의 노출 위험을 증대시키는 접근통제(access control) 원리이다. 물론 이용자들의 통행에 큰 불편을 야기하지 않으면서 보호대상 건물이나 공간에의 접근을 적절한 수준에서 제한하는 것을 말한다. 여러 기존의 연구들이[41] 전반적으로 타운, 주택, 주거단지를 관통하는 가로나 출입구의 수가 많을수록, 또한 주요 도로나 공공가로에 인접한 주택가일수록, 즉 침투성(permeability), 연결성(connectivity), 접근성(accessiblity)이 높을수록 더 많은 침입절도 등의 범죄피해를 당한다는 상식을 확인시켜주고 있다(Schneider & Kitchen 2007: 48-51).

셋째, 어떤 지역에 대해 지역주민들이 자유롭게 사용하거나 점유함으로써 그들의 권리를 주장할 수 있는 가상의 영역을 의미하는 영역성(territoriality)의 원리이다. 공간과 영역의 위계는 공적 공간(public space), 반공적 공간

---

40 Moffat, R.(1983). "Crime prevention through environmental design-a management perspective," *Canadian Journal of Criminology*, 25(4), pp.19-31.

41 Yang Xiaowen(2006). "Exploring the Influence of Environmental Features on Residential Burglary Using Spatial-Temporal Pattern Analysis," University of Florida.

그림 2-11 시선(sightline)이 차폐된 공원(좌) vs. 시야가 개방된 공원(우)

출처: CPTED Guidelines for Queensland(Queensland Government, Austalia); AGIS-Action Safepolis 2006-2007 Planning Urban Design and Management for Crime Prevention Handbook.

(semi-public space), 사적 공간(private space) 등으로 구분될 수 있다(Malone, 2001). CPTED 원리에서 영역성이 의미하는 것은 보호받아야 할 사적인 영역을 뚜렷하게 표시함으로써 타인의 침입행위를 쉽게 허용하지 않고, 관리자나 소유자 자산의 손실 위험을 방지할 수 있는 위험관리 전략 중의 하나로 해석될 수 있다.[42]

넷째, 공공장소에 대한 일반 시민들의 활발한 사용을 유도 및 자극함으로써 그들의 눈에 의한 자연스런 감시를 강화하여 인근 지역의 범죄 위험을 감소시키고 주민들로 하여금 안전감을 느끼도록 하는 활동성 증대(activity support)을 들 수 있다. 상업지역, 공원 등 공공장소에서 다양한 활동을 유도하는 가로 노천 카페, 벤치 시설 등은 사람들의 야외 활동성을 증대시키는 역할을 자연스럽게 하게 된다. 이를 통해 길거리에 눈과 귀가 많아지면서 자연감시성도 높아지는 것이다.

다섯째, 어떤 시설물이나 공공장소를 처음 설계된 대로 지속적으로 이용될 수 있도록 하는 유지 및 관리(maintenance and management)의 원리이다. 시

42 Hess, K. M.(2009). *Introduction to Private Security*(5th ed.), Wadsworth Sengage Learning, p. 121.

나 구에서 정책을 통해 깨어진 가로등이나 낙서를 발견 후 일정 시간 내에 신속하게 교체하거나 지우는 작업 등과 처음부터 벤치나 볼라드와 같은 공공시설물이 파손에 강한 재질로 설계에 반영되는 것들은 유지관리를 위한 것이다.

이외에도 특정 장소의 이용자가 타인에 의한 관찰 가능성과 가시성이 부족한 상황에서 위험에 처해지거나 불안을 느낄 때 그 곳에서 신속히 벗어날 수 있는 빠르고 짧은 대체적 경로의 다양한 확보와 잠재적 피해자의 동선에

그림 2-12 공간과 영역의 위계

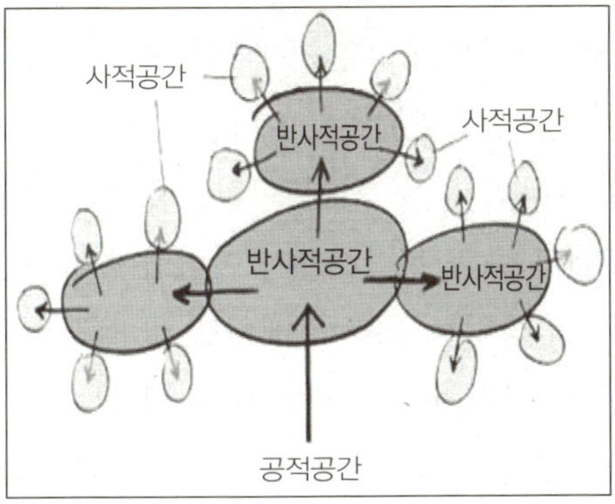

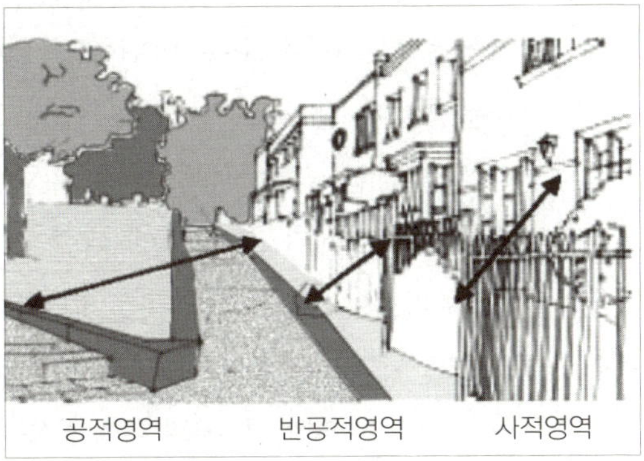

출처: 김홍순(2007).

그림 2-13 상업시설에서 활동성을 증대하는 요소들

출처: Safer Design Guidelines for Victoria, Australia.

대한 예측이 매우 분명하여 공격을 위한 잠복과 은닉이 쉬운 동선예측원(Movement predictor)의 제거, 그리고 사방이 감시의 범위를 벗어나고 타인에 의한 관찰이 크게 차단되는 함정지역의 제거 전략이 추가될 수 있다.

크로(Crowe, 2000)는 CPTED를 위한 분석을 위해 물리적 공간에 대한 3-D 접근방법을 제안하고 있다. 즉, '① 목적 명확화(Designation): 특정 공간에 들어서면 그 공간이 어떻게 사용될 것으로 의도되었으며 그 목적은 무엇인가? 환언하면, 의도되지 않은 특정 공간과 장소가 존재함으로 인해 그 장소를 사용하는 사람들이 불필요하게 범죄피해의 위험에 노출되거나 불안을 야기하는 요소로 작용될 수 있을 것인가? ② 구역 정의(Definition): 경계와 영역은 분명하며 소유 범위를 확실하게 나타내고 있는가? 환언하면, 영역이 불분명하여 잘 모르는 사람들에게 혼란을 주고 있는지, 아니면 잠재적 침입자에게 침입 발각 시에 변명의 구실을 하고 있는 경계는 없는지? ③ 설계(Design): 설계가 그 장소에 대한 의도된 사용과 부합하는가 아니면 충돌하는가? 주거 용도로 사용될 것을 의도했는데, 상업적 요소의 배치로 주거의 평온과 안전이 위협받을 가능성은 없는가?'라는 세 가지 질문에 대한 해답을 찾기 위해 분석과 평가를 통해 문제점을 찾아내서 구체적이고 맞춤식의 CPTED 지침을 도출하는 방식을 제안한 것이다.

그림 2-14 다양한 함정지역(좌 2) 및 동선예측원(우 1)

표 2-12 범주별 15대 CPTED 전략들

범 주	15대 전략	설 명
도시 계획	기존 환경 계승	기존하던 사회적, 물리적 구조의 존중 및 반영
	활동성	시설물 및 환경요소의 기능과 미적 요소가 복합되도록 계획하여 이용자의 활동성과 활기 제고
	복합 사용	사회경제적 집단 간 혼합, 특정 집단 고립의 최소화
	밀도	공격성과 긴장을 유발하는 초고밀(인구, 차량)의 지양, 초저밀로 인해 버려진 공간(不用공간) 방치의 최소화
도시 설계	가시성	건물이 전체적으로 개방적으로 설계됨
		개방적 조경 및 식재(교목 및 관목의 높이 유지)
		적절한 야간 조명(균제도, 조도, 연색성) 및 조명 간섭 요소 최소화
	접근성	범죄자의 접근 제한(게이트, 펜스, 식재 등으로)
		보행루트 등의 명확하고 안전한 방향성(고립/함정공간 설계 지양)
		적절한 안내 표시체계(signage)
		안전한 보행 동선, 충분한 피신(대체) 루트(alternative route)
	영역성	주차장 등 시설/공간 규모의 적절성(휴먼 스케일)
		명백한 공적/사적 공간의 조닝(구획) 표시: 단차, 바닥패턴 변화, 식재, 상징적 문주 등으로 버퍼(buffer) 형성
	매력성	시설물의 첫 인상, 색, 재질, 조명, 소음, 냄새 등 미관과 매력 요소
	강건성	파손에 강한 가로시설물, 건축시설물 등
도시 관리	대상물 강화/제거	강건한 재질의 방범창살/셔터/유리/잠금장치 설치
		절도/파손 피해 우려 시설물의 제거(눈에 안 띄게)
	감시	경찰의 순찰 수준
		자율방범대의 순찰 수준
		CCTV 감시(비상벨 포함) 수준
	유지보수	청결 유지와 파손 시설의 신속한 보수 상태
	공공규칙	공공장소 흡연/음주/무질서 통제를 위한 규칙 및 단속
	취약집단 보호	청소년, 노숙자, 부랑자, 알코올중독자 쉼터 제공
	방범 경고/홍보	대중 범죄예방 캠페인/경고 메시지 및 행동 준칙 홍보안내(플래카드, 안내홍보판 등)

이 밖에도 CPTED 유럽표준인 EN 14383-2 및 한국표준인 KS A 8800에서는 위의 5대 원리를 포괄하면서도 더욱 범위가 넓은 15대 전략을 제시하고 있다. 이는 CPTED가 단순히 건축물의 설계에서 그치지 않고 도시의 계획 및 설계와 관리의 수준에서 보다 폭넓은 철학과 전략이 필요함을 증명하는 것이다. 이 표준에 제시된 CPTED 기법과 전략의 적절한 활용은 일정한 수준의 범죄예방효과를 발휘할 수 있는 것으로 분석되었으며, 도시계획가와 설계사들이 범죄의 원인(실업, 가난, 가정 붕괴, 마약, TV와 영화의 폭력성 등)에는 직접적인 영향을 미칠 수는 없지만 적절한 CPTED 전략을 통해 범죄와 범죄공포를 경감할 수 있는 것으로 검증되어 왔다. 아래는 범주별 15대 전략들을 요약해서 보여주고 있다.

이 중에서 위 CPTED의 기본 5대 원리와 차별화되는 전략 요소만 정리하면 다음과 같다.

■ 기존 환경의 계승

사회 네트워크를 고려하고 다양한 연령 층 간에 비공식적 접촉과 교류를 진작한다. 기존 사회적 구조를 존중하고 계승하여 그러한 비공식적 범죄통제를 위한 기관 및 단체 간 협력 방범 파트너십을 고양한다.

그림 2-15 사회 네트워크 및 협력 방범 파트너십

출처: European Commission(2007).

■ 혼합, 복합 개발

다양한 주거유형들을 혼합하여 개발한다. 즉, 상업시설, 민간 주택, 공영주택, 1인 가구 주택들을 따로따로 배치하지 않고 섞어서 배치함으로써, 다양한 인구들이 모여 살고 사회통합이 이루어지도록 배려한다.

그림 2-16 주거 및 상업업무 용도 간 복합개발 사례

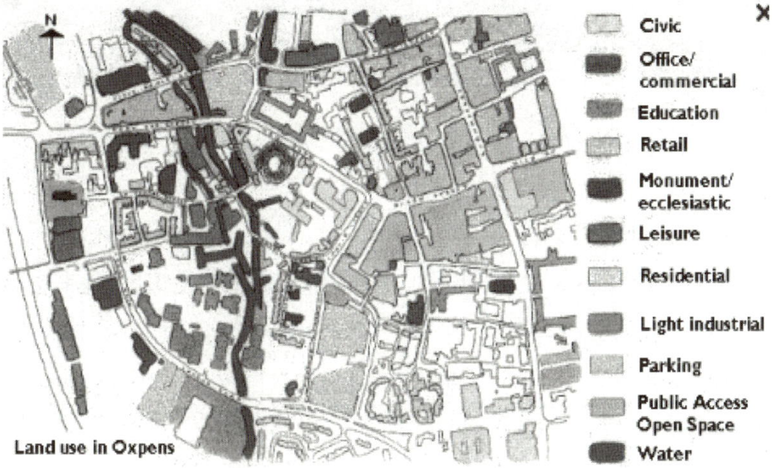

출처: www.educate-sustainability.eu 및 pedshed.net/?p=84(Québec City)

■ 적절한 밀도를 유지

너무 낮지도 않고 너무 높지도 않도록 도시의 인구와 주택의 밀도를 적절히 통제 및 조절한다. 이를 통해 도시민들의 토지사용의 빈도가 높아지고 버려지는 공간이 감소하며 이웃감과 근린에 대한 긍정적인 인식이 싹튼다.

그림 2-17 도시의 밀도(인구, 차량, 주택 등)

출처: European Commission(2007).

■ 미관과 매력성을 유지

공공공간이 아름답고 친근하며 즐거운 기분을 주도록 설계한다. 심리적으로 불편감과 불안감을 주는 공간(지하보도 등)은 최소화한다. 또한 적절한 공공예술품이나 디자인을 통해 예술성과 안전감을 동시에 높여주는 노력을 한다.

그림 2-18 가로공간의 미관

출처: European Commission(2007).

그림 2-19 공공예술품 및 디자인

설명: 가로 디자인이 보호해주는 사람들이 있는 느낌을 주어 안전감을 제고한다.

■ 쉽게 파손되지 않도록 하는 충분한 강건성

공공시설물이 쉽게 공격에 파손되지 않을 정도로의 강한 재질로 되어야 유지관리가 용이해진다. 그러면서도 미적인 아름다움을 유지해야 한다.

그림 2-20 가로공간의 강건성

출처: European Commission(2007).

■ 공공규칙 제정

공원 등 공공장소에서 안전 유지를 위한 질서 관련 공공규칙을 제정하여

그림 2-21 공공규칙과 규제에 의한 공공장소에서의 건전한 이용 유도

출처: European Commission(2007), 조선일보(2012.10.18).

사용자들이 이를 준수하고 안전하게 보호되도록 한다.

■ 특정 취약집단에 대한 배려

노인층, 노숙자, 가출 청소년 등을 위한 쉼터를 마련하고 그들과 대화를 통해 지원을 해준다. 노숙자나 가출 청소년들은 극도로 열악한 생활환경 탓에 사회에 대한 불만과 분노가 많아 살인, 방화 등 묻지마 범죄를 저지르는 등 범죄자가 되거나 범죄피해자가 되는 상황에 쉽게 노출되는 경향이 있다. 따라서 이들에 대한 체계적이고 지속적인 배려와 감시를 통해 그 위험을 관리해야 한다.

하지만 어떤 도시지역도 범죄와 반사회적 행위의 문제에서 자유롭지 못하므로, 대부분의 도시지역은 일정 수준의 전문적인 감시와 유지가 필요한 경우가 대부분인데, 이것은 관련 분야 전문가들을 활용하여 구체적인 관리전략의 방법들을 찾아낼 수 있다. 관리전략은 거주민과 방문객에 의한 자연적 감시와 주인의식을 함양하고 장려하고자 하며, 이런 전략은 주민들의 참여와 관심을 통해 이루어질 수도 있다. 관리전략은 특히 기존 지역에서 범죄문제를 해결하고자 할 때 중요한데, 기존 지역은 도시계획과 설계에 의한 CPTED의 실행이 다소 제한되어 있기 때문이다. 다만, 신규 개발의 경우에도 지속적

그림 2-22 노숙자와 그들을 위한 쉼터와 배려

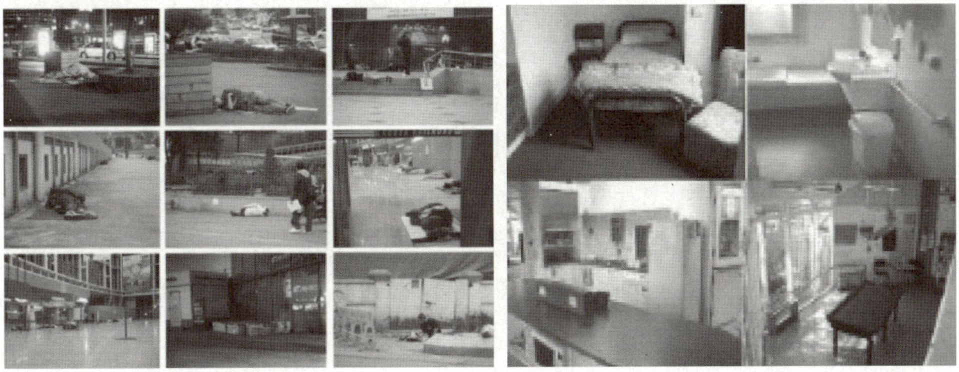

출처: www.ohmynews.com

으로 효과적이며 완전한 수준의 도시안전을 확보하기 위해서는 적절한 관리 전략이 필수적이다.

이와 같이 CPTED의 전략의 활용은 유연성을 중시하고 있으며, 보다 구체적인 기법의 활용은 더욱 큰 유연성과 장소 구체적 접근방법을 강조하고 있는데, CPTED 프로그램을 수행하는 장소, 대상, 주체에 따라 매우 많은 변수와 차이가 발생하기 때문이다.

3) 1, 2, 3세대 CPTED

CPTED 개념에 대한 논의는 크게 두 가지, 즉 물리적 환경의 개선과 변화를 중심으로 하는 1세대 CPTED와 물리적인 요소를 넘어서 사회적·문화적 유대와 집합효율성을 강조하는 2세대 CPTED로 구분된다. 구체적으로 1세대 CPTED란 조경, 조명, CCTV, 비상벨, 출입차단기, 잠금장치, 볼록거울 등과 같은 물리적 환경의 개선이 주가 되는 접근방법을 말하며, 2세대 CPTED란 지역커뮤니티의 사회문화적 정체성 확보, 사회적 유대, 공동체 의식의 고양을 통한 비공식적 범죄통제를 유도하는 폭넓은 사회발전 프로그램 요소인 자위방범 순찰을 포함한 주민의 참여행정, 청소년 건전 활동의 장려 및 유도, 시민모임 공간 확대 등의 접근을 말한다.

이를 좀 더 크게 보면 웰시와 패링톤(Welsh & Farrington, 2010)이 제시한 상황적 범죄예방과 지역공동체 범죄예방과도 일맥상통하는 면이 있다.[43] 주민들 간의 결속과 유대가 활성화되는 것은 여러 주체가 설득과 협의라는 과정을 거치지 않으면 쉽게 이루어지기 어려울 것이다. 먼저, 이러한 사업에 대한 필요성과 중요성을 인식하는 정치적인 철학이 바탕이 되어 지역자치단체, 경찰 등 공공기관에서 이 사업을 추진할 수 있는 기반을 갖추어야 한다. 즉, 예산을 편성하고 담당 부서를 지정하여 사업을 기획하고 주민들의 동의를 구하는 등 관공서의 노력만으로는 부족하므로 예산이 부족한 부분은 지역의 기업이나 단체 등에서 후원하고 해당 지역의 주민들이 적절히 참여할 수 있도록 담당 공무원들이 주민들을 적극적으로 설득해서 공감하고 따를 때 사업이 제대로 실현될 수 있는 것이다.

따라서 2세대 CPTED의 방식은 크게 두 가지로 볼 수 있는데, 그것은 주민

그림 2-23 1 · 2세대 CPTED와 회색(중복) 영역

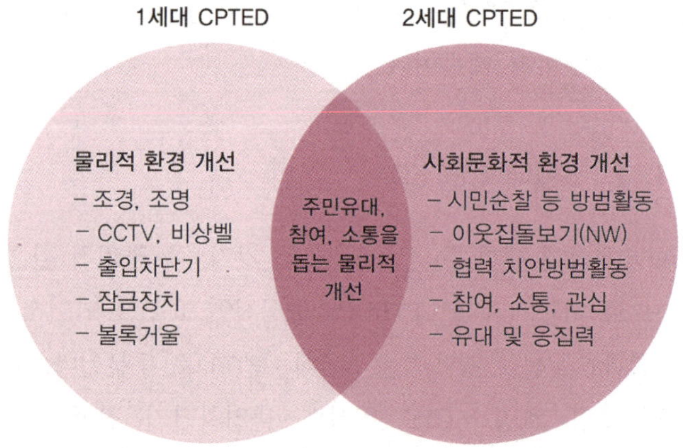

43 Welsh, Brandon C., & David P. Farrington(2011). "Evidence-Based Crime Policy." *In The Oxford Handbook on Crime and Criminal Justice*, edited by Michael Tonry. New York: Oxford University Press, in press.

들의 순수하게 자발적인 방식에 의한 CPTED 프로그램과 기관 또는 제3자의 개입을 통한 CPTED 프로그램이다. 또한 주민들 간의 유대, 참여, 소통을 돕거나 도울 수 있는 형태의 물리적 환경 변화는 사회적 환경 변화에도 긍정적인 영향을 미칠 수 있기 때문에 1세대와 2세대 CPTED가 중첩된 회색 영역의 CPTED로 보아야 할 것이다.

한편, 3세대 CPTED도 제시된 바 있는데, 2011년에 UN 산하 지역범죄 및 형사사법연구소인 UNICRI와 미국 MIT 대학이 공동 연구하여 발표한 「Improving Urban Security through Environmental Design」라는 연구보고서에서 구체적으로 제안한 개념이다.[44] 3세대 CPTED의 기본 개념은 '도시의 생활 기준을 제고하고 도시의 이미지를 사용자-친화적이고, 안전/안심한 것으로 개선하기 위한 친환경적이고, 지속 가능하며, 기술적으로 진보된 접근방법'이다. 핵심 내용은 CPTED에 친환경 디지털 하이테크 솔루션(예: 방범기능을 하는 다용도 친환경 공공시설물이나 안전감을 높여주는 공공장소의 인터랙티브 공공미술)을 적용하는 것이다.

이 보고서는 사회문화적 다양성을 수용하고 공동체의 참여와 관심을 유도함으로써 집합효율성을 높이려는 사회문화적 CPTED 접근방법인 2세대 CPTED 개념을 최초 제안한 사빌(Greg Saville) 박사를 통해 2013년에 리뷰되었고, 이 3세대 CPTED 개념에 대한 리뷰 결과는 매우 긍정적이었다. 자세한 내용은 사빌 박사의 개인 블로그에 게시되었다.[45] 따라서 세계의 선진화된 CPTED는 이러한 2세대 CPTED를 넘어서 친환경-하이테크기술 중심의 3세대 CPTED를 향하여 꾸준히 정진하고 있는 상황으로 해석될 수 있다.

---

44 UNICRI(2011) Improving Urban Security through Environmental Design: New Energy for Urban Security.

45 http://safe-growth.blogspot.kr/2013/06/3rd-generation-cptd-and-eco-friendly.html

3. 환경설계를 통한 범죄예방전략의 발전과정

CPTED는 역사는 1961년 제이콥스(Jane Jacobs)의 저서 『위대한 미국 도시들의 삶과 죽음(*The Life and Death of Great American Cities*)』으로 거슬러 올라간다. 그녀는 주거를 위한 구역의 독자성과 자연적 감시(natural surveillance)를 중요시했다. 1968년 앤젤(Schlomo Angel)은 유명한 도시계획가인 알렉산더(Christopher Alexander)의 지도 하에 박사학위 논문을 작성했다. 뒤이어 제퍼리 교수의 1971년 CPTED가 발표되었고, 건축공학자 뉴먼(Oscar Newman)은 1972년 『방어공간(*Defensible Space*)』을 발표했다. 이처럼 많은 실질적 프로그램과 실무가 CPTED에서 발전되었으며, 이러한 움직임은 1970년대까지 초기의 개척자 그룹이랄 수 있는 경찰관과 보안전문가 사이에서 수

그림 2-24 CPTED의 이론적 발전과정

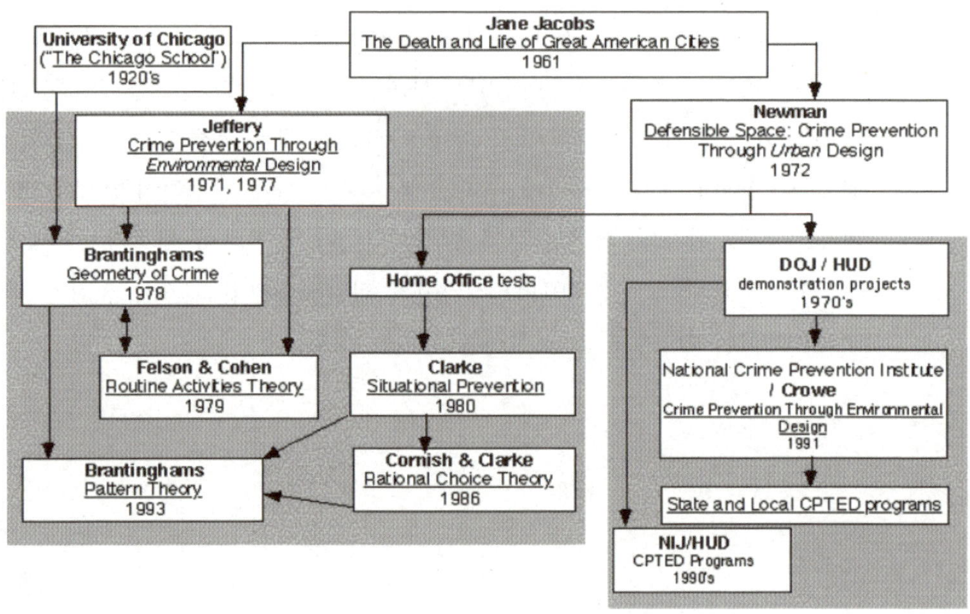

출처: http://www.arch.vt.edu/crimeprev/pages/home.html

행되었다.

1980년대에 접어들면서 건축공학자, 도시계획가, 그리고 CPTED 분야를 발전시킨 학자들의 노력이 진행되었다. 오늘날 CPTED 분야의 존재는 이러한 초기 선구자의 도움 덕분이다. 클라크(Ronald V. Clarke)와 메이휴(Patricia Mayhew)의 '상황적 범죄예방(situational crime prevention)', 브랜팅햄 부부(Patricia & Paul Brantingham)의 '환경범죄학(environmental criminology)', 크로(Timothy Crowe)에 의해 발전된 교육훈련 프로그램들, 그리고 포인(Barry Poyne)의 '설계를 통한 범죄 추방(designing out crime)' 접근 등은 CPTED 분야 발전에 크게 기여했다. CPTED의 이론적 발전과정은 [그림 2-24]와 같다.

1) 제이콥스의 연구

제이콥스의 저작인 『위대한 미국 도시들의 죽음과 삶』(1961)은 실제로 어떻게 물리적이며 사회적인 도시 구성 요소가 사람들에게, 그리고 그들의 상호작용에 영향을 미쳤는지에 관한 연구의 시작이었다(Paulsen & Robinson, 2004: 82). 제이콥스는 지역 내에서 익명성과 고립성에 관한 조건을 감소시킴으로써 도시의 거주지역 범죄가 예방될 수 있다는 가설을 세웠다(Murray, 1994: 349). 제이콥스에 따르면, 시민들이 이웃을 잘 모르고, 이웃과 의미있는 상호작용을 하지 않았을 때, 범죄가 많이 발생한다고 주장이었다. 왜냐하면, 그들은 잠재적 범행대상 혹은 피해자를 위해 환경을 관찰하면서도, 범죄자일 수 있는 외부인을 덜 알아차릴 것 같았기 때문이다. 제이콥스는 이웃에 의한 감시의 효과를 논의하면서 높은 수준의 감시는 안전한 환경을 만들어 냈다고 주장했다. 즉, 범죄에 대한 우리들의 최선의 보호책 중 하나는 이웃이 다른 집들을 서로 잘 감시해 주는, 그리고 그들이 범죄자를 발견했을 때, 경찰에 신고할 준비가 되어 있거나 혹은 경찰이 곧바로 개입할 수 있는 지역공동체에서 사는 것이다(Murray, 1994: 349). 제이콥스의 설계 목표 중의 하나는 거주자들에 의한 아파트단지의 가시성을 개선하고, 거주지역의 잠재적 감시성을 증가시키면서, 거주자들이 모일 수 있는 공간을 만드는 것이었다(Paulsen

& Robinson, 2004: 82).

2) 뉴먼의 업적

뉴먼(Oscar Newman, 1935~2004)[46]

CPTED란 1971년에 미국의 '법집행 및 형사사법에 관한 국립연구소(National Institute of Justice: NIJ)'에서 전기 회사인 웨스팅하우스(Westinghouse) 사에 100만 달러의 연구비를 지급하여 CPTED라는 이름의 연구 과제를 위탁한 데서 유래된 말이다. 당시 뉴욕대학교 건축학과 교수인 뉴먼(Oscar Newman)은 동료들과 '도시 거주지역 방범설계 프로젝트(Project for Security Design of Urban Residential Areas)'를 수행하는 과정에서 '범죄 방어공간'이라는 개념을 처음으로 소개했다(Wallis, 1980: 2).

방어공간이라 함은 "방어할 수 있는 사회적 건축물에 대한 물리적 표현을 창조함으로써 범죄를 억제할 수 있는 모델"을 말한다. 이 개념은 지역에 대한 물리적 특성들을 통해, 이 지역은 소유된 것이고, 보호를 받고 있으며, 게다가 범죄행동에 쉽게 굴복되지 않는다는 것을 거주자와 잠재적 범죄자에게 깨닫게 한다는 것이다(Jeffery, 1977: 192). 즉, 거주자 스스로 감시하고, 그들의 근린관계를 위해 거주자가 책임 있는 것으로 외부인에 의해 인식되도록 하고, 심지어 이를 권장하기 위해 고안된 주거지역 환경을 설명하는 데 사용되는 용어이다(Mayhew, 1981: 150).

뉴먼의 환경설계에 관한 인식은 범죄가 발생할 수 있는 기회를 감소시키는 환경을 창조하는 것이다(*LEAA Newsletter*, 1974.4.3: 12-13). 뉴먼의 환경설계에 관한 인식은 단순히 공간을 다시 설계하는 것 이상으로 훨씬 더 복잡하다. 그것은 또한 주거환경을 재설계하는 것을 포함한다. 그래서 거주자들이

---

46 http://www.nycwatershed.org/Assets/ima ges/news_oscarnewman.jpg(2009년 3월 19일 검색)

그림 2-25 모팻(Moffat, 1983)이 제시한 더 광범위한 CPTED 개념[47]

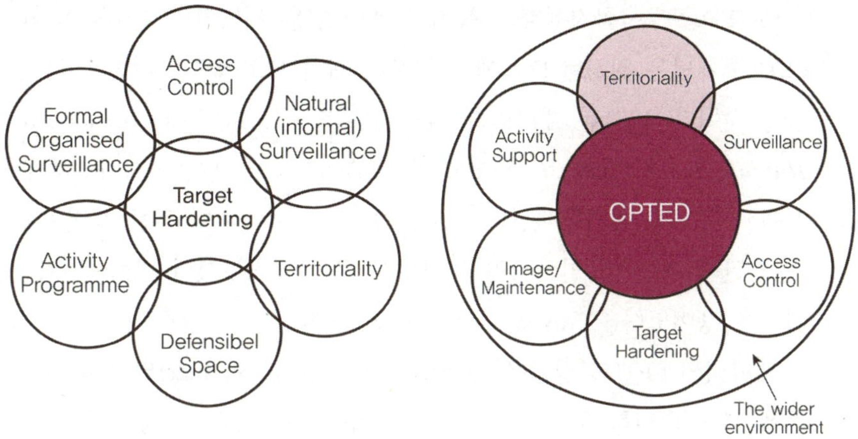

그 지역을 활용하고, 그들의 영역을 기꺼이 방어하게 된다. 국립범죄예방연구소(National Crime Prevention Institute)에 의하면, 방어공간 설계 변화는 영역성과 자연적 감시 등 두 가지 종류의 기본적인 사회적 행동을 강화하는 것이다(Paulsen & Robinson, 2004: 81).

또한 뉴먼은 범죄예방과 방어공간에서 영역성, 감시, 이미지, 그리고 환경 및 거리 등 네 가지 관점에서 논했다(Jeffery, 1977: 192). 이러한 각각의 요소는 영역의 범죄발생적 성질에 영향을 미친다. 즉, 거주자들은 영역에 대한 물리적 개선, 관심/보호, 합법적 사용자의 존재와 영역을 활용함으로써, 감시를 증가시키고 범죄 퇴치에 대한 지역공동체의 이익을 인식함으로써, 잠재적 범죄자에게 높은 위험 이미지를 느끼게 한다(Lab, 1997: 27).

47 http://www.emeraldinsight.com/fig/1130190203002.png; http://www.emeraldinsight.com/Insight/ViewContentServlet?Filename=Published/EmeraldFullTextArticle/Articles/1130230502.html#idb141(2009년 3월 20일 검색); (2009년 3월 18일 검색)

3) 제퍼리의 활동과 업적

CPTED 또는 '환경설계를 통한 범죄예방'은 제퍼리의 아이디어이다. 그의 CPTED 개념은 워싱턴 D.C.에서 실시된 재건 프로젝트에 대한 그의 경험에서 나온 것이다. 1971년 제퍼리가 『환경설계를 통한 범죄예방(*Crime Prevention Through Environmental Design*)』을 저술했다. 이 책은 형사사법체계에 의해 채택된 응보적 범죄통제전략들뿐만 아니라 복수, 처벌 혹은 징벌, 그리고 억제에 관한 훨씬 더 일반적인 범죄통제 목적을 거부했던 범죄예방에 관한 초기의 논쟁이었다(Jeffrey & Zahm, 1993: 329).

제퍼리의 CPTED 접근은 대체로 스키너(B. F. Skinner)의 심리학적 학습이론에 깊게 뿌리를 두고 있다. 행동 결과를 변경시킬 수 있는 능력을 가지고 있는 범죄자를 위해, 만족할 만한 발전과 힘든 경험들에서 물리적 환경의 역할을 강조했다. 그의 최초 CPTED 모델은 유기체는 환경 안에서 처벌과 강화로부터 학습한다는 것을 가정하는 이른바 자극-반응(stimulus-response: S-R) 모델이었다. 제퍼리는 "행동을 통제하기 위해 물질적 보상, 그리고 물리적 환경의 활용을 강조했다"(Jeffery & Zahm, 1993: 330). 여기서 중요한 아이디어에 따르면, 범죄를 강화시켜 주는 것을 제거하면, 범죄가 발생하지 않는다는 것이었다.

[그림 2-26]은 이 모델의 논리성을 보여 준다. 처음에 제퍼리는 환경적 조건은 범죄자에게 영향을 미치지 않고서, 일방적 관계 속에서 행동에 영향을 미쳤다고 제안하고 있다(Paulsen & Robinson, 2004: 88). 그러나 1977년 개정판에서는 현대 생물학과 심리생물학으로부터 인간의 유전자, 그리고 뇌 기

그림 2-26 제퍼리의 초기 CPTED 모델(환경이 직접 범행에 영향을 미친다는 내용)

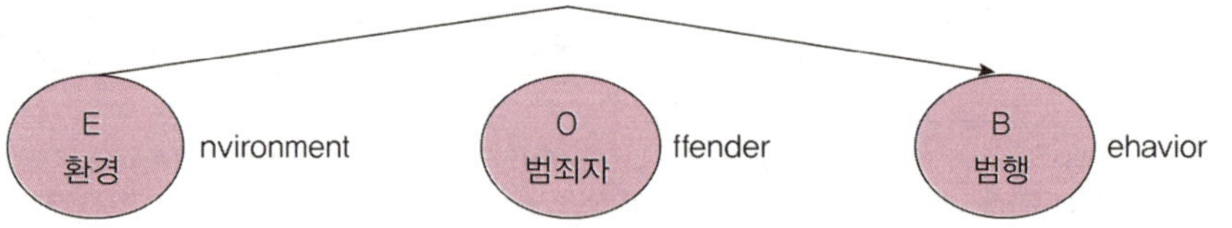

그림 2-27 제퍼리의 수정된 CPTED 모델(환경, 범죄자, 그리고 범행의 상호 영향)

능에 관한 주장을 담고 있었다(Jeffery & Zahm, 1993: 330). 그의 유기체 접근은 보통 인간행동에 관한 '통합된 시스템 모델'이라고 불리는 새로운 모델로 대체되었다. 이 모델은 유기체와 환경에 관한 지속적인, 상호 연관적인 효과를 단정하고 있다. 유기체와 환경은 분석에 관한 모든 단계, 즉 세포에서 사회에 이르기까지 서로 영향을 미치고 있다.

제퍼리의 연구 경향이 인간행동에 관한 '자극-반응 모델'에서 '통합된 체계적 접근' 쪽으로 변한 것은 1970년대 초반 범죄학 분야 밖에 있는 연구자들이 수행한 인간의 학습에서, 뇌의 역할 연구에 자극을 받기 때문이다. 제퍼리의 CPTED 모델은 일반적인 범죄예방모델 쪽으로 발전되어 그의 후반부 모델에는 '범행장소에 관한 외부적 환경'과 '범죄자의 내부적인 환경' 둘 다 포함되어 있다. 이러한 CPTED 모델은 『범죄학: 학제적 접근(*Criminology: An Interdisciplinary Approach*)』(1990)이라는 저서에서 훨씬 더 완벽하게 구현되었다(Jeffery & Zahm, 1993: 330; Jeffery, 1996: 4).

제퍼리의 수정된 모델은 상호작용적이다. 그래서 환경적 조건이 범행에 영향을 미치고, 범행은 환경에 영향을 미친다. 범죄가 적고 감시가 용이한 지역 안에 지역사회를 위치시키는 것이 범죄통제에 유리하다고 할 수 있다.

4) 기타 프로젝트

제퍼리와 잼(Jeffery & Zahm, 1993: 332-333)에 따르면, LEAA의 연구지원금으로 웨스팅전기회사(Westing Electric Corporation)는 플로리다 주 브로워드(Broward) 카운티에서 학교 범죄예방 프로젝트를, 오리건 주 포틀랜드(Portland)에서는 상업지역 범죄예방 프로젝트를, 코네티컷 주 하트퍼드(Hartford)

시에서는 주거 및 복합적 이용 지역 내에서의 범죄예방 프로젝트를 각각 설계했다. 이러한 프로젝트는 "범죄와 범죄두려움을 감소시키려는 목적을 달성하기 위해 물리적, 사회적, 법집행적, 그리고 관리 기법을 통합시키려는" 가장 잘 알려진 방어공간 노력의 일환이었다(National Crime Prevention Institute, 1986: 124).

이러한 노력에 목표를 둔 범죄예방전략은 '접근통제' 혹은 접근가능성을 감소시키는, '감시'와 활동 지원, 그리고 '강화' 혹은 다른 말로는 방어공간과 대상물 강화를 포함하고 있었다. 대상물 강화는 범인으로 하여금 대상물 혹은 범죄피해자에 대해 접근하는 데 훨씬 더 어렵게 만들도록 목적을 둔 메커니즘으로 이해될 수 있다(Robinson, 1998).

브로워드 카운티의 학교 범죄예방 프로젝트에서는 "자연적 감시에 대한 뉴먼의 개념을 사용했으며, 범죄예방을 위한 학생들 측면의 책임감을 높였다." 포틀랜드의 상업지역 범죄예방 프로젝트는 "옥내의 가로 조명, 비상전화, 조경 녹화(綠化), 특별한 버스 대합실, 안전 검측, 이웃감시 프로그램, 교통 유형과 일방통행로, 그리고 운반되는 혹은 가게에 보관되는 현금량"을 변화시켰다. 하트퍼드에서는 "도로를 차단하거나 좁혔다. 몇몇 거리는 일방 통행식으로 개조되었다. 지역공동체의 방범활동 단체들이 조직되었고, 경찰-지역사회 관계가 개선되었다"(National Crime Prevention Institute, 1986: 124-129).

1970년대 전체에 걸쳐 1979년 LEAA이 제외될 때까지, 공공주택 프로젝트를 위한 범죄예방 가이드라인에 관한 뉴먼의 책은 좋은 반응을 얻었으며, 그러한 아이디어에 기반한 프로젝트는 계속해서 정부 당국에 의해 자금 지원을 받았다. 예를 들면, 뉴먼이 고안한 방어공간 설계들 중의 하나는 두 군데 공공주택 프로젝트에 적용되었다. 하나는 인디애나폴리스에서였고, 다른 하나는 뉴어크(Newark)에서였다. NILECJ(The National Institute of Law Enforcement and Criminal Justice)에서 거의 10만 달러 이상의 연구기금을, 주택 및 도시개발부(Department of Housing and Urban Development: HUD)에서 5만 달러 정도의 연구기금을 지원받았다. 이러한 전략은 거주자의 소유감을 증진시키기 위해 건물과 복도를 세분하고, 설계를 통해 감시성을 높임으로써, 다른 형태의 거주자를 가장 잘 통제될 수 있는 여러 종류의 건물에 할당하도록 계획되었다(Paulsen & Robinson, 2004: 84).

다른 방어공간 프로젝트에는 사우스 루프 뉴타운 안전 프로젝트(South Loop New Town Security Project)가 포함되었다. 이것은 시카고 지역의 혼합된 소득 계층들에 관한 주거지역 개발 프로젝트였는데, 환경적 안전(environmental security) 개념에 따라 가디너(Richard Gardiner, 1978)에 의해 뉴먼의 철학들을 더 광범위하게 지향했다. 뉴먼에 의해 자극을 받은 다른 프로그램은 캔자스 시(Kansas City) 가로 조명 연구, 스카(Harry A. Scarr)에 의해 수행된 워싱턴 D.C.의 주거침입절도 연구, 레페토(T. A. Reppetto)에 의해 수행된 보스턴 시의 주거지역 범죄 연구가 있다. 뉴먼의 방어공간 접근 방식은 뉴욕 시에서의 두 군데 공공주택 프로젝트 — Clason Point와 Markham Gardens — 에서 처음으로 증명되었다. 이러한 지역에서의 디자인 변화는 놀이지역을 확립시켰으며, 프로젝트의 외관을 개선시켰고, 또한 더 나은 조명을 설치하는 것, 어떤 지역들을 반사적 공간으로 나눌 수 있도록 담장을 설치하는 것, 그리고 보행자의 통행을 한쪽 방향으로 유도할 장애물을 세우는 것을 포함했다(Murray, 1994: 352).

국립범죄예방연구소에 따르면, 모든 이웃을 위해 건축상의 설계 수정을 목표로 한 NILECJ에서 개발된 최초의 모델은 코네티컷 주 하트퍼드 시에서의 주거지역 내 이웃 간 범죄통제 프로젝트(Residential Neighborhood Crime Control Project)였다. 약 50,000달러 정도의 범죄예방연구소의 연구기금 지원으로 하트퍼드 연구소(Hartford Institute of Criminal and Social Justice)는 두 군데의 하트퍼드 근린지역에서 방어공간 프로젝트를 발전시켰으며, 이를 활용했다. 한 곳은 이동성이 아주 높은 아파트가 압도적으로 많은 지역이었으며, 다른 한 곳은 대부분 저층 주택이 들어선 가족 단위 주거지역이었다(Asylum Hill과 Clay Hill-Sand). 이러한 프로젝트에서는 교통 유형을 바꾸기 위해 거리가 차단되거나 가로의 폭이 좁혀졌다. 지역공동체의 단체가 조직되었으며 혹은 공동체 의식을 높이기 위해 조직이 강화되었다. 그리고 경찰과 지역공동체 관계가 강화되었다. 거리에 대한 그러한 변화는 범죄 지도 작성 소프트웨어를 활용함으로써, 시각적으로 확인할 수 있었다. 범죄발생률 추이에 따라 거리를 차단하고, 가로의 폭을 좁힌 것의 효과가 확인되었다. 연구들을 통해 발견된 사실에 의하면, 이러한 각각의 프로젝트는 가두범죄의 실질적인 발생에, 최소한의 충격들을 갖고 있었음을 보여 준다(Paulsen & Robinson, 2004: 85).

5) CPTED에 관한 몇 가지 논의

(1) 중요한 발견

CPTED에 관한 제퍼리의 가장 최근 개정판은 광범위한 경험적 실험 쪽으로 저술된 것은 아니라는 사실을 솔직하게 언급해야 한다. 게다가, 그의 이론에 관한 타당성은 여전히 알려져 있지 않다. CPTED에 관한 대부분의 실험은 범죄, 범죄두려움, 범죄의 위험에 대한 인식과 환경의 심미적 측면에 대한 평가에 관한 외부적 · 물리적 환경을 수정한 효과에 대해 수행된 것이었다.

광범위한 CPTED 프로젝트들은 미국의 국립법집행 및 형사사법연구소(NILECJ)와 법집행원조청(LEAA)의 연구 및 개발의 한 부서가 범죄예방에 관해 재정 지원을 하고, 연구를 수행했던 1970년대에 시작되었다. 그들의 기본적인 프로그램은 범행대상물 강화 조치 — 예를 들면, 보안을 위한 잠금장치, 가로등을 밝히는 것, 주거지역 안전 시스템의 확보, 건축물 설계와 같은 것들 — 에 중점이 두어졌다(*LEAA Newsletter*, 1971.1.6: 7).

볼티모어, 밀워키, 투산, 덴버와 미니애폴리스에서의 가로등 프로젝트 결과에 따르면, 거주자들 사이에 공식적으로 언명된 CPTED 연구 목적인 안전에 대한 걱정은 감소되었다.

이전에 수행된 대부분의 선구적인 범죄예방연구에서, 에크(Eck, 1997)는 범죄와 장소에 관련된 연구 결과들을 요약했다.[48] 장소 연관적인 구체적인 범

48 ▸ 주거 지역; ▸ 돈을 쓰는 지역(소매가게들, 은행과 돈을 거래하는 사업장, 그리고 바(bar)와 술집); ▸ 대중교통 운행 지역(예: 대중교통 시설, 주차장과 공항); ▸ 다른 공공장소(예:

죄예방 노력의 효과에 대해, 대부분의 평가할 만한 연구들이 단지 한 장소에서 수행되었다. 그러한 연구의 많은 부분은 한 가지가 아닌, 한꺼번에 실시된 수많은 개입 조치의 효과를 조사하는 것이었다. 그러다 보니 관련 연구들이 확실한 결론을 이끌어 낼 만큼 충분히 정밀한 것은 아니었다. "장소에 중점을 두지 않은 범죄예방 프로그램은 효과적이지 않다"는 것이 증명되었다.

1972년 발표된 뉴먼의 책처럼, CPTED와 관련된 다른 저작들은 건축물의 고도를 낮추고, 아파트에서 공동 사용하는 복도의 숫자를 줄이면서, 로비의 가시성을 높이고, 출입구 설계를 변경하면서, 감시 가능성을 강화시키기 위한 공간 배치와 같은 기법을 통해, 적어도 공공주택 시설 내에서 어떻게 범죄를 감소시킬 것인가에 대한 구체적인 제안들을 담고 있었다. 뉴먼은 "거주자들로 하여금 범죄를 억제하기 위해, 필요한 행동을 취하도록 권장하기 위해" 물리적 환경이 설계될 수 있다는 것을 주장해 왔기 때문에, 그의 노력은 스스로를 돕는 사람들에 관한 인기에 부합했다(Paulsen & Robinson, 2004: 94).

(2) 이론에 대한 비판

뉴먼의 주장에도 불구하고, 방어공간에 대해 제시한 그의 개념은 공공주택 단지가 아닌, "고소득 집단에 관한 주거지역 환경"에 적용될 수 있었기 때문에, 그의 개념에 대한 타당성은 심각하게 비판을 받았다. 머레이(Murray, 1994: 352-353)는 방어공간을 통한 범죄 감소에 대한 증거를 '모호한' 것이라고 불렀다. 심지어, "그것은 범죄를 감소시키지 않았다"고 썼다. 건축물과 근린지역에 관한 물리적 설계가 범죄에 대해 끼치는 영향에 관한 두 가지 측면(방어공간 대 기회이론)에 대해 그린버그와 로헤(Greenberg & Rohe, 1984)의 실험에서, 방어공간 모델에 대한 것보다는 범죄에 관한 기회 모델에 훨씬 더 많은 지원이 이루어졌다. 높은 범죄발생 지역과 낮은 범죄발생 근린지역을 구별해 줄 수 있는 물리적 특징은 거주자 쪽에서의 잠재적인 영역 통제가 아니라, 기회와 접근 가능성에 대한 차별적 수준이었다(Jeffery & Zahm, 1993: 333).

개방된 도시지역과 동전을 사용하는 기계가 설치된 공공장소).

뉴먼은 그의 업데이트된 『방어공간의 창조(*Creating Defensible Space*)』(1996)에서 보행자 통행로를 감소시키고, 복잡한 공간을 분리된 공간으로 나누고, 조명등의 조건을 개선하고 건물의 미관상의 질을 높이는 것을 포함하여, 공공주택단지의 외부 환경을 변화시키는 것은 상당한 정도의 범죄율 및 심각한 범죄의 감소와 관련이 있었다. 하지만 이 연구는 실제로 방어공간에 관한 중요한 구성 요소와 직접적으로 연결된 것은 아니었다.

방어공간에 대한 뉴먼의 개념에서, 중요한 문제점은 그것이 범죄자의 내부적인 물리적 환경을 완전히 무시하면서, 외부적인 사회적 환경에서의 변화를 만들어 내기 위해 외부적·물리적 환경의 수정에 국한된다는 점이다. 예를 들면, 뉴먼은 공공주택에서 조명등을 강화하고, 아파트 관리원과 경비원을 고용하고, 출입문에 전화기를 설치하고, 담장과 울타리를 치는 것뿐만 아니라, "블록의 크기와 높이를 감소"시키면서, "단일한 출입구를 공유하는 거주자의 숫자를 줄이고, 공적 공간을 거주자로부터 관찰될 수 있도록" 하는 것을 지지했다. 확실하게도, 이러한 것 가운데 그 어떤 것도 범죄의 근본적인 원인, 특히 범죄자 내부에 존재하는 것들은 언급되지 않았다. 이것은 방어공간에 대한 심각한 결점(단지 범죄를 이동시킬 전이효과의 가능성)으로 지적될 수 있다.

마찬가지로 학계에서 CPTED는 단지 외부 환경과 관련되어 발전되었다. 대부분의 범죄학자들은 단지 '범죄자'를 연구할 뿐이고, 장소지향적 혹은 '환경범죄학자'들은 단지 범죄가 발생하는 장소만을 연구하고 있다(Paulsen & Robinson, 2004: 86, 96).

클라크에 따르면, 뉴먼의 아이디어들은 '환경적 결정론'으로서 배척되었기 때문에 CPTED 연구에 대한 흥미는 1980년대에 감소되었다. 많은 사람들은 뉴먼이 중요한 사회적 원인들(빈곤, 비고용, 인종주의)을 무시함으로써, 범죄문제를 과도하게 단순화시켰다고 생각했다. 또한 CPTED에 관한 연구들이 매우 효과적이라는 것을 증명하지 못했으며, 당시의 많은 학자들은 범죄원인이 CPTED의 통제 밖에 있는지에 대해 의문을 갖기 시작했다.

게다가, 상황적 범죄예방과 같은 다른 범죄예방조치들과 관련하여 정부 당국이 지원하고 있는 CPTED는 쇠퇴하고 있었다. 몇몇 유럽 국가들뿐만 아니라, 영국에서는 상황적 범죄예방론이 정부정책의 통합적 부분이 되고 있다. 미국에서는 연방정부에 의해 재정 지원을 받은 몇몇 야심찬 프로젝트들의 실패 때문에, CPTED가 비교적 덜 성공적인 것으로 인정되었다. CPTED는 상황적 범죄예방과 달리, 일반적으로 건축물, 시설물과 연관된 프로젝트에 한정되어 왔다고 한다.

클라크에 의해 언급된 실패한 프로젝트 사례들에는 이전에 언급된 웨스팅하우스 프로젝트가 포함되는데, 그것은 다른 유형의 물리적 환경에서 범죄감소를 지향하는 프로젝트였다. 이러한 것은 실행하기에 어려운 점이 있었으며, 범죄예방 측면에서 불충분한 것으로 증명되었다. 왜냐하면, 그들은 "영역적 행동이 주거지역 범주에서보다 훨씬 덜 자연스러운 장소였던" 학교와 상업지역과 같은 부적절한 지역 쪽으로 방어공간 개념을 확장시키려고 시도했기 때문이다(Paulsen & Robinson, 2004: 97).

4. 환경설계를 통한 범죄예방기법의 활용

1) 국내 사례

■ 행복도시(세종시) CPTED

2030년까지 단계적으로 진행되는 행정중심복합도시(세종시) 건설 과정 중, 첫마을 사업(2-3생활권)과 행정중심타운(1-5생활권)에 이어, 2015년에 완공을 목표로 1-2지구와 1-4지구 시범생활권을 계획한 바 있다. 1-2지구와 1-4지구 시범생활권 지구단위계획(이하 시범생활권 계획)을 통해 행정중심복합도시 전체에 적용할 계획의 목표와 전략을 설정하고, 이에 따른 부문별 계획을 수립하여 기존의 지구단위계획의 내용과 절차측면에서의 혁신을 통해 품격 높은 도시이미지 구축과 실현성을 제고하고자 하였다. 이에 2007년에 시범생활권 계획 과정의 일환으로 진행하는 6개 부문(경관계획, CPTED, 장벽없는 도시구축, 생태환경도시, U-City, 폐기물관로 수송시스템) 상세계획 중 CPTED에 대한 설계개념을 연구하여 지구계획에 반영한 바 있다. 물론 상당

그림 2-28 세종시 개발계획 평면도

출처: 행정중심복합도시건설청 홈페이지. www.macc.go.kr

부분의 CPTED 계획안들이 추후 변경되었으나 세종시라는 거의 최대 규모의 도시개발계획에 CPTED가 국내에서 반영된 최초의 사례라고 평가할 수 있을 것이다.

[그림 2-29]의 1-4지구 시범생활권 중심상업지역 CPTED 적용 사례를 보면 중심·일반상업지역은 유동인구가 많고 상주인구는 적어 거주민에 의한 자연적 감시는 기대하기 어려운 반면, 주택가에 비해 거리의 활력도가 높은 특성을 지니고 있다. 또한 외부인의 출입이 잦은 상업지역의 특성상, 건물 내부에서 외부로의 감시와 함께 외부에서 내부로의 감시도 병행토록 하고 있다. 많은 상업건물에서 가로에 면하는 벽면을 유리로 하는 등 투시성이 높을 것으로 생각되지만, 현실적으로는 쇼윈도우, 간판, 유리창광고, 선팅, 인테리

그림 2-29 1-4지구 시범생활권 중심상업지역 CPTED 적용 예시도

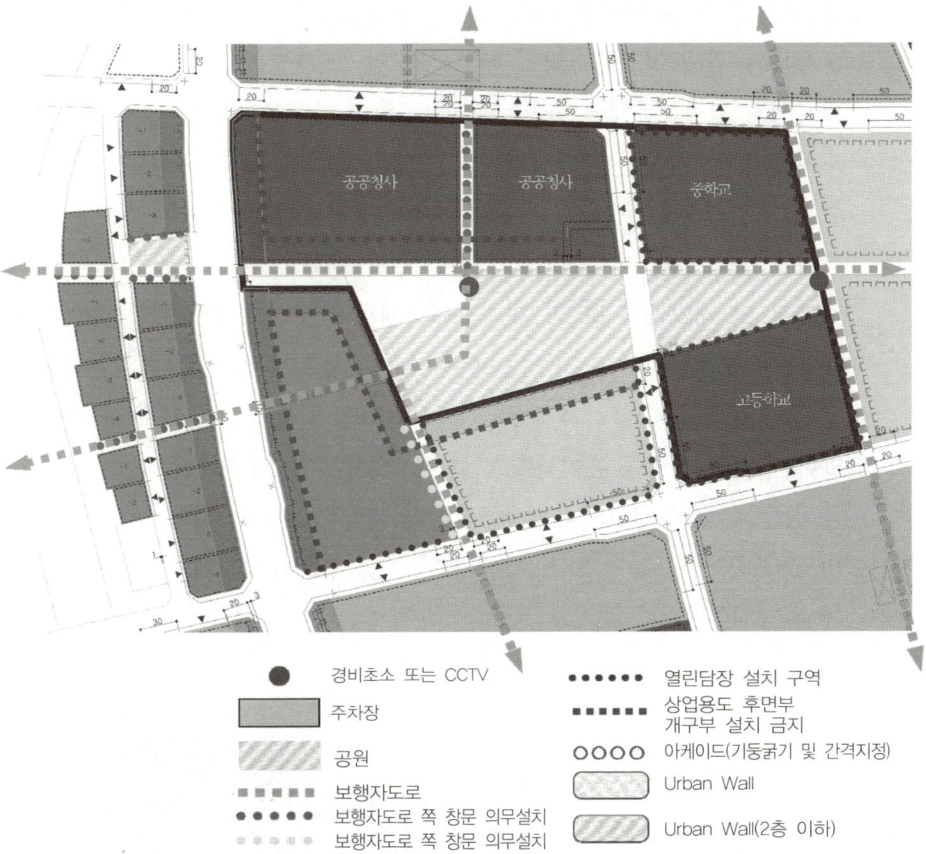

출처: 한국도시설계학회(2007).

어 등으로 인하여 투시성이 상당히 낮기 때문에 가로변 및 상점건물 전면부의 정비와 지속적인 유지관리를 강조하고 있다. 이를 위해 어번월, 아케이드 등에 대해 가시적인 식재 및 조경, 건물 전면부 디자인(셔터, 유리 등), 간판, 조명, 주차장, CCTV, 경비초소 등의 CPTED 요소를 제시하였다. 또한 투시형 담장 설치구간과 상업용도 건물 후면부의 개구부 설치를 금지토록 하였다.

2) 캐나다 사례: 밴쿠버경찰청

캐나다 밴쿠버경찰청(VPD)에서는 환경설계를 통한 범죄예방 프로그램을 운용하기 위해 경찰관 1명을 배치하고 있다. 경찰관은 도시 내의 대규모 개발사업과 지역공동체에 미치는 영향 등을 확인·조사할 수 있도록 밴쿠버 시 도시계획 및 건축설계 담당자들과 긴밀한 관계를 맺고 있다.[49]

이 프로그램 운용을 위해 1명의 전임 경찰관이 배치되어 있는데, 그는 범죄와 안전에 관한 이슈에서 다양한 제안을 평가하기 위해 밴쿠버 시청 내 도시계획 및 개발계획센터와 재개발센터에서 근무하고 있다. 개발, 재개발, 미래 개발 및 건축가이드 라인들에 제시된 것들은 범죄발생, 범죄두려움, 그리고 장래의 경찰 긴급전화 서비스에 직접적인 영향을 미치게 된다. 범죄를 유발하는 것과 범죄를 용이하게 하는 요소들을 제거함으로써, 더 나은 삶의 질을 창출해 낼 수 있고, 더 많은 경찰의 대응 조치들을 위한 시간을 증가시킬 수 있다. 오늘날 10억 달러 이상의 자금이 최소 120여 개의 다양한 프로젝트에 투자되었다.

자연적 감시성을 향상시킨 밴쿠버 루퍼트 역(Rupert Station)[50]

49 http://www.city.vancouver.bc.ca/police/opServDiv/comServ/cpted.html

50 http://members.shaw.ca/vancouvertransport/images/millennium11.jpg(2009년 3월 26일 검색)

그리고 밴쿠버경찰의 CPTED가 지향하는 세 가지 목적은 범죄발생 위험을 감소시키는 것, 범죄를 감소시키는 것, 그리고 법집행을 요구하는 행동에 영향을 미치는 것이라고 한다. 밴쿠버경찰청의 CPTED 실무자들은 이러한 목적을 달성하기 위해 영역성, 접근통제, 자연적 감시, 이미지 유지, 환경 등 다섯 가지 관련된 원칙들을 따르고 있다.

제 9 절 감시카메라(CCTV)와 범죄예방

1. CCTV와 범죄예방전략

환경설계를 통한 범죄예방에 대한 영국 정부의 적극적인 관심은 넓은 의미에서 CPTED 기법인 CCTV(폐쇄회로 텔레비전) 설치와 관련이 깊다. CCTV는 영국에서 범죄 감소와 범죄예방을 위해 활용된 대표적인 것 중의 하나이다. 범행 중 체포될 가능성을 높이고, 잘못된 경보를 미리 감지하고 경비원과 경찰력의 효과적인 배치 및 출동에 기여하는 것으로 인식되고 있다. 특히 CCTV가 설치된 장소에서 주민들에게 그 기기에 의해 범죄나 안전문제에 대한 경각심을 고취하는 등 많은 정당성을 얻었다. 영국 내무부에서 각 지방자치단체에 거액의 보조금을 지원하면서 관련 사업이 추진되었다(박현호, 2003: 19).

CCTV가 가장 많이 설치되어 있는 나라는 영국으로 알려져 있으며, 교통법규 위반 차량에 대한 감시카메라를 세계에서 처음으로 실용화한 나라이다. 한 도시 전체에 감시카메라를 설치한 것도 영국이다. 비록 사적인 CCTV 시스템이 1960년대 이래 영국 전역에서 작동되어 왔지만, 공공장소에 대한 감시는 비교적 최근의 현상이다(Narayan, 1996: 20; McCahill & Norris, 2002b: 14).

CCTV 프로그램의 첫 번째 단계는 1999년 5월에 시작되었다. 주요 우선 사항은 주택지역 내, 지역사회, 상업지역, 그리고 운송수단(교통기관)과 같은 다른 잠재적 범죄 빈발지역의 범죄와 무질서를 처리하고, 공공 주차장의 안전문제를 개선하기 위한 것이었다. 지원된 자금은 현존하는 CCTV의 개선과 확장을 포함하여, 또한 타운과 시내 중심가에 CCTV 설계를 위해서도 활용되었다. 프로그램의 두 번째 단계는 2000년 3월 31일 시작되었다. 자동차 주차장, 그리고 범죄 빈발 주택지역이 우선적으로 고려되었다. 그러나 시골지역, 소규모 쇼핑몰, 그리고 교통수단, 인근 지역에서의 범죄에 대한 공포를 감소시키기 위해 추가적으로 고려되었다.

범죄예방 효과에 대해 영국의 에어드리(Airdrie) 지역에 1년 간 CCTV를 설치하고 설치 전과 설치 후를 살펴보았더니 범죄가 73%나 줄어든 것으로 나타났으며, 머시사이드(Merseyside) 지역에서 이루어진 비슷한 실험에서는 80%의 범죄 감소 효과가 나타난 것으로 집계되었다. 또한 CCTV는 재물 손괴 행위 예방에도 상당한 효과가 있는 것으로 나타났다.[51] 보다 발전된 CCTV 시스템을 원하는 요구가 증가했으며, 다양한 분야의 산업계에서 기술적 발전이 점진적으로 이루어졌다. 런던 시에서 주로 교통문제를 해결하고자 개발된 자동화된 자동차 번호판 인식 시스템이 그때까지 'Ring of Steel' [52]로 불려왔던 것을 만들어 내기 위해, 당시 존재했던 CCTV와 함께 결합되어 1996년에 배치되었다.

과거 영국은 유럽에서 가장 많이 감시받는 나라가 되었다(Goold, 2004: 1). 1980년대 후반 이래 2000년 전후까지 거의 100만 대가 넘는 CCTV가 영국 전역의 소도시와 큰 도시지역에 설치되었다. 이것은 매주 500여 대 이상의 감시 카메라가 설치된 것으로 추정된다(Gadher, 1999; Goold, 2004: 1).

CCTV가 공정하게, 그리고 합법적으로 운용되는 것을 보증하기 위해 1998년 제정된 '정보 보호 및 인권법(the Data Protection and Human Rights Acts

---

51 http://www.gangnam.go.kr/frame2.jsp(2003년 10월 전후 자료임).

52 IRA와 다른 위협들을 찾아내기 위해 설치된 영국 런던 시내를 둘러싸고 있는 보안 및 차단선에 대한 일상적인 표현이다. 런던 시내로 진입하는 도로들이 좁아지면서 운전자로 하여금 속도를 강제로 줄이도록 하는 시케인(chicanes: 자동차 경주 도로의 감속용 장애물)이 설치되어 있으며, CCTV 카메라에 의해 기록된다(http://en.wikipedia.org/wiki/City_of_London's_ring_of_steel(2008년 9월 4일 검색).

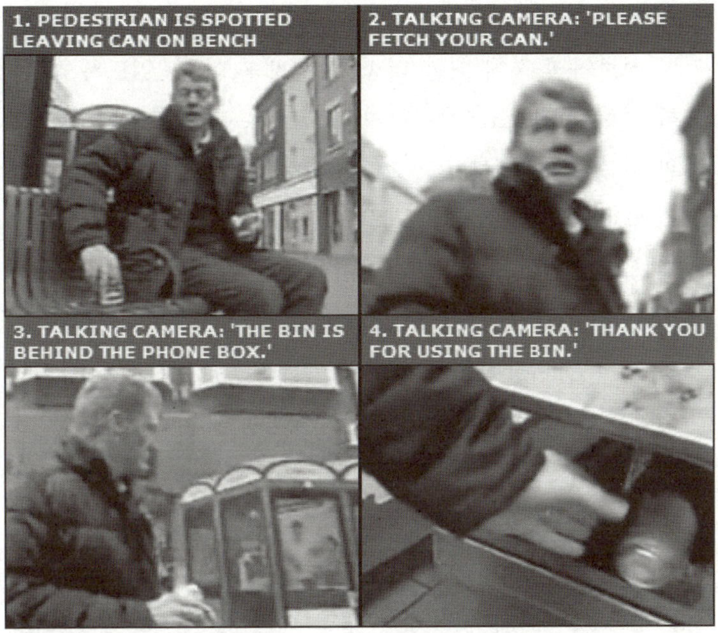

감시카메라 및 스피커를 통해 쓰레기 불법 투기 경고방송(런던 시내)[53]

1998)'의 원칙에 따라 개인의 권리와 프라이버시를 보호하기 위한 안전장치를 포함하여, 승인된 계획들은 상세한 실무 법령에 따라 운영되어야 한다.[54] 적절하게 관리된다면, CCTV는 장점이 있다. 범죄예방 및 감시되고 있다는 것을 알게 함으로써 억제적 효과를 얻고, 위험스러운 상황들이 더 이상 심각하게 번지는 것을 막기 위해 초기 단계에서 경찰이 경계할 수 있도록 해 준다(Goold, 2004: 1).

범죄통제와 질서유지를 위한 목적으로 자료를 수집하고 정보를 생성하는 것은 경찰활동의 중요한 측면이 되어 왔다. CCTV가 출현하기 전에, 경찰 감시의 범위는 거리에 배치된 경찰관들의 숫자와 범죄수사 절차에서 경찰에게 정보를 알려 주고 협조해 주는 일반 시민의 협조 및 정보제공자에 의해 제한적이었다. 공공장소에서 CCTV는 이러한 '정보 의존' 상태에서 경찰을 자유롭

53 http://newsimg.bbc.co.uk/media/images/42764000/jpg/_42764725_cctv_montage_203.jpg(2009년 3월 26일 검색)

54 http://www.crimereduction.gov.uk/cctv4.htm

게 해 주는 잠재성을 갖고 있다(Goold, 2004: 2-3). 즉, CCTV는 경찰로 하여금 정보와 환경에 대한 더 많은 통제를 할 수 있도록 해 준다. 통제상의 이러한 변화는 경찰조직, 경찰활동의 실무, 그리고 다른 정부기관에 대한 경찰의 관계를 바꿔 놓았다(Goold, 2004: 3).

20세기 후반, 시민의 삶을 특징짓는 불안을 점차로 상품화하는 데 경찰이 지역의 관련 당국과 민간경비산업과 함께 도구가 되었다는 비판이 일었다(Goold, 2004: 4). 갤런드(David Garland)와 같은 사회이론가에 의하면, CCTV와 같은 감시장비들에 대해 점증하고 있는 인기는 범죄와 위험관리에 대한 책임을 국가로부터 지역정부, 지역공동체 파트너십, 그리고 비정부기관 쪽으로 이동시키는 것을 목표로 한 많은 정책에 기인하고 있다고 한다(Garland, 2001; Goold, 2004: 4).

CCTV가 영국 전역의 타운과 도시에서 나타나고 있었음에도 불구하고, 1990년 중반까지 영국에서 몇몇 저널리스트, 학자, 그리고 시민 자유운동가를 제외하고는, CCTV에 대해 공개적으로 비판하거나, CCTV의 확산에 대한 반대가 많지 않았던 점은 다소 놀랄 만하다. CCTV는 또한 영국에서 형사사법과 연관된 많은 사람들의 지지를 받았다. 이러한 지지에도 불구하고, CCTV가 일반 시민의 범죄두려움 문제에 대해 값비싼 위안 이상의 무엇이라는 것을 주장할 수 있을 정도로 신뢰할 수 있는 증거는 거의 없다고 한다(Ditton & Short, 1996; Norris et al., 1998b: 221).

그럼에도 굴드(Benjamin J. Goold)는 남부지역 경찰서가 왜 CCTV를 활용하는 것에 대해 지지하기로 결정했는지에 관한 주요한 이유들 중의 하나는 감시카메라의 도입은 현존하는 순찰구역에 대한 효율성을 개선시키는 데 도움이 될 것이라고 믿었기 때문이다. 즉, CCTV는 경찰관으로 하여금 주택가와 문제지역을 순찰하는 데 더 많은 자원을 할애할 수 있도록 해 준다는 희망이 있었다.

한편, 1980년대 초반, 독일 전역에 걸쳐 테러리즘에 대처하기 위한 노력의 일환으로 CCTV가 광범위하게 활용되고 있었던 반면에, 연방헌법재판소를 포함하여 독일의 많은 기관들은 CCTV 아이디어에 대해 강하게 거부했다(Goold, 2004: 22). 연방헌법재판소는 1983년에 획기적인 판결에서 독일연방헌법 제2조에 근거하여 정보의 자기결정 권리의 존재를 확인했다. 그것은 제한된 프라이버시권처럼 작용했다. 그리고 필요한 경우에, 공공장소에 대한 CCTV 설치 프로젝트에 의해 전형적으로 수행되는 일종의 일반적 감시를 금지할 수 있는 것이었다. 20년이 지나서, 사법부와 일반 시민의 의견은 대체로 바뀌지 않은 채 남아 있다. 1990년대 영국에서 공공장소에 대한 감시를 채택하기 시작할 때, 독일 정부는 정보 보호 법률을 강화시켰다. 경찰의 감시 실무 관행에 대해 새로운 제한을 가했다. 심지어 공공장소에 대한 CCTV의 광범위한 활용이 독일에서는 현실이 된 것처럼 보이지 않을 정도로 만들었다(Goold, 2004: 23).

한편, 범죄예방, 안전감 강화 및 현장에서의 증거 확보를 통해 범죄를 감소시키기 위해 라이프치히 시 경찰서에서는 1996년 4월 1일부터 CCTV를 설치하고 감시활동을 시작했다(Mueller, 1997: 77-78; 1998: 115-116). 이러한 CCTV 프로그램을 진행한 결과, 범죄 빈발지역에서 자동차 부품 절도범죄이 거의 50% 가량 줄어들었으며, 또한 마약거래의 현장 확보를 통해 25% 이상의 검거율을 보이기도 했다. 잠재적 범죄자에게 겁을 주어 예방적 효과를 보이기도 했다. 이러한 경찰조치에 대해 언론에서는 하나같이 긍정적으로 평가했다.

2. 한국의 CCTV 활용 사례

서울 강남경찰서는 2002년 10월경, 귀갓길 여성 보호를 목적으로 주택가 골목길에 폐쇄회로 텔레비전(CCTV)을 설치하기로 결정한 바 있다. 이와 관련, 동 경찰서는 강남구청과 함께 2002년 11월부터 강력범죄 빈발지역인 논현동 139번지 등 논현동 주택가 네 곳에 CCTV를 설치하기로 했다(한겨레, 2002.10.21). 경찰이 주택가 골목길에 CCTV를 설치하면서까지 범죄예방에 나서는 것은 이 일대에서 심야에 여성을 대상으로 한 강력범죄가 폭증하고 있기 때문이다(한국일보, 2002.10.21). 국내 처음으로 골목길에 폐쇄회로 CCTV를 설치해 8개월 간 운영해 온 서울 강남구 논현동 지역의 방범 효과 등을 분석한 결과 범죄는 줄고, 주민들(85% 가량)은 CCTV의 설치를 반기고 있는 것으로 나타났다(동아일보, 2003.7.21).

최근 한국사회는 국민들의 범죄로부터의 안전욕구가 증대됨에 따라, 각 지방자치단체를 중심으로 CCTV 설치대수가 급증하고 있다(경찰청, 2020: 92). 2019년 12월 기준 총 212개 자치단체에 방범용 CCTV에 대한 모니터링을 하는 통합관제센터가 있으며, 각 통합관제센터에는 경찰관 450명이 배치되어 있다.

과거 지방자치단체 차원에서 CCTV를 운영한 서울 강남구의 경우, 초기에는 프라이버시권과 초상권을 침해하고 개인정보가 공개된다는 점에서 인권단체 및 법조계 등에서 일부 비판이 제기되었다.[55] 살인, 강도 등 강력범죄를

서울 각 자치구 방범용 CCTV 확대 추진

"내돈 들여서라도" 주민들 설치 환영

서울에 골목길 방범용 폐쇄회로(CC)TV가 대폭 늘어날 전망이다. 강남구가 처음 설치한 골목길 CCTV가 사생활 침해 논란에도 불구하고 실효성이 있는 것으로 나타나자 일부 다른 지역 주민들은 사비를 들여 CCTV를 공동 설치하고 나섰다. 서울시내 다른 자치구와 일부 일선 경찰서도 CCTV 설치를 적극 검토하고 있다.

서울 강남구가 골목길에 처음 설치한 방범용 폐쇄회로(CC)TV가 점차 서울 전역으로 확산될 것으로 보인다. 한 건물에서 보안담당자가 CCTV를 통해 건물 안팎의 방범 상황을 살피고 있다.

▽"우리도 한번 설치해 볼까…"=서울지역 25개 자치구 구청장들은 최근 구청장협의회를 열고 시내 전역의 주요 골목길과 우범지역에 CCTV를 확대 설치하는 방안을 긍정적으로 논의했다. 총 120억원으로 예상되는 재원은 각 구청과 시가 공동 부담하는 방안이 검토됐다.

서울시구청장협의회는 협의회가 끝난 뒤 구청장들에게 CCTV 설치 의사를 서면으로 물었으며, 그 결과 20일 현재까지 답변을 보내온 18개 구청장 중 중구와 마포구를 제외한 16개 구청장이 찬성 의견을 표시했다.

자치경찰제 도입을 앞둔 일선 경찰서도 방범용 CCTV에 관심을 보이고 있다. 동대문경찰서는 17일 서장과 지구대장들이 강남경찰서 CCTV 관제센터를 방문한 데 이어 구청측과 CCTV 설치 예산문제 등을 논의하고 있다. 국방부와 검찰 관계자들도 이 관제센터를 견학했다.

2002년 논현동에 5대를 시범설치한 데 이어 지난달까지 272대를 구 전역 골목길에 설치한 강남구의 경우 수차례의 구민 여론조사에서 CCTV 설치 찬성 응답이 최고 80%나 됐다. 설치 후 살인 강도 등 5대 범죄는 평균 30%가량 감소한 것으로 나타났다.

안전구역 (SAFETY ZONE) CCTV 비상벨

강남구 CCTV 설치구역 표지판.

CCTV 도입 원하는 구청-주민들 늘어

사생활침해 이어 '방범 빈부차' 우려

강남구 남원준 행정관리국장은 "추가 설치할 CCTV 100대를 확보하고 있으며 희망지역을 접수 중"이라고 말했다.

일부 지역에선 주민들이 직접 CCTV를 설치하고 나섰다. 성북구 성북동 학괭마을 등 성북파출소 관내 3개 지역 주민들은 최근 방범용 CCTV를 공동 구입해 설치한 뒤 성북파출소에 운영을 맡겼다. 이곳은 고급 단독주택과 23개국의 대사관저가 밀집해 있는 지역. 250여가구가 70만원씩을 내 CCTV 27대를 설치하는 데 드는 비용 1억6500여만원을 모았으며 '피(被)촬영 동의서'도 제출했다.

▽예상되는 논란들=CCTV 설치가 확산되면서 인권 침해 논란도 더 뜨거워질 전망이다. 시민단체 '함께하는 시민행동'은 "방범용 CCTV는 교통단속용이나 쓰레기 무단투기 단속용에 비해 촬영 범위가 훨씬 넓고 사람에 초점을 맞추기 때문에 프라이버시 침해 소지가 크다"고 주장했다.

근거 법령이 없다는 것도 문제. 이 단체의 김영홍 정보인권국장은 "촬영 각도나 녹화 보존 기간 등 근거 규정이 전혀 없는 상태에서 방범용 CCTV 설치가 확산돼선 안 된다"고 지적했다.

이와 관련해 국가인권위원회는 5월 "CCTV 등 무인 단속 장비가 국민의 사생활을 침해할 수 있다"며 국회의장과 행정자치부 장관에게 설치 및 운영에 관한 법적 기준을 마련하라고 권고한 바 있다.

상대적으로 부촌인 강남구와 성북구 성북동에 먼저 CCTV가 설치됐듯이 앞으로도 지역 경제력에 따라 CCTV 설치 대수에서 차이가 나고 이는 결국 지역 경제수준에 따른 '방범 빈부격차'로 이어질 것이라는 주장도 나오고 있다.

장강명 기자 tesomiom@donga.com

서울시내 각 구청 CCTV 설치 확대 동향(동아일보, 2004년 9월 21일자 기사)

55 http://www.gangnam.go.kr/frame2.jsp

획기적으로 줄이고, 주민의 불안을 덜어 줄 수 있다면 부정적으로만 볼 것은 아니지만 일부 비판 여론이 제기되기도 했다. 또한 CCTV의 효과가 미비하다는 지적도 있었는데, 단순 범죄나 우발적인 범죄의 예방에는 CCTV가 효과적일 수 있지만 계획적인 살인, 강간 등 강력범죄는 범인이 CCTV의 존재를 미리 알고 자신을 노출시키지 않을 방법을 강구해 범행을 저지르기 때문에 효과가 적다는 지적이 나왔다.[56] 그러나 2007년 5월 '공공기관의 개인정보보호에 관한 법률'[57]이 개정되면서 CCTV 설치의 법적 근거와 사생활 등 인권침

"인권침해" 말많은 주택가 CCTV

강남일대 무더기 증설 논란

강남 230대 추가 추진… 송파·강동경찰서도 계획

국가인권위 "법적기준 마련된 후 시행돼야" 제동

'범죄 예방이 우선인가, 인권이 먼저인가.'

강남·수서·강동·송파경찰서 등 서울 강남지역 경찰서가 관내에 방범용 폐쇄회로 TV(CCTV)를 대량 설치키로 하자 시민·인권단체들이 인권 침해 소지가 있다고 반발하는 등 CCTV의 사생활 침해 논란이 재연되고 있다.

경찰은 치안유지를 위해서는 범죄 예방 효과가 뛰어난 CCTV 설치가 불가피하다는 입장인 반면 시민·인권단체들은 법적인 명확한 기준없이 무분별하게 CCTV가 들어서는 것은 국민기본권을 제한할 수 있다고 우려하고 있다.

박기륜 강남경찰서장은 10일 "강남구청으로부터 70억원을 지원받아 이달 말까지 CCTV 230대를 관내에 설치하고 다음달부터 역삼동에 CCTV 통합관리센터를 가동한다"고 밝혔다. 강남서는 통합관리센터의 운영을 당초 공익근무요원 등에 맡길 방침을 바꿔 경비 용역업체에 외주를 주기로 했다. 강남서는 이미 2002년 12월 이후 32대의 CCTV를 유흥가 주변 우범지대에 시범 설치했다.

수서경찰서는 지난 4월부터 포이동에 10대의 CCTV를 세웠고, 송파경찰서는 3대의 CCTV를 달 예정이다. 강동경찰서도 구청과 협의해 6월 이후 주택가 밀집지역에 5대의 CCTV를 설치할 계획이다.

송갑수 강남경찰서 생활안전과장은 "CCTV를 시범 설치한 후 우범지대였던 역삼동 충현교회 인근 골목의 범죄가 사라지는 등 설치전에 비해 살인 강도 강간 절도 폭력 등 이른바 5대 사건 발생건수가 32%나 줄었다"고 말했다.

그러나 경찰 주장과 달리 인권단체들은 "CCTV가 250만대 이상 설치된 영국 정부 내에서도 최근 범죄율이 감소되기보다는 단지 그 무대가 상업지역으로부터 주택가 등 여타지역으로 옮겨졌을 뿐이라는 분석이 나오고 있다"며 CCTV의 범죄예방효과에 대해 의문을 제기하고 있다.

특히 국가인권위원회도 국민기본권 침해 등이 우려되는 CCTV 설치는 법적기준이 마련된 후 시행돼야 한다고 제동을 걸고 나왔다.

인권위는 이날 "CCTV의 설치·운영이 지자체나 경찰서장의 재량에 의해 이뤄지고 있고 장비의 성능이 점차 향상돼 운영방법 등에 따라 국민의 기본권을 침해할 요소가 크다"고 지적했다. 즉, 개인의 초상뿐만 아니라 특정시간에 어디서 어떤 모습으로 누구와 함께 있었는지 등에 관한 개인정보를 취득할 수 있음에 따라 '개인정보자기결정권(헌법 제10조)' '사생활 가정 주거의 자유(헌법 제17조)'를 제한하고 침해할 수 있다는 것이다.

함께하는 시민행동 김영홍 정보인권국장은 "법적 기준도 없이 경찰이 임의로 CCTV를 설치하고 외부 민간업체 직원을 모니터요원으로 활용하는 것은 CCTV 녹화 정보 등의 사적 도용이 가능하다는 점에서 크게 우려된다"고 말했다.

한장희기자 jhhan@kmib.co.kr

방범용 CCTV 설치를 둘러싼 다양한 견해(국민일보, 2004년 5월 11일자 기사)

---

56 http://www.donga.com/fbin/output?n=200902200132(2009년 3월 26일 검색)

57 '공공기관의 개인정보보호에 관한 법률' 제8871호, 2008.2.29, 타법 개정 제4조의2(폐쇄회로 텔레비전의 설치 등) ① 공공기관의 장은 범죄예방 및 교통 단속 등 공익을 위해 필요한 경우에 '행정절차법' 제2조 제6호에 따른 공청회(이하 "공청회"라 한다) 등 대통령령으로 정하는 절차를 거쳐 관련 전문가 및 이해관계인의 의견을 수렴한 후 폐쇄회로 텔레비전을 설치할 수 있다. ② 설치된 폐쇄회로 텔레비전은 설치 목적 범위를 넘어 카메라를 임의로 조작하거나 다른 곳을 비추어서는 아니 되며, 녹음 기능은 사용할 수 없다. ③ 공공기관의 장은 폐쇄회로 텔레비전을 설치하는 경우 정보 주체가 이를 쉽게 인식할 수 있도록 다음 각 호의 사항을 기재한 안내판을 설치하는 등 필요한 조치를 취하여야 한다. 1. 설치목적 및 장소, 2. 촬영범위 및 시간, 3. 관리책임자 및 연락처, ④ 국가안전보장과 관련된 국가 중요시설 중 원자력발전소 등 대통령령으로 정하는 시설에 대하여는 제3항을 적용하지 아니할 수 있다. ⑤ 폐쇄회로 텔레비전의 설치, 안내판 설치 등에 관하여 필요한 사항은 대통령령으로 정한다(본조신설 2007.5.17).

해 최소화에 대한 기준이 마련되었으며, 지방자치단체 등이 공익 목적으로 방범용 CCTV 설치와 관련된 논란들이 상당 부분 해소되었다(박현호 · 이민식, 2008: 291).

CCTV의 효과에 대한 논란은 주로 범죄예방 및 범죄억제의 효과성에 초점이 맞춰져 왔다. 또 다른 논란은 시민의 기본권 침해 여부에 대해 초점이 모아지고 있다(Rowe, 2008: 206). 범죄를 억제하는 데 도움을 주는 것으로서, CCTV의 전반적인 효과성은 측정하기가 어렵다. 그런데 범죄를 수사하는 데 도움을 주는 것으로서, CCTV의 효과성은 인정되고 있다. 또 다른 CCTV의 중요한 이점은 특정한 범죄자를 추적하기 위해 경찰을 배치하거나 혹은 특정한 범죄와 무질서에 대처하는 데 효과적인 수단으로서 좋은 역할을 한다는 점이다. 그런데 국내에서 CCTV의 범죄예방 효과성이나 범죄전이효과에 대한 실증 연구 사례는 거의 없는 실정이다.

외국에는 방범 CCTV가 특정 상황 하에서 다른 범죄예방도구에 비해 더 효과적이며, 일정한 종류의 범죄에 대해서는 특히 효과적이라는 많은 증거들이 제시되고 있다. 예를 들면, 재산범죄에 대해 더 효과적(Brown, 1995)이며, 재산범죄 가운데 특히 차량 절도와 차량 내 침입절도가 CCTV에 의해 많이 감소되었다고 한다(Skins, 1998; Tilley, 1993). 그런데 데이스만(Deismann, 2003)의 연구에 의하면, 폭행과 같은 대인범죄에는 효과성이 상대적으로 약하다고 분석되기도 했다(박현호 · 이민식, 2008: 294).

한편, 웰시와 패링턴(Welsh & Farrington, 2002)이 영국, 미국, 캐나다 등지에서 CCTV의 방범 효과를 연구한 22건의 연구에 대한 분석 결과에 따르면, 12건에서는 분명한 범죄 감소 효과를, 5건에서는 부정적인 효과를, 다른 5건에서는 무의미한 효과를 나타냈다고 하며, 나머지 1건은 효과를 검증할 수 없었다고 한다.

전반적으로 CCTV 카메라를 통해 감시되는 장소 및 상황에 따라 혼합적인 효과를 보였다. 주차장처럼 다소 폐쇄된 공간에 설치된 CCTV는 탁월한(80~90%) 범죄 감소 효과를 나타낸 것으로 알려졌다. 이처럼 CCTV 설치 장소는 범죄율 변화에 중요한 변수로 작용했으며, 도심과 공영주택을 대상으로 한 연구에서는 2% 정도 감소한 것으로 나타났다.

사노 등(Sarno et al., 1990)은 CCTV가 '범죄두려움 감소' 측면에서 더 많은 안전감을 갖게 해 준다는 것을 발견했다. 디튼(Ditton, 2000)과 스프리그스 등(Spriggs et al., 2005)에 의하면, 공공장소에 설치된 CCTV에 의해 증대된 안전감으로 인해 해당 공공장소를 전보다 더 자주 이용할 것이라고 많이 응답했다(박현호 · 이민식, 2008: 294).

스프리그스 등(Spriggs et al., 2005)의 연구에서는 안전감을 높여 주는 방범 CCTV 카메라의 효능과 가치에 대한 신뢰는 일반적으로 CCTV의 범죄억제효과를 강조하며, 잠재적인 범죄자들에게 범행 발각 및 현장에서의 체포 위험성을 암시/경고해 주는 CCTV의 활용도를 높일 필요가 있음을 주장했다. 비록 CCTV가 일반적인 관점에서 범죄예방에 효과적이라는 명백한 증거가 별로 없는 것처럼 보이더라도, 예를 들면 주차장에서 일어나는 범죄를 모니터링하는 것처럼 제한된 혹은 한계가 있는 장소에서 활용하면 도움이 될 수 있다는 연구 결과도 있다(Gill & Spriggs, 2005).

한편, 일반 시민이 아닌 범인 입장에서 방범 CCTV를 어떻게 인식하느냐에 대한 연구 결과는 매우 시사적이다. 쇼트와 디튼(Shot & Ditton, 1998)은 범인이 CCTV에 의해 일정 수준 범행을 저지당하고 있으며, 일부 범죄자는 처음 계획했던 것보다 덜 심각한 수준으로 행동을 변화시킨다는 현상을 발견했다. 길과 러브데이(Gill & Loveday, 2003)의 연구에 따르면, 범죄자들은 일반적으로 CCTV를 자신들의 범행에 큰 장애로 인식하지 않지만, 카메라에 찍혀 본 경험이 있는 경우에는 CCTV를 상당히 위협적인 요소로 생각하는 경향이 크다고 한다. 이에 대해 길과 스프리그스(Gill & Spriggs, 2005)는 범인이 CCTV에 점점 더 많이 찍히고 자신들이 찍힌 사실을 알게 될수록 그들에 대한 위협 수준은 증가하게 될 것이라고 주장했다(박현호 · 이민식, 2008: 295).

제10절 범죄억제에 관한 범죄경제학적 접근

1. 베커와 범죄경제학

범죄행위를 경제이론적 관점에서 이해하려는 입장에 따르면, 합리적인 범죄자는 형사사법체계에 의해 부과되는 것으로 기대되는 처벌과 범죄로부터 얻는 이익을 비교한다는 것이다. 이러한 행위이론은 범죄에 의해 야기되는 사회적 해악의 총계와 범죄를 억제하는 데 들어가는 비용을 최소화하려는 데 목적을 두고, 최적의 처벌에 관한 경제이론을 발전시키는 데 활용된다(Ulen, Thomas, Cooter, & Robert, 2000: 453-454). 범죄경제학은 미시경제학의 새로운 응용 분과 학문으로서, 범죄행동 주체의 범죄행위를 미시적으로 관찰하여 이들의 일탈, 범죄현상을 지배하는 인과 논리를 규명하고, 이것과 관련된 범죄 수요와 범죄 공급 요인, 그리고 이에 대응하는 정부 규제 자원의 배분문제를 대상으로 연구하는 것이다(이상안, 1991: 37). 또한 범죄경제학은 범죄행동과 법집행에 관한 기본 모델을 제시하며, 범죄행동의 경제적 측면을 평가한다.

범죄문제를 이와 같이 경제학적으로 접근한 시초는 1992년에 노벨경제학상을 수상한 바 있는 베커(Gary S. Becker)가 1968년에 발표한 논문 「범죄와 처벌: 경제적 접근(Crime and Punishment: An Economic Approach)」이다.[58] 이 논문은 경제학자들에 의해 처벌의 범죄억제 효과를 경험적·이론적 연구와 연결시키는 가교가 되었다. 그 가운데 제일 중요한 경험적 연구는 베커의 제자라고 할 수 있는 에를리히(Isaac Ehrlich)에 의한 연구 결과이다(이상안, 1991: 152).

베커는 인간의 다양한 행위 유형에 대해 다음 네 가지 범주를 중심으로 경제학적 기본 모델을 적용했다.[59]

58 그 후 1976년 『인간행동의 경제적 접근(*The Economic Approach to Human Behavior*)』이라는 저서를 출간, 범죄경제학적 접근 방법을 체계화하기도 했다.

- 인간 자본에 대한 투자
- 가계에서 일의 배분과 시간 할당을 포함하여, 가계(혹은 가정)행동
- 범죄와 처벌
- 노동과 재화를 위한 시장에서의 차별

특히 여기에서 다루는 것은 바로 범죄와 처벌에 관한 그의 경제학적 인식이다.

베커(Gary Stanley Becker, 1930~)[60]

베커가 합리적 행위와 인간 자본에 관한 이론을 적용했던 세 번째 분야는 '범죄와 처벌(crime and punishment)'이다. 몇몇 제한적인 사이코패스를 제외하고, 범죄자는 예상 가능한 방식으로 범죄를 저지름으로써 얻을 수 있는 부분과 예상된 처벌의 형태와 같은 비용을 고려하면서, 다양한 자극에 반응하는 것으로 추정된다. 범죄행동을 범죄자의 특수한 심리학적, 그리고 사회적 지위와 관련되는 비합리적 행동으로 간주하는 대신에, 범죄는 불확실성 하의 합리적인 행동으로 분석된다.

이러한 아이디어들은 예를 들면, 베커의 1968년 논문 「범죄와 처벌: 경제학적 접근」과 1974년의 논문인 「범죄와 처벌의 경제학」에서 발표되었다. 이러한 접근에 연관된 경험적 연구들은 어떤 특정 그룹의 개인에 의해 저질러지는 범죄유형은 상당 부분 개별적인 인간 자본(교육)에 의해 설명될 수 있음을 보여 준다. 또한 이러한 경험적 연구들에 의하면, '체포될 가능성'이 '처벌의 기간'보다 범죄자에게 '훨씬 더 많은 억제적 효과'를 갖는다는 것을 보여 주었다.

---

59 http://home.uchicago.edu/~gbecker/Nobel/nobel.html(2009년 5월 3일 검색)

60 http://www.chfestival.org/resources/programs/Gary-Beckerlg.gif;(2009년 5월 3일 검색)

1968년 베커는 경제학자들의 효용극대화 이론틀에 기초를 두고 처음으로 범죄분석을 시도하여 범죄경제학 연구의 개척자로 인정받게 되었다. 이후 베커는 범죄 결정 요인의 추정 및 범죄행동의 이론적 모형에 크게 기여했다. 베커는 자신의 모형에서 인간의 범죄 행태를 경제적 이론으로 설명했는데, 특징적 요소는 범죄와 결부된 보상의 본질적 불확실성에 둔다는 데 있다. 범죄행위로부터 얻게 될 불확실한 대가인 구속과 그 다음의 형벌의 가능성을 합법적 경제활동에 종사함으로써 얻게 되는 대가(代價)와 비교하게 된다는 것이다(이상안, 1991: 42, 54). 베커의 주장은 개인은 범죄를 행함으로써 얻게 될 기대효용이 대안적 합법활동에 종사함으로써 얻게 될 효용보다 클 때 범

표 2-13 베커의 에피소드와 범죄경제학의 태도[61]

베커가 범죄학에 흥미를 갖게 된 것은 어느 날 무척 바쁘게 서두르던 날이었다고 한다. 그는 불편한 주차장에 합법적으로 자동차를 주차할 것인지, 아니면 편한 자리에 불법적으로 주차할 것인지를 비교해야 했다. 단속될 가능성과 잠재적 처벌을 대충 계산해 본 후, 베커는 합리적으로 주차 위반 저지르기를 선택했다. 베커는 다른 범죄자도 그러한 합리적 결정을 할 것이라고 추측했다. 그러한 전제는 범죄가 정신적 질환과 사회적 억압의 결과라는 전통적인 사고방식에 배치되는 것이었다.

많은 사람들은 높은 도덕적, 그리고 윤리적 긴장 속에서 행동한다고 베커가 인정하는 반면에, 범죄자는 당시의 범행기회뿐만 아니라, 그들이 저지른 범죄로부터 얻을 수 있는 이익들이 체포될 가능성, 유죄 선고, 처벌과 같은 비용(희생)을 능가한다는 것을 합리적으로 판단한다. 공공 정책적 관점에서, 증가하는 벌금 비용이 증가하는 감시 비용의 한계와 근접해질 때, 가장 최선의 정책은 벌금을 최대화하고, 감시를 최소화하는 것이라고 결론짓는다. 이러한 결론은 적지 않은 윤리적 고려 사항을 포함하고 있다.

이 이론과 범죄학에서 간과되어 왔던 벤담(Jeremy Bentham)의 합리적 선택이론 간의 중요한 차이점 중의 하나는 다음과 같다: 만약 벤담이 원형(圓型) 감옥을 통해 범죄를 완전히 제거하는 것이 가능하다고 생각했다면, 베커의 이론은 특정 사회는 어떤 수준 이하로는 범죄를 제거할 수 없다는 것을 인정했다는 점이다. 예를 들면, 만약 어떤 수퍼마켓의 물건들 가운데 25% 정도가 도난당하고 있다면, 이 절도 피해율을 15%까지 감소시키는 것은 매우 용이해 보인다. 그것을 5%까지 줄이는 것도 약간은 쉽다. 그러나 3% 정도까지 줄이는 것은 어렵다. 그리고 그것을 0%까지 줄이는 것은 거의 불가능하다(감시를 실시하는 것은 수퍼마켓에 비용을 발생시키는 일이 되며, 자칫하면 그 비용이 이익을 능가할 수 있다).

61 http://en.wikipedia.org/wiki/Gary_Becker(2009년 5월 3일 검색)

죄를 저지른다는 것이다(Pyle, 1983: 10-11).

기본 논점은 모든 개인은 효용극대화를 추구하며, 개인의 행동 선택 기준은 편익/비용분석에 근거한다고 보았던 것이다. 즉, 범죄를 행함으로써, 기대되는 효용(재산가치 등, EU)이 실제로 범죄행동에 의해 취득되는 이익과 체포, 기소에 의해 상실되는 금전 가액(벌금, 몰수 등) 차이(Y-f)의 주관적 기대치의 합계보다 크게 지각될 때, 합법적 정상 행동보다 비합법적 범죄행동을 택하게 된다는 것이다(이상안, 1998: 55).

$$EU = (Y - f) + (1 - p)U(Y)$$

EU: 개인의 기대효용
p: 검거 구속될 주관적 확률
f: 범인으로 기소될 때, 처벌의 금액 상당 가치
Y: 범죄로부터 얻는 이익

이때 개인의 기대효용(EU)이 0보다 크면 개인은 범죄를 저지르고, 이것이 0보다 작은 것으로 판단되면 범죄를 저지르지 않는다는 것이다.

2. 범죄경제학의 연구 대상

범죄경제학은 미시경제학의 새로운 분과 학문의 영역에 속하며, 미시경제학에서 전제하고 있는 모든 자원의 완전고용 상태와 이로 인한 가격 결정의 상대성 문제와 희소자원의 최적배분 문제가 범죄경제학에서도 중요한 연구과제가 된다. 강도범죄의 경우, 강도범인이 동일한 시간에 동일한 노력을 정당하게 사용할 경우, 장기적으로 보면 더 큰 수익을 얻을 수 있음에도 왜 범죄를 구상, 계획, 실행하는 데 많은 시간과 노력을 투입하는지에 대해 정확하게 이해하기 힘들다. 이러한 문제를 미시경제학적 분석 방법으로 이해·설명하고 또 예측할 수 있도록 하는 것에 범죄경제학은 초점을 둔다. 이와 같이 범죄경제학의 분석 단위는 인간의 욕망, 자원의 희소성, 욕망의 만족 수준에 두게 되며, 이 분석의 기초 단위는 미시경제학의 기초 단위와 일치한다고 볼 수 있다.

경제학의 관심은 인간행동을 행동극대화 산출물로서 분석한다. 이와 같은 활동에는 재화의 매매, 이혼, 자살, 재산 분배, 성(性) 등이 희소성 원칙 하의 한 예가 될 수 있다. 범죄행동도 희소성 원칙 하의 인간행동 유형에 속한다. 따라서 개인은 범죄 실행을 통해 어느 정도 만족할 수도 있으나 반드시 비용을 유발시킨다(이상안, 1991: 38-39).

범죄를 일으키는 개인은 체포와 처벌의 위험 부담을 비용으로 갖게 되며, 유죄 선고로 인한 고통 및 다른 방법으로 시간과 노력을 활용함으로써 얻을 수 있는 이익을 포기(기회비용)함으로써, 비용을 부담하게 된다. 범죄행동은 경제적 도구를 사용하여 분석할 수 있다. 한편, 범죄에 대응하는 정부의 공공정책 역시 경제적 선택과 연관되어 있다. 즉, 범죄가 사회적 비용을 유발, 부과시킬 때 사회는 이 비용을 줄이려고 한다. 이것은 또 범죄 총손실을 줄이는 법집행 비용 및 재활 프로그램 비용을 유발한다. 구체적으로는 경찰, 검찰, 법원, 교정기관 등의 형사사법체계 유지에 소요되는 비용을 의미한다.

범죄에 대응하는 적실한 공공정책의 이슈는 범죄로 인한 비용(범죄로 인한 희생, 손실과 이에 대처하는 정부의 예산 부담)을 줄이고, 순이익을 극대화하는 것이다. 경제적 분석으로 범죄에 대응하는 법집행 등의 공공정책(규제정책 또는 형사정책)은 중요한 연구 대상이 된다. 위에서 언급한 바와 같이, 처벌(형벌 등)의 범죄억제 효과, 여러 가지 형태의 처벌의 사회비용, 특정 범죄유형(학생 집단행동, 강도, 절도, 살인 등)에 대한 법집행 전략의 사회비용, 형사사법체계 내의 효율적 자원 배분 등이 범죄경제학의 주요 대상이 된다(이상안, 1991: 39-40).

3. 범죄 수요 및 공급

범죄행동의 편익적 요소로는 금전적 이익, 작업환경 개선, 평생 소득력 증가, 작업시간 축소, 제도 혹은 타인에 대한 복수 등을 들 수 있으며, 비용적 요소는 체포와 처벌의 위험성, 유죄 및 처벌로부터의 고통, 기회비용 등이다. 범죄경제학은 이를 바탕으로 범죄문제를 비용, 수요 및 공급함수의 문제로 응용했다. 범죄자에게 심리적 혹은 동기면에서 비용적 요소로 작용하게 될 물리적·정신적 고통, 혜택의 박탈, 기회 및 재산의 손실이 커진다면, 기대이익이 줄어들어 결국 범죄 수요가 감소될 것이라는 주장이다(이상안, 1997: 111 이하).

범죄를 저지르는 사람에게는 반드시 비용이 따르게 마련이다. 범죄를 행한 다음에는 여타 다른 행동에 제한을 받게 되는데, 이 시간적 개념이 바로 범죄비용이다. 체포되어 처벌로 인한 고통, 수형(受刑) 생활로 인한 수입의 감소, 자유의 박탈, 전과자라는 낙인, 벌금 등의 납부로 인한 경제적 손실 등은 모두 범죄비용에 속한다. 이와 같은 범죄비용 개념은 범죄 공급에 중요한 영향을 미친다. 만약 그 사회가 범죄예방에 더 많은 자원을 투입(경찰력의 증원 및 예산 증대)하면, 범인의 체포와 처벌 가능성도 증대된다. 이것을 범인의 범행면에서 보면 범죄비용을 증가시키는 결과가 되어, 결국 이 비용 증가는 범죄의 공급 총량을 줄이게 된다(이상안, 1997: 114). 따라서 범죄비용적 요소 강화와 범죄억제 효과 간의 상관관계를 검증하기 위한 연구들이 범죄경제학적 접근 방식에 토대를 두고 수행되었다.

4. 처벌 확실성 등에 대한 범죄경제학적 연구

에를리히(Isaac Ehrlich)가 미국 각 주의 FBI 주요범죄(Index Crime: 살인, 강간, 폭력, 절도, 주거침입, 강도, 자동차절도)를 추정한 회귀 계수에 의하면, 투옥 가능성(체포, 발각될 가능성) 계수가 처벌의 엄격성 계수보다 유의미성을 지닌 억제 변수라는 것을 밝혀냈다. 몇몇 범죄유형(주거침입, 폭력)에서는 검거·처벌 등의 투옥 가능성보다 처벌 가혹성이 더 큰 범죄 영향력을 가지는 것으로 분석되었다(이상안, 1991: 130). 그는 살인에 대한 사형의 억지 효

에를리히(Isaac Ehrlich) 교수

과를 탐구, 종래의 관련 분야 연구에 대한 도전을 시도하게 되었다. 에를리히의 연구에 의하면, 검거된 다음의 유죄 결정 가능성과 체포, 유죄 결정된 다음의 형선고 및 집행 가능성이 일정하다면, 체포 가능성 증가가 가장 큰 억제 효과를 지닌다는 것이다(이상안, 1991: 152).

에를리히는 실업 상태, 개인별 소득과 같은 사회적 변수들을 함께 측정해 가면서, 1933~1969년까지 미국의 살인사건과 형집행 통계를 재분석했다. 사형집행률을 포함하여, 이러한 모든 변수와 살인사건 발생률과의 연관성을 보여 주는 수학적 모델을 개발하려고 시도했다. 그의 모델에 따르면, 약간의 부적(負的) 연관성이 밝혀졌다. 살인사건 발생률과 사형집행률 간에 통계학적으로 의미 있음을 밝혀냈다. 그는 "이러한 관점에서, 일반적으로 처벌과 사형집행이 잠재

CRIME PREVENTION

1명 사형집행하면 5명 피살 막는다?
미 경제학 교수 등 주장… 연구과정 오류 지적도[62]

미국에서 또다시 사형제도의 효용에 대해 논쟁이 붙었다. 사형집행이 실제 범죄예방에 상당한 효과가 있다는 연구 결과가 잇따르고 있기 때문이다. 미국 콜로라도 주 덴버에 있는 콜로라도대학교 경제학 교수 네이시 모칸(Nacy Mocan)은 2003년과 2006년 학계에서 나온 연구 자료들을 검토한 결과 한 명을 사형집행하면 5명의 목숨을 살인에서 구할 수 있다는 연구 결과가 도출되었다고 주장했다. 미 에머리대학교 교수들이 2003년 미국 전역을 대상으로 한 연구에서는 한 명을 사형집행할 경우 평균 18명의 피살을 막는 것으로 나타났다. 또 2006년 휴스턴대학교 교수들은 2000년에 일리노이 주에서 사형집행을 동결시킴에 따라 이후 4년 간 150명이 살해되었다는 연구 결과를 내놨다.

하지만 비판자들은 이들의 연구과정에 심대한 오류가 있다고 지적한다. 즉, 사형 판결이 내려질 수 있는 중대 살인만이 아닌 모든 살인을 통계로 잡았다고 주장한다. 지난 2005년 미국에서는 16,692건의 살인범죄가 발생했으며, 60건의 사형이 집행되었다(김신일 기자).

62 http://news.chosun.com/site/data/html_dir/2007/06/12/2007061200012.html(2009년 5월 4일 검색)

적 살인 범죄자에게 특별한 억제적 효과를 갖는다는 가정을 부정할 수 없다"고 결론내렸다. 이 연구는 억제 효과를 조사하기 위해 사용된 최초의 다중회귀분석이었기 때문에, 연구방법론상으로 중요했다. 사형이라는 형벌에 대한 부가된 억제에 대해 긍정적인 증거를 주장한 최초의 연구자였다는 사실 때문에 이후 그의 연구 결과는 많은 관심을 끌었다(Ehrlich, 1975: 397-417).

처벌의 범죄억제 효과에 대한 연구로서 깁스(Jack Gibbs)의 연구와 티틀(Charles R. Tittle)의 연구를 간단히 살펴볼 필요가 있다(이상안, 1991: 52).

살인율에 대한 사형의 범죄억제 효과(일반예방적 효과)에 대한 구체적 연구 결과로는 깁스의 연구가 있다. 살인율과 체포/투옥 가능성, 투옥 가혹성 간의 관계를 확인하기 위해 1960년 미국 각주의 횡단적 자료를 활용・검증했다. 깁스는 '투옥 확실성(certainty of imprisonment)'을 1960년에 살인죄 선고를 받고 형무소에서 수감인 자의 수로써, '투옥 가혹성(severity of imprisonment)'은 1960년 12월 31일 살인죄로 형무소 내에 있는 모든 사람의 수감 월수(月數)의 중단위로서, 그리고 '살인율'은 1959년, 1960년, 1961년 3년 간의 인구 10만 명에 대한 살인자(살인율)의 평균을 각각 계산하여 이 관계식을 검증했다(이상안, 1991: 150-151).

- ▸ 투옥 확실성 및 가혹성이 중위수보다 큰 주(州)가 낮은 주보다 낮은 살인율을 유지한다는 것을 발견했다(약 1/3). 체포 가능성 및 투옥 가능성, 그리고 고통이 큰 형벌제도를 갖는 것이 그렇지 않은 경우보다 살인율을 1/3 이상 줄이는 것으로 검증되었다.
- ▸ 처벌 확실성과 가혹성 양자는 살인율과 역(逆)관계에 있었는데, 이 중 처벌 확실성은 처벌 가혹성보다 살인율에 아주 강하게 관계되고 있었다. 즉, 처벌 확실성과 가혹성 모두 범죄억제 효과가 있었지만, 이중 처벌의 확실성이 더 큰 효과를 지닌다고 했다.

깁스 역시 살인율에 미칠 수 있는 다른 요인의 통제를 결여했다는 면에서 연구의 약점이 있었다.

티틀(Tittle, 1969: 409-423)의 연구에 따르면, 처벌 확실성과 범죄억제 효과, 투옥 확실성과 억제 가설의 일치성을 발견했다. 그의 연구는 깁스의 연구를 발전시켜 살인율에 미치는 다른 영향변수(도시와 연령구성, 성 등)를 통제하여 왜 처벌이 범죄억제 효과를 갖는지에 관해 이론적으로 설명했다.

- 처벌 확실성과 'FBI 7대 범죄' 간의 '부(−)적 관계'가 있음을 발견했다.
- 처벌 가혹성과 범죄 간에는 '정(+)적 관계'가 있음을 밝혔다(살인죄는 예외).
- '투옥 확실성'에 대해서는 억지 가설과 일치함을 발견했다.
- 그렇지만 '처벌 가혹성'(살인죄는 예외)에 대해서는 억제 가설과 일치하지 않음을 알아냈다.

처벌 가혹성 가설은 처벌 가혹성이 범죄억제에 중요하지 않다는 것을 나타낸 것이 아니라, 입법과 판결 과정에서 처벌 확실성(죄지은 다음에 체포되거나 기소될 확률)이 낮을 때 일어날 수 있는 문제에 처벌을 가혹하게 부과함으로써 높은 범죄율에 반작용한 것으로 보았다. 처벌 가혹성도 범죄억제 효과는 있으나, 처벌 확실성(검거 및 체포)이 낮을 때는 실효성이 없게 되므로, 입법 과정이나 판결에서 높은 범죄율을 보이는 범죄에 대해서는 제도적으로 미리 반작용 형태로 형량을 가혹하게 부과한다는 의미이다(이상안, 1991: 151−152).

카힐(Roy A. Carr−Hill)과 스턴(Nicholas Stern)의 연구 결과(Carr−Hill & Stern, 1979; 1973: 289−318)에 의하면, 처벌 가능성(발각, 체포될 위험성)이 처벌 가혹성보다 더 큰 의미가 있었다고 한다.[63] 카힐과 스턴의 연구는 에를리히의 초기 연구 결과와 억제이론을 지지했다. 즉, 검거율과 구금 선고율은 중요한 회귀 계수임을 보여 주었다. 처벌 가능성 기울기가 처벌의 가혹성 기울기보다 상당히 크게 나타남을 발견했다. 이들의 연구에서 발견된 흥미로운

---

63 파일(D. J. Pyle) 박사는 라체스터대학교 경제학부 시니어 강사(Senior Lecturer)이며, 이전에 영국 내무부 경제자문관을 지냈다. 그는 『범죄경제학과 법집행(*The Economics of Crime and Law Enforcement*)』의 저자이다. 그에 따르면, 범죄발생률은 실업, 발각될 위험성 및 처벌의 심각성(가혹성)에 달려 있다고 주장한다. http://www3.interscience.wiley.com/journal/119438822/abstract(2009년 5월 4일 검색)

점은 1인당 경찰관 수의 증가는 보고된 범죄율을 증가시키며, 도시화 지역의 증가가 높은 범죄율을 갖는다는 점이다.

아비오(Kenneth L. Avio)와 클라크(C. Scott Clark)가 특정 범죄(강도, 주거침입절도, 사기범죄를 대상)에 대한 1,000명당 보고된 범죄율과 관련한 연구결과(공급 추정 함수)에 따르면, 범죄억제 변수(체포율, 기소율, 평균 선고율, 실업률, 평균 가족 수입, 15~24세 연령 인구, 북미 인디언 비율 등 1971년 자료) 중 기소 가능성과 형량의 크기는 통계적 유의미하지 않았던 반면, '체포 · 검거율'은 항상 유의미했다(사기죄는 예외). 이들 간의 탄력성 크기를 비교하면, 처벌 변수는 검거율>기소율>선고량의 수준으로 나타났다(이상안, 1991: 133-136).

그뿐만 아니라 개인 수준의 자료를 사용하여 범죄의 경제모델을 연구한 사람이 바로 위트(Ann D. Witte)인데, 그녀는 노스캐롤라이나 형무소에서 풀려난 641명의 표본을 사용, 경제모델의 변인을 개발했다. 출소자 641명을 대상으로 수행한 범죄억제 변수 연구 결과에 의하면, 처벌 확실성(검거 및 유죄의 확률)이 처벌 가혹성(유죄 선고 형량의 크기 및 수형상의 고통)보다 강한 억제 효과를 발휘하고 있다고 한다(이상안, 1998: 140).

1960년대 미국의 10개 주 법집행기관에서 제공된 시계열자료 분석(회귀방정식)을 통해, 투옥 확률이 1% 증가함으로써 살인범죄율은 0.176%씩 감소될 수 있다는 연구 결과가 제시된 바 있다. 물론 살인율은 많은 다른 요인들—노동시간의 조건, 인구의 종족 및 연령 구성, 처벌 및 형벌 가혹성 정도—에 의해서도 결정될 수 있다(이상안, 1991: 120).

헤로인(heroin) 판매와 사용의 경우, 판매자에 대한 강제의 증가(검거 · 유죄의 확률 및 처벌의 가능성 증가)와 사용자에 대한 처벌의 증가(검거 · 기소의 확률과 처벌의 가혹성)는 헤로인 공급 비용 증가 및 실구매가격을 상승시켜 헤로인 공급 및 사용이 감소된다는 범죄경제학적 해결 방식도 제시되고 있다(이상안, 1991: 178).

C·H·A·P·T·E·R 3

경찰과 범죄예방

제 1 절 경찰의 임무와 범죄예방

형사사법체계의 중요한 목적 중 하나는 범죄예방이다. 경찰은 지역사회에서 범죄의 발생 가능성을 사전에 분석, 진단하고 미연에 예방책을 강구하고 실천하며, 실제로 범죄가 발생했을 때에는 신속히 범인을 검거, 진압하여 피해가 확대되지 않도록 방지하는 것을 기본 임무로 하는 국가기관이다(신진규, 1987: 468). 일반적으로 경찰의 임무는 범죄예방활동과 범죄수사로 나뉜다. 방범이란 범죄를 미연에 방지하는 것을 말한다. 즉, 범죄가 발생하지 않도록 사전에 그 원인을 제거하거나 피해 확대를 방지하는 활동을 말한다(경찰청 방범국, 1991: 11). 범죄예방의 개념은 범죄가 발생한 이후의 대응을 위한 대안으로서 과거 수십 년이 넘는 동안 발전해왔다. 그리고 범죄예방은 지역사회 내 법과 질서를 유지하기 위한 노력으로서 시민과 경찰 간의 공공관계를 증진시키고자 고안되었다. 범죄예방의 기능에 관한 철학은 '범죄는 사회 및 경찰 모두의 문제이며, 지역공동체 구성원은 근린지역 내에서 범죄수사에 연관될 수밖에 없다'는 것에 기초한다. 범죄예방 노력은 종종 시민의 가정에 보안 관련 장비를 설치하는 것과 그들의 근린관계 내에서 관찰된 의심스러운 상황을 경찰에 신고하는 것으로 이어질 수 있다. 경찰과 지역사회 구성원들 간의 열린 대화는 지역공동체 내에서 법집행과 경찰서비스 간의 차이점을 희망적으로 해결할 수 있는 추진력을 제공할 것이다. 경찰활동의 개념으로서, 범죄예방의 아이디어가 새로운 것만은 아니다. 런던수도경찰청을 설치했던 필(Robert Peel) 내무부 장관은 '범죄예방을 경찰관서의 기본적인 역할의 하나'로서 선언했다. 그런데 오늘날의 범죄예방 개념은 1971년 미국 루이빌대학교에 국립범죄예방연구소(National Crime Prevention Institute)의 설립에서 그 시작을 찾아볼 수 있다(Lyman, 2005: 127). 즉, 범죄예방을 위한 경찰활동은 경찰직무 중에서 가장 우선되고 있으며, 경찰 본래의 임무로서 기본적이고 일반적인 근무의 목적이라 할 수 있다(경찰청 방범국, 1991: 11). 경찰의 범죄예방활동은 광의와 협의로 나뉜다. 광의의 범죄예방활동은 빈곤제거를 위한 경제정책과 사회정책을 포함하는 개념이고, 협의의 범죄예방활동은 직접적인 범죄 방지에 초점을 둔 개념으로 파악된다(이황우 외, 1999: 404).

또한 경찰은 질서유지, 범죄의 수사 및 예방, 긴급사태의 처리, 기타 공공서비스 제공 등의 역할을 수행하는 국가기관이다(기광도, 2001). 즉, 경찰은 형사사법기관 중에서 가장 가시적이고 일반 대중과 접촉이 많은 기관이며(Cramer, 1994: 50), 범죄문제와 관련해서는 중요한 공식적 사회통제기관으로서의 역할을 수행한다. 궁극적으로는 공공의 안녕과 질서를 유지하고, 위험을 방지하며, 특히 시민과 공동체를 위한 직무수행으로서 범죄대책의 위임된 사무를 집행한다(Steffen, 1988: 40).

범죄통제는 거의 절대적으로 경찰, 검찰/법원, 그리고 교정기관과 같은 공식적 사회통제기관에 의해 수행된다. 경찰의 임무는 전통적으로 범인에게 발각될 가능성, 체포될 가능성을 높임으로써(Baum, 1995: 527), 범행기회를 감소시켜야 한다는 2차 예방적 영역에 있다(Gramckow, 1994: 31). 따라서 범죄예방은 경찰의 본질적 임무에 속하며, 그 임무는 경찰활동에서 높은 가치를 차지한다. 예방적 범죄대책은 역사적으로 오래전부터 경찰의 위험방지임무

표 3-1 영국 근대경찰의 기초를 세운 필(Robert Peel)의 아홉 가지 원칙[1]

The nine principles by Sir Robert Peel

1. The basic mission for which the police exist is to prevent crime and disorder.
2. The ability of the police to perform their duties is dependent upon public approval of police actions.
3. Police must secure the willing co-operation of the public in voluntary observance of the law to be able to secure and maintain the respect of the public.
4. The degree of co-operation of the public that can be secured diminishes proportionately to the necessity of the use of physical force.
5. Police seek and preserve public favour not by catering to public opinion but by constantly demonstrating absolute impartial service to the law.
6. Police use physical force to the extent necessary to secure observance of the law or to restore order only when the exercise of persuasion, advice and warning is found to be insufficient.
7. Police, at all times, should maintain a relationship with the public that gives reality to the historic tradition that the police are the public and the public are the police; the police being only members of the public who are paid to give full-time attention to duties which are incumbent on every citizen in the interests of community welfare and existence
8. Police should always direct their action strictly towards their functions and never appear to usurp the powers of the judiciary.
9. The test of police efficiency is the absence of crime and disorder, not the visible evidence of police action in dealing with it.

에 속해 왔다.

경찰은 범죄예방을 통해 내적 안전을 확실하게 도모할 수 있어야 한다. 내적 안전이란 객관적인 상황, 즉 범죄에 의한 피해와 같은 수준뿐만 아니라, 주관적인 수준, 즉 범죄두려움과 같은 것을 내포한다. 즉, 범죄예방의 목적은 객관적인 범죄피해 위험성뿐만 아니라 범죄두려움 등에 영향을 미치는 모든 조건들을 감소시키는 데 있다(Heinz, 1998: 22). 따라서 기관으로서 경찰의 역할은 내적 안전의 중요한 보증자이며, 공공의 안녕과 질서를 유지하는 것, 위험방지임무와 예방적 범죄대책 및 투쟁, 위험방지 차원의 범죄예방, 범죄자

1 http://www.magnacartaplus.org/briefings/nine_police_principles.htm(2009년 3월 26일 검색)

에 대한 장래의 소추 노력과 같은 임무를 띠고 있다(Kaiser, 1978: 7; Ahlf, 1997: 170). 특히 예방적 범죄대책은 역사적으로 오래전부터 경찰의 위험방지 임무에 속해 왔다.

초대 런던 수도(共同)경찰청장을 지낸 메인(Richard Mayne, 1796~1869)[2]

1829년 영국의 메인(Richard Mayne) 경[3]은 경찰의 역할을 다음과 같이 기술하고 있다: "효과적인 경찰의 제1차적 임무는 범죄예방이다. 그 다음으로 중요한 임무는 범죄를 저지른 자에 대한 수사와 처벌에 있다. 이러한 목적을 위해 경찰활동은 그런 임무에 집중되어야 한다. 국민의 생명과 재산의 보호, 공공의 안녕과 질서유지와 범죄를 예방하는 것은 매우 중요하다."[4]

경찰의 임무에 대해 일반예방적 관점에서 살펴보면, 처벌과 체포의 확실성만이 잠재적 범죄자에게 범죄를 저지르지 못하도록 영향을 미칠 수 있다. 강한 처벌이나 형벌보다 체포될 가능성과 확실성이 잠재적 범죄자와 일반인들을 더 강하게 위하시킬 수 있다. 일반 평균인은 보통 형법전이나 형벌의 크기를 정확하게 알지 못하기 때문에, 길거리에서 혹은 범죄현장에서 경찰의 존재야말로 범죄예방에 근본적으로 매우 중요한 요소가 된다. 범죄예방과 진압은 범죄대책 영역에서 상호 보충적이다. 경찰활동의 목적은 잠재적 범죄자의 의도를 감소시키기 위한 방법과 수단을 찾는 것이다(Adams, 1994: 6). 잠재적 범죄자에 대해 체포 가능성을 높이는 전략이야말로 범죄를 예방하는 데 경찰의 가장 효과적인 정책 수단이 될 것이다.

---

2 http://www.jamd.com/image/g/3295521(2009년 3월 26일 검색)

3 1829~1855년까지 초대 런던 공동경찰청장(Joint Commissioner, 법률가 출신)을 지낸 사람이다. 다른 한 사람은 육군 장교 출신인 로완(Charles Rowan)경이다.

4 http://www.open.gov.uk/police/mps/mps/history/mishist3.htmlp3(Stand: 7.9.97).

표 3-2 조선인 유길준이 제시한 근대경찰과 범죄예방

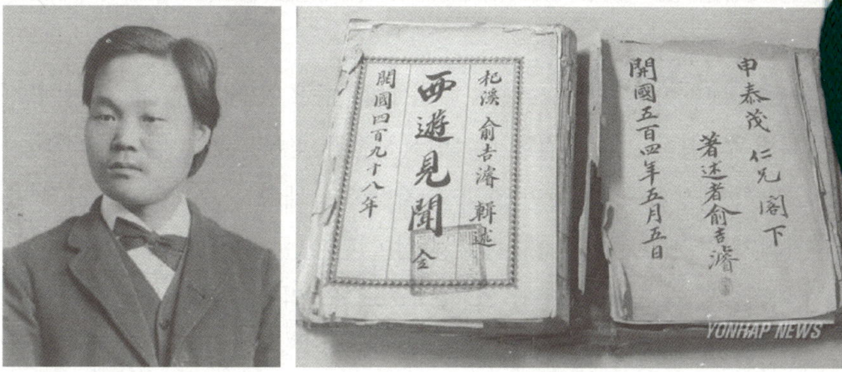

유길준(1856~1914)과 『서유견문』[5]

경찰제도를 두는 근본 의도는 나라의 치안을 유지하는 데 힘써 개명한 사회로 진보하는 것을 지키는 데에 있다. 경찰제도를 두 가지로 구별해 보면, 첫째는 행정경찰이고, 둘째는 사법경찰이다. 행정경찰은 적당한 조치를 취해서 재앙과 피해를 미연에 방지하여 국민들로 하여금 죄를 짓지 않도록 한다. 사법경찰은 이미 죄지은 범인을 수색하거나 체포해서 국민들의 환난을 제거하는 일을 한다. 그러므로 행정경찰의 힘이 미치지 않는 일은 사법경찰의 직분이니, 이 둘의 경계선에는 머리털 하나도 들어갈 수가 없다.

경찰제도는 치밀하고도 엄정하여, 붓으로 일일이 설명할 수가 없다. 국민들의 죄과(罪過)를 미연에 방지하고, 이미 저질러진 죄과를 따지는 것이 취지이니, 그들의 직분은 관리들의 이목이 되고 법관들의 수족이 되는 것이다. 국민들이 안심하고 태평스러운 즐거움을 누리며, 불시의 환난을 예비하고, 뜻밖의 걱정을 없앨 수 있다. (국민들이) 안전한 복을 누리는 것도 또한 경찰의 도움이 많기 때문이다.

출처: 유길준(2005: 292).

---

5 http://kr.news.yahoo.com/service/news/shellview.htm?linkid=4&articleid=2009040100560333319& newssetid=517; http://kr.news.yahoo.com/service/news/shellview.htm?linkid=13&articleid=2008071816203486115&newssetid=85(2009년 4월 7일 검색)

제 2 절 경찰의 범죄예방활동

한국경찰이 수행하고 있는 범죄예방활동은 크게 나누어 '일반예방활동'과 '특별예방활동'으로 고찰할 수 있다(신진규, 1987: 473). 일반예방활동이란 경찰관이 일상활동 중 방범 효과를 지향해서 계속적으로 시행하는 방범활동을 가리키는 것으로 외근경찰관이 중심이 된 모든 경찰에 의한 순찰, 방범심방, 불심검문, 경고 제지 등의 조치, 보호조치, 임검, 법률 위반 단속 등을 위한 조사를 통해 직접적·간접적으로 범죄를 방지하는 활동이다. 특별예방활동이란 특수한 범죄 다발적 시기, 지역, 계절에 따라 방범효과를 특별히 높이기 위해 계획적으로 실시하는 방범활동으로서(조병인, 2000: 188), 경찰의 일상근무 외에 특별한 사항 또는 대상에 대해 행해지는 것이다.

1. 경찰의 일반예방활동

경찰이 행사하는 일반예방활동 은 다시 두 가지로 나눌 수 있다. 그 중 하나는 외근활동인데, 각 경찰서의 생활안전계 직원과 지구대/파출소 순찰경찰관이 관내를 순찰하면서 범죄발생 가능성을 사전에 방지하는 활동이다. 다른 하나는 외근경찰관을 포함한 일반경찰관이 주민과의 면담 등을 통해 범죄예방 효과에 기여하는 일반적 예방활동이다. 과거부터 경찰의 일반예방과 관련한 활동을 살펴보면 다음과 같다.

1) 순 찰

순찰은 다시 한 번 살펴보고, 순(巡)과 찰(察)이 함께 하는 것을 의미한다(서울지방경찰청, 1995: 34). 순찰근무는 지역경찰관(지구대/파출소)이 수행하는 가장 대표적인 근무의 일환으로서 범죄예방에 직·간접적으로 기여한다. 순찰은 시대의 변천에 따라 그 기능도 다양해졌다. 역사적으로는 순라제

도(巡邏制度)가 발전하여 오늘날 순찰로 이어져 온 것이다. 순찰은 외근경찰관의 근무 중에서도 가장 대표적인 근무이다. 범인검거, 시민보호, 대민봉사면에서 순찰이 기여하는 업적은 매우 크다. 즉, 범행을 기도한 자가 순찰하는 제복경찰관의 모습을 보고 그 범행을 단념하는 사례도 적지 않을 것이며, 또 순찰 중 범행을 목격한다거나 불심검문에 의해 범인을 검거하는 경우도 많다. 미국에서는 외근경찰관을 'Patrolman'이라고 부르는데, 이는 비행자, 범죄자, 요보호자를 발견하기 위해 또는 모든 것이 잘되어 있는지 살피기 위해 돌아다니는 사람이란 뜻이고, 일본어로 경찰을 '오와마리상(おわまりさん)'이라는 애칭으로 부르는데, 이 뜻도 '돌아다니는 사람'이라는 뜻이다.

2) 경찰방문

경찰방문(방범심방)은 경찰관이 관할구역 내의 각 가정, 상가 및 기타 시설 등을 방문하여 청소년 선도, 소년소녀 가장 및 독거노인·장애인 등 사회적 약자 보호활동 및 안전사고 방지 등의 지도·상담·홍보 등을 행하며 민원 사항을 청취하고, 필요시 주민의 협조를 받아 방범진단을 하는 등 예방 경찰활동을 말한다.

범죄 등 제반 치안수요를 경찰만의 노력으로 해결한다는 것은 불가능하다. 효과적인 치안체제를 구축하기 위해서는 지역주민과 원활한 유대관계를 바탕으로 주민들의 요망사항을 청취·해결하는 등 주민들과 호흡을 같이하는 민경협력치안 체제의 구축이 필요하다. 관내주민과의 주된 접촉 수단인 경찰방문은 제반 범죄예방 목적달성에 기여할 것이다. 경찰방문은 주민으로부터 방문요청이 있거나 경찰서장, 파출소장이 필요하다고 인정할 때 상대방의 동의를 얻어 할 수 있는 것으로서, 주민으로부터 협조·조언을 받거나 지도·홍보하는 비권력적 사실행위인 행정지도의 성격을 갖는다.

이러한 경찰방문제도의 기원은 일본에서 유래하며 한국경찰의 일상적인 경찰활동의 한 영역으로 자리 잡게 된 것이다. 일본의 교번(交番)에서는 이러한 방범심방의 목적을 효과적으로 수행할 수 있도록 각 경찰관마다 거의 500

그림 3-1 방범진단카드 견본(주택용)

(별표 1-4호)

관리번호	금 - 귀 - . .

방 범 진 단 카 드(현금다액 취급업소)

○○경찰서 ○○지구대

20 . . ( )

☐ **현 황**(해당사항에 ☑ 표시)

업 태	1금융기관 2귀금속판매 3주유소 4편의점 5전당포				
위 치	구 동 번지				
영 업 시 간					
관 리 인	성 명			연락처(☎) :	
	주 거			연락처(☎) :	
종 업 원 수	총 명	남 명	여 명	노약자 60세 이상	명
부 근 환 경	☐ 외곽지 ☐ 상가지역 ☐ 주택가 ☐ 기 타				

☐ **방범시설**(해당사항에 ☑ 표시)

무인기계경비	☐ 가입(회사) ☐ 미가입			
시 정 장 치	자물쇠 〔☐ 일반 ☐ 특수 ☐ 번호 ☐지문 ☐ 기타( )〕			
C C T V	외 부	디지털 (대), 아날로그 (대)	위치	☐적정 ☐이동필요
	내 부	디지털 (대), 아날로그 (대)		
종 합 의 견	☐ 매우 양호 ☐ 양호 ☐ 시설보완 촉구			

☐ **최근 범죄발생 현황**

일시 · 장소	
수 법	
침입 경로	

☐ **방범시설 미비점 및 조치사항**

일 자	조치 내용 및 방법	점검자

방범진단자 계급: 성명:	확인 지구대장 경○ (인)

※ **범죄예방과 진단을 위한 개인정보 수집(성명,연락처)에 동의합니다 (인)**

가구씩 할당되어 있다. 이러한 프로그램은 범죄예방에 효과적인 것으로 평가되고 있다(Parker, 1984: 77).

우리나라에서는 종래 일제의 잔재이며 인권침해적 요소가 있다고 비판받아 오던 호구조사 제도를 폐지하고, 1987년 6월 1일부터 방범심방이라는 명칭으로 개칭하여 운영하여 왔다. 그러나 이 역시 호구조사적 색채가 짙고 사생활침해 요소가 다분하다는 비판 여론에 직면하여 1991년 '경찰방문'이라는 명칭으로 개칭되어 현재까지 운영되고 있다.[6] 경찰은 경찰방문을 통해 치안 수요의 증가로 인한 업무의 과중을 덜고, 방범상담, 청소년선도 주민계몽, 민원청취해결 등 적극적 봉사활동을 전개해 왔다.

일본에서는 이 제도가 성공적으로 범죄예방에 기여하고 있는 것으로 평가되었지만, 도시화의 진행과 지역주민의 유동성 증가로 과거와 같이 개별 경찰관이 지역주민과의 밀접한 관계 유지를 통한 필요한 정보수집과 유대강화는 점점 어려워졌다(박병식 · 주희종, 1997: 293).

3) 불심검문

(1) 의의 및 법적 성격

불심검문이란 경찰관이 범죄의 수사 및 범인의 검거 등 그 직무를 수행하기 위해 거동이 수상하다고 인정되는 자를 정지시켜 직접 질문하여 조사하는 것으로서, 넓게 보면 동행, 흉기 조사까지 포함하는 개념이다. 불심검문은 경찰관직무집행법상 범죄예방의 일반적 수단이다(이운주 외, 2000: 331). 따라서 불심검문은 범죄예방과 수사에 가장 기초적인 경찰활동이라 할 수 있다. 이를 통해 범죄인에게는 심리적 제약을 주어 범행의 예비 및 실행 단계에서 이를 포기 또는 저지시켜 범죄예방의 효과를 거둘 수 있다고 한다(김상희 외, 1991: 91).

불심검문은 행정경찰작용 및 예방경찰 영역에 속하기 때문에 범죄의 수사 및 범인의 발견, 체포를 위한 사법경찰작용과 구별된다. 그러나 불심검문 결과 특정한 범죄 혐의가 있으면 수사가 개시되고 이어서 혐의점을 조사, 형사입건하는 등의 사법절차로 이행하는 경우도 있어 사법경찰 영역과도 밀접한 관련을 맺고 있는 것이 사실이다. 특히 질문=신문, 임의동행=체포 · 연행이라는 유사한, 그리고 외형적으로 거의 동일한 형태를 띠고 있으므로 범죄수사와 혼동하기 쉽다.

---

6 1987년부터 운용해오던 방범심방규칙을 1991년 "경찰방문 및 방범진단 규칙"(경찰청 훈령 제676호, 2012.8.8. 개정)으로 전면 개정하여 운영하고 있다.

(2) 불심검문의 요건

① 판단 요소

불심검문을 할 수 있는 경우인가의 판단은 수상한 거동, 기타 주위의 사정을 기초로 판단한다(박기석, 1995: 70).

a. 수상한 거동: 비정상적이고 자연스럽지 못한 언어 · 동작 · 태도 · 착의(着衣) · 휴대품 소지 등으로 시간적 · 장소적 상황과 관련해서 판단할 수 있다. 예컨대, 경찰관을 보고 급히 도주하거나 빈 집을 몰래 기웃거리거나 혈흔이 묻은 옷을 입고 있는 상태 등을 들 수 있다.

b. 주위의 사정: 대상자의 직접적 거동 이외의 사정, 즉 인적(다수, 소수 여부) · 물적(위험한 물건이 있는지 여부) · 시간적(주 · 야간 여부) · 장소적 상황(번화가 혹은 으슥한 골목 여부) 등이 주위 사정의 대표적 사례라 할 수 있다.

② 판단 표준

직무를 행하는 경찰관의 주관적이고 독단적인 판단이 아닌 객관적이고 합리성이 담보되어야 한다. 경찰관 중에서 평균적인 표준인의 판단이 요구되므로 경찰 내부에서 사전에 얻은 정보, 경찰관의 전문적 지식 또는 일반인은 갖지 못하는 경찰관으로서의 합리적인 경험칙 등이 그 판단 표준의 내용에 포함되어야 한다. 일반인과 경찰관은 사회적 임무가 다르고 이에 따른 상황에 대한 판단이 다를 수밖에 없기 때문에 아무리 양식 있는 사회인이라도 경찰관의 직무 합리성을 판단할 수 있는 기준이 될 수는 없을 것이다(박기석, 1995: 72).

③ 검문의 대상자

불심검문의 대상은 수상한 자와 참고인으로 나눌 수 있다.

a. 수상한 자: 수상한 거동, 기타 주위의 사정을 합리적으로 판단하여 어떠한 죄를 범했거나(사법경찰적, 사후진압적 작용), 범하려 하고 있다고(사전적, 예방경찰적 작용) 의심할 만한 상당한 이유가 있는 자이다. 이는 이미 범죄를 완료했거나 범죄에 착수할 것이 예상되는 자를 의미한

다. 객관적으로 범죄 구성 요건에 해당하는 위법한 행위이면 족하다. 의심할 만한 상당한 이유란 객관적으로 의문 있는 것을 말하며, 경찰관 개인의 짐작만으로 의심스럽다고 보는 것은 불충분하고, 통상의 사회 평균인이 보더라도 의심스럽다고 긍정할 정도의 것임을 요한다.

b. 참고인: 이미 행해진 범죄나 행해지려고 하는 범죄행위에 관해 그 사실을 안다고 인정되는 자이다. 예를 들면, 범죄의 피해자, 범죄현장에 있던 자, 목격자 등이다.

④ 불심검문의 방법 및 수단

불심검문은 정지와 질문, 소지품 검사 및 질문을 위한 동행 요구를 그 내용으로 한다.

a. 정지와 질문

- 정지(停止): 정지라 함은 움직이고 있는 행동을 경찰관 앞에서 중지하게 함을 말한다(이운주 외, 2000: 335). 보행자의 경우는 불러 세우며, 자동차나 자전거에 탄 사람인 경우에는 차를 정차시키고 경우에 따라서는 하차시킬 수 있다. 정지는 보통의 경우, 요구 또는 설득이라고 하는 임의 수단으로서 해야 한다. 정지는 질문을 위한 수단이므로 강제 수단에 의해 정지시키는 것은 허용되지 않지만, 사태의 긴급성, 혐의의 정도, 질문의 필요성과 수단과의 상당성을 고려하여 강제에 이르지 않을 정도의 유형력 행사는 허용된다고 해석하고 있다(이재상, 1999: 183).
- 질문(質問): 불심검문의 핵심은 질문에 있다. 정지와 동행 요구는 질문을 위한 수단에 불과하다. 질문은 경찰관이 특정인에 대해 일정한 사항을 물어봄으로써 그에 대한 의심을 풀거나 경찰 목적상 필요한 사항을 알아내는 것을 말한다. 거동불심자에게 행선지나 용건, 성명, 주소, 연령 등을 묻고, 필요한 때에는 소지품의 내용을 질문하여 수상한 점을 밝히는 방법에 의한다. 질문은 어디까지나 임의 수단이다. 따라서 질문에 대해 상대방은 답변을 강요당하지 않는다.

b. 소지품 검사

불심검문에 수반하여 흉기 등 물건의 소지 여부를 밝히기 위해 거동불심자의 옷이나 휴대품을 조사하는 것을 말한다. 검사의 수단은 관찰과 제시 요구 및 외표검사이다. 외표검사는 신체의 외표, 특히 착의의 바깥쪽을 가볍게 두드리거나 더듬는 행위, 미국 판례상의 프리스크(Frisk)[7]에 해당한다. 소지품의 내용을 개시할 것을 요구하는 것은 강요적인 언동에 의하지 않는 한 허용된다고 해야 한다. 소지품 검사의 대상은 흉기에 한한다. 흉기(凶器)란 사람을 살상하기에 충분한 성능을 가진 일체의 기구를 말하며, 그 본래의 용도는 사람을 살상하는 것이 아니나 그 기구를 쓰기에 따라서는 사람을 살상할 수도 있는 것, 즉 철봉, 장도리, 휴대용 칼 등도 이에 포함된다. 흉기・폭탄 등을 소지하고 있다고 의심되는 때에는 경찰관 또는 제3자의 생명・신체에 대한 위해를 방지하거나 상대방의 자해(自害) 방지라는 행정 목적을 위해 인정된 것으로서, 이를 고려하여 최소한도의 강제력 범위 내에서 소지품의 내용을 조사하는 것이 허용된다(이운주 외, 2000: 337). 다만, 이 경우에도 흉기 소지 여부에 대한 고도의 개연성 내지 특수한 혐의가 필요하다.

c. 임의동행

경찰관은 질문을 위해 당해인에게 부근의 경찰서, 지구대/파출소 또는 출장소에 동행할 것을 요구할 수 있다. 동행 요구는 그 장소에서 질문하는 것이 당해인(불심검문 대상자)에게 불리하거나 교통의 방해가 된다고 인정되는 때에 한하여 할 수 있는데, 경찰관에게 불리하거나 경찰 목적을 위해 행해지는 동행 요구는 적법한 것이 아니다. 질문을 계속하기 위한 것이 아닌 피질문자를 조사하거나 체포하기 위한 목적으로 행해져서는 안 된다(이운주 외, 2000: 339). 임의동행이기 때문에, 당해인은 경찰관의 동행 요구를 거절할 수 있다. 상대방의 승낙이 있었다고 하더라도 강제력이나 심리적 압박이 현저한 객관

7 Terry v. Ohio, 392U.S. 1(1968), 경찰관이 강도의 의심 있는 세 사람을 검문하면서, 의복의 외부를 가볍게 만진 결과 피스톨(pistol)을 발견하고 경찰서에 연행하여 무기휴대죄로 기소한 사건이다. 연방대법원은 "헌법 수정 제4조에 의한 합리적인 수색이므로 압수된 무기를 증거로 할 수 있다"고 했다. 이 원칙은 미국에서 확립된 원칙이다(이재상, 1999: 185).

적 상황이 있는 때에는 강제연행으로서 임의동행의 한계를 일탈했다고 할 것이다. 특히 상대방의 승낙을 얻지 못한 연행은 위법으로 되고, 동행 요구를 거절하면서 이에 항거하여 경찰관에게 폭행·협박을 가한 경우라도 적법한 공무가 아니므로 공무집행방해죄를 구성하지 않는다.[8] 동행 요구 시 경찰관은 증표(신분증 등)를 제시하고, 소속 및 성명, 목적과 이유, 그리고 동행 장소를 밝혀야 한다. 이 경우에 6시간을 초과해서 경찰관서에 머무르게 할 수 없으며, 그 의사에 반해 답변을 강요당하지 않는다.

4) 견문수집(見聞蒐集)과 보고

견문수집은 지역경찰관이 방문 등을 행할 때 보고 들은 정보자료를 자발적으로 소속의 장에게 보고하고, 범죄예방과 범인검거에 도움을 주는 활동을 말한다. 경찰관은 이를 위해 관내의 저명인사, 공직자, 접객업자, 관내 주민 등 각계각층의 사람들과 수시 접촉·방문한다. 이는 방범 효과를 증대시키기 위해 관내의 범죄발생 상황, 범죄 수법, 범죄단체, 발생 원인, 방범기구, 방범사례 등에 관한 정보를 수집하는 활동이다.

5) 방범상담

방범상담이란 범죄와 경찰사고 등을 미연에 방지하기 위해 자녀 지도, 방범대책, 기타 범죄로 발전할 가능성을 내포한 문제 등에 대해 자문·알선·연락 등의 방법으로 문제의 원만한 해결을 유도하는 활동이며, 가정문제, 교육 보호, 가출인 수배 등의 상담에 응하고, 이를 통해 범죄예방에 기여하는

8 경찰관이 피고인에게 임의동행을 요구하다가 거절당하자 무리하게 피고인을 잡아끄는 등 강제로 인치하려고만 했을 뿐 현행범으로 체포할 요건도 갖추지 않았거니와 현행범으로 체포하려 한 것도 아닌 것이니 적법한 공무집행행위가 있었다고 볼 수 없다(대판 1972.10.31, 72도 2005). 경찰관의 임의동행 요구를 받고 안방으로 피하여 문을 잠궜다면 임의동행 요구를 거절한 것으로서 피요구자의 승낙을 조건으로 임의동행하려는 직무행위는 끝났다고 할 것이고, 그 방 안에서 면도칼로 앞가슴 등을 그어 피를 보이면서 죽어버리겠다고 불온한 언사를 농했다 해도 자해자학행위가 될지언정 이는 경찰관에 대한 유형력의 행사나 해악의 고지로서 폭행 또는 협박으로 볼 수 없다(대판 1976.3.9, 75도 3779).

활동을 말한다(이황우, 1994: 71). 방범상담은 상대방의 요청이 있을 때에 한해 행해진다는 점에서 경찰의 자의적 판단에 따라 행해지는 다른 유형의 방범활동과 다르다.

2. 경찰의 특별한 범죄예방활동

1) 방범진단

방범진단은 범죄예방 및 안전사고 방지를 위해 관내 주택, 고층빌딩, 금융기관 등 현금 다액 취급업소 및 상가·여성 운영 업소 등에 대해 방범시설 및 안전설비의 설치 상황, 자위방범 역량 등을 점검하여 미비점을 보완하도록 지도하거나 경찰력 운용상의 문제점을 보완하는 활동을 말한다.[9] 즉, 각종 범죄의 예방을 목적으로 주택, 상가, 건물에 대해 문단속 또는 기타 방범상의 시설과 기구의 상황을 점검하여 불비 또는 결함을 보완하도록 지도하는 경찰활동이다.[10] 이는 잠재적인 범죄피해자에 초점을 맞추어 범죄발생의 기회를 제공하는 상황과 배경에 주안점을 둠으로써 사전에 방지해 보려는 데 그 목적이 있다(이황우, 1994: 72).

방범진단은 파출소(지구대)/경찰서 단위의 관내 범죄발생 분석자료를 토대로 업종별, 시간대별, 죄종별, 수법별, 지역별로 방범진단의 대상을 분류한다. 범죄자의 침입·도주로, 보호출입구 등 건물 설계 상태, 안전장치나 경보기기의 설치 및 작동 상태 등 진단 대상물 방범 자원에 대한 적정성을 판단한다. 평상시 순찰활동이나 '경찰방문' 시에 방범진단을 실시하여 방범진단 카드에 기록 유지했다가 특정 범죄의 집중 발생 등 새로운 치안수요가 증가할 때에 2차 진단을 실시하여 재분류한다(정경선, 1999: 311).

한편, 전과자, 가석방자, 우범자에 대해 행상(行狀)의 관찰과 함께 취업의

9 경찰 방문 및 방범진단규칙(경찰청 훈령 제676호, 2012 폐지제정) 제2조(용어의 정의) 참조.

10 http://www.police.go.kr/infodata/dictionaryView.do?seq=10865&cPage=4&PRF=6(2009년 3월 27일 검색)

알선, 보호기관에의 주선 등의 방법으로 방범활동을 전개하는 것을 방범지도라고 한다.

2) 청소년 선도활동

청소년 선도활동은 범죄소년으로 전락할 우려가 있는 소년 또는 이미 그러한 우범지역에서 방황하는 청소년에 대해 경찰이 특별 지도활동을 전개하는 것을 말한다. 이는 외국의 소년경찰제도와 유사한데, 소년의 보호와 비행방지를 주임무로 하는 경찰업무를 말한다. 청소년 선도활동은 청소년을 과학적으로 보호하고, 유해환경을 정화하며 비행을 방지하고, 비행 청소년을 합리적으로 처우함으로써 청소년을 건전하게 지도 육성하는 데 목적이 있다(이황우, 1994: 72).

경찰단계에서 청소년의 비행을 방지하고, 비행 소년이 낙인찍히지 않도록 선도하는 것은 경찰의 중요한 임무 중 하나다(정경선, 1999: 124). 우리나라 경찰의 대표적인 청소년 비행 예방활동으로는 청소년상담교실(경찰청, 2008: 80), 범죄예방교실(경찰청, 2008: 80), 한국청소년육성회 등 청소년단체와 협조하여 전개하는 사랑의 교실(경찰청, 2008: 80) 운영 등이 있다.

3) 계절적 방범활동

계절적 방범활동은 하절기 피서철, 성탄절 전후, 연말연시, 명절 전후, 대학입시철 등 범죄발생 방지나 질서유지의 요구가 높은 시기에 그에 대응한 특별방범활동을 집중적으로 실시하는 것으로, 특별경계령 등의 이름으로 시행하기도 한다. 이러한 계절적 방범활동은 특별예방활동의 사례에 속한다. 일반방범활동에서는 평상시에 주기성과 반복성이 중시되는 데 반해, 특별방범활동에서는 집중성과 가시성이 강조된다.

4) 범죄예방 홍보활동

범죄에 대한 정보와 방지대책을 일반 시민에게 알려서 범죄의 피해자가 되는 것을 방지하고 경찰과 지역사회와의 친밀한 유대 관계를 유지하기 위한 제반 경찰활동을 방범홍보라고 한다.[11] 경찰관 또는 경찰관서가 범죄발생 상태와 범죄예방에 대한 유의사항을 신문, 방송, 영화, 인터넷 홈페이지 등의 매체를 통해 경찰의 범죄예방활동에 대해 적극적으로 알리는 동시에 국민 스스로가 범죄에 대처할 수 있도록 홍보하는 역할을 한다. 최근에는 경찰청의 홍보콘텐츠, 각급 경찰관서에서 YouTube, SNS 등을 활용하여 경찰의 범죄예방 홍보활동을 적극적으로 전개하고 있다.

출처: https://www.police.go.kr/user/bbs/BD_selectBbsList.do?q_bbsCode=1007

---

11 http://www.police.go.kr/infodata/dictionaryView.do?seq=10866&cPage=4&PRF=6(2009년 3월 27일 검색)

제 3 절 경찰순찰의 기능과 범행기회 억제

지역경찰의 순찰근무가 범죄예방에 효과가 있는가? 효과가 있다면, 어느 정도 있는가? 이러한 효과를 측정, 평가, 검증할 수 있는 척도는 무엇인가? 이러한 논의에 대해 현재까지 명쾌한 해답이 제시되지는 못했다. 미국의 경우, 순찰근무의 범행억제 효과 또는 범죄발생과의 연관성에 대한 연구 결과가 제시되고 있지만(캔자스 시 예방순찰 경험 등), 한국의 경우, 정복경찰관의 순찰근무 수행이 갖는 방범 효과에 대해 과학적인 검증 수준은 매우 미미하다(중앙일보, 1998.2.6. 사설).

이 절에서는 순찰근무의 기능, 순찰 수단별 장·단점, 순찰 인원별 순찰 효과 및 안전문제에 관한 실증적 연구 결과들을 소개한다. 아울러 최근 부각되고 있는 지역사회 경찰활동과 도보순찰과의 관련성, 순찰근무에 영향을 미치는 순찰근무의 물리적 환경 등에 대해 살펴본다.

1. 순찰의 의의

순찰은 특정한 관할구역 안에서 외근경찰관이 일반적인 경찰 임무를 수행하고 관내 상황을 파악하기 위해 일정한 지역을 순회·시찰(관찰)하는 것을 말하며(Reiner, 1997: 1003; 경찰청 방범국, 1991: 32), 지역경찰관의 근무 중에서도 가장 대표적인 범죄예방활동이다(경찰대학, 1992: 4). 즉, 범죄의 예방과 제지, 현행범 또는 피의자의 체포, 위험 발생의 방지(위험 축대 보수의 권고, 경고 등), 방범지도·계몽, 관내 상황의 관찰 및 파악, 실종아동·가출인 발견 등의 업무를 위한 순회근무를 의미한다(정경선, 1990: 17). 순찰이라는 용어는 프랑스어 'patroulier'에서 유래되었는데, '발로 걸어다닌다'는 뜻이다(Chapman, 1970). 즉, 순찰은 반드시 오가면서, 주위 사물을 잘 관찰해야 한다는 것을 의미한다(이운준 외, 1999: 16).

2. 순찰의 기능과 목적

순찰근무는 경찰의 가시성을 상시적으로 제공할 뿐만 아니라 내적 안전을 비롯한 광범위한 분야의 임무를 수행하는 것이다(Schröder, 1997: 258). 순찰의 기능과 목적에 관해서는 학자들 간에 상이한 견해가 있지만, 대체로 법집행, 범죄예방, 그리고 대민서비스 제공 등으로 요약될 수 있다. 여기에서는 미국, 독일, 한국에서 거론되는 순찰의 기능과 목적 등에 관해 살펴보기로 한다.

윌슨(Orlando Winfield Wilson, 1900~1972)[12]

윌슨과 맥라렌(Wilson & McLaren)에 따르면, 범죄를 저지르려는 욕구와 기회를 제거함으로써 범죄를 예방할 수 있으나, 경찰이 모든 것을 완전히 제거할 수는 없다. 동시에 경찰은 불법적 행동을 저지르려는 모든 기회를 제거하기 위한 충분한 힘이나 효율성을 개발할 수도 없다. 실질적 또는 모든 기회의 제거가 항상 필요한 것은 아니다. 불법적 행동에 대한 기회가 존재한다는 믿음이 제거된다면, 그것으로 충분하다.

순찰의 기능은 거리를 순찰하는 물리적 활동 외에 다른 많은 활동을 포함하고 있다. 순찰근무는 범죄예방을 위한 접촉과 임무, 범죄수사, 도로교통상의 법집행, 그리고 현장 근무자에 의해 수행되는 다른 계선 조직상의 활동들을 광범위하게 포함하고 있다. 순찰의 첫 번째 목적은 불법행위를 성공적으로 할 수 있는 실질적인 기회를 제거하는 것이며, 이 기능은 범죄억제라고 표현되기도 한다. 순찰근무는 다른 어떤 법집행기관보다 이러한 긍정적인 영향력을 아주 완전하게 제공한다.

순찰의 두 번째 목적은 범죄예방활동, 즉 비행을 유발하는 조건을 밝혀내

12 http://pro.corbis.com/images/BE022845.jpg?size=67&uid=%7BF0FF6046-6298-4E85-AE6F-8951BBE97525%7D(2009년 3월 28일 검색)

는 것이나, 높은 도덕적 기준을 갖도록 격려하는 것, 그리고 나쁜 영향력을 제거하기 위해 그러한 자원을 제공하는 것이다.

순찰의 세 번째 목적은 순찰근무가 범행을 저지르려는 욕망을 제거하는 데 실패했을 때, 범행기회가 존재한다는 믿음이 있을 때 아주 확실하다. 그때 순찰은 범죄를 수사하고, 범인을 체포하고, 그리고 도난당한 재물을 회수하기 위해 매우 유용하다.

순찰의 네 번째 목적은 24시간 동안 순찰근무를 통해 시가지 전역을 살핌으로써, 범죄와 관련성이 적은 서비스 활동을 가능하게 한다. 예를 들면, 순찰경찰관이 행방불명된 사람이나 도난된 물건을 찾아 주고, 시민에게 정보를 제공하고, 교통통제 · 관리에서 가정문제 해결에 이르기까지 광범위한 비범죄적 서비스를 제공할 수 있다.

한편, 독일의 클링크와 코르더스(Klink & Kordus, 1986: 176-177)는 범죄통제 영역에서, 다음과 같은 임무가 순찰근무를 통해 추구되어야 한다고 주장했다.

- ▸ 응급 상황에 처한 시민을 위해 지속적이고 신속한 도움
- ▸ 우범지역에서 경찰력의 존재를 통한 범죄의 예방과 억제
- ▸ 현행 범인에 대한 신속한 조치(개입)
- ▸ 수배를 통해 범인의 체포와 불법적인 물건에 대한 압수 조치
- ▸ 시민과의 접촉을 통해 안전감 강화
- ▸ 기본적인 정보 수집 등

한국경찰은 범행기회의 제거, 범죄예방활동의 대비책 제시, 순찰을 통한 범죄의 신속한 수사 및 범인의 체포, 인명에 대한 응급조치와 재산의 현장 회복에 기여하는 것을 순찰의 목적으로 두었다. 또한 순찰의 기능으로는 범죄예방, 법령 집행, 주민 보호 및 지도, 관내 정황 관찰 기능이 포함되었다(경찰대학, 1992: 7).

3. 순찰과 범행기회 억제

순찰근무는 주로 공공장소에서 수행되기 때문에 이러한 장소에서 저질러지는 범죄를 억제하거나 직접적으로 영향을 미칠 수 있다. 그런데 대부분의 범죄가 공공장소에서 저질러지는 것이 아니기 때문에 경찰순찰력에 의해 영향을 받지 않는 범죄도 있다(Schröder, 1997: 258-259). 또한 길거리에서 순찰경찰관의 존재에 의해 범죄를 저지르려는 잠재적 범죄자가 얼마나 많이 위축되거나 영향을 받을지 안다는 것은 매우 어렵다. 그러나 길거리, 범죄현장에서 경찰의 존재는 범죄를 저지르려는 범죄자를 위축시킬 수 있으며, 도심지역이나 시골지역에서 순찰중인 정복경찰관을 통한 시민의 안전감 향상에 기여할 수 있다(Gramckow, 1994: 31-32; Fassband, 1978: 59).

순찰경찰관에 의한 물리적 가시화는 범죄에 대한 공포를 감소시키며 예방적으로 작용하기도 한다. 경찰관에 의한 '종이 호랑이'와 같은 상징적 존재 그 자체가 예방적 작용을 할 수 있다고 한다(Kaiser, 1997: 77). 비록 경찰순찰과 진압활동이 실제로 범죄예방에 영향을 미칠 수 있다 하더라도, 과도하게 평가되어서는 안 된다. 범인 체포와 같이 성과를 측정할 수 있는 사후 진압적인 활동과는 달리, 경찰의 범죄예방활동의 성과를 평가하는 것은 매우 어렵다. 범죄예방 분야에서 경찰활동의 효율성을 측정하기 위해서는 부분적인 평가척도로서 사건 해결률과 검거율 등이 주로 사용되었다(Feltes, 1996: 562; Dölling, 1988: 113-114).

경찰활동에서 핵심적인 전략은 공공장소에서 경찰 존재 내지는 가시화를 통해 범죄억제력을 제공하는 것이다. 이는 곧 범죄예방이라는 규제정책 목표를 달성하기 위한 정책적 수단이 되기도 한다. 범죄를 예방하기 위한 가장 좋은 방법은 경찰관을 길거리로 내보내는 것이라고 경찰은 항상 주장해 왔으며, 정책가나 시민도 그에 동의해 왔다(Bayley, 1996: 52). 정복경찰관의 순찰빈도 강화나 노상에서 경찰관의 가시화는 잠재적 범죄자의 범행기회를 억제 내지는 변경시킨다는 점에 그 의의가 있다. 즉, 순찰력의 존재를 증가시키면 이러한 변화는 감지되어, 기회적 범죄를 예방하고, 사전에 준비하고 계획했던

이황우 교수[13]

범죄가 발생할 시간, 장소와 방법에서 변화가 초래될 것이라는 점이다(Hough, 1996: 63-64).

경찰이 순찰근무와 진압적 활동을 강화한다면, 범죄를 저지르려는 기회가 현저히 감소될 것이다. 예를 들면, 절도를 하려는 욕망이 순찰경찰관의 존재에 의해 감소되거나 제거될 수 있다면, 성공적인 절도범죄는 불가능해질 것이다(Wilson & McLaren, 1977: 320). 만약에 잠재적인 범죄자가 체포될 가능성을 스스로 인식한다면, 범행하려는 의지가 대단히 약화될 것이다. 따라서 경찰력의 개입 강화는 범죄예방에 매우 중요한 역할을 한다고 결론지을 수 있다(이황우, 1994: 58).

워커(Samuel Walker)에 의하면, 순찰하는 경찰관이 짧은 순간만 목격될지라도 잠재적 범죄자에게는 '경찰이 도처에 있다'는 생각을 갖게 되어 순찰은 범죄행위를 억제하는 중요한 기능을 한다고 한다. 주민들은 순찰하는 경찰관을 볼 때에 비로소 '경찰이 활동하고 있구나'라고 인식하기 때문에, 주민들에게 심리적 안전감을 주기 위해서는 반드시 가시적인 순찰이 필요하다. 순찰경찰관이 관할지역 안에 있음으로써, 중앙에서 파견될 때보다는 훨씬 더 신속히 현장에 도착하여 상황에 대처할 수 있기 때문에, 시민의 서비스 요청에 좀 더 적절히 대응하기 위해 경찰관의 순찰이 필요하다고 주장한다(정경선, 1998: 98).

그런데 경찰의 범죄예방을 위한 도보 및 차량 순찰근무는 주로 개방된 장소나 공간에서 이루어질 수 있기 때문에 순찰 가능한 공간은 제한되어 있다. 결국 순찰근무를 통해 범죄에 직접적인 영향을 미칠 수 있는 분야는 단지 이러한 개방된 장소에서 저질러지는 범죄에 대해서만이다(Schröder, 1997: 258). 따라서 정복경찰의 존재를 통해 영향을 받을 수 있는 범죄유형은 대체로 노

13 http://www.securitynews.co.kr/bbs/data/n_interview/1165401672/woo3_600.jpg(2009년 3월 28일 검색)

상범죄에 국한된다고 할 수 있다.

이와 관련, 콘래드(John P. Conrad)는 가두범죄와 경찰의 역할을 다음과 같이 설명하고 있다. "가두범죄가 발생되지 않도록 우선적으로 예방한다는 것은 형사사법체계상 기본적인 전략이다. 지역공동체에서 경찰의 존재는 범죄자의 범행기회를 감소시킨다. 경찰에 의한 범죄억제 효과가 절대적으로 나타나는 곳은 어디에도 없다. 우리는 경찰에 의한 우선적인 개입이 가두범죄를 감소시키는 데 매우 긍정적인 영향을 줄 수 있다고 믿는다. 공공장소에서 증가된 경찰 존재의 가시성, 순찰경찰관이 지역사회 사정을 많이 알게 되는 것과 저질러진 범죄를 더 많이 해결함으로써, 경찰이 범죄억제 효과를 증가시킨다는 것은 우선적이고 중요한 개입이다"(Conrad, 1987: 243-245).

그럼에도 불구하고 순찰근무는 범죄두려움을 감소하는 데 긍정적인 영향을 준다. 시민들은 주거지역 내에서 경찰이 순찰 빈도를 강화시켜 줄 것을 요청하기도 한다(최인섭 · 김지선, 1997: 171). 대부분의 경찰이나 시민은 순찰을 강화하거나 경찰 존재의 가시성을 강화하면 범죄를 예방할 수 있고, 범죄 발생을 줄일 수 있다고 믿는다. 범죄예방과 시민의 안전감과 관련하여 경찰 순찰의 빈도가 관련이 있다는 것은 명백하다. 시민들의 주관적 안전감과 만족감은 경찰활동에 의해 긍정적인 영향을 받는다(Feltes, 1995: 26). 대부분의 나라에서는 효과적인 경찰의 순찰활동을 통해 범죄를 예방하고 줄이기 위해 노력하고 있다.

4. 경찰의 순찰근무

순찰근무 수행 방식은 순찰노선의 확정 여부, 순찰근무 시 사용되는 수단 혹은 기동력의 종류, 순찰경찰관의 제복 착용 여부, 순찰근무자 인원 편성 등에 따라 다양한 방식으로 나뉜다(Hale, 1994: 169-170). 각 순찰 방법은 비용, 근무효과성 면에서 서로 다른 장 · 단점을 지니고 있기 때문에, 절대적으로 유리한 순찰 수단은 없다. 따라서 상황별로 다양한 순찰 수단을 강구함으로써 순찰 효과를 높여야 한다.

순찰 방법의 가장 대표적인 유형은 도보순찰과 자동차순찰 방식이다. 한국의 경우, 예방순찰근무의 법적 근거는 '경찰관직무집행법', '지역경찰조직 및 운영에 관한 규칙(구 외근경찰관근무규칙)' 등이다. 특히 지역사회 경찰활동 차원에서 도보순찰의 중요성은 지속적으로 강조되어 왔다.

1) 순찰노선 구분에 따른 순찰근무

한국경찰에서 활용하고 있는 순찰근무 방식 중 순찰노선에 의한 구분은 정선순찰, 난선순찰, 요점순찰 및 구역순찰로 분류되었다(경찰청 방범국, 1991: 35).

정선순찰은 파출소 관내의 광협, 특수 사정을 고려하여 가급적 관할구역 내에 전부 미칠 수 있도록 정해진 노선을 규칙적으로 순찰하는 방법이다. 순찰노선이 일정하고 경찰관 행동이 규칙적이기 때문에, 경찰관이 순찰 중 현재의 지점이 대개 추정되므로 감독, 연락 등의 면에서 편리하지만, 범죄행위자가 이를 예측하고 출현할 수 있다는 단점이 있다(경찰대학, 1992: 34). 한국경찰은 1995년 3월 이전까지 파출소에서의 순찰 방식은 정선순찰을 원칙으로 했으나 순찰제도를 대폭 전환·개선함으로써 정선순찰은 그 의미가 변화되었다(정승호, 1995: 117).

난선순찰은 순찰 노선을 사전에 정해 놓지 않고 순찰경찰관이 임의로 사고발생 상황 등을 고려하여 순찰지역이나 노선을 선정, 불규칙적으로 순찰하는 방법이다. 정선순찰의 단점인 시간적·지리적 고정을 방지할 수 있는 반면, 감독이 불편하다는 단점이 있다.

요점순찰은 관할구역 내에 설정된 요점(중요 지점)에서 요점에 이르는 순찰 방법으로서, 그 요점 간에는 일정한 노선 없이 적당한 통로를 자율적으로 순찰하는 것이다. 이는 정선순찰과 난선순찰의 절충 방식이라 할 수 있다.

구역순찰은 순찰구역 내에서의 중요 범죄 혹은 인구 분포, 경찰 대상물의 존재 등을 과학적으로 분석하여 순찰 소구역을 각각 적당 수로 설정하여 그

구역 내에 한해 자율적으로 난선순찰하는 방법이다. 일정한 구역 내에서 계속하여 범죄가 발생하는 경우, 이를 예방하거나 검거하는 데 효과적이다.

2) 기동력 사용 여부에 따른 순찰근무

도보순찰은 경찰순찰의 가장 기본적·전통적인 순찰 방식이다. 도보순찰 경찰관은 좁은 관할구역으로 근무 범위가 제한적임에도 불구하고, 다양한 순찰 방법 가운데 여전히 매우 효과적인 것으로 평가된다. 특별한 문제 해결을 위해 사용되며, 자동차순찰근무로 수행하기에 부적절한 문제 해결에 응용된다(Lim, 1999: 85).

고정된 도보순찰은 주로 교통통제, 감시, 퍼레이드와 특별한 목적 수행을 위해 이용되며, 유동적 도보순찰은 유동 인구가 밀집한 지역, 예를 들면, 상업지역 내지는 백화점 주변, 주점 밀집지역 등에서 활용된다(Adams, 1994: 31; 김형청, 1991: 29). 그리고 범죄발생률이 높은 우범지역, 특별히 위험지역 내지는 다가구 밀집 주거지역 등에서 주로 실시된다.

도보순찰근무는 순찰자가 상세하고 치밀하게 순찰 노선 부근에 대한 정황을 관찰할 수 있고(Lim, 1999: 85), 또한 사고가 발생할 경우에 직접 신속한 처리가 가능하다(경찰청 방범국, 1991: 38). 또한 주민과 접촉이 용이하여 필요한 정보 수집이 가능하며, 자연히 주의를 요하는 사안 등을 청취할 수 있는 기회가 많다. 따라서 도보순찰은 시민에게 범죄두려움을 줄여 주고 경찰과 시민과의 관계를 개선하는 데 도움이 되며, 시민의 경찰에 대한 만족감을 향상시킨다는 장점을 갖는다(Hough, 1996: 65-66).

반면, 기동성이 없으므로 오늘날과 같이 자동차에 의한 사건·사고가 허다한 경우에는 집행력이 약하며, 신속한 현장 출동이 제한되고(Lim, 1999: 86), 특수 장비 및 보고 서류 휴대, 응급조치 수단을 강구하기가 어려우며, 위험한 상황이 발생했을 때에 충분한 상황 처리가 곤란하다는 단점도 있다(Lim, 1999: 86).

5. 도보 및 자동차순찰의 효과성

경찰행정가들은 도보순찰 강화 프로그램이 비용 · 효과 측면에서 효과적인지 여부에 대해 늘 의문을 품어 왔다(박병식 · 주희종, 1997: 76). 시민 역시 이러한 도보순찰 프로그램이 행정적 측면에서 합리적인지 혹은 비용을 적게 들이면서 활용할 수 있는지에 대해 알고자 했다.

1970년대 미국 미시간대학교 연구팀에 의해 3년 간 수행된 실험에서, 도보순찰 프로그램이 비용 경제적 측면에서 효과적이라는 결론이 내려졌다(Trojanowicz, 1982: 65-66). 재정적 관점에서 본다면, 대부분의 경찰활동이 긴급한 상황에만 직면하는 것은 아니기 때문에 자동차순찰이 일상적인 경찰서비스 요청을 처리하기에 효과적인 방법은 아니다(박병식 · 주희종, 1997: 95). 다양한 사례에 의하면, 도보순찰 경찰관은 똑같은 정보를 효과적인 방식으로 지역공동체가 받아들일 수 있는 범위 내에서 얻을 수 있다고 한다. 즉, 도보순찰 경찰관은 전통적인 경찰직무를 수행하는 데 다른 부서의 어떤 근무자보다 효과적이며, 효율적일 수 있다. 도보순찰 경찰관은 일반적인 경찰 긴급 요청 전화뿐만 아니라 범죄를 감소시킬 수 있기 때문에, 전체 공동체에게 이익을 가져다 준다(Trojanowicz, 1982: 66-67).

한편, 도보순찰근무의 단점에도 불구하고, 자동차순찰에 비해 많은 장점과 효과성을 지니고 있음이 어느 정도 입증되었다. 미국의 경우, 1950년대 후반부터 전문화 경찰활동을 지향하면서 가능하면 많은 경찰관을 차량순찰근무부서에 배치했다. 그런데 많은 경찰행정가들은 차량순찰근무가 경찰관들과 일반 시민과의 접촉 가능성을 점점 줄어들게 한다고 느꼈다. 그리고 순찰경찰관이 자동차순찰근무를 통해 부정부패의 영향에 덜 노출될 것으로 믿었다. 그렇지만 1970~1980년대에 접어들면서 경찰은 반드시 시민과 함께 호흡을 하면서 근무해야 한다고 깨닫게 됨으로써 순찰근무 방식을 개선하기 시작했으며, 시민과의 접촉을 증가시키고, 더 좋은 관계를 조성하게 되었다(Gaines, Kappeler, & Vaughn, 1994: 153-154).

미국 전역의 대규모 경찰관서에서는 도보순찰을 다시 도입하기 시작했다.

가장 큰 이유는 경찰-시민 간의 상호작용이 감소함으로 인한 문제의 증가되었기 때문이다. 대부분의 경찰관서에서는 순찰 시간 확장을 위해 경찰관을 관례적으로 똑같은 구역에 배치하곤 했다. 그래서 경찰관은 지역주민과 서로 친숙해졌으며, 그들의 요구를 더 잘 충족시킬 수 있게 되었다. 과거에는 도보순찰 경찰관이 주민의 일부로 인식되기도 했다. 본질적으로 도보순찰 경찰관은 법집행관이라기보다는 지역사회의 조언자 혹은 원조자였다. 이러한 관계는 경찰관에게도 도움이 되었다. 왜냐하면, 경찰관을 알거나 신뢰하는 지역주민은 범죄예방과 범죄억제활동에 더욱더 협조적이었기 때문이다(Gaines, Kappeler, & Vaughn, 1994: 154-155).

표 3-3 미국의 경찰관서에서 1인/2인 자동차 및 도보순찰근무 비율

Regularly scheduled police patrols in 59 large city police department By type of patrol and size of population served, United States, 1987

	Average percent of total patrol hours allocated to:					
	Motorized Patrol Units(자동차순찰팀)			Foot Patrol Units(도보순찰팀)		
Population served	Total	One-Officer	Two-Officer	Total	One-Officer	Two-Officer
Total	93.8%	70.3%	23.5%	6.2%	5.4%	0.8%
1,000,000 or more	90.0	45.9	44.1	10.0	8.6	1.4
500,000 to 999,999	95.5	67.6	27.9	4.6	3.2	1.4
350,000 to 499,999	95.1	78.9	16.2	4.9	4.7	0.2
250,000 to 349,999	92.6	74.1	18.5	7.4	6.7	0.7

주: Table based on regularly scheduled shifts for the week of June 15, 1987.
Actual allocation of patrol hours may be different on any given day.

출처: U.S. Department of Justice, Bureau of Justice Statistics, Police Departments in Large Cities, 1987, Special Report NCJ-119220(Washington, DC: U.S. Department of Justice, August, 1989), p.3, Table 5.

6. 도보순찰과 지역사회 경찰활동

범죄문제 해결을 위해 지역사회와 경찰 간 공동의 노력이 강조되고 있으며, 이러한 노력은 '지역사회 경찰활동(community policing)'으로 명명된다.

특히 시민과 경찰이 친밀한 관계를 유지하면서 상호협력하는 데 기여할 수 있는 순찰 방식으로서 도보순찰근무의 중요성이 더해졌다.

트로야노비츠(Robert Trojanowicz) 스위스 경찰관서에서 지역사회 경찰활동의 응용은 예를 들어, 차량순찰로 인한 주민과의 거리감을 좁히기 위해 도보, 자전거, 롤러스케이트 혹은 이와 비슷한 것을 타고 시민 속으로 다가가서 지역주민과 접촉할 수 있도록 하는 데 목적을 두었다. 경찰의 도보순찰 강화는 범죄두려움 문제에 대해 아주 적절한 조치가 된다(서재근, 1995: 193). 관할구역 내에서 순찰근무를 통해 특별히 시민과 가시적 인 경찰 간에 직접적인 접촉을 강화함으로써 범죄두려움을 해소하는 데 이바지할 수 있다(Lim, 1999: 86). 도보순찰은 시민의 안전감을 강화하고 민경 간의 친선을 증진시키는 데 중요한 방법이 되기 때문이다. 지역사회 경찰활동에서 가장 중요한 요소 중의 하나는 도보순찰이나 자전거순찰의 강화이다.[14]

지역사회 경찰활동은 '철학'으로 인식되지만, 지역주민과 친밀한 접촉이 가능한 도보순찰의 강화는 일종의 전술 개념이라고 할 수 있다(Trojanowicz & Bucqueroux, 1990: 7). 대부분 범죄의 70%가 그 지역에 거주하거나 범죄발생지 인근 혹은 인접한 지역에 거주하는 범인에 의해 저질러지고 있다(Albrecht, 1997: 148). 따라서 범죄문제는 결국 지역사회의 문제이다. 효과적인 범죄예방을 위해서는 경찰과 시민과의 긴밀한 협조 관계가 무엇보다 필요하다. 경찰과 시민과의 좋은 관계를 형성하고 유지하는 것은 범죄통제에 중요한 요소가 되기도 한다(Kelling, Pate, Dieckman, & Brown, 1974: 15, 534).

경찰은 시민의 법익을 보호하며, 경찰에 대한 시민의 신뢰는 경찰활동의 기본이 된다. 민주사회에서 경찰의 이익은 시민 이익과 서로 일치한다(Klink & Kordus, 1986: 70). 시민과 경찰과의 관계에서 경찰이 지역사회에 참여함으로써 지역사회에 영향을 미치게 된다(Fielding, 1995: 8). 시민에 대한 경찰관의 행동양식이야말로 범죄 신고 상황에서 중요한 변수가 되기도 한다(Kürzinger, 1978: 234-235). 그뿐만 아니라 범죄예방, 범죄대책, 그리고 범죄수사

---

14 Martin, "Community Policing: The London Model," in: http://www.acsp.uic.edu/oicj/pubs/cja/080503.html(Stand: 9.29. 1997).

에서도 매우 의미 있게 평가되고 있다(Hermanutz, 1995: 137). 경찰에 대한 시민의 신뢰가 없으면 효과적인 경찰활동이란 불가능하다. 이러한 상호간의 신뢰를 형성·유지하는 것은 매우 중요한 목표가 될 것이며, 지역사회 경찰활동이나 지역사회 파트너십에서 매우 중요한 핵심 요소가 된다. 경찰과 시민 간의 파트너 관계를 확립하는 것은 시민과 함께하는 경찰활동의 핵심 개념이다(Grohmann, 1997: 105; Walter, 1999: 912).

한편, 한국경찰의 전통 가운데 지역주민과 경찰이 협력하여 범죄문제를 해결하기 위한 한국적 지역사회 경찰활동으로 지역사회 상주 치안활동의 거점인 지구대/파출소 제도, 지역주민과의 유대를 강조하는 도보순찰과 경찰방문 제도의 운영, 당해 관할지역에 거주하는 주민들로 구성된 자율방범대 및 방범자문위원회, 청소년범죄예방교실의 운영, 그리고 최근 설립된 시민단체들로 구성된 경찰협력위원회의 운영 등이 소개되어 왔다(최진, 2000: 928).

제4절 경찰 범죄예방활동의 효율성

1. 순찰활동의 효율성

차량순찰은 넓은 지역을 효율적으로 관할할 수 있는 능력을 강화시켰지만, 많은 사람들은 경찰과 지역사회 간의 관계는 효과적이지 않다고 믿었다(Lyman, 2005: 122). 이에 경찰관서에서는 순찰기능을 강화할 수 있는 다른 방법을 실행해 왔으며, 각각의 방법은 지역공동체와 함께 활용할 수 있도록 고려되었다.

기마순찰 경찰관은 고도의 존재 가시성을 띠고 있으며, 경찰관서에게 일반 시민과의 중요한 관계를 형성하는 수단을 제공하였다.

버킹엄 궁전 앞 영국 기마순찰 경찰과 캐나다 연방경찰15

한편, 주차 및 도보순찰 프로그램은 경찰관으로 하여금 순찰차량을 근무구역 내에 일시 주차해 놓고, 나머지 순찰근무 시간을 도보순찰로 계속할 수 있는 방식이다. 이러한 방식은 경찰의 가시성을 높임으로써, 많은 시민이 경찰

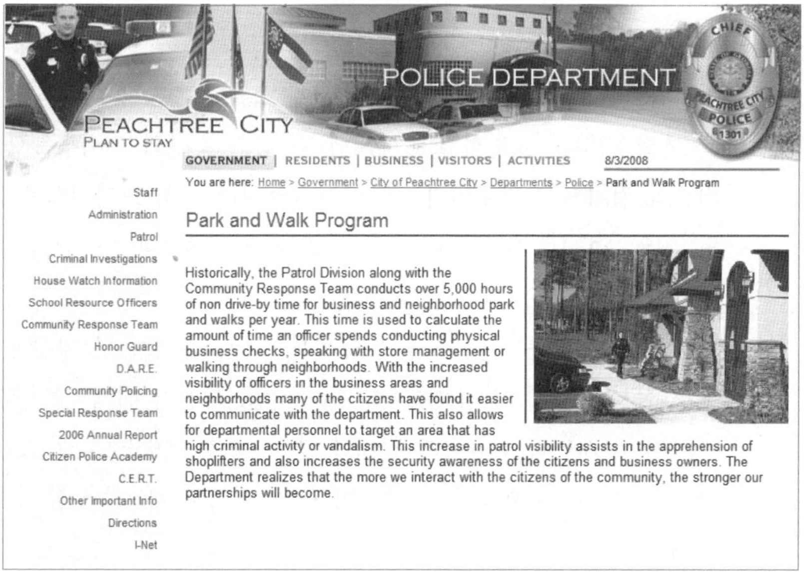

미국 피치트리 시 경찰서의 주차 및 도보순찰 프로그램

15 http://en.wikipedia.org/wiki/File:Mounted.police.buckingham.palace.arp.jpg; http://www.bakersfield-mafca.com/Henry/030711-Stampede/Stampede-With%20the%20Mounted%20Police.jpg (2009년 4월 8일 검색)

미국 주요 도시 96% 자전거 순찰대 운영

길거리 범죄·집회 때 큰 위력
영국 런던, 중국 선양도 있어

우리나라에서는 자전거 순찰대가 생소하게 느껴지지만 선진국의 경우 '특공대'나 '폭탄물 처리반'처럼 하나의 특화된 경찰 조직으로 정착돼 있다.

자전거 순찰대가 가장 활성화된 나라는 미국이다. 1987년 워싱턴주 시애틀 경찰이 처음 도입한 이후 뉴욕·LA 등 주요 대도시로 확산됐다. 인구 25만 명이 넘는 도시 중 96%가 자전거 순찰대를 운영하고 있다. 순찰대원 복장이 재질만 다르고 일반 경찰 제복과 동일하다는 것이 미국 자전거 순찰대의 특징이다. 그만큼 자연스럽게 받아들여지고 있다는 얘기다. 울산경찰청 이철수 생활안전계장은 "자전거 순찰대의 활동으로 경찰 이미지가 향상됐다는 분석이 많다"며 "특히 대마초 흡연 같은 길거리 범죄 단속과 집회 관리에서 큰 효과를 보고 있다"고 말했다.

영국 런던도 2000년 시애틀 경찰을 모델로 자전거 순찰대를 도입했다.

지금은 3만1000명의 경찰 중 1800여 명(5.8%)이 자전거 순찰대로 활동하고 있다. 중국 랴오닝성의 선양 공안국도 지난해 230명 규모의 자전거 순찰대를 창설했다.

박병국 울산경찰청 차장은 "선진국은 보통 경찰 인력의 5% 안팎을 자전거 순찰대로 활용하고 있다"며 "순찰대의 효율성을 따져본 뒤 대원을 늘려 나갈 계획"이라고 말했다.

임미진 기자

자전거 순찰대 복장과 주요 장비는

▷자전거
-국산 산악용 자전거(MTB) 140만원대
-기어 : 27단
-최고 속력 : 45㎞/h

▷티셔츠
-바람 잘 통하고 땀 배출 잘 되는 기능성 소재
-야간에 식별하기 좋도록 흰색으로 제작

▷방풍 재킷
-야간 안전성 높이기 위해 야광띠 부착

▷기동복
-집회 관리용 복장. 전·의경과 색깔 통일하기 위해 검은 색깔로 제작

▷주요 장비
-헬멧·고글·무전기·삼단봉·PDA·구급함

자전거순찰(중앙일보, 2009년 4월 30일자)

관서와 의사소통을 용이하게 한다. 이 프로그램은 경찰력을 치안수요가 높은 특정 지역에 효율적으로 배치할 수 있고 순찰의 가시성을 높임으로써 범죄자의 검거를 도와주었다. 뿐만 아니라 시민들의 보안의식을 고양시키면서도, 지역사회 내 주민과 더 많은 접촉을 통해 치안파트너십에 대한 기대감을 높였다.

한편, 자전거순찰은 더 많은 법집행 당국이 순찰근무 상황에서 자전거 활용을 실시해 왔다. 기마순찰 경찰관들처럼, 자전거 위에 앉아 있는 순찰경찰관은 일반 시민과의 훌륭한 관계를 보여 줄 수 있다. 게다가, 그들은 다른 방법으로 접근하기 어려운 지역사회 내의 여러지역을 순찰할 수 있다(Lyman, 2005: 122).

2. 경찰대응의 효율성

경찰활동의 약 85%는 (미국의 911, 한국의 112와 같은) 긴급출동 요청이다. 경찰관이 긴급출동 요청에 대응하는 속도는 전통적으로 범죄예방에 대한 중요한 측면으로 여겨져 왔으며, 경찰의 대응시간은 경찰활동의 효율성과 매우 밀접한 관련이 있다.

1973년, 미국 '형사사법 표준 및 긴급전화에 관한 국립자문위원회'에서는, 보통 상황에서, 도심지역에서의 긴급출동 요청에 대한 대응시간은 3분을 초과해서는 안 되며, 긴급전화가 아닌 상황에서는 20분을 초과해서는 안 된다고 권고한 바 있다. 위원회는 대응시간이 2분 정도로 줄어들 때, 범죄율에 굉장한 효과를 미칠 수 있다고 주장하면서, 대응시간과 범죄율 간에 직접적인 관련성을 시사했다(U.S. National Advisory Commission on Criminal Justice Standards and Goals, 1973: 194).

'생산성에 관한 국립위원회'에서는 신속한 경찰대응은 범죄행동을 억제하는 데 기여할 수 있고, 범죄자 체포율을 증가시킬 수 있으며, 결국에는 범죄예방 요소로 작용할 것이라고 했다. 즉, 신속한 대응은 법집행에서 시민들의 신뢰를 증가시키며, 각각은 범죄 신고의 증가 및 범죄예방활동의 증가로 이어진다(Lyman, 2005: 123).

(1) 총 대응시간

총 대응시간과 긴급출동 요청에 대한 대응시간이 경찰의 효율성과 관련하여 논의되어 왔는데, 총 대응시간은 긴급출동 대응시간 만큼 중요하지 않다는 것을 알게 되었다. 즉, 평균적으로, 심각한 범죄가 일어나는 순간에서 경찰에게 신고되는 순간 사이에, 5분에서 10분 정도가 경과된다(Kansas City Police Department, 1978; Spellman & Brown, 1981). 그러한 상황 속에서, 신속한 대응시간을 강조하는 것이 범죄발생률에 관한 의도된 효과를 가질 것처럼 보이지 않으며, 경찰관서의 효율성에 대해 정확하게 반영할 것 같지 않다.

(2) 차별적 대응

댈러스 경찰은 차별적인 대응전략으로 긴급출동 요청 전화를 구별했으며, 가장 심각한 사건에 신속하게 대응할 수 있게 되었다. 차별적 대응에 관한 몇몇 행태는 시간이 지나면서 발전되었다. 예를 들면, 긴급출동 요청의 수준이 중요하지 않는 곳에서는 경찰관서가 피해자와의 인터뷰에 대해 재조정할 수 있게 되었다(McEwen, Connors Ⅲ, & Cohen, 1986: 349-398).

3. 체포율과 효율성

경찰 효율성에 관한 측정을 위해서는 체포율이 종종 사용된다. 연구자들은 체포율과 범죄율 간의 가능한 비연관성에 대한 다른 더 구체적인 이유들을 제시했다. 각각의 체포 사건에 대한 전체 서류작업이 한 명의 경찰관에게 부과된다면, 많이 체포될수록 경찰관의 범죄예방 근무 시간은 훨씬 더 적어진다는 것을 의미한다. 만약 심각한 범죄에 대해 체포가 모두 이루어진다면, 아마 체포율과 범죄발생률은 훨씬 더 일관되게 증명될 것이다.

게다가, 체포는 수감률에 관해서는 적합하지 않은 예측 인자들이다. 한 연구에 따르면, 매년 수감되는 인원보다 6배 이상의 미국인이 체포되고 있다고 한다. 아마도 경찰관이 수행하는 직무에 대해 더 중요한 지표는 범죄사건 해결률이 될 것이다. 혹은 어떤 부여된 시간 동안에 해결된 사건의 비율이다. 이러한 측정 방식은 통계학자로 하여금 범죄유형을 구별하도록 해 준다. 일반적으로 피해자가 가해자를 아는 상황에서 저질러지는 폭력범죄에 대한 사건 해결률(약 45%)은 낯선 사람에 의해 저질러지는 주거침입절도사건에 대한 해결률(약 17%)보다 높다. 어떤 유형의 범죄에 대한 낮은 사건 해결률의 전국적인 평균 혹은 과거의 실적과 비교해 보면, 그러한 범죄에 대한 경찰대응이 부족하다는 것을 알 수 있다(Lyman, 2005: 124-125).

4. 경찰 긴급전화에 대한 처리

전화교환원, 911신고 지령자, 그리고 순찰경찰은 시민의 신고 전화를 처리할 때 그것을 공식적인 경찰의 대응으로 전환시키면서 '정보중개자'로서 역할을 한다. 전화교환원은 전화를 건 사람에게 정보를 얻고 나서 적절한 대응에 관한 판단을 하게 된다. 만약 교환원이 접수된 전화가 경찰의 대응을 필요로 하는 것으로 판단되면 경찰지령실로 통보된다(Lyman, 2005: 125).

길시난(J. F. Gilsinan)에 따르면, 큰 규모의 도시인 미드웨스턴(Midwestern)시 911 전화교환원이 하루 24시간 동안 265건의 전화를 처리했다. 그는 전화교환원이 전화를 건 사람으로부터 들어오는 정보를 해석하고, 그것을 확립된 경찰관서의 대응 방식에 부합하는 범주로 바꾸어 중계했다. 문제 해결 절차 내에서, 교환원은 특별히 더 구체적인 사항을 요청해 가면서, 무엇을 해야 할지에 대해 최종적으로 판단하기 위해 전화를 건 사람과 상호 작용했다(Gilsinan, 1989: 329-344). 또한 무전지령자는 반드시 중요한 결정을 해야 한다.

매닝에 따르면, 무전지령자들은 전화에 관해 그들이 받고 있는 공식적인 코드화된 분류를 재량으로 판단할 수 있다. 그리고 순찰경찰관과 교신해 가면서, 무전지령자 자신의 코멘트를 첨가하는 것을 포함하여, "마치 그 사건이 비공식적으로 다른 우선순위를 갖고 있는 것처럼" 행동할 수 있다는 것이 밝혀졌다. 가장 중요한 것은 그 상황이 응급적인 것인지, 그리고 응급적인 대응을 필요로 하는 것인지를 결정하는 것이다. 라이스(A. Reiss)에 따르면, 지령된 사건의 18% 정도에서 긴급한 대응을 받았다(Reiss, 1971: 6).

무전지령자는 어느 순찰팀에게 무전을 지령해야 하는지를 결정해야 한다. 특별한 순찰구역에 할당된 순찰팀이 종종 활용 가능하지 않을 수 있다. 왜냐하면, 다른 전화를 처리하느라 서비스에서 벗어나거나 혹은 그날 하루 종일 근무하지 않기 때문이다. 결과적으로, 순찰경찰관은 일상적으로 순찰구역 밖의 긴급전화 처리에 할당될 수 있다. 매닝이 순찰경찰관은 또한 그들이 접수한 정보를 해석한다는 것을 지적하고 있다. 그들은 종종 시민이 신고한 범죄를 발견하지 못하는 경우도 있다.

대부분의 경찰관서에서 신고된 긴급전화를 순찰경찰이 어떻게 처리했는지에 관한 상세한 기록을 제공하도록 요구되지는 않는다. 관련 기록은 종종 "서비스가 제공된" 혹은 "경찰 개입이 필요하지 않았던" 것에 한정된다(Manning, 1992: 371). 왜냐하면, 커뮤니케이션 시스템을 통해 처리된 정보가 종종 불완전하고 부정확하기 때문에, 순찰경찰은 비교적 불확실성을 갖고 긴급전화에 대응한다. 순찰경찰은 전화를 건 사람에 의해 제공된, 그리고 교환원에 의해 해석된, 무전지령자로부터 지시된, 그리고 순찰경찰관에게 통보된, 그리고 순찰경찰관에 의해 해석된 정보에 의존한다(Lyman, 2005: 126).

제 5 절 순찰 효과성에 대한 실증적 연구

지금까지 예방적 순찰활동의 효과성은 제대로 평가되지 않았다. 순찰 효과성에 관해 수행된 연구들은 주로 도보순찰을 다루었으며, 예방적 순찰을 특별히 다루지는 않았다(Lyman, 2005: 117). 1970년대 후반 미국에서는 경찰의 순찰활동이 과연 범죄예방과 억제에 효과가 있을까 하는 문제에 대해 심각한 회의가 일기 시작했다.

경찰재단과 미주리 주 캔자스 경찰의 예방적 순찰전략의 효과 실험을 가장 대표적인 실증적 연구이다(Gaines, Kappeler, & Vaughn, 1994: 161; Thibault, Lynch, & McBride, 1985: 156; Stone & DeLuca, 1994: 344). 경찰의 순찰근무 및 전략 변화에 따른 범죄예방 효과성 실험의 결과는 경찰 실무에서뿐만 아니라, 경찰 관련 문헌에서 가장 많이 언급될 만큼 유명한 실험으로 평가받고 있다.

이후에도 다수의 순찰 효과에 대한 연구가 이루어졌는데, 특히 뉴저지 주 뉴어크 시와 미시간 주 플린트 시에서 각각 도보순찰과 차량순찰 간의 차별적 효과에 대한 실험이 대표적이다. 이 두 가지 실험은 기존의 일반적 순찰 방법인 자동차순찰보다 도보순찰의 효과성을 입증함으로써 지역사회 경찰활동 개념의 확산과 더불어 도보순찰의 중요성이 강조되었다.

이 절에서는 순찰 효과성에 관한 대표적인 실증 사례들을 심층 소개하여, 경찰순찰 활동의 범죄억제적 효과에 대한 이해를 도모한다.

1. 캔자스 시 예방순찰실험

1) 실험 배경

순찰은 경찰관서의 중추로서 여겨지고 있다(Wilson et al., 1997: 538). 순찰력 배치를 강조하는 전통적인 추정은 표시된 순찰차를 타고 거리를 순찰하는 경찰관의 현존 혹은 잠재적 존재를 통해 범죄를 저지르려는 사람들을 억제한다는 것이었다. 그러나 이러한 추정의 타당성은 결코 과학적으로 실험되지 않았다(Birzer & Roberson, 2007: 69). 순찰직무의 전문화 경향과 병행하여, 예방적 순찰의 효과성에 관한 의문들은 충분히 논의할 가치가 있는 이슈들이었다(Wilson & McLaren, 1977: 322).

1971년 캔자스 시의 남부 순찰부서 태스크포스의 경찰관은 전통적인 예방순찰의 가치에 대해 의문을 품게 되었으며, 경찰재단과의 논의를 거치면서, 순찰팀원들은 서로 다른 순찰 수준의 효과성 실험에 동의했다(Langworthy & Travis Ⅲ, 1994: 243). 이것은 전통적인 순찰 방식에서 범죄예방을 위한 순찰경찰력 투입 효과성에 대해 국제적으로 가장 널리 알려진 대규모의, 그리고 역사적으로 매우 중요한 연구였다. 이 실험은 경찰순찰이 범죄 억지력과 시민의 범죄두려움 문제에 대해 어떠한 영향을 미치는가를 측정하고자 실시되었다(Kürzinger, 1996: 325). 실험의 취지는 전통적인 임의적 순찰전략의 효과, 즉 순찰력 강화가 범죄발생률, 안전감, 그리고 경찰에 대한 시민의 만족감에 대한 끼치는 정도를 밝히기 위한 것이었다(Roberg & Kuykendall, 1998: 319; Gaines, Kappeler, & Vaughn, 1994: 163).

2) 실험의 개요 및 경과

주거지역과 상가지역으로 혼합 구성된 캔자스 시의 일부 지역에서 1972년 10월 1일부터 1973년 9월 30일까지 1년 간 캔자스 시 경찰서[16]와 경찰재단의 지원으로 '캔자스 시 예방순찰실험(Kansas-City Preventive Patrol Experiment)'이 실시되었다(임학순 · 이은구, 1995: 89; 박병식 · 주희종, 1997: 80; Walker, 1983: 114; Hale, 1994: 50-51). 실험 대상 지역은 32평방 마일 면적에, 150,000여 명의 시민이 거주했고, 112명의 경찰관이 순찰근무에 배치된 곳이었다(Klink & Kordus, 1986: 178). 그 밖의 캔자스 시 지역은 실험과 상관없이 정상적인 근무가 이루어졌다. 캔자스 시의 남부 순찰부서의 약 15개 순찰구역(beats)이 5개 지역씩 세 가지 유형의 차별적 순찰실험 구역으로 편성되었다.

순찰구역은 실험을 위해 수동적 집단, 적극적 집단, 통제집단으로 나뉘었다([그림 3-2] 참조).

그림 3-2 캔자스 시 예방적 순찰실험 구역도

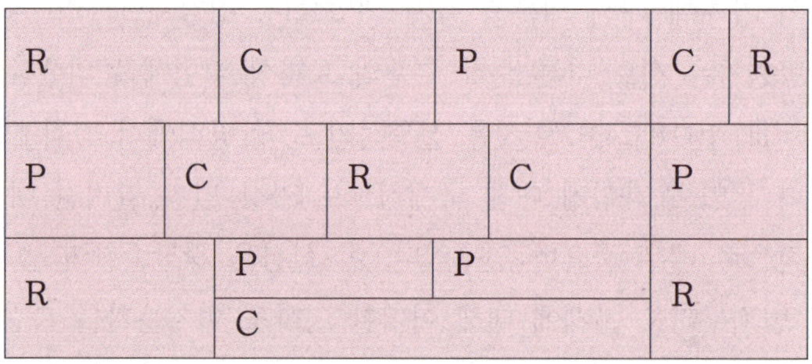

P: Proactive, C: Control, R: Reactive

출처: Gaines, Kappeler, & Vaughn(1994: 162).

16 당시 캔자스 시의 전체 시민은 약 515,000명, 전체 경찰관은 약 1,300여 명이었으며, 그 중 666여 명이 차량순찰근무에 배치되어 있었다.

- 첫 번째 연구 지역은 수동적 순찰구역으로서, 별도의 순찰근무 없이 오로지 신고사건을 처리하기 위해서만 자동차순찰경찰관이 출동하는 지역으로서 외형적으로 경찰관의 존재는 거의 찾아볼 수 없다. 예방순찰활동이 이루어지지 않도록 했고, 순찰팀들에게는 만약 경찰관의 도움이 요구될 때에 일시적으로 그 수동적 순찰구역에 진출할 수 있도록 하고, 더 이상의 요청 사항이 없으면 철수하도록 했다.
- 두 번째 지역은 적극적 순찰구역으로서, 경찰의 존재를 평상시보다 더 증가시킨 곳으로, 자동차순찰근무가 평소보다 2~3배 정도 강화된 순찰이 이루어지도록 했다.
- 마지막 연구 지역은 통제 순찰구역으로서, 순찰활동과 빈도에서 종전처럼 변함없이 근무하는 지역이었다. 통상적인 예방순찰 수준이 이루어졌다.

연구자들은 다음과 같은 의문 사항들을 가졌다.

- 시민은 경찰순찰의 수준 변화를 알아차렸는가?
- 가시적인 경찰순찰의 수준 차이가 기록된 범죄 혹은 피해자 조사의 결과에 영향을 미쳤는가?
- 경찰순찰의 결과로서, 시민의 범죄두려움과 참여자들의 태도가 변했는가?
- 경찰에 대한 시민의 만족 수준이 변했는가?(Birzer & Roberson, 2007: 69)

그것은 범죄발생과 범죄피해, 지역공동체가 범죄두려움 문제에 대응하는 양식, 경찰에 대한 시민들의 태도, 그리고 경찰활동과 경찰의 대응시간 등 크게 네 가지 변수에 해당하는 문제들이었다.

순찰실험이 진행되는 동안에 중요한 13가지 연구 주제들이 실증되었다(Thibault, Lynch, & McBride, 1985: 157; Walker, 1983: 116). 순찰활동의 효과성을 확인하기 위해 수많은 지표들이 연구되었다. 이러한 것들에는 체포

건수, 교통사고 건수, 범죄피해, 범죄두려움, 그리고 시민들의 경찰에 대한 만족도 등이 포함되었다. 또한 실험 기간에 두 가지 기본적인 질문에 대한 설문조사가 진행되었다(Lyman, 2005: 117).

- 순찰이 실시되지 않은 것과 비교하여, 예방적 순찰의 효과성은 어떤 것인가?
- 순찰활동의 수준을 높였을 때, 그것은 더 효과적인가?

3) 실험 결과

캔자스에서 연구자들은 몇 가지 도움이 될 만한 사실을 관찰했다. 캔자스시 예방순찰실험은 독립변수인 순찰근무를 다양한 수준으로 차별화했지만(증가·감소, 불변), 이러한 순찰구역 간에 특별한 차이점이 발견되지 않았다. 즉, 종속변수인 범죄억제력에 별다른 효과가 확인되지 않았다. 순찰 빈도가 증가되었음에도 불구하고, 범죄는 줄어들지 않았다(Langworthy & Travis Ⅲ, 1994: 244). 경찰이 일상적인 예방순찰활동을 실시했을 때, 범죄발생률이 증가하지도 않았다(Gaines, Kappeler, & Vaughn, 1994: 163). 세 가지 유형의 실험구역 간에 범죄발생과 경찰에 대한 시민의 만족도에서도 별다른 차이점이 발견되지 않았다.

그 실험에서 기본적으로 밝혀진 것은, 범죄의 수준은 적극적 순찰구역에서 자동차절도를 제외하고는 감소되지 않았다는 점이다. 게다가, 수동적 순찰구역에 거주하는 시민은 '근무하는 경찰관'이 거의 없었다는 사실조차 확실히 모르고 있었다(Wilson & McLaren, 1977: 322). 연구자들은 실험이 이루어지고 있는 범위 내에서, 통상적인 예방적 순찰활동을 감소 혹은 증가시키는 것은 범죄발생과 시민이 느끼는 범죄두려움, 경찰서비스를 제공하는 경찰관들에 대한 지역사회의 태도, 시민의 신고나 교통사고에 대한 경찰 대응시간이 별다른 충격을 갖지 못했다는 것을 발견했다(Kelling, 1974; Lyman, 1974: 117). 여러 가지 실험 결과(Kelling, Pate, Dieckman, & Brown, 1974: 451-452) 가운데 다음의 네 가지 결과가 중요하다.

- 범죄발생 문제와 관련, 의미 있는 차이점은 없었다. 다시 말하면, 15개 구역 간에 범죄피해율과 범죄 증가는 없었다.
- 시민의 범죄에 대한 공포감이나 안전감은 다양하고 높은 경찰 존재 가시성(可視性)에 의한 영향은 측정될 만한 수준은 아니었다(Kürzinger, 1996: 325).
- 경찰에 대한 시민의 인식, 즉 경찰에 대한 만족감은 특별히 영향을 받지 않았다.
- 경찰의 대응시간은 다양한 변수에 의해 별 영향을 받지 않았다.

이 연구는 어떤 지역으로부터 경찰순찰활동을 추가하거나 제거함으로써 지역공동체 내에서 변화를 초래할 수 있을지 여부를 증명해 보이는 데 실패했다고 할 수 있다(Lyman, 2005: 117). 그렇게 되자 전통적인 순찰 방식에 대한 새로운 심각한 비판이 제기되었다. 전통적, 임의적 순찰 방식이 비용 효과적 측면에서 비효과적이라는 것이었다(Roberg & Kuykendall, 1993: 320). 지역사회 내의 어떤 시민도 경찰활동과 관련한 실험이 진행되고 있다는 것에 대해 아는 사람은 없었다. 순찰 수준이 변화했을 때, 시민은 이러한 변화를 느끼지 못했다. 게다가, 증가되는 혹은 감소되는 경찰순찰의 수준은 거주지역 및 상업지역 주거침입절도범죄, 자동차절도, 자동차 부속품을 절취하는 등의 중절도범죄, 강도범죄 혹은 반달리즘에 중요한 영향을 갖지 않았다. 이러한 범죄는 전통적으로 임의적, 고도의 가시적 경찰순찰을 통해 예방될 수 있다고 믿었던 범죄유형이었다. 실험이 진행되는 동안에, 관찰자에 의한 순찰차 동승을 통해, 캔자스 시 순찰경찰관이 근무에 활용한 시간의 60% 정도는 전형적으로 업무와 연관되지 않은 분야에 시간을 보내고 있었다. 예를 들면, 경찰관은 상당한 시간을 경찰의 도움을 요청하는 전화를 기다리는 데 사용하고 있었다(Birzer & Roberson, 2007: 71).

이 실험 결과는 전통적인 예방순찰전략의 효과성과 경찰자원(인적, 물적 자원) 활용에 대해 완전히 새로운 사고방식을 야기했다(Roberg & Kuykendall, 1993: 320). 캔자스 시 연구의 결과들은 경찰순찰활동과 관련한 고정관념에 새로운 관점을 제공했다. 연구가 진행될 때까지, 많은 사람들은 순찰활동에 더 많은 경찰관을 배치하면, 범죄 감소를 초래할 것이며, 특정 구역에서 순찰경찰관을 철수시키면 범죄발생률의 증가로 이어질 것으로 믿었다(Lyman, 2005: 117).

경찰행정에서 중요하게 요청된 것은 경찰조직과 공동체의 관점에서 어떤 순찰활동이 더 효과적인 것인지를 판단하는 것이었다. 실험 결과는 경찰조직으로 하여금 전통적인 순찰절차의 효과성에 대한 의문을 품게 했으며, 개선 지향적이고 좀 더 향상된 순찰 방법을 찾도록 했다(Roberg & Kuykendall, 1993: 321). 많은 학자들은 "이 실험 결과는 잘못된 것이라고, 혹은 마치 경찰이 범죄에 대해 아무런 영향을 미치지 못하는 것처럼 평가할 수는 없다"고 주의를 환기시키기도 했다(Gaines, Kappeler, & Vaughn, 1994: 163). 전통적 예방순찰의 효과에 관한 이러한 연구의 충격은 경찰관리자로 하여금 순찰 자원의 사용을 재평가하도록 했다. 만약에 순찰활동 증감의 변화가 경찰서비스에 대한 시민의 만족감에 영향을 미치지 않거나 범죄발생량에서 의미 있는 변화와 관련이 없었던 것처럼 보인다면, 그때는 순찰자원들이 재배분될 수 있다. 미국 내의 수많은 사람과 경찰관서는 경찰순찰의 다른 형태와 구조로 실험을 하기 시작했다(Langworthy & Travis Ⅲ, 1994: 244). 그럼에도 불구하고 그 실험 결과에 대해서는 논쟁이 수그러들지 않았다(Barker, Hunter, & Rush, 1994: 139; Farmer, 1984: 43-44; Petersila, 1993: 222).

4) 캔자스 시 연구에 대한 비판과 시사점

윌슨(James Q. Wilson)은 캔자스 시 연구에 관한 평가에서, 연구 결과가 잘못 해석되거나 과도하게 일반화되어서는 안 된다고 주의를 주었다. "실험에 따르면, 경찰이 아무 효과도 없었다는 것을 보여 주는 것은 아니며, 범죄를 통제하는 데, 추가적인 경찰력 배치가 쓸모없었다는 것을 보여 준 것은 아니다. 보여 주고 있는 모든 것은 표시된 순찰자동차에 의한 임의적 예방순찰력의 양에서 변화로는 캔자스 시내에서 1년여에 걸쳐 얼마나 많은 범죄가 발생하거나 혹은 시민이 얼마나 안전하다고 느끼는지 등에 대해 영향을 미치는 것처럼 보이지 않는다는 점이다"(Wilson, 1975: 99).

심지어 윌슨에 따르면, 단순히 어떤 순찰구역에 배치된 표시된 순찰차량의 숫자만이 아니라, 경찰관이 어떻게 활용되었는지에 관해 만약 변화가 이루어졌다면, 연구 결과가 상당히 달라졌을 수도 있다고 지적한다. 실제로, 다른 비판에 따르면, 실험이 보여 주는 데 실패했던 중요한 것 중의 하나는 경찰의 존재 가시성이 선별된 몇몇 상황에서는 별다른 영향력을 미치지 않는다는 것이다.

캔자스 시 순찰실험의 책임자였던 켈링(George L. Kelling)은 경찰순찰활동이 완전히 필요없다거나 혹은 경찰 당국이 보다 적은 인적 · 물적 자원으로 관리할 수 있다고 결론내리는 것은 잘못일 수 있다고 말했다. 반면, "이 실험은 경찰서비스에 관해 많이 복잡하고 상호 연관된 문제에 대한 해결책을 실험하기 위해서는 경찰관서 내에 시간과 인적 자원이 존재해야 한다는 것을 보여 주었다"고 연구를 옹호하기도했다. 환언하면, 경찰은 실제로 더 효과적인 경찰직무를 수행할 수 있는 방법으로 실험을 진행할 수 있다(Lyman, 2005: 118).

다른 연구자들은 실험에 관한 연구 설계에서 몇 가지 흠결 사항을 확인했다. 예를 들면, 라슨(Richard C. Larson)은 수동적 순찰구역에 배치된 순찰차량이 신고전화가 접수된 지역으로 진입할 때, 그들은 여전히 표시된 순찰차량에 의한 경찰 존재 가시성을 갖고 있었다고 지적했다. 시민과 잠재적 범죄자의 눈에는, 이것은 여전히 일상적 순찰활동과 같은 것이었다(Larson, 1975: 267).

라슨은 또한 다른 전문화된 팀의 경찰 차량은 수동적 순찰구역에서 경찰 존재 가시성을 유지하면서 여전히 근무하고 있었다는 점을 지적했다. 수동적 순찰구역에서의 다른 차이점은 또한 라슨에 의해 확인되고 있다. 예를 들면, 경찰관은 신고전화에 대응하기 위해 더 빈번하게 사이렌과 경광등을 사용해 가면서, 차량을 정지시키고 검문하는 것과 같은 높은 비율의 자기 주도적 활동을 책임지고 있었다. 게다가, 둘 혹은 그 이상의 경찰차량이 긴급요청 전화에 대응해야 할 사건들이 많았다고 지적했다(Lyman, 2005: 118).

캔자스 시 연구의 가치는 예방적 혹은 임의적 일상적 경찰순찰활동을 제거하는 쪽으로 귀결되는 것이어서는 안 되며, 오히려 대안적 순찰전략 및 전술과 함께, 그 이상의 순찰실험을 위한 단계를 마련하는 것이라는 점이다. 연구에 대한 직접적인 결과로서 경찰관리자들은 감소된 임의적 일상적 순찰활동이 범죄사건의 증가로 이어진다는 것을 두려워하지 않고, 그들이 대안적 순찰전술을 시도할 수 있었음을 깨달았다. 결론으로서, 캔자스 시 연구에 의하면, 경찰활동에 관한 전통적인 방법이 경찰직무를 수행하는 데 가장 효과적인 방법이 아닐 수 있다는 것을 보여 주었다. 이어 전문가들은 캔자스 시 연구는 경찰활동에 관한 학술적 연구를 위한 발판을 마련했으며, 이어서 경찰활동에 관해 생각하는 데 다른 방식을 제기했다고 주장한다(Lyman, 2006: 118).

2. 도보순찰실험

지난 과거 동안에도 도보순찰에 관한 재유행이 있었다. 자동차의 출현과 함께 1930년대에 대부분의 경찰관서에서 거의 모두 도보순찰전략을 포기했었다. 오늘날 많은 경찰관서에서 도보순찰전략으로 되돌아온 이유 중의 하나는 점증하는 경찰-시민 간의 상호작용 감소의 문제를 강조하는 데 있다. 도보순찰 프로그램은 다음과 같은 일곱 가지 목적을 달성하기 위해 고안된 것이다(Birzer & Roberson, 2007: 74).

- 실제로 혹은 인식된 범죄행동의 양 감소시키기
- 개인적 안전에 대한 인식 증가시키기
- 지역공동체의 요구 사항과 함께, 거주자에게 부단히 법집행 서비스 제공하기
- 범죄문제, 그리고 실제적 혹은 잠재적 범죄행동을 효과적으로 처리할 수 있는 법집행 관서의 역량을 증가시키는 방법에 대한 지역공동체의

인식 만들기
- ▶ 다양한 대상 범죄를 지향하고 있는 경찰을 지원하는 데 시민의 자발적인 행동을 발전시키기
- ▶ 경찰에 범죄를 신고하는 것에 관한 시민의 무관심을 제거하기
- ▶ 여성, 어린이, 그리고 노약자를 위한 보호를 증가시키기 등

위에서 언급된 순찰력 배치와 범죄수사 기능처럼 비교적 최근까지 도보순찰활동에 관한 최소한의 효과성 평가가 있었다. 도보순찰에 관해, 비교적 많이 언급되는 연구들 중의 하나는 1978년에 실시된 뉴어크 도보순찰실험이다. 거의 동시에 미시간 주 플린트 시에서도 실시되었다.

1) 뉴어크 시 도보순찰실험

(1) 실험 개요

1973년, 광범위한 도보순찰전략을 응용하기 위해 뉴저지 주 입법부에서는 '안전하고 깨끗한 근린관계법(the Safe and Clean Neighborhood Act)'을 통과시켰으며, 1973년 2월에 시행되었다(Police Foundation, 1981: 21-22). 이 입법은 안전하고 깨끗한 근린관계를 형성하기 위한 것이었고, 전국적으로 특이했으며, 적절한 이름이 붙여졌다. 도보순찰은 시민들을 보호하는 경찰의 존재와 가시성을 확장시키기 위한 노력의 일부로서 특별히 의무화되었다.[17]

뉴저지 주 뉴어크(Newark)에서는 같은 해부터 도보순찰근무를 실시했다. 프로그램의 목적은 순찰구역 내에서 순회하는 경찰관을 통해, 즉 도보순찰근무를 통해 안전한 근린관계를 형성하는 것이다. 이 프로그램의 철학은 거리에서 정복을 입은 순찰경찰관의 높은 가시성) 혹은 존재를 통해 범죄예방과 법집행뿐만 아니라, 동시에 시민과 경찰 간의 신뢰 회복과 시민과 상인과의 공공 관계를 개선하는 데 기여할 수 있다는 것이다. 이 도보순찰전략의 평가계획은 1976년 중반에 시작되었다. 뉴저지 주지사가 초대받은 자리에서, 경

---

17 http://www.policefoundation.org/docs/newark.html(2009년 3월 29일 검색)

찰재단은 뉴저지 주 28개 도시들에서 도보순찰을 평가했다. 뉴어크 시는 우선적인 평가지역으로서 선정되었다. 그 평가는 1978년 2월 시작되었으며, 1979년 1월에 종료되었다(Birzer & Roberson, 2007: 75). 경찰재단에서 수행한 뉴저지 도보순찰근무 평가는 도보순찰실무의 소개와 서류화를 지향한 것이 아니라, 오히려 경찰활동 전략의 결과 평가를 지향한 것이다.

뉴어크 시의 8개 순찰구역은 인구통계학적으로 적합했다. 임의로 선정된 4개의 순찰구역에서 도보순찰이 계속되었다. 그리고 다른 4개의 순찰구역에서는 도보순찰을 멈췄다. 이전에 도보순찰을 하지 않았던 4개의 순찰구역에서 또한 도보순찰이 이루어졌다. 그리고 나서 연구자들은 도보순찰 경찰관과 자동차순찰 경찰관의 태도뿐만 아니라, 신고된 범죄, 체포 건수와 피해율, 시민의 두려움, 그리고 경찰서비스에 대한 만족을 비교하기 시작했다. 경찰의 다른 전략의 다양성과 함께, 도보순찰을 도입한 것은 근린지역 내에서 안전에 관한 시민의 인식을 강화시킨다는 것을 밝혀냈다. 이것은 다른 경찰 전략이 실행할 수 없었던 것이었다. 실험을 평가하기 위해 여러 가지 명제들이 전제되었다.

경찰재단 평가는 다음과 같은 질문 사항을 제기한 바 있다(Birzer & Roberson, 2007: 75).

- 도보순찰이 경찰과 시민과의 관계들을 개선하는가?
- 경찰관이 도보로 순찰할 때, 시민은 더 안전하다고 느끼는가?
- 도보순찰이 범죄를 감소시키는가?
- 시민이 경찰과 더 친근한 관계를 갖고 있을 때, 그들은 더 많은 범죄를 신고할 것인가?
- 도보순찰이 이루어지는 구역에서 더 많은 체포가 이루어질 것인가?
- 도보순찰 경찰관은 자신의 직무에 더 많이 만족하며, 시민에게 더 긍정적인 태도를 갖는가?
- 범죄피해자화에 대한 시민의 두려움이 줄어들 것인가?

(2) 연구 수행 시 제시된 전제(Police Foundation, 1981: 15-16)

① 명제 1: 시민과의 관계

도보순찰근무를 통해 관찰·감시되었던 지역에 거주하는 시민은 단지 자동차 순찰근무만 실시되는 다른 지역에 거주하는 시민보다 경찰관에 대해 좀 더 긍정적인 관계를 보여 줄 것이다.

② 명제 2: 시민의 범죄두려움 문제

도보순찰근무에 의해 관찰·감시되었던 지역의 주민은 덜 범죄피해를 입을 것이며, 도보순찰근무가 행해지지 않은 다른 비교구역에 거주하는 시민보다 방범 조치를 덜 취했을 것이다.

③ 명제 3: 신고된 범죄

도보순찰근무가 행해졌던 구역에서는 도보순찰근무가 행해지지 않은 비교지역보다 범죄 신고가 덜 이루어질 것이다.

④ 명제 4: 범죄피해화

도보순찰이 행해진 구역에서 인터뷰에 임했던 시민은 단지 자동차순찰을 통해 관찰·감시된 지역에서 인터뷰에 응한 다른 시민보다 범죄피해자가 될 뻔했다는 진술을 덜할 것이다.

⑤ 명제 5: 범죄 신고 빈도

도보순찰근무가 행해지는 구역에서는 범죄 신고 빈도가 단지 자동차순찰근무만이 행해지는 비슷한 구역에서 더 높을 것이다.

⑥ 명제 6: 범인 체포

도보순찰을 통해 감시·관찰되는 구역에서는 체포되는 피의자의 숫자가 도보순찰이 행해지지 않는 비교구역에서 더 많을 것이다.

⑦ 명제 7: 경찰관의 직무 만족도

도보순찰근무에 배치된 경찰관은 다른 순찰근무에 배치된 경찰관보다 직무와 시민에 대해 더 긍정적인 태도를 보일 것이다.

(3) 연구 결과 및 평가

뉴어크 시의 실험 결과는 추가적인 도보순찰이 심각한 범죄를 감소시키지 않았다는 것인데, 경찰재단은 다음과 같은 결론을 내렸다: 무엇보다도 놀라게 했던 것은 도보순찰근무가 범죄율을 감소시키지 않았다는 것이다(Wilson & Kelling, 1982: 29-30). 도보순찰근무를 수행하는 경찰관의 존재가 범죄를 감소시키지는 않았지만, 시민을 더욱 안전하다고 느끼게는 했다(Walker, 1993: 410).

비록 도보순찰을 도입하는 것이 범죄발생률에 거의 영향을 미치지 않은 것처럼 보이지만, 그것은 다음과 같은 다섯 가지 효과를 갖고 있었다(Birzer & Roberson, 2007: 75).

- 경찰관이 그들의 근린지역을 도보순찰할 때 거주자들은 알고 있었다.
- 도보순찰근무가 이루어지는 지역의 거주자는 자동차순찰만이 이루어지는 지역의 거주자가 생각했던 것보다 범죄문제가 덜했다고 생각하고 있었다.
- 도보순찰이 이루어지는 구역의 거주자는 더 안전하며, 범죄피해를 덜 당할 것 같다고 느끼고 있었다. 도보순찰을 통해 감시·관찰이 이루어지는 지역주민은 다른 지역에 거주하는 주민보다 훨씬 더 안전하다고 느꼈다.
- 도보순찰이 이루어지는 구역의 거주자는 범죄에 대해 자신을 보호하기 위한 조치를 덜 취하고 있었다.
- 도보순찰이 이루어지고 있는 구역의 거주자는 경찰서비스에 대해 더 많이 만족하고 있었다.

도보순찰이 도입된 구역의 거주자는 확실하게 그들이 어떻게 범죄를 평가하고, 안전과 그들의 이웃과 함께 살 수 있을 가능성에 대해 어떻게 느끼고 있는지에 대한 태도를 변화시켰다. 그들은 또한 경찰서비스에 훨씬 더 만족했다.

경찰관은 이웃을 위해 행동의 비공식적인 규칙들을 마련하고 실현할 수 있었다. 일반적으로 시민과 상인이 갖고 있는 범죄에 대한 인식은 도보순찰에 의해 좀처럼 영향을 받지 않았다. 이러한 연구 결과는 도보순찰이 범죄발생에 아무런 영향력을 갖지 않았다고 비판가들에게 정당성을 줄 수 있을 것이다. 그러나 이러한 도보순찰이 시민의 경찰에 대한 태도에는 상당한 영향을 미쳤다고 한다. 도보순찰이 기록된 범죄율에 대해 별다른 영향이 없었지만, 시민이 비범죄적(무질서한) 행동에 위협을 받고 있으며, 범죄피해자화에 대한 이러한 위협이 시민들의 삶을 현저하게 변경시킬 수 있다는 것은 반드시 기억해야 한다(Barker, Hunter, & Rush, 1994: 140).

도보순찰이 강화된 지역주민은 다른 주민과는 달리 그들 공동체 내의 범죄가 방지되었다는 인상을 가졌으며, 도보순찰에 대한 나아진 시민의 긍정적 태도가 점차 다른 순찰근무에 대해서도 나타났다. 이것은 전체 경찰에 대한 시민의 태도에 대해 긍정적인 영향을 미쳤다는 것을 보여 주는 것이다. 도보순찰 경찰관은 주민이 자신들을 더욱더 강하게 지원해 주었다고 느꼈으며, 이것은 재차 시민에 대한 경찰의 태도에도 긍정적인 영향을 미쳤다. 도보순찰은 또한 시민과 경찰과의 관계를 개선시켰다(박병식 · 주희종, 1997: 84).

순찰경찰관은 높은 직업윤리를 보여 주었으며, 직업에 대해 더욱 만족스러워했고, 순찰근무를 수행하는 경찰관보다 그의 순찰 관할구역 내에 거주하는 주민과 매우 좋은 관계를 가졌다. 도보순찰은 관할구역 내에서 공공질서의 수준을 높였다. 비록 흑인이 압도적으로 많이 거주하는 지역에서 도보순찰 경찰관이 백인이었다고 해도, 질서유지자로서 양쪽 모두에게 만족감을 충족시켜야 하는 경찰의 기능은 잘 수행되었다고 한다(Wilson & Kelling, 1982: 29).

2) 미시간 주 플린트 시 순찰실험

뉴어크에서 실시된 것처럼 유사한 결과들을 보여 준, 하나의 다른 알려진 도보순찰실험은 미시간 주 플린트 시에서 실시된 도보순찰실험(1979~1981)이었다(Birzer & Roberson, 2007: 76).

(1) 연구 배경

이 프로그램의 목적은 범죄예방 강화를 통한 삶의 질 개선이었다. 이 실험은 찰스 스튜어트모트재단(Charles-Stewart-Mott-Foundation)의 재정 지원(260만 달러)과 미시간대학교 연구팀의 학문적 지원을 받아가며 수행되었다. 미시간 주 근린 도보순찰 프로그램(Neighborhood-Foot-Patrol Program)은 1979년 1월 두 가지 문제, 즉 범죄예방 효과성이 부족한 것에 대해 근원적으로 고찰하고, 포괄적인 근린관계 조직과 범죄예방 참여활동의 부족 — 경찰과 지역주민 간에 친밀하고 사적인 접촉과 상호작용 — 에 대한 해답을 찾고자 시작되었다. 실험의 목적은 새로운 도보순찰전략(독립변수)이 경찰서비스에 대한 영향(종속변수)을 갖고 있는지를 연구하는 것 이었다(Trojanowicz, 1982: 9-10, 27). 플린트 연구에서, 연구자들은 경찰에 대한 시민의 인식을 조사하는 데 훨씬 더 많은 흥미를 가졌다.

(2) 실험의 진행

이 실험을 위해 플린트 시의 14개 순찰구역(foot patrol areas)이 연구 대상 지역으로 지정되었다(Zone, 901-914). 실험이 진행되는 동안 도보순찰과 차량순찰근무가 다양하게 추가적으로 투입, 실시되었다. 그리고 시민은 미시간 대학교 연구팀에 의해 반복적으로 설문조사를 받았다(1980, 1981과 1982년). 미시간 주 플린트 시 경찰서에서는 1978년 근린 도보순찰 프로그램을 시작했으며, 1983년 8월까지 거의 3백만 달러가 이 프로그램 실시와 평가를 지원하는 데 투입되었다.

(3) 실험상의 열 가지 목표와 결과

이 실험은 평가를 위해 '열 가지 목표(10 Goals)'가 설정되어 진행되었다.

① 목표 1: 실질적 혹은 인식된 범죄의 감소

공식적으로 집계된 범죄(주거침입, 자동차절도, 폭행, 반달리즘, 강도, 성폭행, 그리고 절도)가 3년 동안 평균 8.7%나 감소했다. 특히 중범죄는 약 25% 정도 감소했다. 도보순찰 경찰관이 그러한 범죄를 처리하는 데 효과적이었다. 도보순찰이 실시된 10개 구역에서는 범죄가 감소했고, 3개 구역은 증가, 나머지 1개 구역에서는 증감이 없었다(Trojanowicz, 1982: 29-30). 그리고 가장 놀란 만한 결과는 경찰서비스를 요청하는 긴급전화의 양이 실험 초기(1978년)와 비교해 1981년에 현저히 감소(43%)했다는 점이다.

② 목표 2: 시민의 개인적인 안전 의식 강화

실험이 끝나갈 무렵에 설문조사가 진행되었다. "귀하는 도보순찰 프로그램 덕분에 좀 더 안전하다고 느끼십니까?"라는 질문에 대해 응답자의 70%(N=280)가 긍정적으로 답변했다. 단지 14%의 응답자들이 "다른 지역보다 주거지역의 범죄문제가 심각하다"고 대답했을 뿐이다.

③ 목표 3: 지역공동체의 요구와 현대 경찰 실무의 이상에 부응하는 법집행기관의 서비스 유형을 플린트 시민에게 제공하기

응답자의 42%는 "순찰경찰관의 임무를 잘 알고 있다"고 답변했다. 시민이 도보순찰 경찰로부터 무엇을 기대하는지에 대한 질문에 응답자의 27%는 순찰경찰관에 의한 보호, 19%는 순찰, 12%는 경찰 존재의 높은 가시성과 효용성, 6%는 시민의 고충 처리라고 각각 답변했다. 64%가 넘는 응답자가 "도보순찰 프로그램에 만족한다"고 답변했다(Trojanowicz, 1982: 35, 87-88).

④ 목표 4: 실제적 혹은 잠재적 범죄문제에 대한 효과적 대응을 위해 좀 더 개선된 방법에 관한 지역공동체의 인식 형성

실험이 진행되는 동안 신고되지 않은 범죄행위에 대한 질문에서 12%가 좀 못되는 응답자가 "미신고된 범죄를 알았다"고 답했다. 도보순찰 경찰관이 시민에게 범죄 신고를 촉진·장려했는지에 대한 질문에 대해 거의 62%가 넘는 응답자가 "경찰관이 범죄 신고를 하는 데 용기를 북돋어 주었다"고 답변했다. 3년 동안의 실험 기간 중, 도보순찰 경찰관은 시민의 범죄 신고가 점점 적극적으로 변해 감을 확인했으며, 이러한 결과는 의심의 여지없이 도보순찰 경찰관과 개별 시민이 더 직접적인 접촉에 기인했다(Trojanowicz, 1982: 39-40).

⑤ 목표 5: 다양한 범죄 대책을 강구하고 있는 경찰관서의 지원과 지시에 대한 시민의 자발적 행동

응답자의 44% 정도가 실험이 진행되는 동안 "도보순찰 프로그램에 대해 이웃과 얘기를 나눴다"고 답변했다. 대부분의 시민은 이 프로그램이 유익했으며, 효과적이었다고 답했다. 거의 30% 정도의 응답자는 "도보순찰 경찰관에 의해 수행되는 지역사회 프로그램의 숫자에 관해 알고 있다"고 답했다. 도보순찰이 실시된 14개 구역의 시민이 이웃 간에 좀 더 상호작용적이었다. 도보순찰 경찰관이 가장 빈번하고 확실히 눈에 띄게 참여했던 프로젝트는 블록 클럽 미팅, 안전 강화 프로그램, 'operation identification'과 같은 범죄예방 프로그램, 학원 및 청소년 프로그램이었다(Trojanowicz, 1982: 41-42, 88-89).

⑥ 목표 6: 경찰에 범죄 신고하는 데 시민의 무관심 제거하기

네 번째 목표를 달성하기 위한 실험 결과와 동일하다.

⑦ 목표 7: 여성, 어린이, 그리고 노약자 보호 강화

이 도보순찰 프로그램의 중요한 목표는 여성, 어린이, 그리고 노약자의 안전감과 복지를 강화하는 것이었다. 안전감의 수준을 강화시키기 위한 프로그램의 결과에 대한 질문에서 응답자의 61%가 넘는 시민이 "성과가 있었다", 한편 8% 정도가 부정적으로 답변했다. 그리고 응답자의 20% 정도는 이러한 약자집단의 안전을 강화하기 위해 도보순찰 경찰관을 추가로 배치해야 한다고 답하기도 했다.

⑧ 목표 8: 도보순찰 경찰관의 활동 모니터링하기

도보순찰 경찰관의 활동을 모니터링하는 것은 이 프로그램의 중요한 요소 중의 하나였다. 90%가 넘는 응답자가 도보순찰 프로그램을 다음의 세 가지 출처를 통해 알고 있다고 했다. 38%는 도보순찰 경찰관을 목격했으며, 29%는 도보순찰 경찰관과의 개인적 접촉을 통해, 11%는 매스미디어를 통해 알았다고 대답했다. 응답자의 72%가 도보순찰 경찰관을 보았거나 그들과의 개인적인 접촉을 가졌었다고 대답했다. 이러한 사실은 순찰경찰관이 더욱 적극적으로 주민과 함께 관계하고 있는 점을 보여 준다. 많은 시민, 즉 1/3이 넘는

(36%) 시민이 관내를 순찰근무 중인 경찰관의 이름을 알고 있었다. 여러 사례에서 순찰경찰관에 대해 설명해 보라고 했을 때, 설명한 50% 이상의 사례가 정확하게 일치했다. 경찰관의 이름을 알고 있는 비율이 높은 것은 대체로 개별 경찰관의 노력 덕분이다. 경찰관 인지도가 높은 순찰구역은 도보순찰 경찰관이 매우 적극적이었으며, 개인적 접촉을 해가면서 열심히 근무했기 때문이다(Trojanowicz, 1982: 42-46).

⑨ 목표 9: 플린트 시의 다른 관공서뿐만 아니라 경찰서의 다른 부서와 도보순찰 경찰관 간의 접점 영역 평가

도보순찰 경찰관은 다른 관공서의 관계자들과 정기적인 접촉을 가져왔으며, 경찰서와 법원 간의 관계가 개선된 것을 목격했다. 그리고 도보순찰 프로그램 전반에 걸쳐 높게 평가하고 있었다(Trojanowicz, 1982: 42, 49).

⑩ 목표 10: 도보순찰 경찰관의 업무 수행 능력에 관한 훈련 효과 평가

일반적으로 도보순찰 경찰관이 배치되기 전에 받았던 교육은 상당히 만족스러웠고, 이 프로그램의 성과에 기여했다. 그럼에도 불구하고 도보순찰 경찰관을 위한 교육은 재정적 어려움으로 제약을 받았다. 기록 보관, 보고서 작성, 위기 중재, 커뮤니케이션 기법, 개인 상호간의 관계와 같은 영역에서 강화된 훈련은 도움이 되었다. 도보순찰 경찰관은 대인 관계 및 커뮤니케이션 기술이 그들의 직업에 매우 중요하다고 느꼈다(Trojanowicz, 1982: 54).

(4) 플린트 시 도보순찰 프로그램의 평가

미시간 주 플린트 시 연구의 초점은 경찰관이 도보순찰에서 무엇을 했는지, 그리고 이러한 활동이 자동차순찰과 어떻게 다른지를 체계적으로 판단하는 것이었다. 순찰경찰관의 일일 근무보고서 양식을 조사하면서, 연구자들은 자동차순찰근무자와 비교했을 때, 도보순찰 경찰관이 많은 더 자기 주도적 활동을 보고하고 있음을 밝혀냈다. 이러한 활동에는 보안점검뿐만 아니라, 가정과 사업장에 대한 방범심방을 포함하고 있었다. 생산성에 관한 훨씬 더 높은 수준이 도보순찰 경찰관을 위해 보고되었다. 생산성에는 체포, 수사, 의심스러운 사람을 정지시키는 것, 주차 관련 소환장 발부를 포함하고 있었으며,

되찾은 재물에 대한 가치를 증가시켰다. 실제로, 자동차순찰 경찰관이 도보순찰 경찰관들을 능가했던 유일한 부분은 시민에게 다양한 서비스를 제공하는 데 있었다. 대체로, 도보순찰 경찰관은 그들의 카운터 파트격인 자동차순찰 경찰관보다 훨씬 더 낮은 비율의 적대적(敵對的)인 공중과의 접촉을 가졌다. 자동차순찰 경찰관은 종종 시민의 항의에 대응하도록 요구되었다(Lyman, 2005: 120).

이 프로그램이 진행되는 동안, 도보순찰 경찰관이 청소년 범죄와 반달리즘을 처리하는 데 더 효과적이었다. 더 효과적인 순찰근무를 위해서는 더 많은 순찰경찰관이 필요하다고 요청했으며, 상당수의 시민은 당시의 순찰구역이 너무 넓다고 느끼고 있었다. 순찰구역의 크기를 확대시키면, 도보순찰 경찰관과 지역주민과의 친밀한 관계가 불가능해지기 때문에 순찰구역의 크기를 줄임으로써 순찰경찰관의 가시성을 높이고 그들의 활용 가능성을 강화해야 하며, 동시에 경찰과 시민과의 긴밀한 접촉으로 발전되어야 한다는 주장이 제기되었다. 도보순찰 경찰관 역시 순찰구역의 크기가 확대되면 순찰근무의 효과성이 감소된다고 느꼈다(Trojanowicz, 1982: 34, 36, 40).

플린트 시의 도보순찰은 경찰활동의 성과에 대해 흑인-백인 간의 지각적인 불일치를 감소시켰다. 거주자들은 그 프로그램에 만족했을 뿐만 아니라, 그들이 경찰관의 역할과 영향을 경찰활동의 우선적인 것과 경찰관의 행동에 투입했다고 느끼고 있었다. 실제로, 거주자들은 경찰관서의 방향과 운용에 대한 그들의 통제를 증가시켰다고 느꼈다(Birzer & Roberson, 2007: 76). 도보순찰 경찰관 스스로는 지역공동체의 요구에 반응적이었으며, 근린관계 문화에 민감해졌다. 그들은 순찰구역 내에 널리 퍼져 있는 규범적인 행동 유형과 실제로 어떤 위협적인 혹은 위험한 행동과 혹은 사람을 구별할 수 있었다. 결과적으로, 개별적인 도보순찰 경찰관과 개별 시민 간의 긍정적인 공식적인 상호작용들이 상당히 개선되었다. 예를 들면, 도보순찰 경찰관은 자동차순찰 경찰관보다 용의자들에 대한 신체 수색을 덜 실시하는 경향을 나타냈다.

도보순찰 경찰관이 법집행의 이상과 관련된 질문이 주어졌을 때, 도보순찰 경찰관은 근무하는 동안 자동차순찰 경찰관보다 지역사회와의 관계를 더 잘 개선시켰다고 말했으며, 도보순찰 경찰관은 자동차순찰 경찰관보다도 지역공동체 주민을 더 잘 알고, 그들에게 범죄를 신고하도록 가르치는 일이 법집행의 중요한 목표라고 훨씬 더 많이 느끼고 있었다. 도보순찰 경찰관은 지역 주민을 위해 특별한 수준의 일을 수행할 의지와 열망을 보여 주었으며, 그들은 지역사회에 관여하는 것을 매우 중요한 것처럼 보았다.

따라서 도보순찰 경찰관은 문제를 갖고 있는 지역주민을 카운셀링하는 데 더욱더 열중할 수 있을 것으로 평가되었다. 3년이 넘는 연구 기간 동안, 도보순찰 경찰관은 자동차순찰근무에 배치된 경찰관보다 피해자 지원에 매우 많은 중요성을 두었으며, 그들은 또한 범죄예방에도 많은 중요성을 두었다. 도보순찰 경찰관은 지역공동체와의 개인적인 접촉을 즐거워했으며, 행정적인 일과 관련된 집단으로서는 별로 관심을 표시하지 않았다. 도보순찰 경찰관은 또한 자동차순찰 경찰관들보다 자신의 기량을 증진시키는 데 많은 관심을 표명하기도 했다(Trojanowicz, 1982: 35-38). 이 실험 결과에 따르면, 시민은 도보순찰근무 덕분에 훨씬 더 안전하게 느끼고 있었으며(Barker, Hunter, & Rush, 1994: 141), 그 때문에 시민은 길거리에 더 많은 도보순찰 경찰관이 필요하다고 요청했다. 비록 다양한 제약이 있었음에도, 도보순찰 프로그램은 성과가 있었으며 긍정적이었다.

3) 캐나다 앨버타 주 에드먼턴 시 도보순찰 연구

다른 관찰 결과는 캐나다 앨버타(Alberta) 주 에드먼턴(Edmonton) 시에서 실시된 도보순찰 연구에서 얻을 수 있다. 그 가운데 몇몇은 플린트 시 연구와 대비되는 흥미로운 점을 제공하고 있다. 이 연구에서 도보순찰 경찰관은 자동차순찰 경찰관보다, 상당히 적은 경찰 긴급 요청 전화를 취급했다. 그리고 노상에서 훨씬 더 적은 시간을 보냈다. 그들이 보낸 시간의 대부분은 시민의 가정, 학교, 그리고 사업장의 상인, 그리고 지역사회 내에 있는 전문직업인과 상당한 시간을 보냈다. 아마도, 에드먼턴 연구를 통해 얻은 가장 눈에 띄는 연구 결과는 플린트 시에서의 연구 결과들과 달리, 도보순찰 경찰관이 자동차순찰에 배치된 경찰관보다 훨씬 더 많은 화이트칼라 노동자를 접촉하는 것처럼 보였다는 점이다(Lyman, 2005: 121).

3. 순찰 인원별 근무 효과성

(1) 단독순찰근무 방식과 특징

경찰행정에서 가장 격렬한 논쟁의 영역 중의 하나는 단독(1인)순찰근무 방식이 복수(2인)순찰근무 방식보다 나은가 여부라고 할 수 있다. 종종 이 문제는 효율성과 안전성의 문제로 언급된다. 따라서 여기에서는 단독 및 복수순찰 방식의 장·단점과 효과성 연구 결과에 대해 알아보고자 한다.

단독순찰은 한정된 인원 수로 순찰구역을 널리 순찰할 수 있으며, 두 명의 경찰관이 한 대의 순찰차에 타고 근무하는 것보다 두 명의 경찰관이 서로 다른 순찰차에 타면, 넓은 지역을 더 효과적으로 순찰할 수 있어서 훨씬 더 효율적이다(Stone & DeLuca, 1994: 346). 장비가 우수하면 단독순찰이라도 상당한 경계력을 가지며, 복수순찰에 비해 은밀한 가운데 주의력을 집중하여 순찰할 수 있다는 장점이 있는 반면에 단점도 있다. 집단적인 경찰 대상자에 대해 직무 집행을 철저하게 할 수 없으며, 불의의 신체적 피해를 입을 우려가 있다(경찰청 방범국, 1991: 39). 그래서 많은 경찰관은 두 명의 경찰관이 함께 근무하는 것이 두 경찰관이 서로 떨어져 근무하는 것보다 훨씬 안전하다고 믿고 있다.

한편, 단독순찰근무 방식을 지지하는 견해에 의하면, 복수의 경찰관이 함께 근무하는 것이 사람들이 생각하는 만큼 서로에게 그렇게 충분한 안전한 여지를 제공하는 것은 아니라고 주장한다. 그 이유는 사람들의 심리문제이다. 즉, 두 사람이 함께 많은 시간을 보낼 때, 그들은 직무보다는 인간적 관계에 더 많은 관심을 쏟을 가능성이 높기 때문에 결과적으로 그들은 부주의하게 된다. 위험한 사건이 발생했을 때, 그 두 경찰관은 너무 늦을 정도로 무관심해질 우려가 있다. 게다가, 두 명의 경찰관이 함께 근무하면, 한 사람은 다른 사람에게 과도하게 의존하게 된다. 순찰경찰관의 안전에 관한 문제는 결코 무시될 수 없다. FBI에 의해 보고된 통계는 경찰관이 두 가지 잠재적인 위험 상황 — 소란(특별히 가정 내에서 발생한 소란들)으로 인한 긴급전화에 대처할 때나 통상적인 교통 검문(정지)을 포함하여 체포 시에 — 에서 부상당하거나 순직한다는 것을 일관되게 보여 준다(Stone & DeLuca, 1994: 347). 미국에서 1980년과 1989년 사이에 총 801명이나 되는 법집행 공무원이 현장에서 살해되었다. 그 중 20%는 2인 자동차순찰근무자들이었으며, 78%는 1인 자동차순찰근무자였다. 이러한 통계로 우선 보기에 단독순찰근무 방식이 훨씬 위험한 것처럼 보인다. 그러나 미국의 대부분 경찰관서가 단독순찰 방식을 절대적으로 채택하고 있다는 점이 고려되어야 한다. 실제로 모든 경찰관서가 복수순찰 방식보다 1인 순찰근무 방식을 더 많이 채택하고 있다. 게다가, 같은 기간 동안, 살해된 경찰관의 절반 이상이 사건 현장에서 지원(backup)을 전혀 받지 못했다는 것이다. 배치된 경찰관이 함께 긴급전화에 대응하고 위험한 상황에서는 다른 경찰관을 지원할 수 있다면, 단독순찰 방식이 더 안전하다. 만약에 단독순찰근무 차량이 크고 분리된 관할구역에 배치된다면, 그들은 다른 경찰관을 지원하는 데 어려움을 겪게 될지 모른다. 그와 반대로, 복수의 경찰관을 서로 분리된 순찰차에 배정하고, 그 두 경찰관을 똑같은 순찰구역에 배치하면, 단독순찰근무의 효율성을 높일 수 있다. 관할구역을 중첩적으로 살필 수 있도록 단독순찰 방식을 채택하면, 대부분의 지역이 그 두 경찰관들에 의해 보완되고, 그들은 서로 다른 경찰관을 지원하기에 충분한 거리에 있게 된다(Stone & DeLuca, 1994: 347).

(2) 단독순찰근무의 효과성 실험

1975년 샌디에이고(San Diego) 경찰서에서 실시된 이 연구는 단독 자동차순찰과 복수 자동차순찰 방식 간의 차이점에 대해 실험했다. 1년에 걸쳐 진행된 연구는 44개 근무팀(각 22개팀씩)을 비교했다. 샌디에이고 연구 결과는 단독 자동차순찰 방식이 자원의 활용면에서 복수순찰 방식보다 훨씬 안전했고, 효율적이었으며, 효과적이었던 것으로 결론내렸다. 또한 단독 자동차순찰근무가 시민들로부터 훨씬 더 적은 민원을 야기했으며, 거의 절반 정도의 비용이 든다고 했다. 10개의 복수 자동차순찰근무팀을 운용하는 것보다 적은 비용으로, 18개의 단독 자동차순찰근무팀을 운용할 수 있다고 발표했다.

2명이 한 조가 되어 자동차순찰을 하는 경우보다, 단독순찰 방식이 공격을 덜 받았고, 체포 건수도 많았으며, 범죄조사 기록도 많이 작성했다. 흥미로운 것은 단독순찰근무자가 훨씬 더 빨리 대응했으며, 지원근무 차량으로 지정되었을 때 2인 순찰조보다 더 빨리 현장에 도착했다는 점이다. 이 밖에도, 단독순찰근무 방식이 시민들을 돕는 데에도 더 효과가 있었을 뿐만 아니라 경찰관청의 목적을 더 잘 수행하고 있었다. 단독순찰 방식이 더욱더 생산적이며 적은 비용으로 더 빨리 대응했다고 한다. 카플란(E. H. Kaplan)은 복수순찰 방식이 경찰관의 근무 중 부상 위험성을 감소시키고, 서비스가 제공되는 장소까지 속도를 증가시킬 수 있는 데에 반해, 단독 자동차순찰 방식은 비용을 감소시키고, 순찰지역 커버율을 높이고, 서비스 요청 전화에 신속하게 대응할 수 있다고 언급함으로써 논쟁을 결말지었다(Langworthy & Travis Ⅲ, 1994: 245).

1982년 데커(Scott H. Decker)와 와그너(Allen E. Wagner)의 연구에 의하면, 경찰뿐만 아니라 시민들에 대한 단독순찰 방식의 효과성에 관해 평가한 바 있다. 순찰경찰과 일반 시민이 직면하는 과정에서, 얼마나 많은 경찰과 시민이 다치는지를 조사했다. 조사된 중요한 요소들이 경찰관이 단독으로 혹은 한 조를 이루어 순찰했느냐에 상관없었다는 점이다. 연구 결과에 따르면, 경찰관이 부상당하는 비율은 단독순찰 방식과 복수순찰 방식 간에 다르지 않았다는 점을 상당히 명확하게 보여 주었다. 단독순찰 경찰관이 복수순찰 경찰관보다 공격을 더 받을 것 같지 않았다. 그런데 오히려 2인 순찰경찰이 단독순찰 경찰보다 시민에게 더 부상을 입힐 것 같았다. 연구자들은 단독순찰 경찰이 적대적으로 직면하게 될 상황의 수준을 상승시킬 것 같지 않았다고 주장했다(Stephenson, 1992: 124-125).

그들은 당시의 연구를 통해 다음과 같은 결론을 얻었다: 단독순찰 방식이 피의자를 체포하는 과정에서 시민과 피의자를 덜 해치고, 체포의 부담(위험성) 면에서도 복수순찰근무 방식보다 덜 위험했던 것으로 밝혀졌다. 게다가, 단독순찰근무는 복수순찰근무보다 경찰과 지역사회관계 측면에서 훨씬 더 유익했다(Langworthy & Travis Ⅲ, 1994: 245).

(3) 각국의 순찰근무 방식과 효과성

독일에서 일반예방경찰의 가장 빈번한 순찰 방식은 자동차순찰 혹은 도보순찰 방식으로, 주야를 불문하고 복수순찰 형태로 근무가 행해진다. 종종 하절기에는 자전거순찰근무가 활용되며, 도보순찰이나 자동차순찰근무 시 경찰견이 대부분 활용된다(Lim, 1999: 96).

스위스의 가장 빈번한 순찰근무 방식은 도보이든 자동차순찰이든 복수순찰 방식이다. 자전거순찰이 도보순찰과 병행하여 실시되고 있으며, 경찰견도 자주 활용된다. 오토바이순찰은 일반 범죄예방 순찰근무 시에는 활용되지 않으며, 교통과에서 주로 활용되고 있다. 이것은 한국과 비교되는 점이다(Lim, 1999: 97).

일본은 야간근무 시간에 경찰관이 조직범죄 집단에 의해 종종 피습되는 사례가 발생함으로써 이전에 일반적이었던 단독순찰 방식이 거의 사라지게

독일의 전형적인 2인 1조 도보순찰 경찰[18]

18 http://www.polizei-bw.de/ueberuns/Spezialisten/PublishingImages/fussstreife_polizei%20in%20bw.jpg; http://www.suedkurier.de/_/tools/picview.html?_CMELEM=3149275(2009년 3월 30일 검색)

일본경찰의 순찰차량[19]

되었다. 그러나 관할구역의 상황에 따라 순찰 방식이 유연하게 활용되고 있다. 낮이나 범죄발생률이 낮은 지역에서는 단독순찰 방식이 채택되기도 한다. 그러나 범죄발생률이 높은 지역에서나 야간근무 시에는 도보순찰이든 자동차순찰이든 복수순찰 방식으로 운영되고 있다(박병식 · 주희종, 1997: 99). 일본경찰은 도보순찰 또는 자전거순찰을 원칙으로 한다. 종래에도 도보순찰을 주로 실시해 왔으나, 지역경찰활동을 시작하면서 도보순찰을 더 강조하고 있다. 관할구역의 면적, 지형 등의 상황으로 자동차순찰을 실시하는 경우에도 순찰자동차를 특정한 장소에 주차시킨 후 그 부근을 도보로 순찰하도록 하고 있다(정경선, 1999: 106).

미국에서는 단독순찰 방식이 가장 일반적인 순찰근무 형태이다. 경찰집행연구포럼(Police Executive Research Forum)에 의하면, 122개 경찰관서 중 40개 경찰관서에서는 모든 야간근무 시에도 단독순찰 방식으로 근무하고 있었으며, 19개 경찰관서에서는 야간근무의 80% 이상을 단독순찰 방식으로 각각 운영하고 있었다. 그렇지만 극단적 경우도 있는 바, 시카고 시 경찰청에서는 야간근무 시에 전부 복수순찰 방식으로 근무 배치시키고 있으며, 뉴욕 시 경찰청은 98%, 클리블랜드 시 경찰청에서는 93%가 각각 복수순찰 방식으로 근

---

19 http://upload.wikimedia.org/wikipedia/commons/b/b4/Mitsubishi_GTO_patrol_car.jpg; http://i7.photobucket.com/albums/y261/Heeroh/Japanese%20Police%20Vehicles/021.jpg(2009년 3월 30일 검색)

무하고 있다고 한다(박병식 · 주희종, 1997: 77). 59개 대도시 경찰관서의 순찰근무 방식에 대한 연구 결과에 의하면, 모든 순찰근무 시간의 70.3%가 단독 자동차순찰 방식으로 근무하고 있으며, 단지 23.5% 정도만 복수순찰 방식으로 각각 운영하고 있는 것으로 나타났다. 그러나 인구 100만 명이 넘는 대도시의 경우, 모든 순찰시간의 45.9%를 '단독 자동차순찰' 방식에, 44.1%를 복수 자동차순찰 방식에 각각 할애하는 것으로 나타났다(Roberg & Kuykendall, 1993: 328).

4. 순찰실험 결과의 정책적 시사점

캔자스 시 예방순찰실험 사례에서, 경찰순찰의 다양한 변수들이 범죄 혹은 범죄에 관한 시민의 인식 혹은 경찰에 대한 그들의 만족에 별로 영향을 갖지 않았다는 것을 발견했다. 그래서 많은 경찰관을 지역공동체의 영역으로 배치하는 것은 범죄, 무질서 혹은 경찰에 관한 시민의 인식에 대해 장기적으로 최소한의 영향을 갖고 있다. 결과적으로, 도보순찰에 관한 평가에서 알 수 있는 것은, 도보순찰근무가 범죄 감소에 영향을 주지 않을 수 있는 반면에, 그것은 시민의 범죄두려움을 감소시킨다는 것을 보여 준다. 거주자들은 그들의 공동체를 더 안전하며, 그리고 살기에 훨씬 더 나은 장소로서 평가하고 있으며, 그들은 경찰서비스에 대해 훨씬 더 만족해 하고 있다(Birzer & Roberson, 2007: 76).

도보순찰은 경찰관서가 지역사회와의 유대를 강화시키는 많은 방법 중의 단지 하나라는 점에 주목해야 한다. 지역사회지향적 다른 활동은 주민과 상인에 대한 호별 방문을 통한 조사를 포함하고 있으며, 항구적인 순찰구역 임무, 주차 및 도보순찰, 근린지역 내 파출소, 시민단체와 연관된 경찰활동, 경찰관이 문제 해결을 위해 얼마나 많은 시간을 할애하는지, 그들이 어떻게 그것을 행하는지, 누구와 그것을 행하는지, 누구를 위해 그렇게 하는지 등은 아직 결정되어야 할 부분이다(Lyman, 2005: 122).

경찰행정의 정책목표는 범죄예방을 통한 사회질서유지라고 할 수 있다. 이 목표를 달성하기 위해 선택할 수 있는 정책 수단 중 사후진압적 수단보다 사전예방적 수단이 훨씬 더 중요하다. 경찰은 효과적인 순찰근무를 통해 범죄억제력(범죄예방 및 범죄 감소)을 향상시켜야 한다. 순찰근무의 범죄억제적 효과 달성 여부는 정책 수단을 선택할 때 판단 기준이 된다. 정책목표 달성, 즉 범죄예방 효과성 면에서 독립변수로 작용할 자동차 혹은 도보순찰력을 실험 대상 구역에 차별적으로 투입함으로써, 종속변수인 범죄예방(억제) 및 범죄 감소 효과를 확인했던 순찰실험에서 다음과 같은 정책적 시사점을 얻을 수 있다.

- 차별적 자동차 순찰력 투입은 범죄억지력, 주민만족도, 범죄에 대한 공포, 긴급전화 대응에서 유의미한 성과를 확인할 수 없었다.
- 뉴어크 시 실험에서 도보순찰력의 차별적 투입 역시, 범죄억제 측면에서는 유의미한 성과가 나타나지 않았지만, 시민과의 관계, 범죄두려움 문제, 신고된 범죄 건수, 범죄피해화, 범죄 신고 빈도, 범인 체포, 경찰관의 직무만족도 면에서는 자동차순찰근무보다 훨씬 더 유의미한 성과가 나타났다.
- 더군다나 플린트 시 도보순찰실험 결과에 의하면, 중범죄를 비롯해 공식적으로 집계된 범죄가 현저히 감소되었던 것을 경험했다. 그뿐만 아니라 실험구역에서 경찰서비스 요청 긴급전화 이용 건수가 상당히 감소했다. 지역주민의 주관적 안전감, 순찰경찰에 대한 주민의 관심과 신뢰도, 범죄 신고 태도, 범죄예방 직무수행의 우수성, 훈련성과 측면에서 도보순찰이 자동차순찰보다 효과적임이 증명되었다. 또한 도보순찰은 주민의 경찰에 대한 신뢰, 지역사회 문제 해결(지역사회 경찰활동에서 강조됨) 등에서 효과적인 정책 수단임을 확인할 수 있었다. 따라서 경찰은 범죄 억지적·예방적 수단으로서 자동차순찰보다는 도보순찰력을 강화하는 쪽으로 효과적인 정책 수단을 마련해야 할 것이다.

제 6 절 순찰조직의 편성과 직무 특성

경찰조직에서 가장 큰 비중을 차지하는 부서는 순찰부서이다. 국가별로 약간씩 차이는 있지만, 경찰의 주요 기능이 범죄예방이기 때문에 순찰부서에 대한 인적 · 물적 비중은 대체로 높은 편이다. 교대제근무를 수행하는 순찰경찰관은 타 부서 경찰관이나 공무원에 비해 심각한 육체적 · 심리적 스트레스를 받고 있는데, 이에 각국에서는 경찰관의 삶의 질 향상과 근무 여건을 개선하기 위해 다양하게 노력하고 있다.[20]

순찰전략과 기법 못지않게 순찰근무의 효과성에서 빼놓을 수 없는 것은 개별 순찰경찰관의 직무전문성이다. 어떤 조직의 기본적인 목표는 전체 조직을 구성하고 있는 직무를 효과적으로 수행할 수 있도록 활용 가능한 사람들 간에 그 직무를 배분하는 것이다. 그래서 각 구성원은 가장 적임인 직무에 배치되어야 한다(Stone & DeLuca, 1994: 59). 순찰 임무를 최적으로 수행할 수 있는 경찰관이 우선적으로 순찰부서에 배치되어야 하지만, 현실적으로 이 부서에 종사하는 다수의 경찰관은 경찰직에 입문한지 얼마 되지 않은 신규경찰관이다. 순찰경찰의 직무전문성은 순찰부서 근무경력, 근무 여건, 범죄예방 관련 교육에 영향을 받을 수 있다.

1. 순찰환경과 직무 스트레스

1) 경찰직무의 특징

순찰 혹은 수사 부서에 근무하는 경찰관의 근무 형태는 이른바 치안수요의 형태에 따라 결정되기 때문에, 일반적인 직업과는 다르게 경찰활동은 24

---

20 독일과 스위스 경찰의 경우 5부제, 일본경찰은 4부제, 영국과 미국은 월별(月別)로 다른 근무유형에 따라 근무를 하는 등 경찰관의 심리적 · 신체적 리듬과 근무효율성을 적절하게 조화시키려는 노력을 전개하고 있다. 선진 각국 순찰경찰관의 주당 평균 근무 시간은 40시간 안팎이다.

시간 전개되는 근무 방식을 채택하고 있다. 특히 순찰부서 소속 경찰관은 다른 행정부서나 내근경찰과는 달리 범죄가 빈발하는 야간시간대에 중점적으로 근무가 편성되어 있다고 해도 과언이 아니다.

이러한 야간근무를 지속적·반복적으로 수행하는 순찰경찰관의 직무환경은 대체로 육체적·심리적 장애와 건전한 가정생활과 사회생활에 장애를 초래하는 경우가 있다. 이 때문에 선진 각국에서는 24시간 근무 체제에서 근무하는 경찰관의 삶의 질 향상과 근무 여건 개선을 위해 많은 노력을 기울이고 있다.[21] 순찰 부서와 순찰근무를 둘러싸고 있는 물리적 환경, 교대제근무 방식의 특성, 지역적·정치적 영향, 그리고 경찰조직의 하부문화적 특성, 다른 형사사법기관과의 관계 등은 여러 형태로 순찰경찰의 근무 방식에 영향을 미친다. 특히 24시간 교대제근무 방식은 순찰경찰의 직무수행 방식·내용, 배치 기준 등을 결정하는 중요한 요소이다.

2) 경찰직무와 스트레스

경찰직무를 둘러싸고 스트레스가 발생하는 원인에 대해 중요한 네 가지 범주가 제시되고 있다(Gaines, 1993: 541-542).

① 조직적, 그리고 행정적 특성

직무의 복잡성, 명령적 지휘·감독 스타일, 과도한 문서 작업과 지나친 문서주의, 직무수행 방식 등이다. 경찰관서의 근무 분위기가 원래 준군대적 성질을 갖고 있기 때문에, 경찰관의 근무 시, 특별한 의심 없이 명령을 받아들이고 따르도록 기대되고 있다. 경찰직무의 이러한 측면이 스트레스를 자극할 수 있다. 또한 경찰관 사이에 분노의 감정을 일으키게 할 수 있다. 비록 직장의 일 때문에 분노의 감정이 좌절되기도 하지만, 이러한 고민을 가족에게 표출하는 것이 결코 생소한 경우는 아니다. 경찰조직은 다른 형태의 조직들과는 구별되는 많은 특별한 특성들을 갖고 있다. 군대조직처럼 경찰조직은 엄

21 한국경찰의 경우, 1999년을 전후한 '경찰 대개혁'을 통해 2부제 내지 전일제(全日制) 근무 방식이었던 파출소의 근무 방식을 2부제 내지 3부제로 획기적으로 개선한 바 있다.

격한 규칙, 책임 체계, 엄격한 명령 체계에 상당히 많이 의존한다. 대부분의 경우에 경찰조직은 외부 인사로부터 그 구성원을 방어하고, 그 구성원이 당번 때와 비번 때에도 그 구성원의 삶을 좌우하는 폐쇄적 체제이다. 조직적 계급구조를 좌우하는 사람들의 조직적 특징과 가치 체계는 일반적인 사회로부터 경찰조직을 격리 · 고립시키고, 구성원 간에 '우리 : 그들'이라는 태도를 주입시키는 경향이 있다. 이러한 조직적 특징은 곧바로 경찰활동이 수행되는 방식에 영향을 미친다(Hale, 1994: 54).

② 형사사법 절차상 초래되는 원인들

법정에의 잦은 출두, 엄격한 증거법 절차, 검사나 법관, 교정기관의 관대한 처분, 점증하는 범죄와의 투쟁을 계속해야 하는 문제 등이다. 다른 형사사법 기관들과의 관계에서 경찰조직을 고려해 본다는 것은 또한 중요하다. 게다가, 경찰관서는 지방자치단체의 서비스 제공 체제의 한 부분인 것처럼 법원, 검찰, 그리고 교정기관 공무원들과 상호작용해야 하는 광범위한 형사사법체계의 한 부분이기도 하다. 이러한 역할에서, 경찰조직은 지역공동체의 가치와 갈등 관계에 놓일 수 있는 확실한 책임을 가지게 될지 모른다. 형사사법체계의 각 요소들은 다른 형사사법체계와 갈등을 유발할 수 있는 그 자신의 목표와 목적뿐 아니라 그 자신의 가치 체계를 가질 수 있다. 그 종국의 결과가 조화보다는 오히려 갈등을 초래할지도 모른다.

③ 시민과의 관계

시민의 자유를 제한하거나 각종 단속행위는 경찰관에 대한 부정적인 평가를 초래한다. 또한 소수민족, 남성, 젊은 층, 가난한 사람일수록 대부분의 비공식적 대화에서 경찰에 대해 비판적으로 평가한다. 실제로 믿기지 않을 정도로 많은 사람들은 문제가 생기면 언제라도 즉시에 경찰관이 나타나 주기를 바란다. 만약에 경찰관이 긴급전화를 받고 도움을 주는 데 5분 이상 걸리면, 시민은 "경찰이 제대로 근무하지 않는다"고 불평할 것이다.

④ 경찰직무 자체에서 초래되는 원인

경찰직무가 위험하다는 인식과 함께 항상 긴장하면서 근무하며, 끊임없이 다른 사람을 의심하고, 모든 시민을 주의하면서 접촉하고, 시민을 잠재적인 위험 요소로 인식하는 것이 있다. 경찰이 사회를 위해 수행해야 할 가장 중요한 기능은 곤란한 직무를 수행하는 것이다. 경찰관은 변사체, 범죄, 범죄자, 피해자 그리고 자동차 사고 등 대부분의 일반 시민이 별로 생각지 않은 사건들을 취급한다. 일반인이 힘들어하는 일이나 꺼려지는 일과 직무를 처리한다. 그리고 그들의 경험은 일반인과 공유하기가 힘들다. 경찰관이 제시하는 경찰 직무 자체에서 초래되는 여러 가지 위험성과 장애 외에도, 경찰직무는 불안정한 가정생활을 초래한다. 일반적인 그 두 가지 중요한 원인은 교대제근무 조건과 가족 관계를 해칠 수 있는 직업 관계적 스트레스 때문이다. 경찰관은 주말, 공휴일, 그리고 심야교대근무를 거의 항상 하고 있다. 이것은 다른 가족들이 당연하게 여기는 많은 가족활동에 경찰관을 불참하게 만든다. 그뿐만 아니라 경찰관이 아닌 다른 동료와의 우정에도 균열이 생기게 하는 경우도 있다(Langworthy & Travis Ⅲ, 1994: 212-213).

3) 순찰근무의 물리적 환경

(1) 순찰경찰의 일반적 환경

경찰은 자신의 직무를 진공상태에서 수행할 수 없을 뿐더러 완전히 자율적으로 혹은 정부기관으로부터 독립해서 할 수도 없다. 그 대신에 자신의 활동을 인도할 많은 내부적 혹은 외부적 영향에 종속적이다. 이러한 영향 중 상당수의 것들은 순찰활동에도 직접적 영향력을 갖고 있다. 순찰경찰의 세계는 지역사회의 특성, 일반 공중의 태도, 정치적 결정, 감독자의 지시·명령, 행정적 절차, 동료집단의 압력, 지역이나 중앙정부의 법령이나 법규, 법원의 판결, 그리고 수없는 다른 변수들에 따라 형성된다. 게다가, 외부 환경에 관한 순찰경찰관의 인식은 그들의 직업과 그들이 수행하는 과업에 대한 태도에 영향을 미친다. 이러한 수많은 영향 때문에 명쾌한 것들은 거의 없으며, 종종 불완전하고 모호한 정보들에 근거해서 결정되어야 하는 것도 있다. 일과와 과업이 어떻게 될 것인가에 대한 확실성에 대해 적절한 수준으로 예측할 수 있는 다른 노동자들과는 달리, 순찰경찰관은 무엇이 요구되는지 알지 못한 채 매일 근무하게 된다. 순찰경찰관의 세계를 특징짓는 흥분, 공포, 그리고 긴장 요소가 그들에게 만족과 고뇌를 불러일으킬 수 있다.

경찰순찰기능의 가장 중요한 특징 중의 하나는, 순찰경찰관이 그들에게 부여된 임무를 수행할 때, 바로 그들이 직면하는 불확실성이다. 매일 관행적으로 작업에 종사하는 다른 사람들과는 달리, 순찰경찰관은 거의 절대적으로 자신을 포함한 모든 사람의 문제를 취급한다. 결과적으로 일반적 근무나 교대 근무 시에 완전히 새로운 문제와 경험에 직면하게 된다. 두 가지 상황이 똑같은 것은 없으며, 각각의 새로운 문제는 서로 다른 해결책을 필요로 하게 된다. 정답을 위한 교과서도 없다. 문서화된 정책이나 절차들은 단지 경찰활동의 일반적 가이드를 제시할 뿐이다.

(2) 지역사회 및 정치적 영향

아마도 순찰근무에 관한 가장 중요한 외부적 영향의 하나는 지역사회 자체이다. 일반적인 경찰활동, 그리고 특별한 경우는 순찰근무는 지역사회의 가치와 기대에 부응해야 한다. 두 개의 지역공동체가 완전히 똑같을 수 없는 것처럼, 경찰을 조직하는 방식에서의 태도나 경찰활동의 방식에서 동일한 두 개의 경찰관서는 없다. 작은 도시나 시골마을에서의 순찰활동은 대도시 중심부에서 수행되는 순찰활동과는 상당히 다르다. 순찰근무는 순찰활동의 결과가 지역사회의 규범, 가치, 그리고 기대에 맞게 다양성을 반영할 수 있는 방식으로 설계되고 관리되어야 한다. 정부 정책에 대한 우선성을 결정하는 과정에서, 경찰활동은 정치적으로 영향을 받는다(Hale, 1994: 52, 54). 비록 경찰이 정치적으로 무관하고자 하더라도, 다시 말하면 그들의 활동 기준을 당파적 영향보다는 객관적인 범주에 토대를 두고자 하지만, 그럼에도 불구하고 경찰은 지역정치가 표현하는 정치적 정서에 부응해야 한다. 정치가, 그리고 정책가들이 경찰활동을 설계하고 관리할 때, 경찰행정가를 이끄는 것은 바로 정책이다. 지역공동체의 정서를 반영하고, 지역공동체 안에서 경찰서비스의 성질, 범위와 수준에 영향을 미치는 것은 정책이다. 정치적 절차를 통해 지역사회의 요구가 정의된다. 결과적으로 정치적 결정은 경찰활동을 형성하는 데 매우 큰 역할을 한다.

(3) 교대제근무의 특성

① 주간순찰근무의 특성

대부분의 경찰관서에서 주간근무조는 통상적으로 서비스 활동을 제공할 수 있는 근무조이다. 주간근무조 순찰경찰관이 근무 시간에 부딪히는 사람들은 통상적으로 법을 위반했거나 몇 가지 문제를 일으킨 사람이다. 서비스 요청 전화를 처리하고, 시내 중심가에서 일어난 교통이나 주차문제, 학교나 지역사회의 공원 등지에서 발생한 청소년문제를 처리하는 것들이 주간근무 경찰관의 일상적 활동이다. 물론 범죄가 발생하기도 하며, 심지어 심각한 범죄일 수도 있다(Hale, 1994: 56).

주말에는 교통사고를 처리하도록 주간근무팀이 배치되며, 심각한 부상자나 환자들과 관련된 구조요청 전화를 처리한다. 특히 여름에 순찰경찰관은 종종 공원과 레크리에이션 지역 주변 순찰근무에 집중한다. 특별히 관광객이 붐비는 지역에서는 교통통제나 관리가 중요한 업무이다. 순찰경찰관은 야간이나 이른 아침에 발생하여 수 시간이 지나도록 해결되지 않은 재물 도난사건에 관한 수많은 리포트를 작성하기 위해 주간근무조에 배치되기도 한다. 주간근무팀에 배치된 순찰경찰관들은 수많은 심각한 핵심 범죄에 대처할 수는 없다. 그들은 더욱 서비스지향적이 된다. 고정된 교대근무제를 운영하고 있는 경찰관서의 주간근무팀은 사람들의 행동을 규제하는 쪽보다는 서비스를 제공하는 쪽으로 더 큰 관심을 끌어들인다. 주간근무에 배치된 순찰경찰관은 아주 다양한 직무를 수행한다.

② 오후 및 저녁 순찰근무의 특성

오후근무조(15：00~23：00)는 보통 가장 바쁘고 가장 많은 경찰활동을 제공하는 시기이다. 오후근무조의 순찰경찰관은 그들의 직업을 흥미롭고 도전적으로 만드는 광범위한 활동과 사람을 만나게 된다. 이 시간대의 근무들은 주간의 서비스 제공적 활동과 야간근무조의 범인 체포 기능을 결합하고 있다. 오후근무조에 배치된 경찰관은 주택화재사건, 복잡하게 부상당한 교통사고, 미아 및 가출소년 보고서 작성, 선술집 싸움, 가정 불화, 반달리즘 사건, 절도 및 주거침입절도사건, 폭력사건, 범죄 및 비범죄적 사건과 관련된 수많은 다양한 긴급전화 처리에 대한 해답을 스스로 찾게 될 것이다. 종종 경찰관서에서 처리한 모든 긴급전화의 40~50%가 오후근무조에서 발생한다(Hale, 1994: 57). 오후근무조에 배치된 순찰경찰관은 다른 근무조 경찰관과는 다르게 다양한 사람들 — 도망자, 주취자, 부랑자들 — 과 직면하게 된다. 이 근무조의 순찰경찰관은 고등학교나 도시 내의 다양한 상업지역에서 울리는 비상벨 신고 처리에 익숙해질 것이다

③ 야간순찰근무의 특성

야간순찰근무조는 '2시간 교대의 당직(dog watch)'라고 불린다. 교대근무시에 경찰활동이 거의 없다는 점을 나타내기 위해 심야근무조는 '묘지근무조(graveyard shift)'라고도 불린다. 이 심야근무조는 통상적으로 경찰의 모든 교대 근무 중에서 가장 매력이 적다. 심야근무조에는 항상 잠재적으로 위험이 도사리고 있다. 비록 이 근무 시간 동안에 순찰경찰관이 당연히 사람들과 거의 부딪히지 않더라도, 경찰관이나 혹은 다른 사람이 폭력에 직면할 가능성은 매우 높다. 성폭력, 심각한 폭력, 강탈, 폭행, 그리고 다른 폭력범죄는 하루 중 다른 어떤 근무 시간보다 심야근무 때에 훨씬 빈번하게 발생한다.

주취자나 부랑자 혹은 집 없는 사람들과 빈번하게 부딪히게 된다. 교통사고가 발생할 때는 심각한 부상이거나 사망과 관련되는 불행한 사건으로 될 경향이 있다. 주거침입 경보가 심야근무 때에는 종종 심각하게 울린다. 심야근무에서 하나의 문제는 사건이 하나도 안 일어나거나 동시에 모든 것이 발생하는 극단적인 범주라는 점이다. 심야근무 경찰관의 세계는 종종 매우 강력한 활동 중의 하나이거나 아무 행동도 하지 않는 것 중의 하나이다. 이 근무조에 배치된 경찰관은 이러한 활동의 정점과 계곡에 대해 그들을 지지하고 떠받칠 수 있는 인간적인 재치와 수완을 가지는 것이 필요하다(Hale, 1994: 59).

(4) 순찰경찰관의 자세

거의 모든 사례에서 행동에 대해 적절한 과정을 결정하는 것은 그 경찰관 본인이다. 게다가, 경찰관이 스스로 결정한 내용을 실행했을 때, 그것이 가장 훌륭한 것이었느냐 여부를 알 수 있는 적절한 방법이 없다는 점이다. 확실한 해결책이 없는 상황에 직면했을 때 경찰관은 훌륭한 직관, 과거의 경험, 그리고 직감적 행위에 의존해야 한다. 선택해야 할 때 혹은 하지 말아야 할 상황에서 순찰경찰관은 대단히 신중해야 한다. 순찰 업무는 도전적이며, 흥분되고, 감정적으로 자극적인, 그리고 꽤 보상적이다. 그러나 다른 경우에는 그것이 단조롭고, 일상적이고, 따분한 것이 될 수도 있다. 근무하는 장소와 시간대에 따라서 취급하는 업무의 성질과 내용이 확연히 다를 수 있다.

다른 어느 직업의 구성원보다도 순찰경찰관은 그들에게 필요한 다양한 수준의 기술과 능력을 가져야 한다. 예기치 않았던 것을 예상하고, 위험이나 분노의 얼굴 앞에서도 조용하게 대답하고, 접전의 한가운데에서도 침착함을 유지하고, 공포 속에 있거나 다친 사람에게 확신을 주고, 가치 없는 비판에도 참고, 비난과 모욕의 얼굴 앞에서도 정중함과 예의바른 모습을 유지하고, 곤경에 처한 사람에게 위안을 주고 상담을 하고, 부정으로 피해를 입은 사람에게 동정과 자비를 보여 주고, 감정적 위기를 다루어야 할 때에는 객관적이고 초연하게 대처할 수 있는 방법을 배워야 한다(Hale, 1994: 55).

볼머(August Vollmer, 1876~1955)[22]

한편, 미국 경찰학계의 한 지도자로서 오랜 경험을 기초로 경찰행정학 발전에 크게 기여한 바 있는 볼머(August Vollmer)는 일찍이 현대 시민이 요구하는 경찰관의 상에 관해 다음과 같이 기술한 바 있다(신진규, 1986: 470).

22 http://www.erbzine.com/mag20/vollmer1.jpg(2009년 5월 5일 검색)

"시민들은 경찰관이 솔로몬의 지혜, 다윗의 용기, 삼손의 힘, 욥의 인내, 모세의 리더십, 사마리아인의 친절성, 알렉산더 대왕의 전략, 다니엘의 믿음, 링컨의 외교, 나사렛 목수의 관대성, 그리고 자연과학, 생물학, 사회과학 등 각 분야의 치밀한 지식을 모두 갖출 것을 기대한다. 그가 만약 이 모든 것을 갖춘다면 그는 훌륭한 경찰관이 될 것이다."

4) 교대제 순찰근무와 스트레스

경찰은 현대 사회에서 가장 가시적이고 적극적인 공적 서비스 제공자이다(Hale, 1994: 7-8). 경찰은 기본적으로 24시간 하루 종일 가동되고 있으며,[23] 시민들은 다른 지역 행정관서의 조력을 받을 수 없을 때는 경찰에게 응원을 요청하고 있다. 시민의 1차적 요구는 통상적으로 하루 24시간 동안 경찰서비스가 가능해졌으면 하는 것이다. 사람들은 긴급 상황이 어찌 되었든 간에 경찰관으로부터 어떻게 충분한 도움을 항상 받을 수 있다는 것을 알 수 있을 때, 훨씬 더 안전하게 느낀다. 보통 사람들이 휴식하는 시간에 위험한 직무를 야간에 충분한 휴식 없이 수행한다는 것은 신체적으로나 정신적으로 많은 어려움을 안고 있다(Adams, 1998: 23).[24] 실제로 경찰서비스를 가장 필요로 하는 사건은 저녁 6시부터 심야까지, 아침 6시부터 저녁 6시 사이에 집중된다(Stone & DeLuca, 1994: 346).

교대근무의 영향 때문에 야간근무자가 광범위하게 일상적으로 집중력 감퇴, 만성적 피로감, 그리고 저하된 반사작용 등을 심리적・육체적으로 느낀다는 것을 머시사이드 시프트 리뷰 팀(Merseyside Shift Review Team)이 밝혀냈다. 리즈(Leeds)대학교의 '교대근무 및 안전연구팀'의 전문가인 스미스(Lawrence Smith) 박사와 리뷰 팀은 야간근무 수행이야말로 "건강에 해롭고 바람직하지 않다"고 결론지은 바 있다. 야간교대근무자들은 만성적 피로와 수

---

23 24시간 근무 체제의 대표적인 사례로서 경찰관서, 소방서, 교도소, 병원응급실, 군대조직 등은 야간근무자의 비율이 비교적 다른 직업군에 비해 높다.

24 야간교대근무는 근무자들에게 광범위한 부정적 영향의 원인이 된다고 지적하고 있다.

야간근무가 심장에 미치는 영향[25]

밤근무자들은 호르몬과 신진대사의 변화 때문에 비만, 당뇨, 심장병 등의 치명적 질환을 앓을 확률이 높은 것으로 나타났다. 미국에는 약 860만 명의 야간근무자가 있는 것으로 파악되고 있다. 야간근무자는 일상적인 9시 출근~5시 퇴근 직장인이 아닌 사람들로, 공장 직원, 병원 근무자, 경찰, 경비원, 소방관, 파일럿, 트럭 운전자 등이 대표적이다. 이들 중 상당수는 위장 장애, 피로, 수면 장애 등의 문제를 겪는 것으로 파악되어 왔다. 지금까지 이런 문제는 기상 시간과 음식 섭취 습관이 정상적으로 맞질 않아 생기는 '생체 시계'상의 문제로 알려졌다. 연구진은 야간근무가 인간의 신체에 더 심각한 문제를 일으키지 않는지 확인하기 위해 5명의 남성과 5명의 여성을 데리고 실험을 했다. 연구진은 10일 동안 이들에게 불규칙적인 수면과 식사 시간을 정해서 야간근무자들과 비슷한 생활 패턴을 만들었다. 그 결과, 이들의 신체에서 체중 통제 호르몬인 렙틴의 분비율이 낮아지는 것으로 나타났다. 렙틴 수치가 떨어지면 식욕이 증가하고 운동량이 저하돼 비만이 될 확률과 심장병이 걸릴 확률이 크게 높아진다.

이와 함께 혈당 농도와 인슐린 수치가 변화함으로써 인슐린의 반응이 저하되는 것으로 나타났다. 특히 당뇨 병력이 전혀 없는 실험 참가자 3명은 야간근무 환경에서 생활을 한 뒤로 혈당 수치상에서 당뇨병 초기 증상을 보였다. 이들은 또한 낮 시간 동안 혈압이 증가했다. 이런 비정상적인 부작용은 낮과 밤 시간이 정상적 시간보다 12시간 차이가 날 때 가장 심한 것으로 나타났다. 그러나 연구진은 이번 실험이 제한된 환경 속에서 짧은 시간 동안 실시되었기 때문에, 장기간 야간근무를 할 경우에도 이와 같은 현상이 나타날지는 알 수 없다고 말했다.

면장애를 초래할 정도의 민감성, 그리고 집중력 저하로 고통받을 뿐만 아니라 또한 높은 결근율, 약물과 알코올 중독 가능성, 그리고 대인관계 문제와 이혼문제에 다른 일반 노동자들보다 심각하다고 한다.

교대근무는 피할 수 없는 경찰직무의 한 단면이라고 하면서, 리뷰 팀은 향상된 생산성, 낮은 사고율, 그리고 다른 건강과 안전문제의 관점에서 근무 여건이 고려되어야 한다고 주장한다. 민첩성 감소와 저하된 반사작용, 두통, 장염, 근육통, 약물과민성, 그리고 잠재적인 문제 출현을 포함하여 또 다른 생리학적 영향이 언급되고 있다. 불연속적 동작, 추론과 연산작용에 활용되는 것과 같은 고인식 기능들의 약화, 직무수행을 위한 많은 시간의 소모, 화를 잘 낼 정도의 민감성, 그리고 낮은 사기와 직무 만족도를 포함하여 다양한 심

25 http://kr.blog.yahoo.com/health_blog/9422?c=H; http://health.yahoo.com/news/healthday/nightshiftworkhardontheheart.html(2009년 3월 6일 검색)

리학적 영향들이 야기된다(Police Review, 1998: 23).

2. 순찰조직 및 근무 방식 결정 시 고려 사항

1) 순찰 부서의 위상

순찰근무 부서는 경찰관서의 가장 핵심적인 부서이면서 가장 큰 부서이다. 그리고 모든 1차적 경찰직무 수행에 책임이 있다. 지휘부에서 주야간 동안 지휘·명령한 내용을 수행하면서 시 전역을 관할한다. 순찰 부서 근무자는 특별한 임무를 수행하는 타 부서 경찰관들이 근무하지 않을 때에 즉각적인 조치를 취하게 된다(Wilson & McLaren, 1977: 321). 그들은 지역사회 주민의 생활과 복지에 대해 가장 즉각적이고 직접적인 충격을 줄 수 있는 자들이다. 그런데 이러한 순찰경찰관은 경찰서에서 가장 낮은 직급에 속하는 구성원이며, 가장 적은 공식적 권한·권위를 가지고 있고, 경찰 집행부에 의해 가장 적게 인정을 받고 있다. 순찰기능과 순찰경찰관의 중요성이 다른 어떤 부서나 경찰관보다 중요한데도 불구하고 그 중요성을 인정하는 데 인색한 것은 대체로 다음의 몇 가지 이유에 기인한다(Hale, 1994: 8-9).

첫째, 순찰근무는 경찰직에서 성공하기 위해 거쳐 가는 사다리의 첫 단계로 인식되는데 경찰학교를 갓 졸업한 경찰관이 보통 순찰부서에 배치되기 때문이다. 그래서 종종 순찰경찰관은 승진을 하거나 수사, 교통부서나 마약범죄 수사팀과 같이 보다 중요한 직책으로 여겨지는 부서에 도전하도록 자극을 받기도 한다. 실제로 순찰 부서에 장기간 근무하거나 모든 경찰 경력을 순찰 부서에서 보내는 경우, 게으르거나 무능한 또는 야망이 없는 경찰관으로 치부되기도 한다. 게다가, 순찰경찰관에 의해 성취된 목표 달성 업적에 대해 공식적 보상 체계를 마련하고 있는 경찰관서가 거의 없다고 하는 점이다(Hale, 1994: 8).

둘째, 순찰근무보다 더 자극적이고 훨씬 더 좋아 보이는 다른 경찰기능이 많이 있다는 것이다. 경찰 관련 드라마 중의 일부를 제외하고는 경찰 순찰근무의 중요성에 초점을 맞춘 것은 거의 없으며, 대부분은 경찰활동의 전문 분야에 초점을 둔 범죄수사 드라마와 같은 것이다. 그러다 보니 종종 범죄현장에서 수사의 실질적인 성공 여부를 좌우할 수 있는 순찰경찰관의 초동 조치 역량이 다소 소홀하게 취급되기도 했다(Hale, 1994: 8-9).

셋째, 순찰경찰관은 종종 경찰활동에서 가장 어렵고 힘든 부분과 직면하기도 한다. 그들은 야간에 자동차를 정지시켜 검문하거나 밤늦게까지 문이 열려 있는 건물을 체크할 때마다 생명의 위험을 감수해야 한다. 음주 운전자를 체포하고, 적대적일 수 있는 시민에게 속도위반 스티커를 발부하고, 육체적인 건강에 나쁜 영향을 미칠 수 있는 교대근무제에서 근무한다. 끊임없이 반대자, 적대자, 그리고 특별한 사건이 종결된 뒤에도 그들에게 오랫동안 함께 따라다니는 비극적인 일에 직면하고 있다. 시민에게 항상 미소를 짓지 않는다거나 불친절하게 행동하는 것 때문에 시민들에 대해 조심성이 없다, 시민을 알아보지 않는다, 시민에게 감사하지 않는다는 등으로 종종 비판을 받기도 한다(Hale, 1994: 9).

2) 순찰기능에 대한 인식 변화

순찰경찰관이 향유하고 있는 인정감과 존경심이 종종 경찰정책과 관리 철학에 의해 훼손 내지는 소홀히 되는 경우가 있다. 예를 들면, 전문성 내지 특수성을 너무 강조한 나머지, 순찰경찰관은 많은 임무를 스스로 충분히 수행할 수 있음에도 불구하고 처리하지 못하고, 그러한 임무를 수사경찰관이나 현장 감식 전문가, 교통 경찰관과 다른 전문 경찰관에게 넘기도록 요구받고 있다. 결과적으로 많은 경찰관서에서는 순찰경찰관을 사건보고자 내지는 초동조치자 이상으로는 거의 평가하지 않는 경향이 있다. 대부분 범죄현장에서 순찰경찰관은 훈련된 전문 수사관이 현장에 도착할 때까지 범죄현장을 보존하는 단순한 역할 정도로만 기대되고 있다. 심지어는 주거침입절도의 가능성이 있는 용의자를 추적하는 과정에서조차 경찰관서에서는 순찰경찰관이 직접 추적하기보다는 오히려 수사경찰관에게 이러한 정보를 종종 넘기도록 요구받는다(Hale, 1994: 9).

또한 경찰관은 순찰력의 크기와 범죄 발생 건수 간에 마치 직접적인 관련이 있는 것처럼 아직 행동하고 있다. 만약에 이것이 사실이라면 범죄 증가를 억제하기 위해서는 명백한 결정을 통해 순찰력의 크기나 규모를 증가시켜야 할 것이다. 시간이 흘러가면서 순찰의 가치와 목적에 대한 이러한 전통적인 믿음은 타격을 입게 되었다. 경찰행정가는 범죄억제에 대한 직접적인 영향을 가질 수 있는 것이 순찰경찰관의 숫자뿐만 아니라 순찰경찰관을 관리하는 방식이라는 것을 서서히 그러나 확실히 인식하게 되었다. 필요한 것은 더 좋은 장비를 갖춘 순찰경찰관이라기보다는 그러한 장비를 활용하기 위한 보다 효과적인 방법이다.

순찰경찰의 고가시성과 범죄가 진행 중인 경우에 신속한 대응을 하는 것이 중요하긴 하지만, 지역사회의 범죄를 예방하고 해결하는 데 진정한 해답이 될 수는 없다는 것을 점차 깨닫기 시작했다(Hale, 1994: 10-11). 순찰활동의 효과성을 최대화하기 위해서는 경찰순찰 조직이 적절하게 조직되고 관리될 필요가 있다. 이를 위해 경찰관리자들은 과거보다 최근의 조직관리 원칙을 잘 알고 있어야 한다. 건전한 조직관리 원칙의 채택 없이는 임무와 책임감이 제대로 정의될 수 없을 것이다.

3) 순찰조직 편성 및 순찰경찰관 배치 시 고려 사항

순찰 관할구역의 크기, 순찰근무 지역에 배치할 차량 및 경찰관의 숫자는 그 구역에서 경찰관서가 수행해야 할 업무량 분석과 관련이 있어야 한다(Langworthy & Travis Ⅲ, 1994: 243). 전통적으로 순찰경찰관의 배치는 직무의 분량, 시간, 그리고 기능에 따라 결정된다. 전문 경찰관리자는 순찰경찰관에게 직무분석 양식에 따른 합리적 직무 배분을 강조한다. 그들이 제공할 서비스의 성질과 숫자야말로 가장 중요하다. 그리고 순찰경찰관 배치 수요에 영향을 미칠 수 있는 인구 및 지리적 요소, 기본적인 경찰관서의 효과성, 순찰경찰관의 생산성 역시 중요하며, 경찰관서의 재정 규모 또한 순찰경찰력 배치에 영향력 있는 요소들이다(Stone & DeLuca, 1991: 353).

경찰관리자의 유일한 걱정거리는 순찰구역의 경계를 획정하면서, 경찰관의 직무 부담을 똑같이 하는 것이다. 그들은 통상적으로 관할구역 내에서 발생하는 총범죄 건수, 인구밀도와 경찰의 도움을 요구하는 긴급전화 건수, 관내 도로의 총거리(경찰대응시간을 감소시키기 위해), 신고된 사고 건수(accident) 빈도, 주거침입절도나 강도범죄의 주요한 목표가 될 수 있는 사업체 수, 주점이나 다른 경찰 대상 업소 등을 근거로 순찰구역(관할)의 크기나 범위 혹은 경찰관의 근무량을 결정하기도 한다(Banton, 1964: 52-53).

경찰관서에서 경찰관 배치문제는 주로 순찰 임무에 할당된 경찰관의 숫자로 언급된다. 대부분의 경찰관서에서 반 이상의 경찰관이 순찰 임무에 할당된다. 일반적으로 보면, 대체로 60% 정도의 경찰관이 순찰 부서에 배치된다. 규모에 따라서 더 많은 경찰관이 배치되기도 한다. 각 8시간씩 근무하는 동안 순찰경찰관은 지역적 혹은 업무량의 차이에도 불구하고 똑같은 시간으로 근무하는 실정이다. 이러한 배치 방식은 가장 간단한 방식이긴 하지만, 다양한 치안수요(시간대별, 요일별, 지역별, 심지어 연도별)를 고려치 않은 것이라고 할 수 있다.

순찰경찰관의 직무 차이는 주로 지리적, 그리고 시간에 따라 다르다. 예를 들면, 저소득층이 거주하는 지역은 가장 바쁜 순찰구역이라 할 수 있다. 피해조사에 따르면, 이러한 지역에 범죄가 가장 많이 집중된다(Walker, 1983: 105-106). 업무량이 시간대별로나 지역별로 일정하지 않기 때문에 8시간 교대근무제 하에서 각 근무조마다 치안수요를 고려치 않고 인원을 획일적으로 배치한다면, 어떤 근무 시간에는 경찰력이 과잉일 수 있고, 어떤 때에는 부족할 수도 있다. 따라서 동일한 경찰력을 배치하는 것이 아니라 치안수요에 따라 경찰력을 배치하기도 한다(Roberg & Kuykendall, 1993: 315).

이상적으로라면, 일어날 수 있는 어떤 사건이라도 아무 때나 처리할 수 있도록 충분한 경찰력을 확보하는 것이 바람직할 것이다. 보다 바람직한 목표는 치안수요가 정점에 달했을 때의 발생할 업무량의 80% 정도를[26] 주어진 시

26 나머지 20%의 부족한 업무 처리 시간은 초과근무(overtime claim)를 통해 해결한다.

간에 처리할 수 있을 정도로 충분히 순찰경찰관을 근무시키는 것이다. 순찰 근무의 효과성은 관할구역의 크기에 의해서도 많이 좌우된다. 순찰 관할구역이 확대되면 시민과 순찰경찰 간에 긴밀한 관계를 형성하는 것이 불가능해질 수 있다(Trojanowicz, 1994: 36, 40). 순찰경찰관이 직무를 효과적으로 처리할 수 있게 하기 위해서는 과학적으로 직무를 분석하고, 이를 토대로 각 경찰관이 그 임무를 적절하게 감당할 수 있도록 해야 한다(Stone & DeLuca, 1994: 355).

3. 각국 순찰경찰의 인원 편성 사례

1) 순찰경찰관의 배치문제

순찰 부서에 얼마나 많은 경찰력을 배치하는 것이 좋은지에 대해서는 항상 의문으로 남는다. 정확하게 가이드할 수 있는 마술적인 숫자는 없다(Stone & DeLuca, 1994: 352). 게다가, 경찰관리자가 경찰관을 그들의 경찰관서 내에서 어떻게 배치할 것인지에 대한 일관성이나 유형은 거의 없다. 예를 들면, 경찰집행관연구포럼(Police Executive Research Forum, 1982)에 의해 수행된 연구에 의하면, 경찰관 중 순찰근무 부서에 배치된 비율을 보면, 많게는 64.9%에서 적게는 32.4%에 이른다.

경찰행정가가 특별한 팀 또는 비순찰팀에 경찰관을 많이 배치하게 되면, 자동적으로 그만큼 순찰경찰관의 숫자가 줄어들게 될 것이다. 그리고 순찰경찰관이 적어지면, 순찰근무 관할 범위는 넓어지게 된다. 경찰관 배치는 일반적으로 직무분석 후에 이루어져야 한다. 경찰관서는 최적의 의사결정을 하기 위해 팀의 활동에 관한 상세한 리포트를 토대로 직무 부담을 분석해야 한다(Gaines, Kappler, & Vaughn, 1994: 148-149).

2) 각국 경찰의 근무 부서별 경찰력 배치 실태

경찰학자 베일리(David Bayley)의 연구에 의하면,[27] 경찰작전 및 직무의 가장 큰 부분은 순찰근무라고 한다. 미국에서 모든 경찰관의 65% 정도(로스앤젤레스 49.7%, 뉴욕 66.8%, 디트로이트 55%, 필라델피아 55.4%, 시카고 65.4%, 휴스턴 65.9%)가, 캐나다의 경우는 64%, 영국의 경우는 56%, 호주는 54%, 그리고 일본의 경우는 40%의 경찰관이 각각 순찰 부서에서 근무하고 있는 것으로 밝혀졌다(Barker, Hunter, & Rush, 1994: 138).

순찰근무 부서 다음으로 경찰관이 많이 배치되어 있는 부서는 역시 범죄수사 부서이다: 캐나다는 14%, 영국 · 미국은 15%, 호주는 16%, 그리고 일본은 20% 정도이다(Bayley, 1996: 25). 경찰이 수행하는 세 번째 규모로 큰 직무는 교통통제 관련 임무이다. 평균 8% 정도의 비율로 배치되어 있는데, 일본의 경우는 17%, 호주 10%, 영국 · 미국은 7%, 그리고 캐나다는 6% 정도이다(Bayley, 1996: 29). 마지막으로 규모가 큰 직무 부서는 행정기능이다: 일본의 경우는 11%, 캐나다는 10%, 미국 9%, 영국 7%, 그리고 호주는 6% 정도이다. 보통 이 행정 부서에서는 인사, 교육 · 훈련, 홍보, 재정, 근무 감독 등

표 3-4 각국의 경찰관서별 경찰력 배치 비교(N = 28)

근무 부서 \ 국가별	호 주	영 국	일 본	캐나다	미 국
순찰부서	54%	56%	40%	64%	65%
범죄수사	16%	15%	20%	14%	15%
교통부서	10%	7%	17%	6%	7%
행정부서	6%	7%	11%	10%	9%
기타	14%	15%	12%	6%	4%

출처: 베일리(Bayley, 1994: 25) 이하의 내용을 토대로 필자가 재구성한 것임.

---

27 베일리(Bayley, 1996: 16)에서 제시하고 있는 자료는 그가 1987~1990년 간 호주, 영국, 캐나다, 일본, 그리고 미국의 경찰관서 28개소를 표본 추출하여 연구한 결과이다. 특히 일본의 경우는 '경찰청'의 자료를 인용했다; 필자의 연구 당시 각국별 경찰 밀도는 1990년 미국 1 : 393, 호주 1 : 414, 영국 1 : 406, 캐나다 1 : 474, 일본은 1 : 552였다.

의 직무를 수행한다.

3) 한국의 순찰경찰

(1) 경찰 인력 분포 및 배치 기준

경찰인력은 2019년 말 기준으로 총 140,988명이며, 경찰관 122,913명(87.2%), 일반직 등 5,292명(3.7%), 의경 12,783명(9.1%)으로 구성되어 있다.[28] 2013년부터 경찰인력 증원이 국정과제로 선정되어 2019년 까지 총 21,788명을 충원하였지만, '경찰관 1인당 담당 인구'는 2018년 말 기준 437명으로 선진 외국과 비교해 보면 여전히 경찰 인력이 부족한 것으로 나타나고 있다. 경찰은 국가공무원 중 특정 직공무원으로 분류되며, 치안총감, 치안정감, 치안감, 경무관, 총경, 경정, 경감, 경위, 경사, 경장, 순경 등 모두 11계급 체계로 이루어져 있다. 그러나 경위 이하 경찰관이 전체 인력의 약 89.9%, 총경 이상 경찰관은 0.5%를 차지하는 등 타 기관에 비해 하위직 비율이 상대적으로 높은 압정형 직급구조를 가지고 있다(경찰청, 2020: 324).

표 3-5 한국경찰의 직급별 인력 분포(2019년)

	총 계	치안 총감	치안 정감	치안감	경무관	총 경	경 정	경 감	경 위	경 사	경 장	순 경
인원	122,913	1	6	27	64	545	2,706	9,040	15,853	25,268	31,545	37,858
비율 (%)	100	0.01	0.01	0.02	0.05	0.45	2.2	7.4	12.9	20.5	25.7	30.8

출처: 경찰청(2020: 324).

2019년 말 기준, 범죄예방순찰을 담당하는 일선 경찰관서는 경찰서 255개소, 지구대 585개소, 파출소 1,436개소에 이른다(경찰청, 2020: 316). 우리나라 경찰관서의 인력 규모는 관할지역 유동 인구, 총범죄 발생 건수, 교통사고 발생 건수, 유치인 수에 의해 가장 잘 설명된다. 한편, 지속적으로 인력을 증

28 경찰백서(경찰청, 2020: 322).

원하고 있음에도 불구하고, 일선 치안현장에서는 인력충원의 효과를 체감하기 어렵다며 지속적으로 인력부족을 호소하고 있다. 이에 면밀한 조직진단을 통해 지역별, 관서별, 기능별 치안수요 및 업무량을 측정하고 이를 기준으로 전국적으로 1,633명의 경찰인력을 재배치하였다(경찰청, 2020: 324).

CHAPTER 4

각국의 순찰경찰과 범죄예방

제 1 절 독일의 순찰경찰과 범죄예방

1. 독일의 순찰경찰제도

1) 조 직

각 주(州)를 중심으로 지방분권화된 경찰 체제를 유지하고 있는 독일경찰의 경우, 주마다 각기 다른 경찰제도를 운영하고 있다. 제2차 세계대전 종전 직후 강대국들의 점령 기간 동안 점령 당국의 경찰 체제의 영향을 상당히 받았다. 구 동독지역에 속했던 5개 주는 통일되면서 서독의 경찰제도를 받아들였다. 지방분권화되어 있으며, 통일 과정을 거친 독일경찰의 면모는 많은 시사점이 있다.

기본적으로 독일의 경찰권 행사는 각 주의 권한이다. 경찰개념을 조직법적으로 이해하는 경우, 경찰은 각 주에서 근무 방식별로 나뉜다(Götz, 1995: 171). 경찰관청의 조직은 독일 내에서 아주 다양하다. 모든 주에서는 다음의 네 가지 영역에 걸쳐 주경찰조직이 편성되어 있는데(Möller Wilhelm, 1995: 15), 일반예방경찰(범죄예방, 교통 업무), 수사경찰, 기동경찰(경비), 수상(해양)경찰 등으로 나뉜다.

경찰의 기본적 임무인 범죄예방, 범죄수사 및 위험방지활동은 주로 각 주 내무부 소속의 경찰관청에 의해 수행된다. 따라서 각 주의 최상급 경찰관청은 주 내무부 장관이다. 주(州) 내무부에는 경찰담당국(주경찰청)이 설치되어 있으며, 도(道) 단위에도 경찰 담당부서(지방경찰청)가 설치되어 있다. 그러나 이들 경찰담당 부서는 집행기관의 역할을 수행하지 않으며, 하급 경찰관서에 대한 인사, 예산, 지원, 감독, 통제 업무를 수행한다. 기본적인 경찰조직의 편제는 내무부 직속의 상급 관청조직, 지방경찰청, 경찰서, 지구경찰서, 파출소 순으로 피라미드식 구조로 편성되어 있다.

지구경찰서(Polizeirevier)[1]는 경찰서와 파출소(Polizeiposten) 중간단계에 해당하는 경찰조직이여, 주된 기능은 순찰업무이다. 경찰서마다 2~3개에서 10여 개 미만 정도로 설치되어 있으며, 프라이부르크 경찰서에는 5개소가 있다. 한국의 읍・면・동에 해당하는 행정구역에는 파출소가 각각 설치되어 있으며, 파출소는 지구경찰서 소속이다. 경찰서에서 24시간 근무 체계로 운영되는 부서는 교통 외근 순찰부서, 교통사고조사반, 상황실, 형사당직반(KDD), 지구경찰서 순찰과 등이 있다. 이들 부서 외의 경찰관은 월~금요일 오후까지만 근무하는 주간근무 체계이다. 이러한 독일경찰의 근무 방식의 배경에는 경찰관도 기본적으로 근로자라는 인식을 전제로, 삶의 질 문제가 근무 여건에 반영된 결과라 할 수 있다. 뿐만 아니라, 경찰관의 근로 조건 및 복지후생 등의 문제를 집단적으로 해결하기 위해 경찰노동조합도 결성되어 있다(임준태 외, 2007: 410).

1 지구경찰서장은 관할 규모(경찰관 80~200여 명)에 따라 차이가 있지만, 우리나라의 고참 경감급 내지는 초임 경정급 계급에 해당하는 경찰간부가 배치된다. 지구경찰서장은 지방경찰청장이 임명한다.

그림 4-1 프라이부르크 북부지구 경찰서(Polizeirevier – Nord) 조직

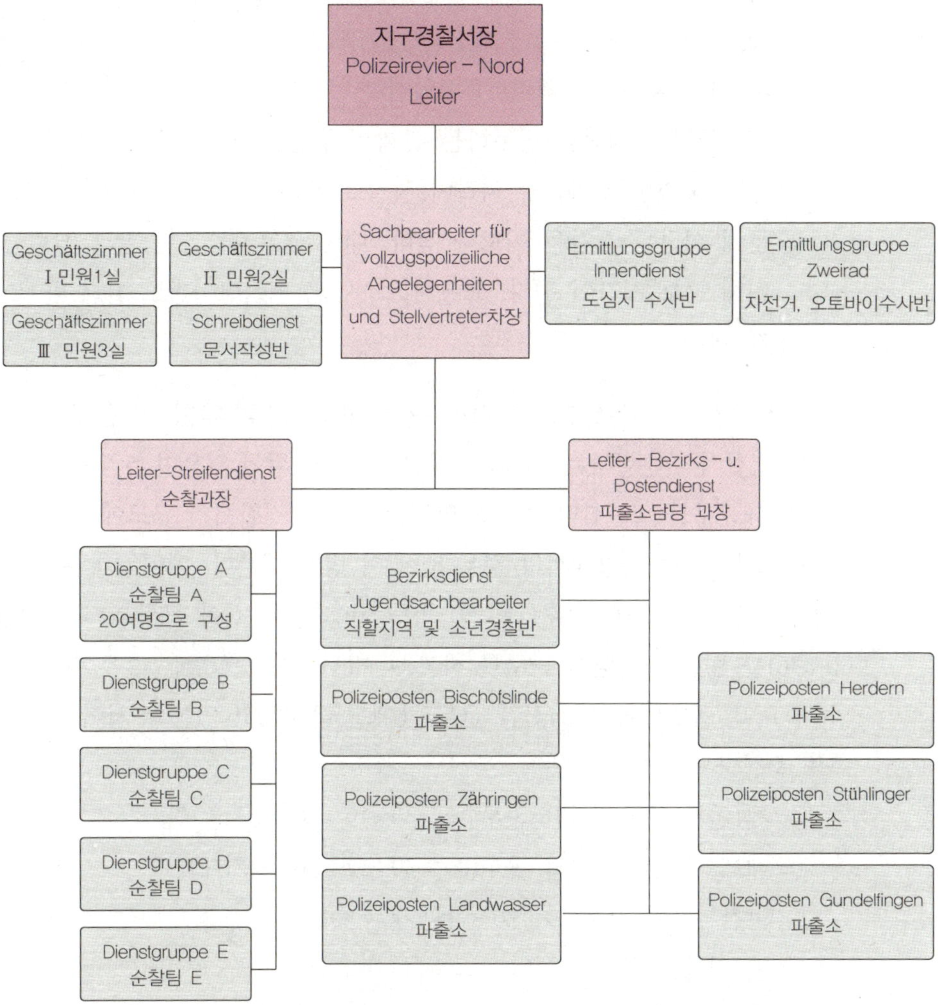

2) 순찰근무 방식

(1) 4부제 하의 근무 방식 및 시간

▸ 경찰서 내근 상황실 근무 사례

– 제1일차 주간 7시간 근무(12 : 30~19 : 30)

- 제2일차 주간 6시간 근무(06 : 30~12 : 30 근무, 자가대기)
  야간 · 심야 근무(19 : 30~익일 06 : 30까지 근무)
- 제3일차 휴무
- 제4일차 휴무

  4일 동안 24시간을 근무하는 관계로 주일당 평균 '근무 시간은 42시간'이 되지만 초과근무 시간이 월별로 합산, 휴가 일수에 반영되기 때문에 실근무 시간은 이보다 적다. 내근 근무자들은 순찰과 직원들에 비해 근무 시간이 길다. 교통사고조사반, 형사당직반도 같은 근무 체제이다.

(2) 지구경찰서 순찰과(5부제)의 근무 방식, 근무 유형 및 근무 실태

지구경찰서의 순찰과는 5개의 순찰팀으로 구성되어 있으며, 5일 주기로 번갈아 교대근무를 실시한다. 1개 팀의 인원은 지구경찰서의 규모에 따라 다르지만, 프라이부르크 경찰서의 경우 8~20여 명에 이른다. 매일 2개 순찰팀씩 오전(06 : 30~12 : 30), 오후(12 : 30~19 : 30), 야간 · 심야 근무(19 : 30~익일 06 : 30)를 번갈아 가면서 근무를 하고, 나머지 3개 순찰팀은 휴무이다. 토요일, 일요일, 공휴일에도 24시간 근무 체제를 유지하고 있는 부서이다.

▶ 순찰근무 A팀의 경우

- 제1일차 주간 7시간 근무(12 : 30~19 : 30)
- 제2일차 주간 6시간 근무(06 : 30~12 : 30, 자가대기)
  야간 · 심야 근무(19 : 30~익일 06 : 30)
- 제3일차 휴무
- 제4일차 휴무
- 제5일차 휴무

  제1일차 주간근무는 한국의 일근에 해당하며, 제2일차 주 · 야간 · 심야 근무는 당번근무에 해당한다고 할 수 있다. 5일 동안 24시간을 근무하므로 1주일당 평균 '근무 시간은 약 33.6시간'이다. 교통 외근순찰 부서도 같은 근무 체제이다. 24시간 근무 체제의 특성상 경찰관들에게 초래되는 신체적·정신적·사회적 여러 가지 장애 요인을 감안하여 근무 여건에 반영하고 있다. 지구경찰서 순찰과에서는 범죄예방 순찰임무가 가장 중요하다. 24시간 근무 체계 하에서 각종 사건·사고, 범죄, 경비상황 등에 1차적, 초동적으로 대처한다. 지구경찰서의 규모가 파출소와 경찰서의 중간 단계이기 때문에 순찰팀의 관할구역도 이에 비례한다. 평일 주간에는 파출소 경찰관과 동시에 근무하지만, 야간에는 순찰과 경찰관만이 범죄예방 순찰근무를 수행한다(Lim, 1999: 203).

프라이부르크 북부지구 경찰서에는 88명의 순찰담당 경찰관이 배치되어 있는데, 5개 순찰팀(A, B, C, D und E)으로 구성, 근무하고 있다. 88명의 순찰경찰관의 총근무 시간은 1998년 1월 9,313시간, 4월 8,771시간이었다. 근무 내역별로 살펴보면, 내근에 해당하는 소내·대기·지령·신고 접수 업무는 24.2%, 문서 처리 등 18.7%였으며, 외근은 수사·하명 사건조사 3.5%, '범죄예방순찰 46.6%'였다. 순찰과의 순찰근무 비율이 파출소보다 월등히 높다. 도보순찰은 1.4%로 여전히 차량순찰보다 적은 비율을 차지하고 있어서, 독일의 경우 2인 자동차순찰근무가 일반적임을 알 수 있다.

그림 4-2 프라이부르크 북부지구 경찰서 순찰과 근무 체계

근무 시간 06 : 30 --------- 12 : 30 ------------ 19 : 30 ---------------------- 06 : 30
DG A .... Spätdienst 주간근무
DG B .... Frühdienst u. Nachtdienst .... 당번근무 ....
DG C ---------------- 휴 무(Dienstfrei) ----------------
DG D ---------------- 휴 무 ------------------------
DG E ---------------- 휴 무 ------------------------

※DG: Dienstgruppe 순찰근무팀

(3) 파출소 근무 방식, 근무 유형 및 근무 실태

파출소 경찰관은 범죄예방을 위한 순찰근무, 조사, 경미한 법규 위반 단속 등을 수행하며, 일반적인 사항들을 처리한다. 순찰경찰관은 범죄현장에서 현행범 체포, 교통사고나 경미한 형사범 검거 등을 1차적으로 처리하며, 중대한 사건·사고들은 본서의 전문 분야 경찰관에 의해 수행된다. 파출소는 지역사회 경찰활동의 거점이기도 하다. 근무 방식은 월~금요일(07 : 30~17 : 00)까지 근무하는 주간근무 체제이다. 정규 근무 시간 외에 평일에는 15 : 00~23 : 00까지 주 1회 정도 근무하도록 지정하고 있다.[2]

- 파출소의 내근은 주로 소내·대기, 신고 접수, 문서 처리 업무 등이다.
- 외근은 예방순찰, 교통통제·단속, 하명사건 조사, 수사, 경비업무
- 기타 근무로는 피의자 호송, 법원 출두(참고인 자격, 각종 서류 제출 등), 직무교육 차출, 체력단련, 사격훈련 등

2. 독일의 치안 상황과 범죄예방정책

2019년 기준, 독일의 전체 인구는 83,020,000명이며, 2019년 한 해 동안 발생한 총 범죄건수는 5,436,401건이었고, 그 중 해결된 사건은 총 3,124,161건이었다.[3] 경찰공무원 수는 2018년 기준 244,800명이다.[4] 미국의 9·11 테러사건 이후 공공장소에서의 잠재적 테러 가능성이 증대됨으로써, 이를 대비하고 확인하기 위해 더 많은 경찰력과 장비 투입이 요구되면서,[5] 독일경찰도 공

---

2 특별히 파출소 관내 치안수요를 감안하여 경찰관 개인의 의사에 따라 1개월에 1회 정도 금, 토, 일요일 18 : 00~02 : 00 간 야간근무를 실시하고 있으며, 주당 평균 근무 시간이 40시간을 넘지 않게 하고 있으며, 초과 근무 시간은 합산되어 휴가 일수에 반영된다.

3 https://www.bka.de/DE/AktuelleInformationen/StatistikenLagebilder/PolizeilicheKriminalstatistik/PKS2019/FachlicheBroschueren/fachlicheBroschueren_node.html(2020년 12월 4일 검색)

4 https://dataunodc.un.org/data/crime/Police%20personnel(2020년 12월 4일 검색)

5 2006년 11월 6일 독일연방 내무부 보도자료(http://www.bmi.bund.de/cln_012/nn_663020/Internet/Content/Nachrichten/Pressemitteilungen/2006/11/Programm__zur__Staerkung__der__Inneren__Sicherheit.html) 참조. 2006년 8월, 독일 중부 지역을 왕래하는 기차들에서 폭탄테러를 시도하기 위한 것으로 의심되는 가방이 발견되어 한때 독일 전역을 긴장시킨 바 있다.

식적인 범죄통제기관으로서의 역할 및 치안 역량에 대한 기대가 커졌다.

1) 연방 단위의 범죄예방 및 안전감 증진 프로그램

(1) 경찰의 범죄예방 프로그램(PPK)[6]

경찰 범죄예방 프로그램은 연방경찰, 연방형사청, 독일경찰대학 사이의 연합이다. 이들의 목적은 시민뿐만 아니라 매체 및 기타 예방기관에게 왜 범죄현상이 발생하는지와 이를 예방할 수 있는 방법에 대한 정보를 제공하고 지역 경찰서를 예방하는 데 도움이 되는 것이다. 경찰 범죄예방 프로그램(PPK)의 웹사이트에서는 강도, 성범죄, 폭력 등의 강력 범죄에 대한 정보뿐 아니라 온라인 투자 사기, 코로나 관련 범죄 등 최근 이슈가 되는 범죄와 그에 대한 대응책 또한 소개하고 있다.

경찰 범죄예방 문제에 대한 국가 및 연방 경찰과의 협력은 기관의 작업을 통해 보장된다. 연방범죄청(BCP)은 국가 및 연방 경찰 범죄예방 프로그램(PPK) 작전 차원에서 경찰범죄예방위원회(KPK)의 업무에도 관여하고 있다. 경찰범죄예방위원회는 국가 및 국제적으로 경찰과 관련된 모든 사항을 처리하는 책임을 진다. 이 과정에서, 경찰범죄예방위원회는 전문적 콘텐츠 설계 및 예방 개념 구현, 경찰 자문활동 및 국가 간 홍보활동을 담당한다. 주요 업무는 미디어, 정책, 개념 및 활동을 개발하는 것이다.

(2) 연방국경수비대(BGS)와 각 주경찰의 안전파트너제도

각 주에서는 범죄예방과 지역사회 문제 해결을 위해 다양한 형태의 시민과 경찰 간의 협력모델을 발전시켜 왔다. 예를 들면, 원탁회의, 범죄예방위원회, 안전파트너제도, 안전네트워크 혹은 질서 파트너 제도 등이다. 이러한 프로그램의 목적은 더 안전한 도시와 지역사회를 만드는 데 있으며, 연방국경수비대의 지원 하에 주 정부 차원에서 각 주들 간의 협력을 포함했다.

안전을 위한 협력은 공공의 안녕과 질서유지를 강화하기 위해 위험을 방

6 https://www.bka.de/DE/IhreSicherheit/Praevention/praevention_node.html#doc19404bodyText1(2020년 12월 4일 검색)

지하는 데 연방과 각 주 경찰들 간의 협력을 지향하고 있었다. 특별히 국경범죄에 대처했는데, 대상은 운하를 통과하는 선박 범죄 혹은 인적·물적 수배였다. 원래는 연방국경수비대의 관할 사항이지만, 각 주 경찰과 연방경찰에 의해 지역적으로 한정된, 경찰 상호간의 이러한 조치들이 안전을 위한 협력활동으로서 이해된다.

(3) 수사경찰의 범죄예방상담소

수사경찰에 의한 상담, 즉 개별적 조언을 통한 범죄예방은 1921년부터 시작되었다(Schimpler, 1988: 150). 이렇게 알려진 범죄예방법은 이에 관심을 갖고 있는 시민들에게 조언·상담하는 것을 지향하고 있다. 수사경찰에 의한 범죄예방 상담 업무는 전문 분야로 정착되었다(Classen, 1998: 143). 독일의 모든 경찰서 단위에는 이러한 범죄예방상담소가 수사과에 설치되어 있으며, 시민에게 좋은 평가를 얻고 있다. 이 상담소에는 각종 범죄예방 안내책자(청소년, 약물, 성폭력, 안전한 주거공간, 피해자 보호, 이웃 간 상호 원조, 지역사회 경찰활동 등), 유인물 등이 전시되어 있다. 그리고 개별 주택의 안전을 도모하기 위한 각종 경보장치, 안전 강화 창문 및 출입문 모형, 잠금장치, 더욱 개선된 주택설계 모형 등이 전시되어 있으며, 소위 '환경설계를 통한 범죄예방기법' 차원에서 범죄예방을 위한 조언과 안내를 받을 수 있도록 했다. 경

독일 브레멘 경찰청 수사과 범죄예방상담소 및 범죄예방상담차량[7]

7 http://www.polizei.bremen.de/fastmedia/12/thumbnails/beratungsstelle.jpg.2790.jpg; http://www.polizeiautos.de/show_one.php?id=2869&htmllink=1(2009년 3월 29일 검색)

찰서마다 설치되어 있는 범죄예방상담소의 경찰관이 환경설계를 통한 범죄예방 차원에서 대규모 주택단지 조성 시 현지에 진출하여 방범시설과 요령에 대해 구체적으로 지도・조언해 주는 방식은 도시계획 단계에서부터 주거안전을 확보하기 위한 매우 적절한 범죄예방전략이다. 또한 방범장비 제조업체에서 생산하는 각종 상품을 전시, 홍보할 수 있게 했다.

(4) 예방적 범죄대책위원회 활동

1984년 연방범죄수사청 및 각 주 범죄수사국의 대표들로 구성된 14개 위원회에서 동 위원회(Kommission Vorbeugende Kriminalitaetsbekaempfung: KVK)가 결성되었으며, 연 2회씩 개최된다. 주관 부서는 노르트라인 베스트팔렌 주 범죄수사국이 맡았다. 연방 차원에서 범죄예방에 관한 경찰 임무를 환기・조정하는 것이며, 특히 범죄발생 동향을 분석하고, 범죄예방적 조치를 상호 교환한다. 범죄유형에 따라서는 경찰 유관기관들 예를 들어, 질서행정청, 고등학교, 보험회사, 경제단체 등과 협력하기도 한다. 동 위원회에서는 방범 기법과 관련하여 자료와 지식을 수집하고, 방범 기법을 통해 형사범을 억제하는 것을 도모한다.

2) 연방법무부 범죄예방과

연방법무부는 1995년 범죄예방과를 설치하고 다음과 같은 중점적인 임무를 담당하고 있다(Kube & Koch, 1996: 36). 범죄예방과는 범죄발생에 대한 자료와 정보를 수집・분석, 범죄 예측, 피해위험 분석, 피해자 연구, 범죄두려움, 시민과 경찰과의 관계 등을 연구한다. 또한 범죄예방 프로그램에 관한 기획, 이에 대한 평가 및 결과 분석, 경찰과 유관 기관 간의 범죄예방 노력에 대한 조정, 필요한 노력에 대한 지원, 참여자에 대한 동기 부여, 잘못 설정된 목표의 시정, 경찰활동과 민간경비산업 및 민간경비업자의 조치 간의 조율, 언론의 참여・활동 및 참여 가능성에 대한 안내, 참여에 대한 동기 부여로서 범죄에 대한 위험성을 인식시키는 것, 매스미디어를 통한 공동 노력의 독려, 시민 자위방범에 요청, 경찰 내・외부에서의 범죄예방에 관한 교육 및 재교육 프로그램에 대한 계획과 실행, 합리적이고 효과적인 형사정책을 수립한다.

3) 연방가족부의 폭력퇴치 프로그램

연방정부는 1992년부터 1994년까지 연방가족부가 주관한 '공격과 폭력퇴치 프로그램(Aktionsprogramm gegen Aggression und Gewalt: AgAG)'에 재정지원을 했다(Babl & Baessmann, 1997: 4). 이 프로그램에는 각 주의 관련 부서들(베를린 시 청소년가족부, 작센 안할트 주의 사회부 등)이 참가했다. 또한 관련 연구기관들이 학문적 뒷받침을 했다. 이 프로그램의 목적은 청소년들(16~21세)의 폭력적 행동 경향을 사전 예방하는 데 초점을 맞춘 것이다. 구동독 30개 지역을 중심으로 통일 후 급증하고 있는 청소년 문제, 특히 정치적 성향을 띤 스킨스, 펑크스, 그리고 훌리건들의 태도와 행동에 관련을 맺고 있다. 학교와 지역경찰 및 지역 유관 기관들과의 협력을 모색했다. 다양한 사회 · 교육적 노력이 투입되었다. 130여 개의 실무그룹에서 150여 명이 활동하면서, 우범 · 실업청소년, 직업교육이 부족하거나 심각한 가족 관계에 처한 청소년, 주거 부정 및 폭력성 청소년들 8,000여 명을 상담 및 치료했다.

4) 연방보건부의 반마약 캠페인

한 광고 대행사가 1990년부터 연방정부의 '마약을 무력하게 하자'는 반마약 캠페인 시행을 위탁받아 이를 실시했다(Babl & Baessmann, 1997: 6). 연방보건부가 이를 주관하고, 연방수상실에서는 보이지 않게 지원했다. 이 캠페인은 스포츠연합, 독일축구연맹, 유명 선수들과 언론들이 조직적 · 재정적 지원을 했다. 캠페인의 핵심은 불법마약뿐만 아니라 알코올과 담배, 그리고 약물 남용을 퇴치하는 데 있었다. 무엇보다도 청소년들을 염두에 두었다. 자의식의 강화, 건전한 인격의 계발을 지향한 계몽, 정보제공, 그리고 지원이었다. 특히 마약문제를 해결하는 데, 건전한 스포츠 정신이야말로 중요한 교육적

과제라고 여겨졌다. 여론 주도층으로서 유명 선수들의 긍정적 이미지가 목적 달성에 중요한 기여를 했다. 언론이 유명 선수들과 홍보 간에 핵심적 매개 역할을 수행했다. TV에서 스포츠광고가 무료로 실시되었고, 공익광고는 효과가 있었다.

3. 주경찰 단위의 범죄예방 프로그램

1) 슐레스비히 홀슈타인 주: '범죄예방위원회'

슐레스비히 홀슈타인 주는 북유럽과 인접한 관계로 독일에서 가장 먼저 지역사회 경찰활동 프로그램을 도입했다. 범죄예방 영역에서 긴 전통을 가지고 있다. 범죄로 진전될 우려가 있는 공동체적 원인과 문제들을 우선적으로 해결하기 위해 1990년 10월 29일부터 주정부 내각의 의결을 통해 범죄예방위원회(Kriminalpraeventive Rate)를 운영하게 되었다. 위원회 운영의 목적은 범죄감소와 이를 통한 시민들의 객관적인 안전 상태, 그리고 주관적 안전감의 개선이었다(Babl & Baessmann, 1997: 9). 각급 사회단체원 150여 명이 명예직으로 참여했다(Finkel, 1998: 235).[8]

경찰과 법무부와 같은 국가기관과 비공식조직과의 연대활동을 통해 범죄요인을 감소시키는 데 노력하면서 효과적인 범죄예방을 추구한 것이다(LKA-BW, 1996: 235). 이 위원회에는 주 내무부, 교육부, 사회부 및 법무부, 전문학자들이 참여했으며, 총회와 실무그룹으로 편성되었다. 실무그룹은 주제별로 조직되었는데, 사회화지향적 조치(사회화 및 통합, 규범의식 및 가치인식 강화)에 초점을 둔 1차 범죄예방적 관점의 그룹과 범행기회 억제를 통해 범죄를 예방하려는 2차 범죄예방적 관점의 그룹으로 나뉘었다.

1그룹은 네트워크를 구성하는 조직위원회, 2그룹은 사회화를 지향하면서 가족, 여성, 학교, 도시계획, 청소년문제 등을 다루었다. 3그룹은 과거의 약물

---

8 Posiege, Petra/Steinschulte-Leidig, Birgitta, *Burgernahe Polizeiarbeit in Deutschland Darstellung von Konzepten und Modellen*, in: http://www.bka.de/

중독자 치료에 초점을 맞추고, 약물 범죄예방, 신속한 치료 및 재소자 재활을 취급했다. 비용은 주로 사회부와 법무부가 부담했다. 이 그룹에는 특별범죄 유형인 환경범죄, 약물범죄 및 보험사기 등을 담당하는 소그룹이 편성되었다. 4그룹에서는 '여성 및 노약자에 대한 폭력행위 방지' 업무를 담당했다. 5그룹에서는 대량범죄를 담당했는데, 주로 자전거절도 및 상점절도 범죄 대책을 다루었다. 6그룹에서는 환경설계를 통한 범죄예방기법을 다룬 바, 주거침입절도 대책의 일환으로 새로운 안전주택 모형설계, 주건축법 관련 규정 보완을 담당했다. 7그룹에서는 범죄예방을 위한 주위원회의 프로그램인 학교와 경찰-범죄예방 수업이라는 것을 맡았다. 주로 세 가지 약물 중독, 절도, 폭력을 중점적으로 다루었다. 경찰과 교사, 그리고 중독 치료 관계자들이 참여했다. 이러한 수업의 목적은 학생들로 하여금 규범의식과 가치관 확립을 매개하는 것이다. 8그룹에서는 사회적으로 폭력적 위험성이 있는 청소년들의 통합을 도모했다. 증가하고 있는 청소년 폭력문제의 원인에 대한 심층적 조치를 강구했다. 학교활동, 여가활동, 그리고 시당국의 청소년 지도활동에 초점이 맞추어졌으며, 핵심 내용은 '방과 후 청소년 지도 및 보호활동'이다. 9그룹은 노인층 대상 범죄예방이었다. 그 밖의 그룹들은 '피해자 보호 및 원조활동'과 '갱생 보호'와 같은 주제를 다루었다.

대학 구내에서 범죄예방을 상담(Beratung der Polizei)하는 뒤셀도르프 경찰[9]

9 http://www.uni-duesseldorf.de/home/Kopfnavigation/Mitarbeiter/Ordnungspartnerschaft_Universitaetscampus/Polizei/Bilder/851.jpg(2009년 3월 29일 검색)

1998년 주 내무부의 위탁을 받아 시·군지역과 행정구역별로 안전파트너제도가 설립되었다. 1999년 여름까지 슐레스비히 홀슈타인 주 모든 경찰관서에 안전파트너제도가 설치하기로 했다. 안전파트너제도의 개념은 어떤 특정지역의 치안상의 문제점을 해결하기 위해 지역적 관할권이 있는 조직들과 단체들 간의 파트너적 협력을 말한다. 지역사회의 범죄억제 혹은 제거, 그리고 사회적 무질서를 억제하는 데 신속하고 효과적인 조치를 취할 수 있도록 지역사회의 조직들을 단기간에 조정된 협력을 우선적으로 지향한다. 주 내무부장관은 1999년 3월 인구 20,000명 이상인 지역의 군수 및 시장, 그리고 자치단체협의회 대표, 경찰관서의 대표들이 참석한 회의를 개최했다. 이는 지역공동체의 안전파트너제도가 지역의 범죄문제와 사회적 무질서에 대해 효과적으로 정착되어야 한다는 것을 목적으로 한 것이었다. 지역공동체의 '안전파트너제도'는 경찰관 신규 및 보수교육기관에서 교과목이 되었다.

2) 브란덴부르크 주: 안전파트너제도

구동독 주였던 브란덴부르크 주에서는 1993~1994년경 증가하는 범죄문제에 대해 특별히 시민을 보호할 목적으로 안전파트너제도를 운영했다. 1994년에 시작되었는데, 시범 운영에는 10여 개 읍면동이 참여했다. 지구경찰서 경찰관들, 지역의 대표자들이 모든 주민들을 첫 주민안전회의에 초청했다. 지원자들은 경찰에 의한 신원조사를 받는 것에 동의하면서, '안전파트너'로서 경찰서장을 통해 문서로 신청했다. 그들은 경찰관서에서 각종 법률에 관해 이틀 간 안내교육을 받는다.

안전파트너원들은 경찰과의 공동순찰을 통해, 예를 들면 용감한 시민들이 함께 동행하면서 공공장소를 감시함으로써 주거지역 내에서 범죄자를 겁주는 것을 의도했다. 안전파트너제도의 아이디어는 주관적 안전감의 강화를 도모하는 것이다. '시민보호'와 같은 일에 시민을 연계시킴으로써 직접적인 시민참여라는 공동의 장(場)을 만들어 내는 것이다. 안전파트너원들은 명시적으로 경찰을 돕는 자로서 생각하지는 않았다. 그들은 비무장 상태였으며, 경찰권 행사와 같은 권한도 부여되지 않았다. 그들이 담당 혹은 관여했던 영역은 다음과 같다: 우범지역 혹은 불안한 지역에 임장하기, 특별 동행 프로그램(독거노인 및 연금생활자의 연금 수령일, 기피지역, 방문자 또는 등하교 동행), 도로교통상의 안전 상담과 범죄예방상담소의 안내를 받아 범죄에 대한 자기방어 상담, 이웃 간 상호 원조에 대한 필요성 인식시키기, 갈등 요소 잠재지역에서 대화를 통한 갈등 해소 노력 전개 등이었다. 이러한 제도를 시행함으로써 어떤 지역에서는 상당한 범죄 감소를 경험했다(Bosch, 1998: 221).

3) 바이에른 주: 안전감시제도

바이에른 주는 1997년 독일연방 내에서 가장 높은 사건 해결률(64.3%)을 나타낸 바 있다. 이러한 성과는 수년 전부터 실시해 온 "초기에 막아라" 정책에 기인한다(BKA, 1997: 64). 바이에른 주에서는 범죄예방 영역에서 "두 가지 새로운 발전"이 안전감시제도와 안전위원회의 개념으로 등장했다(Steffen, 1998: 253). 안전감시제도는 1994.1.1~1996.12.31까지 유효한 '안전감시제도 시범 실시에 관한 법률' 제정에 따라, 주 내무부의 주도로 1994년 4월부터 3년 간 시범도시에서 실시되었다. 이 법이 효력을 발생함에 따라, 뉘른베르크, 잉골슈타트, 데겐도르프와 같은 도시에서 남녀 구성원 350여 명이 안전감시원으로 선발·배치되었다.[10] 그들은 관할 경찰에 의해 선발·교육을 받고, 치안 수요에 따라 배치된다. 명예직으로 근무하는 것이지만, 실경비는 모두 지급된다. 그들은 약간의 표시가 있는 사복을 착용하며, 신분증을 휴대한다.[11] 선발된 자들은 40여 시간의 기본 교육을 이수하고, 임무와 권한에 대해 숙지하고, 무전기 사용법 안내와 이를 휴대하고 근무할 수 있게끔 실무교육을 받

10 자격 요건은 다음과 같다: 18세 이상, 60세 미만의 남녀로서, 건전한 직업인으로서, 외근활동에 적합한 체력 조건을 갖춘 자, 학교 및 정규 직업교육을 수료한 자로서 '배치된 지역' 혹은 인근 지역에서 거주하고 있는 자, 야간 혹은 주말을 포함하여 주당 평균 15시간 정도 원하는 근무 배치에 따라 근무할 수 있는 자 등이다.

11 http://www.polizei.bayern.de/muenchen/news/presse/aktuell/index.html/67529(2009년 3월 29일 검색)

는다. 교육시간은 주로 토요일 혹은 평일 저녁에 지정함으로써 지원자들의 정규 직업과 조화를 이루도록 했다.

이 제도는 바이에른 주 시민들에게 내적 안전을 유지할 수 있도록 취할 수 있는 여러 조치들 중 한 프로그램이다. 안전감시원들은 경찰이 직무를 수행할 때, 특별히 가두범죄를 퇴치하는 데 그들을 돕는 역할을 한다. 지역사회 경찰활동의 일환으로 혹은 시민과 경찰 간 협력을 위한 본보기로 일컬어졌으며, 지역사회 경찰활동의 의미로 시민지향적 경찰활동에 기여했다(Steffen, 1998: 252; BKA, 1997: 65).

안전감시원의 1차적 임무는 가시적 존재, 목표지향적 순찰을 통해 지역주민의 안전감을 강화하는 것이며, 공공의 안녕과 질서 확립을 위한 영역에서 경찰을 지원하는 것이다. 그 밖에 안전감시원은 각종 수배나 수사 절차에서 공인된 참고인으로서 경찰을 지원한다. 수상한 사람들이 나타나면, 무전기로 인근에 순찰중인 경찰관에게 알려 준다. 아주 예외적인 경우, 응급 상황이 발생할 때에는 단독으로 출동한다. 물론 그러한 경우에도 무기를 휴대할 수는 없지만, 자기방어를 위해 가스분사기는 휴대할 수 있다. 이 제도를 통해 시민참여와 시민의 공동 책임의식 강화에 기여했으며, 가두범죄를 해결 · 예방하

독일 바이에른 주 안전감시원들의 활동 모습[12]

12 https://www.polizei.bayern.de/wir/sicherheitswacht/sicherheitswacht.gif; https://www.polizei.bayern.de/niederbayern/regensburg/news/presse/aktuell/index.html/27512(2009년 3월 29일 검색)

고 특히 여성과 노약자 보호에 기여했다. 다양한 비판에도 불구하고, 안전감시제도는 시범실시 지역에서 지역주민들로부터 예외 없이 환영을 받았다 (Steffen, 1998: 253-254).

안전위원회에서는 가장 낮은 단계에서 범죄문제를 인식하고, 해결책을 도모하는 범죄예방적 조직에 관한 사항을 다루었다. 1998년 16개의 단체들이 활동했다. 위원회의 임무는 시민들의 안전감을 강화하는 것이었으며, 예방적 범죄투쟁을 위한 공동 노력에 신속하게 대응하는 것이었다. 경찰은 그 단체를 대표하면서 결정권은 갖지 않은 채, 순수한 조언자적, 정보제공 기능을 수행했다.

노년층을 위한 안전상담원제도는 특별히 노인을 위한 프로그램으로서 안전감을 강화시키고 방범행동 요령을 주지시키는 일을 한다. 그래서 범죄에 대한 공포감을 감소시킨다. 관할 경찰관서에서는 임무 수행을 위해 상담원을 교육시키고 지원한다.

독일 바이에른 주 안전감시제도(뮌헨의 안전감시원 등과 시민)[13]

13 http://www.polizei.bayern.de/muenchen/news/presse/aktuell/index.html/; http://www.polizei.bayern.de/content/2/5/6/sicherheitswacht2_200x301_TSTvd.jpg67529(2009년 3월 29일 검색)

4) 바덴 뷔르템베르크 주 사례: 자원(自願)경찰관제도

(1) 자원경찰관제도

유급자원경찰관제도는 민경 합동근무제도로서 1963년부터 바덴 뷔르템베르크 주에서 처음 실시되었다. 당시에 1,300여 명의 명예경찰관으로 출발했다. 관련 내용은 '자원경찰근무법(Gesetz ueber den Freiwilligen Polizeidienst: FPolDG)'으로 규정하고 있다. 독립적인 경찰조직이 아닌 집행 경찰의 일부를 이루고 있다. 정규 경찰관이 아니라, 특별한 경찰관인 셈이다. 지역의 집행 경찰조직의 강화하는 데 기여하고 있다(Wuertenberger, Heckmann, & Riggert, 1994: 46). 자원경찰관제도는 주경찰을 지원하는 데 중요한 역할을 하며, 경찰과 시민 간 중요한 연결고리를 만들었다. 이들은 대개 본업을 갖고 있는 자들이다. 임무는 경찰관서 및 시설경비, 도로교통의 안전과 감시, 도보 및 자전거 순찰, 무전기 송수신 업무, 유사한 기술적 지원에 종사한다. 주로 범죄예방순찰 업무에 배치된다. 주말, 공휴일 등 경찰관이 쉬는 날이나, 대규모 행사시 경찰력이 부족할 때에 일반 시민들로 구성된 자원경찰관이 투입된다

바덴 뷔르템베르크 주의 자원경찰관제도[14]

왼쪽에 제복을 착용하고, 어깨에 계급장이 부착되어 있지 않은 5명의 남성은 자원경찰관이다. 우측의 흰색 별모양 계급장을 부착한 자가 정규 경찰관이다.

---

14 http://www.polizei-freudenstadt.de/PDFreudenstadt/PublishingImages/5Freiwillige.jpg(2009년 3월 30일 검색).

(Lim, 1999: 60). 이들은 근무 중에 일반경찰관과 같은 제복을 착용하고, 총기 휴대가 허용되며, 근무 중 부상 등 각종 사고 발생 시에는 경찰관 신분에 준하는 보장을 받는다. 정규 경찰관 3.5명에 해당하는 비용으로 자원경찰관 55명을 고용할 수 있다.

관련법에 따르면, 정규 직업경찰관 정원의 50% 이상을 자원경찰관으로 배치할 수 없다(자원경찰근무법 제3조). 지원자들은 주로 18~60세의 교수, 의사, 변호사, 교사, 회사원, 타 부처 공무원 등 일반 시민이다. 지원자를 엄선하여 90여 시간에 달하는 교육을 실시한다(헌법 3, 경찰법 20, 형사법 15, 도로교통법 6, 경찰문서 12, 총기 사용 9, 무전기 사용 3, 응급 조치 16시간).

지원조건은 독일국적의 18세 이상, 자원경찰 근무를 수행할 수 있을 정도의 건강한 체력, 정상적인 직업을 가진 자여야 한다. 한편, 독일연방공화국의 자유민주주의적 기본 질서를 부인한 자, 고의로 범죄를 저질러 1년 이상의 유기징역형을 선고받은 자 등은 지원할 수 없다(자원경찰근무법 제2조 제2항 참조). 한편, 자원경찰관은 교육에 참석하고, 근무 중에 제복을 착용하고 무기를 휴대할 의무를 진다. 자원경찰 근무 동원에 응하고 정규 경찰의 직무수행을 위해 규정된 법령을 준수해야 한다. 그 밖의 사항(성실 의무, 기밀 누설 금지, 보수의 수령, 손해배상 의무, 상환 청구 등)은 공무원법 규정이 적용된다. 자원근무 경찰관은 상기의 의무규정을 위반하면, 해당자에게 배치된 근무지 경찰관서에서는 징계를 부과할 수 있다(자원경찰근무법 제6조).

오늘날에는 지역사회 경찰활동의 일환으로 정착되었다. 경찰관과 합동근무함으로써 경찰에 대한 이해를 증진시키고, 우범지역에 대한 시민 여론을 반영한다. 자원경찰관에 의한 경찰개입을 강화함으로써, 시민의 불안감을 감소시키는 데 기여하고 있다. 또한 자원경찰관의 원래 직업에서의 경험과 지식을 경찰활동에 응용, 적용시킬 수 있다. 특히 젊은층과 여성들의 적극적인 참여가 강조되고 있다. 다양한 장점에도 불구하고 여러 가지 논쟁이 일고 있다. 예를 들면, CDU(기민당)에서는 적극적인 추진을 주장하고 있지만, SPD(사민당)에서는 정규 경찰관을 채용할 것을 주장하면서 이 제도 확대에 대해서는 반대 입장을 보이고 있다(Lim, 1999: 60-61). 또한 정규경찰관 역시 자원경찰관 대신에 정규경찰관을 신규채용할 것을 주장하기도 한다.

(2) 마약수사 부서의 'Anti-Drogen-Disko' 프로그램

1979년부터 바덴 뷔르템베르크 주범죄수사국에서는 마약수사반을 설치했다. 당시에는 마약범죄 예방 업무가 제외되어 있었다. 1993년까지 7명의 경찰관이 근무하고 있었다. 1987년 6월 3일부터 마약수사반에서는 청소년 약물남용 예방을 위한 'Anti-Drogen-Disko(ADD)' 프로그램을 실시했다(Babl & Baessmann, 1997: BW5). 14~18세의 청소년층을 대상으로 약물남용 및 중독에 대한 위험성을 알려 주고, 예방상담 등 관련 정보를 제공한다. 행사가 개최되는 지역 혹은 주변 지역의 학교에서 관할 경찰관서와 ADD 소속 경찰관이 행사에 앞서 관련 정보와 ADD가 추구하는 목적을 알려 준다(Dölling, 1996: 39).

약물예방센터장, 의료보험 대표자 혹은 학교장과 학생 간에 다중대화가 개최된다. 약물의 범위와 중독 상황에 대해 혹은 ADD의 목적과 전개과정에 대한 소개와 강의는 마약수사반 경찰관과 지역경찰관에 의해 진행된다. 방문자를 위해 개조한 경찰기동대 버스가 학교 주변에 준비된다. 버스에 이동식 클럽을 설치하며, 무대에서 음악과 춤을 즐기는 동안 마약수사반 경찰관과 짧은 대화를 하면서 마약의 위험성을 일깨워 준다.

그 밖에 불법 마약에 청소년을 유혹하는 상황, 환각 상태 혹은 빠져 들어가는 상황에 대한 역할연기와 대화를 진행한다. 마약문제와 관련한 퀴즈대회를 개최하는가 하면, 경찰이 정보와 자료를 제공함으로써 무대 위에서 보충하기도 한다. 또한 마약문제 상담소와 건강문제를 상담할 수 있는 부서나 기구를 소개하기도 한다.

(3) 길거리 농구대회 개최

원래 길거리 농구는 미국에서 유래되었다. 일명 '길거리 농구대회'를 주범죄수사국 주관으로 실시하고 있다.[15] 경찰관과 지역의 청소년들이 직접적이

15 http://www.polizei-bw.de/

고 정기적인 접촉을 지향하면서, 지역사회 유관 단체들과 공동으로 주관한다. 청소년들에게 경기규칙을 준수하게 함으로써 인내심과 질서 및 페어플레이 정신을 함양하도록 유도하고 있다. 길거리 농구대회는 규칙이 단순하기 때문에 최소한의 인원만 있으면 거의 어디서나 사전 준비 없이 개최할 수 있다. 독일에서도 독특한 스포츠 형태로 길거리 농구대회가 정착되고 있으며, 청소년문화 속에서 특별히 자리매김한 것을 발견할 수 있다. 경찰이 추구하는 길거리 농구대회는 청소년들과 직접적이고 지속적인 접촉과 대화를 갖는 것에 초점을 맞추고 있다.

바덴 뷔르템베르크 주 경찰의
길거리 농구대회 로고

길거리 농구대회를 조직하고 실행하기 위해서는 장소가 확정되어야 한다. 목적은 매력적이고 의미 있게 여가시간을 활용할 수 있는 것으로서, 각계각층과 경찰이 아닌 책임 있는 기관들 간의 협조 속에서 경찰 주도 하에 치러질 수 있는 정기적인 경기를 갖도록 노력하는 것이다. 동호회 활동 외에도, 주말에 덜 매력적이며 가격이 더 저렴한 여가 선용거리가 발견된다. 길거리 농구는 다른 운동에 비해 인내심이 필요한 단체운동으로 알려져 있다. 그리고 책임감을 느끼게 돕는 운동이다. 그러한 길거리 농구대회를 개최하는 데, 관심을 가져야 할 협력 파트너로서 경찰 입장에서는 이를 당연히 주도적으로 이끌어 나가야 한다. 길거리 농구대회는 경찰이 거의 독점적으로 만들 수 있고, 개최할 수 있다. 준비가 충분하다면 지역경찰관서에 의해 무료로 개최된다.

(4) 경찰관서의 교통교육 프로그램

모든 경찰서에는 교통과 소속의 청소년 교통교육 담당자가 지정되어 있다. 초·중등학교에 교통경찰관이 정기적으로 방문하여, 교통법규 및 안전문제에 관해 특강을 실시하는 프로그램이 독일과 스위스 경찰관서에는 일상화되어 있다. 우선적인 목표는 청소년 교통학교를 통한 자전거 안전 운행 교육이다. 이것은 지역사회와 경찰 간에 많은 장점이 있는 프로그램으로서(Loy, 1995: 8), 이 프로그램을 통해 경찰과 청소년 간의 상호 이해를 증진시킨다. 학교 내에서 교통경찰관에 의해 우선적으로 이루어지는 것은 범죄예방활동이다. 교육 중에 경찰관은 학생들에게 범죄예방을 위한 조언과 상담 및 대화를 나눈다. 특히 어린 시절부터 경찰에 대해 좋은 이미지를 갖게 되면 나중에 성장해서도 경찰-시민 간의 관계 정립에 많은 기여를 할 수 있게 된다.

(5) 기 타

각급 경찰관서는 인터넷을 통해 관내의 주요 범죄발생 동향과 교통사고(신규 법령, 처벌 기준, 음주 및 금지된 약물 복용, 면허, 사고 통계 등)에 관한 경찰 통계 및 범죄예방기법, 청소년 약물남용 예방 관련 자료(정보, 약효와 부작용, 약물중독자 감별, 금지된 약물의 범위, 약물남용 현장 등에 대한 조언과 도움)를 정기적으로 제공하고 있다. 이 밖에도 연방과 각주 차원에서 다양한 대(對)시민지향적 서비스형 프로그램들을 실시하고 있다.[16]

제 2 절 미국의 순찰전략과 범죄예방

1. 미국의 순찰전략

1) 순찰전략의 변화

1960~1970년대 들어서면서 사회적 변화와 시민의 요구에 의해 새로운 경찰활동의 개혁이 추진되었다. 1960년대까지 증가하는 범죄문제, 시민의 불안감, 악화된 경찰-시민 간의 관계와 함께, 1970년 초반 캔자스 시 예방순찰

16 바덴 뷔르템베르크 주 경찰청 홈페이지 http://www.polizei-bw.de/ 및 연방범죄수사청 홈페이지 http://www.bka.de/를 참조.

실험을 통해 전통적 · 예방적 순찰활동과 같은 기존 순찰전략의 효과성에 대한 의문이 제기되자, 각급 경찰관서는 새로운 대안적 순찰전략을 모색하기 시작했다.

변화와 개혁의 노력은 지역사회 경찰활동으로 나타났다. 순찰활동의 효과성을 위한 새로운 전문화된 순찰이 각 경찰관서별로 도입, 응용되었다. 교통기관이 발달하기 전에는 도보순찰, 그 이후에는 자동차순찰이 일반적인 순찰유형으로 자리 잡았지만, 지역사회 경찰활동의 강화로 기존의 자동차순찰 중심에서 도보순찰의 중요성이 강조되었다. 지역사회 경찰활동은 전통적 경찰활동의 문제점을 극복하기 위해 1980년대 말부터 본격적으로 논의되었다.

그 결과, 전통적 순찰활동의 문제점을 극복하기 위한 새로운 대안으로서, 차별적 대응전략, 지정 순찰, 전문화된 순찰, 순찰의 분권화 전략들이 소개, 응용되었다(이기헌 · 임영철 · 기광도, 1995: 12, 15). 순찰전략의 변천과 함께 경찰활동, 즉 팀 경찰활동 → 문제지향적/지역사회지향적 경찰활동 → 무관용 정책 경찰활동의 변화 과정 역시 주목하지 않을 수 없다.

(1) 자동차순찰에서 도보순찰로

미국의 일반적인 순찰 방식은 자동차순찰이며, 경찰관리자들은 순찰구역을 효율적으로 관할하기 위해 자동차순찰을 활용했다. 경찰관서는 더 넓은 순찰구역을 담당했으며, 더 신속하게 서비스 요청 긴급전화에 대응할 수 있었지만, 자동차순찰은 예기치 못한 결과들을 초래했다.

자동차순찰의 효율성은 순찰구역을 담당하는 측면과 지역사회관계의 관점에서 상반되는 입장이다. 순찰경찰관은 비충돌적 상황에서 일반 시민과의 접촉은 거의 할 수 없다. 대부분의 충돌적 상황은 문제가 야기될 수 있는 범죄 관련 혹은 질서유지 문제들이다. 경찰관은 1960년대의 폭동 발생이 경찰과 지역사회관계 문제를 전면으로 드러낼 때까지 경찰활동에서의 변화를 거의 인식하지 못했다. 이러한 위기에 대응하면서, 전문가들은 도보순찰의 가치를 재인식하기 시작했으며, 일부 도시에서는 도보순찰을 확장하거나 재조직하기도 했다(Walker, 1983: 107).

(2) 전통적 순찰 방식에 대한 재인식

전통적 순찰 방식의 개선을 위한 일반적인 목적은 행정적 임무, 예방순찰, 경찰서비스 긴급출동 요청에 대한 지원 시간을 줄이고, 지정된 순찰과 이와 관련된 범죄분석에 더 많은 근무 시간을 할애하자는 것이다(Thibault, Lynch, & McBride, 1985: 157). 지정된 순찰은 보다 계획적으로, 그리고 합리적 방식으로 배분하는 것이라고 정의할 수 있다. 지정된 순찰 방식은 범죄분석과 교대근무조 설계라는 다음 두 가지 변수에 달려 있다.

① 범죄분석

영국의 라이너(Robert Reiner)와 그의 동료들은 순찰력의 배분이 범죄가 발생하는 시간, 장소에 대한 고려 없이 너무나 자주 이루어지고 있으며, 많은 경찰 자원이 범죄분석에 근거하기보다는 전통 혹은 주먹구구식으로 배분된다고 지적했다. 그 후 미국의 몇몇 경찰관서에서는 연방의 지원으로 범죄분석에 많은 관심을 기울이게 되었다. 범죄분석 기능은 기획과 범죄예방과 진압을 위한 경찰자원의 배치, 수사절차를 도와주면서 체포와 사건해결을 증가시키는 데 작전 및 행정인력을 지원하기 위해 범죄유형 및 경향과 관련성이 있는 적절한 정보를 제때에 제공하는 것을 지향하는 체계적이고 분석적 절차로 정의된다.

범죄분석을 통해 적절한 자료들이 현장보고서, 체포 서류 혹은 파견 기록으로부터 수집된 후에, 대조되고 분석되며, 그리고 나서 계선조직의 감독자들과 현장 경찰관 간에 의사소통이 이루어진다. 이러한 자료 덕분에 순찰감독자는 참모부서 배치를 위한 합리적 결정과 특화된 순찰전략 구상이 가능하게 되었다.

② 교대제 순찰근무의 재구상

범죄분석은 교대근무조별 혹은 계절별 직무 부담을 분석함으로써, 매우 유용하게 이용될 수 있다. 대부분의 경찰관서에서 각 교대근무조별로 동일한 경찰력을 배치해 왔다. 그러나 범죄가 많이 발생하는 시간대에 더 많은 경찰관이 배치될 수 있는 지속적인 교대근무조가 필요했고, 많은 경찰관서에서는 치안수요에 기초하여 순찰경찰관을 재배치하기 시작했다(Thibault, Lynch, & McBride, 1985: 162－163).

▸ 9－40: 이 프로그램에서는, 순찰경찰관이 하루에 9시간, 1주일에 4일 간, 주당 40시간 근무한다. 주당 36시간(9×4) 근무 외의 나머지 4시간은 체력 단련, 트레이닝, 그리고 출석에 할애된다.

▸ 4－10: 이러한 매우 평범한 프로그램에서는, 1주에 근무하는 날이 4일씩이며, 하루 10시간 근무하는 방식이다.

이렇게 제시된 구상 외에, 19 : 00~01 : 00에 증가된 순찰지역을 맡기 위해 재구상된 전통적인 동일 교대근무조 편성과는 다른 방식으로 경찰력이 배치되었다. 범죄가 많이 발생하는 시간대에 더 많은 경찰관이 배치될 수 있는 지속적인 교대근무조가 필요했다. 그런데 전통적인 경찰관서에서는 교대근무조를 재구상하는 것과 관련하여 반대에 부딪쳤다. 왜냐하면, 대부분의 경찰관이 가능하면 더 많은 주말에 쉬기를 원했기 때문이다.

(3) 전통적 순찰전략의 변화

미국의 전통적인 임의적 순찰방식은 1829년 필(Robert Peel)경이 런던수도경찰청에 정복경찰관제도를 도입하면서 시작되었다(Langworthy & Travis Ⅲ, 1994: 242; Barker, Hunter, & Rush, 1994: 305). 그러나 범죄에 대한 신속한 대응과 높은 가시성이 문제되었고, 경찰 긴급출동 요청에 대한 더 나은 대응, 효과적인 범죄예방, 그리고 신속한 범인 체포를 위해 활용되었다. 경찰관리자는 정복 순찰경찰 존재 가시성은 잠재적 범죄자를 억제할 수 있다고 믿었다(Holden, 1994: 160).

그런데 이 전략은 특정 지역이나 범죄유형 예방에는 한계가 있었다. 또한 순찰력의 강화는 범죄예방과 범죄발생률, 피해율, 그리고 시민의 경찰에 대한 이미지 개선, 범행억제와 현장에서 범인 체포에도 별로 효과가 없었으며, 더 많은 재정이 소요되었다(Gaines, Kappeler, & Vaughn, 1994: 161). 이에 따라, 1970년대 중반부터 전통적 순찰전략에 대한 대안으로서, 전문화된 순찰전략이 발전되기 시작했다(Adams, 1994: 77-78).

2) 전문화된 순찰전략

전문화된 순찰전략의 1차적 목적은 범죄자에 대한 위협과 현장에서 범인 검거활동을 강화하는 것이다(Gay, Schell, & Schack, 1997: 1). 몇몇 경찰관서에서는 전문화된 순찰전략에 따라 지정된 순찰근무가 이루어졌고, 특별팀들이 배치되어 있다. 전문화된 순찰팀을 지정하는 것은 보통 범죄분석에 기초하고 있다. 일반순찰팀 근무자가 더 일상적인 임무를 수행하는 데 반해, 범죄다발지역 전문가가 특별한 사건을 담당하면서 좋은 평가를 받았다.

(1) 전술적 정복순찰

전술적 정복순찰의 우선적인 목표는 범죄자에 대한 위협이다. 이 전술은 가시적이고 적극적인 순찰이야말로 잠재적인 범인에 위협적이라는 것을 전제로 한다. 가시적인 순찰과 범인 체포 가능성을 강화함으로써 범인을 두려워하게 하여, 범인으로 하여금 범죄를 성공적으로 저지르지 못하도록 한다는 것이다. 신속한 체포와 순찰구역에 대한 정확한 파악이 중시된다. 이 전략은 다양한 기법이 구사될 수 있는데, 경찰의 존재를 알리기 위해 순찰구역에 대한 끊임없는 가시적 움직임, 도로 상황, 자동차, 보행자에 대한 주의 깊은 감시, 시민과의 접촉 등이다. 목표 지역에 순찰경찰을 배치함으로써 순찰 수준과 경찰 존재의 가시성을 강화한다. 이러한 전술은 심각한 범죄다발지역에서 적용된다(Gay, Schell, & Schack, 1977: 82-83).

(2) 지정순찰

지정순찰 전략은 일상적, 임의적 전통적 순찰 방식이 범죄예방에 효과적이지 않다는 불만과 비판에 직면하면서, 비용 증가와 경찰력 증원 없이 효과적인 범죄예방활동을 모색할 목적에서 등장했다. 새로운 순찰전략의 개념은 캔자스 시 예방순찰실험 결과에 근거한다(Walker, 1983: 121). 이 순찰 방식 역시 전문화된 순찰전략 범주에 속하며(Thibault, Lynch, & McBride, 1985: 165),

미행이나 전과자 접근을 포함한다.

지정순찰은 경찰관이 범죄발생 빈도가 높은 지역 내에서 근무 시간을 보내는 것이 요구된다. 이러한 지정순찰의 활용 여부에 대한 결정은 범죄분석 정보에 근거한다(Lyman, 2005: 119). 이는 전통적인 방식과는 달리 특정 지역에 대한 순찰계획에 따라, 용의자 혹은 사건에 대한 감시를 지향하면서 순찰경찰을 배치하는 것이다. 이 순찰 방식은 특별한 집단, 사람 혹은 범죄유형, 그리고 특정 지역에 대해 우선적으로 집중할 수 있도록 하고 있으며, 거의 완전히 가시적인 예방순찰근무에 달려 있다(Gay, Schell, & Schack, 1977: 13). 이 전략의 핵심은 범죄분석이며, 특정 지역의 범죄발생 분석을 통해 확실한 순찰전략을 수립할 수 있으므로, 효율적인 순찰시간 운용을 위한 단순한 방법이라고 할 수 있다. 이 순찰은 다양한 순찰전략들로 이루어지는데, 범죄 예방을 위한 기법으로 Directed Patrol Runs(D-Runs), 순찰력 분산, 현장신문과 범인체포를 위한 경찰감시, 용의자감시, 포화순찰, 유인순찰, 혐의자지향적 기법 등이 있다.

■ Directed Patrol Runs(D-Runs)

D-Runs은 특정한 지역에서 특별한 범죄문제를 해결하기 위해 고안된 것이며, 순찰경찰은 특별한 지역에 배치된다(Gaines, Kappeler, & Vaughn, 1994: 168). 이러한 특별 임무는 임의적·일상적 순찰활동 중에 수행되며, 모든 표시된 순찰차들이 동원된다. 순찰차량은 근무 중에 다양한 장소에서 임의적으로 움직인다. 이 순찰전략의 중점은 경찰 존재의 고가시성이다. 이 순찰근무는 아주 특별한 상황에서만 철회될 수 있으며, 근무책임자는 순찰시간을 효과적으로 사용할 수 있다(Gay, Schell, & Schack, 1977: 13-14). 이 프로그램에는 다음 세 가지 중요한 요소들이 포함된다.

- ▶ 범죄발생 장소 및 시간에 대한 정확한 분석
- ▶ 문제되는 순찰구역에 대한 서류화된 지시의 사전 준비
- ▶ 범죄분석에 따라 특정한 순찰시간 흐름 만들기

한편, 지정된 억제순찰(directed deterrent patrol: DDP)은 순찰의 형태가

범죄분석 팀에 의해 개발된 전략에 기초한 것이며, 특별한 범죄문제를 공격하기 위해 고안된 것이다. 순찰경찰에게는 무슨 문제가 존재하는지에 대해서뿐만 아니라, 문제에 어떻게 접근할 것인지를 자세하게 알려 준다(Holden, 1994: 161). 이 억제순찰에서 순찰경찰은 계획되고 체계적인 기초 위에서 어떤 특별한, 미리 정해진 예방적 기능들을 수행한다. 이러한 예방적 활동은 범죄사건, 범죄자의 특성, 작전의 방법과 지역에 대한 상세한 분석의 기초 위에서 고안된다. 필수적으로 지정된 억제순찰은 범죄경향을 확인하기 위해 시도하고 나서 그러한 패턴에 개입할 수 있는 특별한 순찰 방법을 개발한다. 지정된 억제순찰 방식은 성공적 범죄 감소 기법으로 보고된 바 있다(Holden, 1994: 161).

일반적으로 지정된 순찰전략에 대한 평가는 긍정적이다. 특히 중요한 것은 지정된 활동의 적극적인 범위이다. 체포 인용한 것을 이슈화하고, 현장 신문을 수행하고, 범죄에 관해 일반 시민을 교육시키는 것이다. 적극성은 더 많은 정보를 생산하고, 경찰에 대한 시민의 인식을 높이며, 아마도 더 거대한 경찰 감시에 관한 인상을 창조하고, 더 경계하고 적극적일 수 있는 경찰을 틀림없이 요구한다. 그런데 지정된 순찰이 다른 유형의 순찰 방법보다 더 효과적인지 혹은 그것이 실질적으로 범죄를 감소시키는지 혹은 단순히 그 범죄를 지역사회 내의 다른 지역으로 전이시키는지에 관해서는 밝혀지지 않았다는 주장도 있다(Lyman, 2005: 119).

(3) 유인작전

유인작전의 기본적인 목적은 범죄자 혹은 잠재적인 범죄자를 체포하고 파악하는 것을 지향한다. 경찰관은 순찰근무자와는 달리 특별히 전문화된 순찰팀원은 피해자로 위장할 수 있어야 하는데, 기본 개념은 미리 준비된 피해자를 통해 범인을 체포한다는 것이다. 이러한 전술은 범죄문제 해결을 위한 적극적인 경찰활동 전략에 속한다(Sherman, 1992: 172).

유인작전의 형태는 특정 범죄피해자, 범죄유형의 특성, 특정 지역에 따라서 선택된다. 특별한 유형의 범죄나 지역에 초점을 맞출 수 있으며, 이러한 행동의 각각은 임의적으로나 지정된 방식으로 수행될 수 있다. 유인자 역할을 할 자를 선발하기 위해서는 선천적으로 배우적 기질이 있는 경찰관을 뽑는 것이 중요하다. 이 유인작전은 노상에서의 강도범죄, 소매치기, 폭행, 성매매, 그리고 자동차 부품 절도범죄 문제 해결을 위해 활용되기도 한다(Thibault, Lynch, & McBride, 1985: 165). 이러한 범죄가 빈발하는 지역에 공개적인 유인작전이 실행되거나 유인꾼이 존재할 수 있다는 공고문을 게시한다면, 경찰은 범인을 두렵게 하여 범행 의지를 약화시킬 수 있는 효과를 얻을 수 있다(Gay, Schell, & Schack, 1977: 88; Adams, 1994: 78).

이 유인순찰 전술에서 순찰경찰관은 변장을 한 채로 근무하며, 주위 환경과 섞이기 위해 고안된 사복을 입은 채로 다닐 수 있으며, 혹은 우범자처럼 보이도록 몸에 문신을 하거나 불량스러운 복장을 할 수 있으며, 자전거나 오토바이를 탈 수 있고, 표시되지 않은 자동차를 운전할 수 있다. 피해를 입을 심산으로 가능한 유인책으로 행동하거나, 범행의 의심이 가는 개인을 살펴보거나 따라갈 수 있다. 유인순찰 전술은 성질상 임의적이든 지정된 것이든 간에, 혼합된 결과를 가졌다. 경찰 당국은 그것들을 광범위하게 활용하려는 경향이 있다. 이 접근은 많은 비용이 들고, 경찰관과 시민 간에 부상자와 사망자 숫자를 증가시킬 가능성이 있다. 유인활동이 경찰관서에 의해 절제적으로 사용되어야 하며, 그러한 활동이 공동체에게 상당히 유익 때에 정당화된다(Roberg & Kuykendall, 1993: 325-327).

유인작전의 효과는 뉴욕 시 경찰이 노상범죄와 투쟁을 하면서 어느 정도의 성공을 거두었으나, 어떤 경찰관서에서는 시민들의 적대적인 반응 때문에 유인활동을 축소시키기도 했다(Holden, 1994: 160).

(4) 경찰감시

경찰감시 전략은 범인 체포 목적으로 활용되는데, 범행현장에서 범인을 신속하게 체포하거나 용의자를 신속하게 찾아낼 수 있도록 하는 데 기여한다. 이 전술에는 물리적 감시와 전자장비를 이용한 감시 등 두 가지 감시 형태가 있다. 범죄분석에 따라 범행대상이 될 가능성이 있는 대상을 확인하고, 특정

지역을 감시할 수 있는 장소에 경찰관을 배치한 다음, 현장에 범인이 접근했을 때 이를 알려 주거나 정보를 제공해 줄 수 있는 전자장비를 설치한다. 이러한 작전이 활용 · 전개되고 있음을 일반인에게 광범위하게 알리게 되면, 잠재적인 범죄자의 범행 의지를 현저하게 약화시킬 수 있는 효과를 거둘 수 있다.

(5) 잠복순찰

잠복순찰은 억제 가능한 거의 모든 범죄유형에 대해 활용할 수 있다. 이 전술에는 기본적으로 범인 체포를 지향하는 것과 범죄 빈발장소를 지향하는 것 등 두 가지 유형이 있다. 이 전술의 목적은 현장에서 범행을 저지르는 범인을 체포하고, 나중에 범인 체포에 도움이 될 정보를 취득하는 것이다. 이 전술은 경찰감시와 유사하다. 용의자 감시 및 미행 전술은 용의자가 특정한 범죄를 빈번하게 저지르려고 한다는 데 대해 확실한 근거가 있을 때에만 허용된다(Gay, Schell, & Schack, 1977: 102-104).

한편, 일반지역 감시, 즉 범죄다발장소에 대한 잠복순찰 및 감시는 특정 지역에서 용의자가 많아서 용의자 감시가 허용될 수 없거나 어려울 때, 유인작전이 적절하게 구사되기 어려울 때, 잠재적 대상이 다수일 때, 용의자 감시만으로는 다양한 범죄 관련 문제를 충분히 파악하기 어려울 때 물리적 혹은 전자장비를 활용한 감시가 이루어질 수 있다(Thibault, Lynch, & McBride, 1985: 165). 특정 지역에서의 자동차절도라든가 주거침입절도가 이러한 범주에 속할 수 있다. 감시팀에 근무하는 순찰경찰관은 반드시 주위 사정에 어울리게 변장할 수 있어야 한다(Gay, Schell, & Schack, 1977: 107).

(6) 순찰력 분산

순찰력 분산은 1970년대 예방적 순찰과 경찰서비스 요청 전화에 의해 만들어진 필요와 요구를 충족시키기 위한 수단으로서 개발되었다. 예방적 순찰과 경찰서비스 요청 전화에 대응하는 것 역시 중요하다는 인식에서 나왔다. 즉, 통상적인 순찰근무가 두 가지 임무를 수행하는 데 책임이 있다는 믿음에 기초하고 있는데, 하나는 신고 · 접수된 서비스 요청 전화에 대응하는 것이고,

다른 하나는 범죄억제와 예방이다. 그러나 어느 하나는 종종 다른 하나와 갈등적이다. 예를 들면, 경찰관의 입장에서 보면, 다양한 수준의, 차별적인 시간을 요하는 경찰서비스 요청을 동시에 응답하면서, 완전히, 그리고 체계적인 방식으로 예방적 순찰을 수행하는 것은 매우 어렵다고 한다(Hale, 1994: 254).

델라웨어 주 윌밍턴 시 경찰서는 광범위한 규모로 순찰력 분산 전략을 실행한 최초의 경찰관서였으며, 그 경찰서에서 활용된 순찰전술에 대한 내용이 많이 알려졌다. 이 프로그램에서는 거의 25%의 순찰경찰관이 일상적인 예방순찰을 수행하지 않는 대신에, 나머지 순찰경찰관은 순찰력 증가가 필요한 특별한 지역에 배치되었다. 어떤 지역에 반달리즘 문제가 있다면, 이 순찰팀이 그 지역에, 특별히 반달리즘이 제일 많이 발생하는 시간대에 포화순찰의 방법으로 배치되었다(Langworthy & Travis Ⅲ, 1994: 247). 이 관서에서는 경찰력을 두 가지 그룹으로 나누었는데, 경찰서비스 요청 전화를 처리하는 순찰팀과 단속에 개입하는 순찰팀이다(Gaines, Kappeler, & Vaughn, 1994: 168).

CRIME PREVENTION

사례 델라웨어 주 윌밍턴 시에서는 '분산된 순찰력'이라는 개념이 사용되었다. 순찰경찰관의 약 3/4이 기본 순찰에 배치된다. 그 순찰 방식은 전통적 순찰과 순찰 임무와 관련이 있다. 나머지 순찰경찰관은 구조화된 순찰팀에 조직되며, 특별한 비상 상황이 아니면서 응답하지 않는다. 구조화된 순찰팀은 범죄가 빈발하는 지역에 투입되며, 특별화된 순찰 방식을 사용한다. 프로그램에 착수하면서, 기본 순찰근무자는 고정된 지점에 배치된다. 범죄억제 수단으로서 범죄 빈발장소에 배치된다. 조직화된 팀에 관해, 발생되는 문제는 수사 부서와의 관계이다. 공격적인 순찰전술들 때문에, 이 조직화된 부서에 근무하는 순찰근무자는 그들의 카운터파트인 수사 부서 근무자와 비교하여 심각한 범죄에 대해 높은 해결률을 갖고 있다는 것이다. 순찰근무 경찰관 역시 사복을 입을 수 있도록 허용되어 있으며, 수사 업무를 위해 정상적으로 배치되어 임무를 수행할 수 있다는 사실에 대해 또한 분노와 같은 불만이 있었다. 법집행원조청(LEAA)에 의한 프로그램 평가는 이러한 프로그램의 유형은 '기본' 순찰팀이 통상적인 임무들로 인해 완전히 압도되지 않도록 보호하면서, 기본 순찰근무에 배치할 경찰력이 충분한 그러한 경찰관서에서 똑같이 복사될 수 있다는 것을 보여 준다(Thibault, Lynch & McBride, 1985: 164).

(7) 집중순찰

집중순찰은 많은 수의 경찰관을 특별한 지역에 집중 배치함으로써, 범죄문제를 억제하기 위해 시도되었다. 모든 경찰력의 존재 가시성을 강화하기 위해 주어진 지역에 경찰관을 집중한 고가시성 순찰전략인 셈이다(Gaines, Kappeler, & Vaughn, 1994: 169). 이러한 기법에서는 범죄발생 빈도가 높은 지역에 필요로 하는 순찰 요소를 아주 많이 배치하는 것이다. 이 기법 역시 직무분석에 의해 이루어진다(Holden, 1994: 160-162).

집중순찰이 비록 수년 동안 광범위하게 사용되고 있지만, 문제는 가두범죄에 영향을 미치기 위해 배치되어야 할 순찰경찰관의 규모에 관해 알려진 것이 거의 없다는 점이다. 어떤 경찰관서에서는 포화순찰로 긍정적인 결과를 달성할 수 있었다고 한다. 예를 들면, 뉴욕 시에서 몇몇 서류화된 실험들이 있었다. 도보순찰이 두 배 정도 실시되었던 뉴욕 시에서는 범죄 감소에 긍정적인 영향이 있었던 것으로 나타났다(Wilson, 1975; Lyman, 2005: 119). 1950년 뉴욕 시경이 '작전 25시(Operation 25)'를 최초로 실시하면서, 200여 명이 넘는 추가 경찰력을 한 구역에 집중적으로 포화시킨 사례가 있었다. 그 결과, 범죄는 상당한 수준으로 줄어들었다(Gaines, Kappeler, & Vaughn, 1994: 169).

한편, 범죄사건이 낮 동안에 엄청나게 증가한 반면, 뉴욕 시 지하철 내에서 야간순찰활동은 실질적으로 범죄를 감소시켰다(Chaiken, Lawless, & Stevenson, 1974; Lyman, 2005: 119). 이 전략은 실제로 약물 거래, 성매매, 강도, 자동차절도, 주거침입절도나 폭행과 같은 범죄를 포함한 형태의 가두범죄에도 적용될 수 있다. 1965년 강도와 폭행을 줄이기 위해 지하철에서 근무하는 경찰관의 숫자를 거의 두 배 이상 배치하기도 했으며, 1966년에는 시내의 20번 구역에서 순찰경찰력을 40%까지 증가시키기도 했다. 프로그램에 대한 랜드연구소의 평가는 가두범죄에서 괄목할 만한 정도의 감소를 보여 주었다. 이와 비교하여, 도보순찰을 증가시킨 영국에서 수행된 연구에 의하면, 범죄에 대해 실질적인 영향이 없었던 것으로 나타났다(Bright, 1969; Lyman, 2005: 119). 이처럼, 집중순찰은 특별한 범죄문제를 목표로 삼을 때 가장 성공적이었다. 그런데 이 전략은 운용하는 데 비용이 많이 든다는 단점이 있다(Bayley, 1996: 5).

(8) 고가시성 순찰과 저가시성 순찰

고가시성 순찰의 기초를 이루는 이론은 경찰이 어디서나 존재한다는 분위기를 증가시킴으로써 감소될 수 있는 어떤 종류의 범죄가 있다는 것이다. 고가시성 순찰 프로그램은 미국의 수많은 도시에서 다양한 수준으로 실시되었다. 그들에게 지정된 범죄의 종류도 다양했지만, 그러한 범죄는 소위 가두범죄라고 일컬어지는 전형적인 폭력범죄였다. 고가시성 순찰은 순찰의 가시성을 높이기 위해 고안된 것으로, 이 순찰전략의 핵심은 증가된 순찰활동을 통해 가장 영향을 많이 받을 수 있는 범죄와 지역을 특정하는 것과 체계적이지만 불규칙적인 기초 위에 그러한 노력을 실천하는 것이다.

한편, 고가시성 순찰이 '가두범죄를 억제'하기 위해 의도되었다면, 저가시성 순찰은 선택된 범죄유형에 관계된 범죄자의 '체포율을 증가'시키기 위해 고안된 것이다. 이 순찰 방식의 아이디어는 수사할 경찰 존재가 없을 때, 선별된 범죄가 발생할 것 같은 지역에 경찰 존재를 제공하는 것이다. 어떤 경우에는 유인책이 범죄행동을 유혹하기 위해 사용된다. 혁신적인 저가시성 순찰전략의 상당수가 어떤 특정한 종류의 범죄를 해결하기 위해 실행된다(Hale, 1994: 251).

고가시성과 저가시성 순찰전략 둘 다 범죄억제와 범인체포에 많은 것을 제공해야 하며, 각각의 순찰 방식은 다른 목표를 가지고 있다. 그러나 그 방식은 비슷한 유형의 범죄를 목표로 삼고 있다. 이 전략은 전통적인 순찰 방법으로 해결하기 어려운 특별한 문제를 해결하기 위해 고안된 보충적인 전략이다(Hale, 1994: 251-252).

(9) 공격적 순찰

공격적 순찰은 가두범죄를 감소시키기 위해 고안된 교통 검문 및 현장에서의 인터뷰를 포함하여 부여된 구역 내에서 높은 수준의 순찰로 이루어져 있다. 샌디에이고에서는 특정 구역 내에서 현장 신문의 활용을 제거한 연구가 시행되었다. 결과적으로, 범죄발생이 감소되었다. 현장신문기법을 재시행한 후, 범죄 감소가 보고되었다(Boydstun, 1975).

공격적 순찰에 대한 나머지 부정적 효과는 경찰관서에 대한 시민의 만족을 심각하게 저해할 수 있다는 것이다. 경찰관에 의한 자의적 개입들은 검문을 당할 수 있는 혹은 일정한 시간 동안 지체될 수 있는 시민에 의해 종종 모욕적으로 냉담하게 보인다. 다른 한편으로, 만약 경찰관이 법 위반자를 정확하게 찾아내는 데 성공한다면, 공격적 순찰활동과 같은 실무 관행이 효과가 있다는 것을 일반 시민에게 설득시킬 수 있을 정도로 여론은 쉽게 좌우될 수 있다.

공격적 순찰정책은 종종 미디어에 의해 강경한 조치로 일컬어지며, 성매매 행위, 노상에서의 마약 거래, 약물 복용이나 음주 상태의 운전행위와 같은 범죄와 종종 관련된다. 그런데 국지화된 범죄에 대해 즉각적인 효과를 갖고 있는 것처럼 보이는 공격적 순찰에 대한 범죄억제적 가치를 지지하는 증거가 존재한다. 코드너와 트로야노비츠(Cordner & Trojanowicz, 1992)에 의하면, 만약 경찰이 그들의 강경한 조치에 타이밍을 맞추는 데 숙련되면, 마치 그들이 문제되는 다음 장소 혹은 범죄대상 쪽으로 옮겨가면서, 억제효과를 얻을 수 있음을 보여 준다(Lyman, 2005: 119).

(10) 목표지향적 순찰

목표지향적 순찰(Target-Oriented Patrol: TOP) 전략은 특별한 사람, 장소, 그리고 사건을 염두에 둔 전략이다. 발생할 범죄에 대한 기회를 제거하기 위해 혹은 범죄를 저지르려고 하는 범죄자에게 개입하기 위한 다양한 수단이 사용된다(Hale, 1994: 253).

① 장소지향적(Location-Oriented Patrol: LOP) 순찰

범죄분석을 통해 혹은 선별된 범죄유형이 저질러지는 고위험지역으로 분류된 정보를 통해 확인되어 특정 지역에 대한 강화된 감시를 수행하는 절차이다. 예를 들면, 범죄분석은 자동차공장 주변에 보호되지 않은 주차장에서 도난을 당하는 유행이 지난 스포츠카와 관련된 범죄유형을 알게 해 준다. 이러한 정보는 믿을 만한 정보원으로부터 혹은 시내에 있는 여러 군데 주요 공장에서 야간 교대를 막 마친 후에 자동차가 없어진 것을 알려 주는 다른 제3

자로부터 취득된 정보와 결합될 수 있다. 정보의 종류는 범죄를 저지르려는 범죄자에게 개입하도록, 그리고 그것에 의해 이러한 일련의 범죄를 종식시키도록 고안된 지정된 순찰전략의 발전으로 이어질 수 있다.

② 범죄자지향적 순찰(Offender-Oriented Patrol: OOP)

장소지향적 순찰 방식과 유사한 기본적 기법을 지역보다는 개인에게 적용하는 것이다. 이러한 경우에, 경찰 정보자료는 알려진 범죄자에 대한 범죄경력 자료뿐만 아니라 경찰 정보자료는 순찰활동이 지향되어야 할 대상자에 대한 목표의 확인을 위한 기초를 제공할 것이다. 필수적으로, 범죄자지향적 순찰은 어떤 범죄를 계획하고, 준비하고 혹은 저지르려고 하는 개인에 대해 강화된 감시를 계속하는 것과 관련이 있다. 감시는 목표가 억제냐 혹은 체포냐에 따라서, 고가시성 혹은 저가시성 순찰활동의 형태를 취할 수 있다. 범죄자지향적 순찰은 범죄를 저지르려는 행동 중에 있는 사람을 체포하는 수단으로뿐만 아니라 억제전략으로서도 매우 효과적일 수 있다. 그런데 순찰활동의 성질 때문에, 용의자의 기본적인 법적 권리를 침해하지 않도록 주의해야 한다.

범죄자지향적 순찰은 재범자 프로젝트의 선구자였다. 워싱턴 D.C. 경찰서는 상습적이고 전문범죄꾼에 집중하기 위한 ROP팀을 만들었다. ROP팀은 다양한 기법을 활용했으며, 범행을 오랫동안 저질러 온 범죄자를 체포할 수 있었다. 프로젝트에 의해 체포된 범죄자들은 더 많이 기소되었고, 다른 중범죄와의 관련성으로 유죄 선고를 받았다. 이후에도 많은 경찰관서에서 위험하고 상습적인 범죄자를 공략하기 위해 ROP전략이 사용되었다(Gaines, Kappeler, & Vaughn, 1994: 170).

③ 사건지향적 순찰(Event-Oriented Patrol: EOP)

사건이나 문제 성질에 따라서 다양한 종류의 순찰전략을 적용하는 것으로서, 사건을 지향하는 순찰전략이다. 예를 들면, 시내 중심가에서 대규모 카니발이 개최되는 경우에 필요한 순찰전략이다. 우발적 사고에 대비한 계획은 이러한 행사의 결과물을 처리하기 위해 종종 개발되었으며, 그러한 행사가 야기할 수 있는 범죄문제를 해결하기 위해 고안된 전문화된 순찰전략이다. 행사지향적 순찰 계획에 관해 가장 좋은 정보의 원천은 유사한 종류의 사건을 경험했거나 효과가 좋았던 순찰전략을 개발했던 다른 경찰관서의 사례를 참고하는 것이다(Hale, 1994: 253-254).

미주리 주 캔자스 시 경찰서에서는 순찰경찰관으로 하여금 특별한 용의자 혹은 알려진 범죄자에게 초점을 맞추게 하면서, 그리고 특정 장소에서 그들에게 특별한 주의를 기울이는 것을 포함하여, 대안적 순찰 방식으로 실험했다. 그 방식은 각각 죄인지향적, 그리고 장소지향적 순찰로 알려졌다. 이러한 것들은 순찰 자원의 계획된 배치를 통해 범죄에 대한 더 큰 효과를 얻기 위한 시도였다(Langworthy & Travis Ⅲ, 1994: 247-248). 이 경찰서에서 수행한 두 가지 장소지향적 순찰, 그리고 범죄자지향적 순찰이 전통적 순찰보다 효과성 면에서 우월했다는 것을 보여 주었다. 그런데 두 가지 순찰 방식은 전통적 순찰에 의해 야기된 것보다 시민들로부터 더 많은 불만을 자아내기도 했다(Holden, 1994: 161).

3) 경찰활동의 변천

(1) 합동순찰활동(Team policing)

① 합동순찰의 발전과정

지난 수십 년 동안 미국의 많은 경찰관서는 부족한 경찰-지역사회관계, 범죄의 증가, 그리고 경찰 예산상의 비용 증가와 같은 주요한 문제들에 직면했다. 이의 해결책으로서 형사사법 교육자, 정책가, 그리고 실무자에 의해 새로운 경찰활동의 개념인 합동순찰은 괄목할 만한 주목을 받았다(Thibault, Lynch, & McBride, 1985: 167-168). 1960년대와 1970년대 후반 동안, 지역공동체는 합동순찰이라는 아이디어를 실험하기 시작했다. 합동순찰은 전통적 순찰전략을 항구적인 순찰구역에 배치된, 통합되고 적응 가능한 경찰팀으로의 재조직화로 여겨졌다(Hale, 1981; Lyman, 2005: 328).

1960년대와 1970년대에 유행한 합동순찰은 경찰활동의 분절화를 극복하기 위해 순찰, 수사, 그리고 청소년 업무를 함께 담당하도록 한 바 있다(임학순·이은구, 1995: 88). 경찰조직의 재구성을 통한 유연성 확보, 경찰의 사기 진작, 지역사회와 경찰과의 관계 개선 등을 위해 순찰, 수사, 그리고 지역 서비스 등을 일괄적으로 통합 처리할 수 있게 한 체제로서, 의사결정을 현장의 경찰에게 대폭 이양하여 경찰업무 관리, 범죄통제, 지역 서비스의 개선을 도모하기 위한 전략이었다. 이 경찰활동의 기본 요소는 의사결정의 분권화와 지역사회지향적 경찰활동 전환으로 볼 수 있다(김용환, 1998: 93).

미국에서의 합동순찰은 주로 영국의 선례에 기초를 두고 있다. 합동순찰의 개념은 1940년대 후반 스코틀랜드 애버딘(Aberdeen)에서 치안수요가 적은 순찰구역에서 근무하는 단독 근무자의 낮은 근무 의욕과 지루함을 개선하기 위한 시도에서 유래했다. 1개 순찰팀이 1구역을 순찰하는 방식에서 5명 혹은 10명의 도보순찰 경찰관으로 구성된 순찰팀을 배치했는데, 범죄발생과 경찰서비스 요청 전화 집중 정도에 따라 분할된 한 지역을 순찰하는 방식으로 변했고, 시의 다른 지역에는 자동차를 타고 이동했다. 직무량이 증가된 이 시스템은 경찰관의 지루함과 외로움을 제거했다.

비록 애버딘 순찰 방식이 1963년에 포기되었지만, 다른 영국의 경찰관서와 미국의 몇몇 경찰관서는 유사한 계획을 채용했다(Thibault, Lynch, & McBride, 1985: 167). 1966년 인력 부족으로 영국의 Coventry Constabulary에서는 Unit Beat Policing으로 불리는 합동순찰의 형태를 시작했으며, 부족한 경찰력을 더 효과적으로 사용하기 위해 개발되었다(Roberg & Kuykendall, 1993: 107). 미국에서의 노력은 종종 애버딘 시스템과 Unit Beat Policing의 두 가지 유사한 요소를 포함하고 있다. 합동순찰은 1968년 미국의 시라큐스 경찰서에서 처음으로 활용되었으며, 1974년경에는 전국에 걸쳐 60여 개의 경찰관서에서 여러 형태로 시도되었다(Stone & DeLuca, 1994: 84). 합동순찰은 순찰경찰력의 효과적인 활용을 통해 경찰과 지역공동체 간 더 친숙한 관계를 유지함으로써 법집행 서비스를 개선하기 위한 방법으로서 제안되었으며, 또한 범죄예방과 수사를 위해 지역공동체와의 관계를 증진하도록 기대되었다.

셔먼(Lawrence W. Sherman)과 그의 동료들에 의하면, 이론적으로 합동순찰은 지역사회에 대한 경찰서비스를 개선하고 경찰관의 직무 만족을 향상시키기 위한 것이었으며, 하나 혹은 그 이상의 준독립적 팀을 포함하기 위해 순찰경찰력을 재조직화하는 데 기초를 두고 있다(Roberg & Kuykendall, 1993: 107).

② 합동순찰과 전통적 경찰관리 방식과의 차이

합동순찰과 전통적인 경찰관리 기법 간에 수많은 차이가 있다. 첫째, 순찰팀은 작전적 결정에 더 큰 통제를 행사할 수 있는 분권화된 관리구조를 활용한다. 이것은 전통적인 관리 실무와는 정반대가 된다. 둘째, 직무 확장이 종종 합동순찰에 활용된다. 여기서, 경찰관은 수사, 교통, 그리고 범죄예방과 전통적인 직무를 감소시키면서 다양한 경찰활동에 관여할 수 있도록 허용된다. 순찰경찰관은 순찰 책임뿐만 아니라 수많은 전문화된 활동들에 관여하게 된다. 직무의 넓은 범위까지 순찰경찰관을 관여하도록 허용함으로써, 경찰관의 사기와 직무 만족 향상을 위해 활용되곤 한다. 경찰관은 분권화를 통해 그들의 직무에 영향을 미칠 결정에 관여할 수 있게 되었다(Gaines, Kappeler & Vaughn, 1994: 132). 마지막으로, 합동순찰은 지역공동체와의 문제 해결 관계를 강조한다. 즉, 순찰경찰관은 문제와 이슈들을 공략하기 위해 시민 가까이에서 근무한다.

③ 합동순찰의 요건 및 활용 사례

셔먼(L. W. Sherman)과 켈링(G. L. Kelling)은 만약에 한 경찰관서가 합동순찰을 활용중이라면, 반드시 있어야 할 세 가지 요건을 확인했다. 첫째, 할당된 지역에 대한 경찰 책임은 근무 배치된 순찰경찰팀에 있어야 한다. 다시 말하면, 할당된 지리학적 지역 안에서 순찰팀은 모든 경찰활동에 대해 책임이 있다는 것이다. 둘째, 팀의 모든 구성원 간에 최대한의 의사소통이 있어야 한다는 것이다. 의사소통에 의한 타협은 교대근무와 시간상의 한계들을 말끔히 제거하도록 확신할 수 있어야 하며, 그 결과 각 경찰관은 순찰팀 내에서 모든 경찰활동에 대해 완전히 알고 있어야 한다. 마지막으로, 팀의 구성원들과 그 팀의 관할지역 내에 있는 시민 간에 최대한의 의사소통이 있어야 한다는 것이다.

1970~1974년 간 수많은 지방자치체가 합동순찰을 연방정부나 사적인 재정 지원을 받거나 받지 않은 채, 그들의 관할구역에 도입했다. 합동순찰은 1970년대에 광범위하게 실험되었는데, 그것은 오하이오 주 데이튼과 신시내티, 캘리포니아 주 로스앤젤레스, 미시간 주 디트로이트, 뉴욕 시와 같은 대규모 경찰관서, 캘리포니아 주 리치먼드, 매사추세츠 주 홀리요크, 플로리다 주 세인트 피터스버그와 같은 소규모 경찰관서에서도 각각 실시되었다. 합동순찰은 작전을 조직할 때, 매우 유연하게 조직할 수 있도록 허용된 전략으로 간주되었다. 대체로 합동순찰 팀은 네 가지 방향, 즉 기본적인 순찰팀, 순찰 및 범죄수사팀, 순찰 및 지역사회봉사팀, 그리고 전(全)시간 서비스팀 중의 하나를 취했다(Gaines, Kappeler & Vaughn, 1994: 132-134).

■ 기본적 순찰팀

기본적인 예방적 순찰, 서비스 요청에 대해 무전기로 경찰관 급파와 교통통제 임무를 수행하는 데 대한 책임을 질 수 있도록 경찰관서의 재조직화에 관여한다. 이러한 형식으로 합동순찰은 효과적인 순찰 서비스를 제공하기 위한 기본적 조직모형으로 활용된다. 그런데 이러한 팀에 있는 경찰관은 지역사회 관계 경찰활동이나 범죄수사에 대한 책임은 갖지 않는다. 기본적 순찰팀 이면의 가장 우선적인 목적은 더 효과적으로 경찰서비스를 제공하는 것이었다(Thibault, Lynch, & McBride, 1985: 168).

■ 순찰 및 범죄수사팀

순찰 및 범죄수사팀은 기본순찰팀의 모습과 추적하면서 범죄를 수사할 책임을 부여받은 팀을 하나의 팀으로 결합하는 것이다. 뉴욕 주 시라큐스, 플로리다 주 세인트 피터스버그와 같은 도시에서 실시되었다. 이 접근 방식으로 가장 잘 알려진 모델 중의 하나는 뉴욕 주 로체스터에서 활용한 것이다. 거기서, 순찰경찰관은 완전한 초동 수사를 수행하는 데 대한 책임이 있으며, 종종 추적수사의 임무를 부여받았다. 순찰 및 범죄수사팀은 특별한 지역에 배치된다(Thibault, Lynch, & McBride, 1985: 168). 이 순찰팀은 일반적으로 높은 범죄발생률을 경험하고 있는 지역에서 실시되었고, 범죄를 통제하고 경찰관서의 수사 능력를 강화하기 위해 고안되었다.

시라큐스 경찰서는 범죄통제팀을 운용했다. 범죄통제팀은 잠재적 범죄자를 억제하고, 범죄수사에 대해 책임을 졌다. 범죄통제팀 경찰관은 정규순찰 경찰관과 함께 순찰구역을 따라 배치되었다. 순찰경찰관은 모든 경찰서비스 요청 전화에 응대했으며, 범죄통제팀 경찰관에게 범죄문제에 대응하도록 허용되었다.

■ 순찰 및 지역사회봉사팀

순찰 및 지역사회 봉사팀은 기본순찰팀의 임무와 지역사회관계를 결합한다. 그 팀의 관할지역에서, 순찰경찰관은 지역공동체의 주민들에게 지원을 제공하고, 실업자에 대한 우선적인 일자리 알선, 환자에게 의료행위 제공, 지역주민과 지역사회 관공서의 네트워크 간에 유사한 서비스 연결 활동을 수행하도록 권고받는다.

샌디에이고에서는 개별 경찰관이 중심적인 지역사회관계 사무실에서 지역사회 서비스 경찰관으로 근무하는 것뿐만 아니라, 지역사회 서비스와 관련될 수 있도록 권고받고 있다. 이 서비스팀은 경찰과 지역공동체 간의 관계에서 어려움을 겪고 있는 지역에서 실시되었다. 대부분의 합동순찰 프로젝트가 범죄 감소에 대한 책임뿐만 아니라 지역공동체와의 관계를 강조했다. 그러나 캘리포니아 주 옥스너드(Oxnard)에서는 Neighborhood Car Plan이 지역공동체 관계에 거의 전적으로 포커스를 맞추기 위해 개발되었다. 그 프로그램은 히스패닉계 주민들이 우세한 지역, 실업, 빈곤, 높은 범죄율, 과밀한 주택, 경찰에 대해 적대적인 것으로 특징지어지는 이웃 간에 활성화되었다. 팀의 구성원들은 지역공동체 프로젝트의 주민들과 함께 일했고, 청소년의 활동을 위한 자금 모금을 지원했으며, 일반적으로 문제 해결을 위해 함께 일했다(Gaines, Kappeler, & Vaughn, 1994: 134-135).

■ 전(全)서비스팀

대부분의 합동순찰 프로젝트가 경찰활동의 제한적이고 특별한 측면에 초점을 맞추었기 때문에 전서비스팀만이 팀 구역 안에서 모든 경찰활동을 위한 책임을 맡았다. 전서비스 합동순찰의 가장 좋은 본보기는 오하이오 주 데이튼이었다. 데이튼팀의 지휘자로 근무하는 1명의 경위, 4명의 경사, 36명의 순찰경찰관, 7명의 수사관, 5명의 지역사회 지원경찰관, 1명의 지역사회 조정자, Neighborhood Assistance Program을 위한 조정자 1명으로 구성된 1개의 팀을 발전시켰다. 그 팀은 할당된 지역 내에서 모든 활동들에 대한 책임을 졌다. 모든 팀의 구성원들은 범죄수사, 지역사회관계 프로젝트, 그리고 일반적으로 시민의 문제에 대응하는 데 광범위하게 관여했다. 많은 결정이 팀의 회의석상에서 이루어졌고, 팀의 멤버들은 자주 지역사회 지도자들과 이웃그룹을 만났다. 전서비스에서는 특별한 부분 혹은 경찰관서의 조직적 구조가 팀의 형태로 분류된다. 순찰, 범죄수사, 그리고 지역사회관계는 팀의 책임이다. 전서비스팀 경찰활동은 다방면전문가와 일반전문가 등 두 가지 범주로 나뉜다.

다방면전문가 형태에서, 그 팀은 리더의 지휘하에 있는 순찰경찰관 및 전문경찰관(수사와 지역사회관계 경찰관)으로 구성된다. 전문경찰관은 똑같은 임무를 계속해서 수행하지만, 팀의 구성원으로부터 더 많은 지원을 받는다 (Thibault, Lynch, & McBride, 1985: 169).

④ 평 가

일부에서는 팀 경찰활동을 모든 이웃에게 전반적인 경찰서비스를 제공하도록 고안된 새로운 기법이라고 극찬했지만, 비판론자들은 그것을 단순히 19세기의 구식 경찰활동으로의 회귀라고 비판했다(Hale, 1981; Lyman, 2005: 328). 1970년대에 합동순찰에 대한 전면적 평가 중의 하나는 7개 시[17]의 사례별 분석이었다. 비록 합동순찰이 다른 많은 의미를 갖고 있었지만, 이 연구에

17 2개의 소규모 도시(매사추세츠 주 홀리요크와 캘리포니아 주 리치먼드), 2개의 중간 규모 도시(오하이오 주 데이튼와 뉴욕 주 시라큐스), 2개의 대도시(디트로이트와 로스앤젤레스)와 초대형 도시(뉴욕 시)가 각각 이 연구에 포함되었다.

서 7개 프로그램 중 6개는 다음의 세 가지 일반적인 경찰활동상의 요소들을 수행하기 위해 시도되었다.

- 순찰의 지역적 안정성, 다시 말하면 소규모 이웃 지역에 대한 경찰팀의 지속적인 배치
- 하루 24시간, 1주일 7일 간 이 지역에 배치된 모든 경찰관 간에 친밀한 내부적 커뮤니케이션을 포함하여 팀구성원 간 상호작용의 최대화
- 팀구성원과 지역공동체 간의 커뮤니케이션의 최대화 등

이러한 세 가지 작전상의 요소를 수행하면서 가장 성공적인 경찰관서는 지원을 받았다. 어떤 지역(뉴욕 시, 뉴 멕시코 앨버쿼크)에서는 실패한 것으로 평가되었지만, 어떤 지역(캘리포니아 주 샌디에이고)에서는 상당한 정도의 성공으로 평가되기도 했다(Roberg & Kuykendall, 1993: 107-108). 상당한 부정적 평가에도 불구하고 이론상으로 수많은 긍정적 특징들이 합동순찰로부터 유래하기도 했다(Thibault, Lynch, & McBride, 1985: 167).

- 팀에 의해 제공된 경찰서비스는 더 지역사회와 친밀해졌으며, 반대로 경찰과 지역사회 간의 관계가 개선되었다.
- 합동순찰은 그 구성원들에게 개혁이 가능한 유연한 조직구조를 제공하며, 공유된 지식의 발전과 동료들 간의 평가를 통해 전문성이 증대되었다.
- 정복경찰관과 사복경찰관 간의 의사소통상 사회적 장벽과 지위상 갈등을 제거함으로써, 순찰과 범죄수사 기능이 하나의 직무로 합병되었다.
- 감독자와 작전 부서 경찰관에 의해 의사결정이 이루어지는 명령 체계 안에서 감소가 이루어지고 있다.
- 팀의 각 멤버들에게 재량을 행사할 수 있고, 인사상의 기술을 강화할 수 있는 기회가 주어진다. 결과적으로, 더 많은 직무 만족이 기대되었다.

평가자들은 캘리포니아 주 샌디에이고에서 “이 프로그램은 가장 전도 유망한 프로젝트 중의 하나”라고 평가하기도 했다. 한편, 대부분의 합동순찰 프로젝트가 외부 정부기관 혹은 사(私)기관에 의해 지원받았으며, 자금 지원이

끝날 무렵에 경찰관서는 경찰서비스를 제공할 때 전통적인 방식으로 되돌아갔다. 왜 합동순찰이 실패했으며, 부분적인 성공밖에 거두지 못했는지에 대한 주요한 이유가 제시되기도 했다.[18] 비록 오늘날 거의 활용되고 있지는 않지만, 경찰서비스를 제공하는 독특한 방식이었던 지역사회지향적 경찰활동은 어떤 면에서는 팀 경찰활동과 유사한 면이 있었다(Gaines, Kappeler, & Vaughn, 1994: 136).

합동순찰은 경찰활동을 개선시키도록 구상된 새로운 조직적 개념이었으며, 미국에서 이러한 프로그램의 평가는 부적절하거나 혼재된 관점을 야기하기도 했다. 합동순찰은 1970년대 경찰계에서 복잡한 화젯거리였다. 지지자들은 예산적 마인드 시대에 경찰서비스를 개선하기 위한 존속 가능한 방법으로 평가했지만, 비판자들은 그것을 단지 실험이나 그 이상의 아무것도 아닌 것으로 보기도 했다. 실제로, 합동순찰은 많은 행정적 권한을 계선 조직상의 경찰관에게 부여한 반면, 책임도 부과하고 있다. 동시에 행정가는 그들 권위의 어느 정도를 포기해야 했다. 비록 그것이 제한된 성공을 누렸더라도 합동순찰은 1970년대의 일시적 유행이 되어 버렸으며, 경찰관서, 노동조합, 정치적 영역, 그리고 일반 공중과 결부되면서, 서서히 사라졌다(Thibault, Lynch, & McBride, 1985: 173). 그런데 치안 유지 활동에 대한 '새로운' 접근 — 지역공동체의 요구와 경찰관의 만족 둘 다 조화시키는 — 이 곧 명백하게 필요하게 되었다(Roberg & Kuykendall, 1993: 109-110).

상당히 구별될 만한 점 중의 하나는 팀 경찰활동이 순찰경찰관에게 불만족 사항을 처리하고, 지역화된 범죄문제를 해결할 수 있는 권한을 부여했다는 것이다. 발생된 범죄의 수사가 이루어지고, 지역 단위에서 마감되었다. 오로지 필요한 경우에만 전문화된 경찰관이 요청되었다. 따라서 지역사회 경찰활동 쪽으로 이동이 진행 중이었다. 특별히 청소년, 빈곤층, 소수인종 집단과

18 경찰관서의 중간관리층은 합동순찰을 그들의 권한을 위협하는 것으로, 파괴하는 것으로 보면서, 어떤 경우에는 실제로 그 계획을 사보타주하기도 했다. 합동순찰은 중간간부를 포함하는 데 실패했기 때문에 수많은 비판과 반대에 부딪혔다. 경감, 경정급 간부가 전략에 포함되지 않았기 때문에 그들은 저항하고 투쟁하는 경향이 있었는데, 이유는 경찰관서 내에서 그들의 권한과 위신이 침해되었기 때문이었다(Roberg & Kuykendall, 1993: 109).

같은 지역사회 내의 다양한 주체들이 경찰의 직무 성과에 대해 불만족스러워 하고 있다는 인식에 따라 지역사회 경찰활동은 자극을 받았다. 게다가, 그들이 제공한 서비스에 대해 불만족했으며, 특히 가두범죄에서 범죄 처리에 관한 전통적 접근들이 훨씬 덜 받아들여질 만했다는 인식이 있었다(Lyman, 2005: 328).

(2) 문제지향적 경찰활동

문제지향적 경찰활동(Problem-Oriented Policing: POP)은 골드스타인(Herman Goldstein)의 「경찰활동의 개선: 문제지향적 접근(Improving Policing: A Problem-Oriented Approach」(*Crime and Delinquency* 25, 1979: 236-258)과 「문제지향적 경찰활동(Problem Oriented Policing)」(1990)에서 소개되었다(Adams, 2006: 78).

골드스타인은 1979년, 1990년에 문제지향적 경찰활동이라는 새로운 개념을 형성했다. 활동의 실질적인 결과보다는 전통적인 조직적, 그리고 운용상의 방법 개선에 더 큰 역점을 두었다. 경찰은 사건지향적이라기보다는 문제지향적이어야 한다고 했다. 경찰이 너무 좁게 특별한 사건에 초점을 맞추고 있는 대신에 이러한 반복된 사건으로 이르게 되는 문제를 해결하는 데 좀 더 관여할 수 있어야 한다고 주장했다(Roberg & Kuykendall, 1993: 111).

(3) 지역사회지향적 경찰활동

그린(Greene, 1987)은 지역사회지향적 경찰활동(Community-Oriented Policing: COP)이 1950년대와 1960년대의 경찰-지역사회관계로부터, 1970년대의 합동순찰 전략, 그리고 1980년대 공공정책 형성을 주도하기 시작했던 범죄에 대한 시민의 두려움 문제에서 발전했다고 밝히고 있다(Gaines, Kappeler, & Vaughn, 1994: 365). 1960년대까지 경찰활동의 스타일은 일종의 준군대적 스타일이었기 때문에 적어도 1960년대 중반부터 심각하게 비판받아 왔다(Roberg & Kuykendall, 1993: 110).

지역사회 경찰활동에 관한 서술은 트로야노비츠(Robert Trojanowicz)와 카터(David Carter)에게서 유래되었다. 지역사회지향적 경찰활동은 범죄예방뿐 아니라 삶의 조건에 관한 일반적인 개선에서 지역공동체와 경찰이 서로 파트너가 되어야 한다는 것을 강조했다(Manning, 1984; Skolnick & Bayley, 1986; Trojanowicz & Bucqueroux, 1990; Wadman & Olson, 1990).

2. 미국 뉴욕경찰의 범죄예방전략

뉴욕경찰(New York Police Department: NYPD)은 세계적인 범죄도시로 알려진 뉴욕 시의 치안 상태를 1990년대 초반부터 획기적으로 개선하여 성공적인 경찰관서로 평가받았다. 뉴욕경찰의 총체적 개혁 과정과 범죄예방을 위한 순찰활동에서 중범죄 단속에 이르기까지 다양한 범죄통제전략에 대한 연구는 한국경찰의 효과적인 범죄통제전략 수립과 응용에 좋은 계기가 되었다.

1) 뉴욕경찰의 경찰개혁

뉴욕 시는 1990년대 초반까지만 해도 범죄와 사회적 무질서 문제로 심각한 지경에 빠져 있었는데, 당시 시장선거에서 당선된 공화당 출신의 줄리아니(Rudolf Giuliani) 시장[19]과 그의 임명을 받은 브래튼(William Bratton) 뉴욕 시 경찰청장의 획기적인 범죄통제 정책의 시행으로 1993년 이래 경이적인 범죄 감소를 기록, 세계적인 관심을 불러일으킨 바 있다.[20]

뉴욕경찰은 효과적인 범죄예방을 위해 1993년 실시간 범죄분석 및 예측 프로그램인 컴스탯(CompStat, Computerized Statistics)을 도입했다.[21] 컴스탯

---

19 줄리아니 뉴욕시장은 1993~2001년까지 8년 간 시장으로 재직했다.

20 브래튼은 1970년대 베트남전쟁이 한창이던 시절 경찰에 투신하여 약 26년 간 미국의 법집행기관에서 종사했다. 그는 1990년부터 뉴욕 시 교통경찰 부서의 책임자로 근무하면서, 뉴욕 시 지하철을 매우 안전하게 만들었다. 그 후 뉴욕시장에 당선된 줄리아니(Rudolph Giuliani)는 1993년 말엽 제38대 뉴욕 시 경찰청장으로 임명했다. 이로써 새로운 시장과 새로운 시경찰청장이 뉴욕 시의 법과 질서를 회복하기 위해 노력하기 시작했다. 줄리아니는 전임자들과는 달리 경찰과 새로운 경찰청장에게 확인된 문제를 처리할 수 있는 전략을 개발하고 실행할 수 있도록 권한을 부여했다. 그는 시장으로서 이러한 범죄통제전략을 지원하기 위해 시의 다른 행정기관의 활동을 조정하기도 했다(Bratton, 1998: 29, 36).

1996년, 줄리아니 시장과 브래튼 경찰청장[22]

은 뉴욕 시의 범죄문제와 삶의 질 문제를 해결하는 데 효과적으로 기여한 것으로 미국 내외에서 평가받고 있다. 뉴욕 시의 범죄예방 정책은 깨진 유리창이론과 무관용 정책의 응용을 기초로 경찰 내부 개혁도 한 몫을 했다.

1994년 브래튼이 경찰청장으로 임명될 당시, "안전한 거리, 안전한 도시(Safe Streets, Safe City)" 프로젝트에 이미 약 6,000여 명의 경찰관이 추가로 배치되어 있었다(Hayes, 1997: 12-13). 지역경찰 지휘관은 복잡한 범죄문제를 해결할 수 있는 경험과 지식을 가졌기 때문에 뉴욕경찰은 조직을 분권화했고, 76개 경찰서장은 더 많은 독자성과 권한을 갖게 되었다(Hess, 1996: 183).

또한 수사관에게 강도사건 시스템, 마약범죄 데이터베이스, 그리고 온라인 영장 시스템 등을 포함하고 있는 시스템에 접근할 수 있도록 허용했고(Bratton, 1998: 40). 그리고 범죄지도 등을 활용하고, 종합적인 범죄자료와 통계를 생산할 수 있는 CompStat 시스템을 고안해 냈다(Bratton, 1998: 36). 줄리아니, 브래튼, 그리고 수많은 경찰관리자들은 무질서와 경미범죄에 대한 적극적인 조치가 심각한 중범죄를 방지할 것이라는 새로운 철학적 범죄예방전략을 시도했다.

뉴욕시경이 그들의 임무를 수행하는 방법에서 광범위한 전략적 변화를 지원하기 위해, 전면적인 조직개혁 노력에 착수했다. 1994년 초반부터 완전히 새로운 분위기의 경영관리진이 등장했다. 장·단기 범죄 감소 목표를 달성하기 위한 중대한 영역을 관할할 수 있는 조직, 교육·훈련, 경영 및 재정, 경찰

---

21 이 시스템은 1999년 3월 한국의 서울 노량진경찰서에서 처음 도입되었고, 경찰청에서는 1999년 경찰개혁의 일환으로 전국 단위로 확대 실시했다.

22 http://www.nypost.com/seven/08132007/photos/new004b.jpg(2009년 4월 14일 검색)

노조, 첨단장비 등을 연구하기 위해 12개의 조직개혁팀을 구성했다(Hess, 1996: 183). 뉴욕시경의 내・외부로부터의 전문가(가능한 모든 영역의 대학 전문가 등 모두 약 500여 명의 전문가)를 이러한 목표와, 그리고 이러한 목표를 달성하기 위한 전략의 수행을 위해 투입했다(Bratton, 1998: 35). 1994년 12월 그들은 600여 개의 제안이 포함된 「실행계획(Plan of Action)」이라는 보고서를 제출했다. 그 제안 속에는 근무하기에 편리한 제복에 관한 내용, 신규 경찰관의 임용에 관련된 높은 기준, 근무 시 사용할 첨단장비와 완전히 개선된 장비, 그리고 무엇보다도 휴대용 컴퓨터(mobile computer), 현장에서 스캐너를 이용한 지문 입력 장비, 디지털 카메라와 비디오를 통해 용의자 체포 단계부터 법관의 영장심사를 받을 때까지 체포・구금하는 과정에서 짧게는 20분, 길게는 3시간 정도를 줄일 수 있는 그 밖의 장비교육에 관한 내용이 각각 포함되어 있었다. 이러한 조직적, 경영관리상의 개혁이야말로 뉴욕시경의 혁명에 가장 중요한 변화라고 평가되었다(Silverman, 1998: 59).

① 추가 경찰력 확보

1990년 당시 뉴욕시장이던 딘킨스(David Dinkins)는 시의회와 시민들의 지지를 얻어 7,000여 명의 경찰관 증원을 의회로부터 승인받고 신규 채용했다. 신규 임용된 경찰관은 지역사회 경찰활동 프로그램을 지원하기 위해 투입되었다(Bratton, 1998: 34). 1994년 브래튼이 경찰청장으로 임명될 당시, "안전한 거리, 안전한 도시(Safe Streets, Safe City)" 프로그램에 따라 이미 약 6,000여 명의 경찰관이 추가로 배치되어 있었다(Hayes, 1997: 12-13).

② 분권화

1994년 당시, 지역경찰서 지휘관은 뉴욕시경의 사령부가 그것을 원하지 않는 한, 어떤 것을 할 수 있는 권한을 거의 가지지 못했다. 중앙집권화된 계급적 계층구조의 웨딩케이크(wedding cake)을 잘라 냄으로써 범죄예방과 무질서 감소에 지역경찰(precinct) 책임자들이 초점을 맞출 수 있도록 했다. 다시 말하면, 효과적인 조직을 만들기 위해 뉴욕경찰을 분권화시켰다. 중간관리층에게 보다 강력하게 의무를 지울 수 있도록 명령조직을 분권화했다. 그래서

76개 지역 책임자(경찰서장)는 더 많은 독자성과 더 큰 권한을 갖게 되었다. 지금까지 중앙부서에 한꺼번에 결합되어 있던 참모부서들 — 예를 들면, 마약범죄 수사팀 — 은 해체되었으며, 그들의 임무는 해당 지역 관할 경찰서에 넘어갔다(Hess, 1996: 183). 중범죄를 감소시키는 것 외에, 시 전역에 걸친 성공적인 노력이 있었다.

③ 지역 단위의 변화

브래튼은 지역 경찰지휘관 수준에서 책임과 권한에 초점을 맞추기로 했다. 이것은 지역경찰 책임자들이 관할구역 내에서 얼마나 많이, 어떻게 관할 경찰관을 최대한 활용할 것인가에 대해 결정할 수 있음을 의미했다. 지역경찰 지휘관은 복잡한 범죄문제를 해결할 수 있는 경험과 지식을 가졌기 때문에 그들은 문제 해결에 대한 이니셔티브를 개발하도록 요구받았다. 뉴욕시경의 여덟 가지 범죄통제전략과 CompStat 절차의 틀 안에서 관할구역 내의 문제를 해결하기 위해 특별히 개발한 전략에 따라 담당 경찰관을 배치했다(Bratton, 1998: 36-37).

④ 지휘관에게 권한과 책임 부여

브래튼은 지역경찰 책임자가 소속 직원과 임무에 관해 책임을 져야 한다는 것을 확실하게 했다. 그들에게는 관할구역 내에서 범죄를 해결하기 위해 공동으로 조정되고 초점이 맞추어진 계획을 함께 수행할 권한이 부여되었다. 범죄다발지역(hot spots)을 찾아내거나 필요한 순찰경찰관과 수사관, 그리고 위장된 마약단속반을 이러한 문제를 해결하기 위해 배치했다. 브래튼은 지역경찰 책임자에게 권한을 부여했으며, 책임질 수 있도록 했다. 더 많은 활동의 자유(재량)를 보장했으며, 각자가 주도권을 갖고 새로운 아이디어를 발전시키고, 새로운 전략을 철저하게 경험으로 확인할 수 있고, (현장에) 범죄와 무질서, 그리고 범죄두려움을 감소시킬 수 있다는 큰 목표를 가지고 그들에게 활기를 불어넣어 주었다. 무엇보다도 길거리와 현장에서 근무하는 평범한 경찰관이 현장에서 더 많은 재량권을 갖게 했다(Hess, 1996: 183). NYPD의 정책이 지역경찰서 책임자에게 권한을 부여하도록 수정되었다.

⑤ 수사관에게 컴퓨터정보 접근 허용

브래튼의 임기 전에는 수사관에게 수많은 컴퓨터 시스템을 사용하지 못하도록 했다. 왜냐하면, 그들이 다른 수사의 완전성을 위험하게 만들 수 있다는 생각 때문이었다. 이러한 시스템은 기본적인 수사 수단, 즉 컴퓨터 지원을 받는 강도사건 시스템, 마약범죄 데이터베이스, 그리고 온라인 영장 시스템 등을 포함하고 있다. 그는 수사관에게 이러한 시스템에 접근할 수 있도록 허용했다(Bratton, 1998: 40).

⑥ 범죄대책 전략 수립

거의 2년이 넘는 기간 동안 경찰은 시 전역에 걸쳐 마약, 총기, 청소년 범죄, 자동차절도, 경찰의 부정부패, 교통문제, 가정폭력, 그리고 삶의 질 위협범죄를 해결하기 위한 여덟 가지 범죄통제전략을 개발했다. 그리고 소위 CompStat라고 불리는 범죄통제 목표의 성공 여부를 측정할 수 있는 획기적인 방법을 고안해 냈다. CompStat은 복합적인 컴퓨터 통계를 의미한다. 그것은 적시성 있고 정확한 정보, 자원 배분(경찰력과 각종 장비)을 통한 신속 대응, 효과적인 전술, 가차없는 추적과 평가 등 네 가지 전제 사항을 결합시켜 놓은 것이다(Bratton, 1998: 36).

⑦ 내부 비리 조사 방법 개선(감찰)

브래튼 청장은 뉴욕시경에서 수행되는 내부 사항(비리) 처리 방법을 바꿨다. 그의 재직 기간에 앞서, 뉴욕시경의 부정부패 조사에 관해 모든 정보를 가진 사람은 오로지 내부문제 조사국장과 경찰청장 두 사람뿐이었다. 부하 직원에게 신뢰감을 가져야 하며 지휘부의 참모와 지역경찰 책임자의 성실함을 믿을 수 있어야 한다고 주장하면서, 그 전의 방식을 바꿨다. 본질적으로 76명의 지역경찰 지휘관은 76개의 소(mini) 뉴욕시경을 이끌어 나가는 사람들이라는 생각을 가졌다. 관할 내에서 발생하거나 그 구성원과 관련된 것을 계속적으로 수사하는 데, 그들(지역경찰 지휘관)을 신뢰하지 않는 것은 그들의 신뢰에 대한 부정적 메시지를 줄 뿐만 아니라 그들의 권위를 약화시킨다고 인식했다. 부하 직원을 신뢰함으로써, 결과적으로는 매우 강한 팀을 만들게 되었으며, 동기 부여의 수단이 되도록 했다(Bratton, 1998: 39-40).

⑧ 리더십과 마케팅 전략

브래튼은 휘하에 있는 모든 경찰관에게 거리를 깨끗하게 하라는 명백한 명령을 내림으로써 리더십을 보여 주었다. 브래튼은 CompStat 회의에 의해 그의 범죄지도시스템을 최대한 활용했다. 기업의 경영이 마치 이윤과 손실 수치에 근거해서 관리되듯이 경찰 지휘 및 관리는 범죄 통계에 의거해서 움직였다. 지역경찰서장은 정기적으로 상황실에서 각 경찰서 관내의 범죄발생 통계 수치를 비교 가능하도록 보고했다. 그렇게 해서 결과가 나쁘면 지역경찰서장은 직에서 물러나게 되었으며, 사기업처럼 경영 성과가 좋지 않았던 경찰서장의 지위는 불안정해지게 되었다. 그래서 절반이 넘는 지역경찰서의 서장들이 짧은 임기만 마치고 교체되었다. 늘 생동감 있게 입력된 내용의 범죄 통계야말로 특별한 전략이 가능한 신속하게 평가되고, 경우에 따라서 빨리 수정될 수 있도록 그 역할을 수행했다(Hess, 1996: 183).

2) 깨진 유리창이론(Broken Windows Theory)

켈링(George L. Kelling)[23]

1982년, 윌슨과 켈링은 「깨진 유리창: 경찰과 이웃의 안전(Broken Windows: The Police and Neighborhood Safety)」이라는 논문에서 '깨진 유리창이론'을 소개했다(Schwind, 1998: 299). 이 이론은 스탠퍼드대학의 심리학자인 짐바르도(Philip G. Zimbardo)가 방치된 자동차에 대한 파괴행위 과정 실험(Streng, 1998: 921-922)에 기초했다(Wilson & Kelling, 1982: 31-32).

이 실험은 지역사회의 무관심 속에서 방치된 자동차(유리창)이 자주 파괴되고 신속하게 보수되지 않으면, 다른 모든 유

23 http://www.justicet alking.org/images/guests/gkelling_060220.jpg(2009년 4월 19일 검색)

리창도 곧바로 파괴되기 시작한다는 것을 보여주었다. 또한 파괴된 재산과 거리의 무질서를 아무도 돌보지 않으면, 결국에는 심각한 범죄가 증가한다는 메시지를 제시하였다. 즉, 경찰은 공공의 안녕과 질서유지자로서 근본적 핵심 기능에 대해 인식을 하고, 일탈행위, 무질서, 그리고 범죄에 대한 대책을 제시해야 한다는 것을 의미한다(Hess, 1996: 184).

① 짐바도(Philip G. Zimbardo)의 실험

1969년 스탠퍼드대학의 심리학자인 짐바도는 방치된 자동차에 대한 파괴 행위진행 과정을 관찰한 후(Streng, 1998: 921-922) 실험결과를 보고서로 작성하였다(Wilson & Kelling, 1982: 31-32).

그는 차량 번호판이 없는 한 대의 자동차를 준비했으며, 자동차의 보닛을 열어 놓은 채 뉴욕 브롱스(Bronx)에 있는 길가에 주차 해 두었다. 그리고 이와 유사한 또 한 대의 자동차를 마련하여 캘리포니아에 있는 팔로앨토(Palo Alto)라는 동네의 길가에 주차해 두었다. 브롱스에 세워둔 자동차는 방치해 놓은 지 10분 이내에 곧바로 반달족에 의해 공격받았다. 자동차 주변에 처음 도착한 무리 중의 첫 번째는 한 가족이었는데, 아버지, 어머니, 그리고 그들의 어린 아들이었다.

그들은 차량의 라디에이터와 배터리를 제거했다. 24시간 이내에 값어치가 나가는 모든 차량 부품을 완전히 제거해 가지고 가버렸다. 그리고 나서 파괴되기 시작했다. 자동차의 창문은 박살이 났으며, 다른 부품도 파괴되었고 실내장식도 찢어 없어졌다. 아이들은 마치 자동차를 운동장인 양 그 위에 올라가서 뛰어놀기 시작했다. 대다수의 성인 반달족은 말쑥하게 차려입은 아주 깔끔한 백인들이었다.

그런데 팰로앨토에 세워 둔 자동차는 일주일이 넘게 아무도 손을 대지 않은 채로 그대로 있었다. 그때 심리학자 짐바도는 큰 쇠망치로 자동차의 일부를 부숴 버렸다. 그러자 곧 지나가는 행인들이 가담하기 시작했다. 몇 시간 안에 그 자동차는 완전히 뒤집어졌으며 파괴되었다. 이번에도 첫 번째 실험에서 목격된 것처럼 품행이 상당히 방정한 백인이 반달족으로 나타났다. 아

깨진 유리창이론을 연상케 하는 깨진 유리창들[24]

무도 거들떠보지 않는 재산인 파괴된 자동차는 일종의 약탈품이나 재밋거리로 외부에 있는 사람들에게 심지어는 그러한 짓을 할 것이라고 꿈에도 생각지 않았던 평범한 사람들에게조차 정당한 게임거리로 전락하게 되었다. 도시의 익명성과 자동차들이 자주 방치되고 물건들이 자주 도난당하고 파괴되는 일이 자주 발생하고, 아무도 관심을 갖지 않는 과거의 경험과 뉴욕 브롱스 공동체 삶의 속성 때문에, 다른 도시에 있는 차분하고 조용한 팔로앨토에 비해 훨씬 빨리 반달리즘(vandalism)이 시작되었다.

② 깨진 유리창이론의 형사정책적 의미

두 학자의 깨진 유리창이론은 다음과 같이 요약·정리할 수 있다. 만일 깨진 유리창이 신속하게 보수되지 않으면, 그 집에 있는 다른 모든 유리창도 곧바로 파괴되기 시작한다. 만약 중심가의 도로변이나 번화가에서 퇴폐행위나 무질서, 파괴적 행위, 낙서하기, 위협적인 구걸행위, 거리에 쓰레기, 공공장소 방뇨, 사람들에게 공격적인 음악소리, 성매매, 술에 취해 노상에서 잠자는 부랑자들, 혼자서 주사기로 마약을 투약하는 마약중독자들에 대해 아무 조치도 취해지지 않는다면, 이것은 아무도 이러한 거리나 번화가를 돌보지 않으며, 그것들이 통제 밖의 일이라고 여겨지는 정확한 징조가 되는 것이다(Gunther

24 http://wallstreetmeeting.de/wp-content/uploads/2008/01/broken_windows.jpg; http://2.bp.blogspot.com/_dH0q9hvpVHg/R1QC9CEzNII/AAAAAAAABKU/oWnbSS92J5A/s320/broken.png(2009년 4월 19일 검색)

& Clemens, 1998: 21-22). 이웃 주변에 고쳐지지 않은 채 파괴된 재산과 거리에서의 무례한 짓들은 아무도 돌보지 않아서 결국에는 심각한 범죄로 넘치게 된다는 메시지를 이 깨진 유리창이론이 제시하고 있다. 무질서로 인한 흥분된 감정은 곧바로 범죄두려움으로 이어진다. 이러한 분석으로부터 다음과 같은 형사정책적 결론을 내릴 수 있는데, 경찰은 공공의 안녕과 질서유지자로서 근본적 핵심 기능에 대해 인식을 하고, 경찰의 두 번째 기능인 비범죄적 일탈행위, 괴롭힘, 그리고 무질서에 대한 대책과 아울러 범죄 대책을 시작해야 한다(Hess, 1996: 184).

③ 경찰활동에의 응용

이 프로그램의 핵심은 내버려진 공공장소로부터 비행과 같은 것을 몰아내고 "다시 질서를 회복하고", 심지어는 무자비하게 가혹한 "더 이상의 인내는

Zero Tolerance Policing을 소개하고 있는 경찰학사전

ZERO TOLERANCE POLICING

Zero tolerance policing is the style of policing generally associated with the full and complete enforcement of all criminal violations, from minor infractions (such as disorderly conduct or public loitering) to major crimes (such as robbery and burglary). Many commentators trace zero tolerance policing to the style of policing implemented by New York City Mayor Rudolph Giuliani and his first police commissioner, William Bratton, in 1994. Their strategy was based on the broken-windows theory first articulated by James Q. Wilson and George L. Kelling in an *Atlantic Monthly* article in 1982—namely, the idea that minor physical and social disorder, if left unattended, would cause more serious crime in a neighborhood.

Elected in 1993 on a platform that focused largely on crime, disorder, and quality-of-life issues—especially on the notorious "squeegee men"—Giuliani appointed William Bratton police commissioner in December 1993, and, together, they soon began implementing a policing strategy called "the quality-of-life initiative," which was expressly premised on the broken-windows theory. Both Giuliani and Bratton cited the "Broken Windows" essay as the main source of their initiative. As soon as Bratton took over as police commissioner in early 1994, he began implementing a policy aimed at creating public order by aggressively enforcing laws against quality-of-life offenses, such as public drunkenness, loitering, vandalism, littering, public urination, panhandling, turnstile jumping, prostitution, and other minor misdemeanor offenses.

In *Police Strategy No. 5: Reclaiming the Public Spaces of New York*, Giuliani and Bratton explained the premises of the quality-of life initiative:

> More than ten years ago, James Q. Wilson and George L. Kelling, authors of the ground breaking article, "The Police and Neighborhood Safety" in the March 1982 issue of *The Atlantic Monthly*, postulated the "broken windows" thesis that unaddressed disorder is a sign that no one cares and invites both further disorder and more serious crime. By examining the Wilson-Kelling hypothesis in more than 40 cities, Wesley Skogan has found that disorder is indeed the first step in what he terms

출처: Jack R. Greene(editor), *The Encyclopedia of Police Science*, 3rd ed. (New York et al.: CRC Press, 2006: 1385).

없다(Zero-Tolerance Strategy)"는 경찰전략이다. 이러한 원칙은 경미한 범죄자뿐만 아니라 아주 작은 질서위반범에 대해서까지 적용된다. 물론 구걸행위자, 마약중독자, 마약거래자, 알코올 중독자, 행패 부리는 자, 벽에 낙서하는 파괴행위자, 성매매 여성, 공공장소에서 방뇨하는 자에게도 적용된다. 지속적인 형사소추 압력에 기초한 이러한 위하모델의 결과는 놀라울 뿐만 아니라 대단한 것이다(Schwind, 1998: 300-301). 이 이론에 의거한 실질적·우선적 조치는 다양한 기능에 비해 아주 간단했다(Hess, 1996: 185).

3) 무관용 정책(Zero-Tolerance Policing)

(1) 의 의

무관용 정책은 문제가 된다고 여겨지는 반사회적 요소들을 막는다. 파괴된 환경을 제거함으로써 범죄와 무질서의 조성을 사전에 막는다는 것이다(Dennis, 1998: 3). 사실상 깨진 유리창이론에서 유래된 무관용 정책은 경찰활동에 대단히 중요한 개념이다(Pollard, 1998: 46). 이 정책이 매스미디어에 의해 뉴욕에서 시작된 새로운 아이디어로서 소개되고 있지만 실제로는 1982년 켈링과 윌슨에 의해 개발된 깨진 유리창이론에서 나온 것이며, 일반적으로 적극적이고 단호한 경찰전략으로 표현되고 있다(Burke, 1998: 12).

이 전략은 범죄를 감소시키기 위한 시도의 한 부분으로서 낮은 수준의 무질서에 초점이 맞추어진 것이며(Crowther, 1998: 72), 구걸행위와 부랑자는 이 전략의 핵심 대상이었다(Burke, 1998: 81). 브래튼에 의하면, 그가 지휘했던 다섯 군데 모든 경찰관서에서 켈링 교수가 지시하는 것을 제일 먼저 따랐다고 한다: "무질서를 줄여라, 그러면 범죄를 줄일 것이다(Reduce disorder and you WILL reduce crime)." 이 전략은 경미한 범죄를 저질러서 그에 대한 책임을 져야 할 사람들에게 강한 메시지를 주는 것이다. 일반적으로 그것에 관한 정의와 실행에서 다양한 견해가 있지만, 깨진 유리창의 철학에 의해 이론적으로 형성된 일련의 경찰활동 전략에 대한 복합적인 전문용어이다. 무관용 정책은 경찰활동 전략 지지자들에 의해 채택되면서, 반사회적 행위, 경미한 위반행위와 삶의 질을 위협하는 불법에 대해 적극적이고 단호하게 맞섬으로써 경찰이 이웃 주변에서 심각한 범죄자를 체포할 수 있다(Burke, 1998: 7).

(2) 평 가

무관용 정책에 대한 지지자로서는 브래튼 전임 뉴욕 시 경찰청장과 영국의 클리블랜드 지방경찰청장(Constabulary) 맬런(Ray Mallon)이 있다. 이들은 깨진 유리창이론을 채택했으며, 경찰이 거리에서 경미한 범죄를 목표로 한 경찰의 적극적인 존재는 범죄수준에서 실질적인 감소로 이어진다고 주장했다. 1994년부터 1996년까지 뉴욕시경의 공식적인 범죄 통계상 약 37%가 감소했으며, 살인범죄의 경우는 약 50%나 감소했다. 그뿐만 아니라 이 기간 중 영국의 클리블랜드 하틀풀(Hartlepool)에서도 신고된 전체 범죄가 거의 27%나 감소했다고 한다(Burke, 1998: 12). 지역공동체가 범죄로부터 안전한 공간에서 생활할 권리를 갖는 것은 당연하다. 무관용 정책은 다른 사람의 권리, 프라이버시와 통행을 침범하는 사람들에게 공공의 장소를 내버려두는 것이라기보다는 지역주민의 요망 사항과 더욱더 조화를 이룰 수 있다(Silverman, 1998: 58).

반면, 무관용 정책은 공격적인 경찰활동으로 특징지을 수 있다. 정책적이고 상호 모순적인 관리, 단기적인, 그리고 게임의 숫자들에 대한 부적절한 강조는 미래에 상당한 충격을 내포할 수 있다(Pollard, 1998: 61). 삼진아웃제(Three Strikes-Out)나 경미한 질서 위반에 대한 강력한 반응과 같은 개념들은 국가개입권의 비례성 원칙과 심각하게 충돌할 수 있다(Hassemer, 1998: 798).

무관용 정책과 문제지향적 경찰활동은 서로 양립할 수 없는 경찰철학이라는 견해도 있다. 영국의 클리블랜드 지방경찰청장과 미국 NYPD의 경우는이 정책을 적극 활용했는데, 단기전략으로 평가된다. 뉴욕 시의 무관용 정책은 7,000여 명의 경찰관을 증원하는데 활용되었으나, 이 전략은 단지 단기적이며 비용이 많이 드는 것이었다(Knights, 1998: 91).

그러나 문제지향적 경찰활동은 장기전략으로 평가하면서, 비판자들은 두 가지 이유에서 서로 양립할 수 없다는 주장을 펴고 있다. 무관용 정책은 강력한 법집행의 강조와 공식적인 형사사법 절차의 사용을 의미하며, 문제지향적 경찰활동은 단순히 징후를 피상적으로 처리하기보다는 경찰이 보다 광범위한 전술들의 사용을 통해 경찰의 목표들을 달성하고, 지역사회와 관계기관들과 긴밀하게 조화를 이루면서 직무를 수행하고, 문제의 원인을 강조하면서, 오랫동안 문제를 해결하기 위해 노력하는 것으로 경찰을 이해한다(Romeanes, 1998: 39-41).

무관용 정책에 대한 논의가 기본적으로 깨진 유리창이론에 근거하고 있다는 것은 당연하고 매우 매력적이지만, 깨진 유리창이론과 심각한 범죄 사이에 우연한 연관성이 아직 증명되지 않았다(Wadham, 1998: 50). 무관용 정책 방식의 경찰전략은 깨진 유리창이론을 부적절하게 해석한 것에 기초하고 있다고 비판한다. 그 철학의 더 정확한 반영이 필요하다고 역설하는 견해도 있다(Knights, 1998: 91-92). 그뿐만 아니라 무관용 정책의 경찰활동을 응용하고 있는 영국에서도 관련 이론에 대해 강한 비판이 제기되고 있다. 무관용에 근거를 둔 이러한 전략과 범죄 양상에서 어떠한 명백한 감소 간에 직접적·객관적인 연관성을 지지하는 증거가 부족할 뿐 아니라 1970년대나 1980년대 초반 영국에서 런던경찰청 경찰관이 추구한 실패한 군대식으로 회귀하는 전략들이라고 인식하는 경우도 있다(Burke, 1998: 12). 무관용 정책이 경찰과 흑인사회, 그리고 다른 소수집단 간의 관계에서 더욱 악화를 초래할 수 있다는 점에 큰 위험이 도사리고 있다. 무관용 정책의 경찰활동은 반사회적 인물에 대한 차별과 더 나아가서 사회로부터 배제와 고립을 의미할 것이라는 주장도 있다(Wadham, 1998: 53).

CRIME PREVENTION

총성과 원성 사이 … 한국 언론에 비친 뉴욕시경의 범죄통제정책

뉴욕이 세계에서 가장 위험한 도시라는 데는 별 이견이 없다. 너나없이 아무데서나 너무 쉽게 총을 맞는다. 1993년에 발생한 범죄 건수만도 총 43만 4백 60건으로 하루 1천 1백 70건이 넘었다. 그러던 뉴욕 시의 범죄는 최근엔 정말 눈에 띄게 줄어들었다. 2000년에는 18만 3천 9백 건으로 집계되었다. 7년 만에 절반 수준으로 된 것이다. … 뉴욕이 이처럼 비교적 안전한 도시가 된 것은 줄리아니 시장 덕분이다. 검사 출신인 루돌프 줄리아니는 취임 직후 자신의 최우선 과제로 범죄 추방을 선언했다. 줄리아니 시장은 '꿩 잡는 게 매'라는 간단한 방법을 도입했다. 범죄자들을 잡는 뉴욕경찰에 막강한 힘을 실어 준 것이다. 뉴욕경찰은 그 이전에도 거만하다는 평가를 받았다. 그런데다 힘까지 실리자 각종 무리수가 터져 나왔다. 총기도 없는 멀쩡한 흑인에게 단지 달아난다는 이유로 무차별 총격을 가해 숨지게 하는가 하면 길가는 사람들을 마구 몸 수색하고 그 과정에서 성추행 사건이 터져 나오기도 했다. 뉴욕경찰의 '과잉 행동'없이 범죄만 줄었다면 금상첨화였겠지만 리더가 책임을 부여하고 정성껏 독려하면 범죄도시도 살기 좋은 도시로 바뀔 수 있다는 걸 보여 준 건 놀라운 일이다.

(중앙일보, 2001.1.17)

4) 뉴욕경찰의 주요 범죄통제 정책

뉴욕시경에서는 범죄 감소와 삶의 질을 해치는 무질서 추방을 통한 법과 질서 회복을 경찰정책의 방향과 목표로 삼고, 줄리아니 시장과 브래튼 경찰청장의 지원과 지휘하에 거시적이고 미시적인 범죄 감소·통제 전략 — 범죄 감소를 위한 원칙 수립과 이를 수행하기 위한 전략, 전술들, 그리고 경찰활동의 성과를 평가하기 위한 척도의 활용 — 들을 개발, 이를 꾸준히 실행해 왔다. 그 결과 많은 부분에서 성공적인 결과를 얻었다고 평가받고 있다. 이러한 성과는 범죄문제 해결을 위한 거시적인 범죄학적 배경(Broken-Window Theory와 Zero-Tolerance Policing)을 토대로 한 일관성 있고 지속적인 법집행과 경찰조직 개혁의 성과가 뒷받침되었기 때문에 가능한 것이다.

① 네 가지 범죄 감소 원칙(Binninger & Dreher, 1998a: 25)

■ 정확하고 적시성 있는 정보

가능하면 범죄발생 시간과 발생 장소에 가까운 적극적인 정보 수집과 수사활동이 있어야 한다. 만약에 경찰이 효과적으로 범죄와 범죄사건에 대응한다면, 조직의 모든 수준에 있는 경찰관이 특별한 범죄유형이 언제 일어나고, 어떻게, 그리고 어디서 그런 범죄가 저질러지는지, 그리고 누가 범인인지에 대해 정확한 지식을 가졌음에 틀림없다. 범죄에 대한 효과적인 경찰대응 가능성도 범죄정보에 관한 정확성과 비례하여 증가한다.

■ 효과적인 전술

유연하고 범죄상황에 맞는, 그리고 시험대 위에서 지속적으로 존재할 수 있는 전술의 적용이 있어야 한다. 효과적인 전술이 기대된 범죄 감소의 결과를 가져오게 하기 위해 신중하게 고안되었다. 이러한 것들은 그들의 정확하고 적시성 있는 범죄정보로부터 애써 수집된 정보를 연구하고 분석함으로써 개발된 것이다. 단순히 범죄문제와 삶의 질 문제를 바꾸어 놓는 것을 피하기 위해, 지속적인 변화를 가져오기 위해 이러한 전술은 그들이 확인하고 모니터링하는 범죄경향을 바꾸기 위해 포괄적이고 유연하게, 그리고 적용 가능한 것임에 틀림없다.

■ 경찰력과 장비의 신속한 배치

신속한 경찰의 대응과 끊임없는 경찰조치가 있어야 하며, 평가가 뒤따라야 한다. 한 번 전술적 계획이 개발되었다면, 경찰력 소집과 다른 필요한 자원들은 신속하게 배치해야 한다. 비록 어떤 전술적 계획이 오로지 순찰부서 경찰관에게 관련되더라도, 가장 효과적인 계획은 여러 다른 부서와 집행기능으로부터 차출된 경찰관이 그 문제를 해결하기 위해 하나의 팀으로서 함께 근무하는 것을 필요로 한다는 것은 경험적으로 증명되고 있다. 범죄와 삶의 질 문제에 대한 존속 가능하고 포괄적인 대응은 일반적으로 순찰경찰관, 수사관, 그리고 지원 인력이 그들의 전문적 기술과 자원을 잘 조정된 노력 안에서 가지고 있을 것을 요구한다.

■ 가차없는 추적과 평가

이 마지막 조치는 기본적으로 'Zero Tolerance'라는 구호 아래 경미 범죄나 질서위반 사범에 대해서도 경찰의 아주 엄격한 진압적 조치를 서술한다. 문제 해결 노력에서처럼, 엄격한 추적과 평가 진행 절차는 기대된 결과가 실제로 달성되었는지를 확인하기 위해 절대 필수적이다. 이러한 구성 요소의 평가는 또한 그들이 특별한 전술적 대응의 실행 가능성을 평가하도록, 그리고 일련의 전술 개발 노력 속에서 그들이 얻을 수 있는 지식을 조합할 수 있도록 허용한다. 어떻게 잘 특별한 전술이 특별한 범죄 또는 삶의 질 문제를 잘 해결했는지를 앎으로써, 그리고 전술적 대응의 어떤 특별한 요소들이 가장 효과적으로 기능했는지를 앎으로써, 미래의 유사한 문제를 위해 효과적인 대응을 더 잘 수립하고 실행할 수 있게 된다. 일단 문제가 해소되면, 추적과 평가 절차는 또한 그들에게 새로이 확인된 도전에 대응하기 위해 자원을 재배치할 수 있게 해 준다.

② 범죄통제전략

1994년 뉴욕시경은 범죄통제와 삶의 질 전략(Crime Control and Quality of Life Strategies)을 소개했다. 이 복합적인 전략은 뉴욕시경이 범죄를 감소시키고 시민과 방문객이 향유하는 삶의 질을 개선하기 위해 순찰구역 지휘관들에게 필요한 유연성을 허용하도록 정교하게 마련되었다(Safir, 1997: 5-8; Binninger & Dreher, 1998a: 24-25). 이 전략은 뉴욕 시의 가장 골치 아픈 문제들을 다루고 있으며, 교통 혼잡 · 정체, 환경적 · 상업적, 그리고 삶의 질 문제를 야기하는 것을 대상으로 한다.

- 뉴욕 시 거리에서 총기 사용 중지시키기
- 학교와 거리에서 청소년 폭력 억제
- 뉴욕 시에서 마약거래자 퇴치하기
- 가정폭력의 악순환 끊기
- 뉴욕 시 공공장소 회복하기
- 뉴욕에서 자동차 관련 범죄 줄이기
- 부정부패 제거와 뉴욕시경의 조직적인 청렴성
- 뉴욕 시 거리 질서 회복하기
- 경찰 의식개혁운동, 예의바름, 전문성과 존경
- 법원과의 공동협력

5) 컴스탯(CompStat) 시스템의 활용

① 도입 배경

브래튼은 분권화된 지역경찰서 지휘관의 책임성을 강화하기 위해 컴스탯 회의를 소개했다. 이 회의는 통계적 분석을 강조하며, 뉴욕시경이 해야 할 임무를 범죄와 무질서, 그리고 범죄에 대한 공포를 감소시키는 것으로 정의했다(Pollard, 1998: 52). 경찰청 집행부와 작전부서 책임자 간의 정보 흐름을 증가시키기 위한 수단으로 매주 범죄전략회의를 개최했다. 컴스탯 운영 부서는 제2차장 소속이며, 전술적 계획과 범죄에 대처하기 위해 자원 배분을 가능케 하는 임시적 범죄통계 자료를 뉴욕시경에 제공할 목적에서 고안된 것이다. 컴스탯 시스템은 경찰직무 수행성과의 독특한 기본 토대로서 가치가 있다(Binninger & Dreher, 1997: 330). 이러한 컴스탯 시스템이 지향하는 목적은 범죄 투쟁 및 대책, 질서위반 및 교란자에 대한 대책, 범죄두려움 감소, 시민의 안전감 강화 등이다(Binninger & Dreher, 1998: 24).

② 범죄통제의 전략적 유용성

컴스탯 부서는 경찰청장과 제2차장에게 주요한 범죄에 대한 자료 수집과 분석을 할 수 있게 비판적 정보와 살인범죄 통계, 지구경찰서 간부의 인적 사항 등을 제공한다. 컴스탯 부서는 뉴욕 시 전역에 걸쳐 범죄발생 지역 전자지도를 만들어 낸다. 총기 사용 범죄, 살인범죄, 그리고 다른 중요한 범죄의 지리적 위치를 분석하고, 고도로 발전된 범죄추적 방법을 개발하며, 경찰청장을 위해 브리핑이나 보고 자료를 제공한다. 그 밖에도 체포활동, 모방범죄에 대한 대응, 편견범죄, 그리고 범죄전략들의 실행을 모니터링하면서 현장 지휘의 범죄투쟁 효과성을 측정하기 위해 설치・운용되는 것이다.

컴스탯 회의에서 뉴욕시경의 최고 집행부 간부들은 도시의 여러 지역에서 참석한 지역경찰서 책임자와 수사팀의 책임자가 서로 돌아가면서 만난다. 이 회의는 최근의 범죄동향과 전술계획, 그리고 자원의 배분 논의를 엄밀하게 조사하는 성격을 가졌으며, 이러한 회의는 지역의 경찰 책임자에게 중요한 재량과 그들의 지휘명령을 적절하게 관리하기 위해 필요한 자원을 제공하면서, 책임감을 강화시킬 수 있는 광범위한 상호작용적 관리전략에 없어서는 안 될 중요한 단면이다.

또한 이 과정은 최고 집행부가 지역과 작전팀의 범위 안에서 이슈와 행동들을 조심스럽게 모니터하고, 중간관리층의 기술과 효과성을 평가하고, 범죄를 감소시키고 경찰 집행을 개선하는 데 필요한 자원을 적절하게 할당·배분하도록 허용해 준다. 지역경찰서장은 그들의 성과에 대한 책임이 있을 뿐만 아니라, 성과에 대해 포상을 받는다. 그것은 역사적인 변화이다. 컴스탯 시스템은 뉴욕경찰로 하여금 범죄행동을 추적하고 분석할 수 있도록 해 준다. 그리고 경찰력을 가장 효과적으로 배치할 수 있도록 돕는다. 컴스탯은 뉴욕 시 경찰청 관내에서 획기적인 범죄 감소에 중요한 역할을 한 것으로 널리 알려져 있으며, 미국 전역의 다양한 경찰관서에서 이를 모방하고 있다.

③ 컴스탯 전략회의

1994년 4월부터 매주마다 '범죄통제전략회의(Crime Control Strategy Meetings)'가 뉴욕시경 지휘본부 사무실에서 개최된다(Binninger & Dreher, 1997: 330). 컴스탯 보고서 안에 포함된 통계적 분석을 근거로 이루어지는 토론이다(Safir, 1997: 1). 컴스탯 회의는 지역경찰 책임자에게 그들의 컴퓨터로 업데이트된 범죄통계를 재평가하고 범죄를 감소시키기 위해 그들이 하고자 했던 것을 연관시키고, 그러한 준비를 요구했다(Bratton, 1998: 38).

범죄와 법집행 행위가 발생한 특정 시간과 특정 장소를 포함하는 데이터는 시(市) 전체의 데이터베이스로 합쳐지고, 제2차장 산하에 있는 컴스탯 부서로 전송·저장된다. 이 자료는 컴퓨터에 의해 분석되고, 보고서가 생성된다. 이 보고서는 각 지역과 관할, 그리고 시 전역 수준에서의 범죄로 인한 민원과 체포행위 등을 다룬다. 그리고 이러한 다른 성과척도에 관한 상세한 요약을 제시한다. 이 자료들은 지난해의 활동과 비교하면서, 지난해와 금년의 같은 주(週), 지난해 1개월과 금년의 같은 1개월, 지난해와 금년 1년 동안의 실적을 각각 기초로 해서 제시된다. 지역경찰 책임자와 경찰관청의 최고관리자는 일탈행위와 예외적인 것뿐만 아니라 새로이 등장하는, 그리고 확립된

뉴욕 시 경찰 간부들이 대거 참석한 가운데 개최되는
컴스탯 회의(좌)와 2002년 뉴욕경찰청을 방문한 부시 대통령(우)[25]

범죄경향을 쉽게 식별할 수 있다. 이로 인해 부서 간의 기능적 조정을 강화시켰다(Bratton, 1998: 39).

이 회의는 1주일에 2번씩 첨단장비가 갖추고, 오전 7시부터 10시까지 지휘통제센터(Command and Control Center)에서 개최된다. 여기에는 순찰구역 내 지역경찰, 공공서비스 지역, 지하철경찰대의 책임자, 그리고 다른 작전팀의 책임자와 지휘부 경찰관, 그리고 지역을 중심으로 전문화된 범죄수사팀의 감독자를 포함하여 모든 경찰지휘관들이 참석한다. 물론 지역검찰청에서 온 대표, 학교안전에 관한 교육위원회(Board of Education's Division of School Safety)에서 온 지휘부 인사, 그리고 법집행 활동에 관여하고 있는 다른 외부기관의 다양한 인사, 관할권이 순찰구역 내 지하철경찰대 및 주택국 지휘부 인사, 다른 순찰구역으로부터 온 범죄전략 조정자, 경무 · 인사국 인사, 직접 집행기능을 수행하지 않는 부서인 지원 및 보조팀(법무담당과, 관리정보체계)으로부터 온 다양한 경찰간부들이 참석한다.

이 회의 참석자를 위해 관할 구역에 대해서뿐만 아니라 미리 지정된 구역에 대한 통계표마다 관계된 구역과 지역경찰서의 시각화된 상황이 마련된다.

---

25 http://www.nycpolicefoundation.org/t_images/program/09.jpg; http://cache.gettyimages.com/xc/698802.jpg?v=1&c=ViewImages&k=2&d=17A4AD9FDB9CF19332EFD823EFD41CFDAC79DC6B41D207F3284831B75F48EF45(2009년 4월 19일 검색)

이러한 서류는 뒷면에는 범죄 발생 상황에 관련된 자료와 전면에는 그 지역 자체에 대한, 특히 인적 사항에 대한 아주 유익하고 증명력이 있는 자료가 포함되어 있다. 각 관할 경찰서별 성과에 대해 평가·측정될 범위는 발생 사건의 숫자와 체포된 숫자와 함께 최근의 범죄 통계이다. 이 숫자들은 매주 76개의 모든 지역경찰서에 의해 뉴욕시경에 입력 통계의 형태로 전송된다. 그리고 실제로 범죄와 체포 장소의 조합을 묘사하는 관할지도, 범죄다발지역, 그리고 다른 관련성 있는 정보가 즉각적으로 지휘통제센터의 거대한 비디오 프로젝션 스크린에 비춰진다. 그것은 지역경찰서의 책임자와 집행부의 구성원이 즉석에서 범죄와 삶의 질 문제를 위한 해결책뿐만 아니라 범죄경향과 패턴을 확인하고 조사할 수 있게 하였다.

뉴욕 시 경찰청장은 매주마다 뉴욕시경의 활동과 성과에 관해 시장에게 보고하기 위해 뉴욕시장을 만난다. 그리고 컴스탯 데이터와 다른 성과지표들

뉴욕경찰청 지휘통제센터에서 개최되는 컴스탯회의[26]

26 http://www.innovations.harvard.edu/cache/images/3720.jpg(2009년 4월 19일 검색)

은 시장의 경영관리 보고서를 통해 대중에게 제공된다. 이 보고서와 이전 보고서들은 4개월마다 재정회계 분기별로 시(市)행정부 내 시장 직속의 모든 관청의 성과에 관한 상세한 비교 자료로 발행된다. 이 절차는 모든 수준의 인사권자들에게 그들 노력의 효과성을 모니터하고 평가하고, 필요하다면 그러한 노력을 새로운 방향으로 지시할 수 있도록 허용한다.

④ 뉴욕시경(NYPD)의 평가

1994년 이래 뉴욕시경은 뉴욕 시 관내에서 범죄와 무질서에 대해, 최대 규모로 범죄통제전략을 전개해 왔다. 범죄가 발생하면 단순히 대응하기보다 총기범죄, 청소년범죄, 약물범죄, 가정폭력, 공공장소에서의 무질서, 자동차절도, 그리고 경찰의 부정부패와 같은 문제에 대처하기 위해 적극적이고 공격적인 전략을 수립했다. 많은 절차에서 변화를 일소함으로써, 지역경찰서 수준의 분권화관리 정책에 의해, 이러한 전략은 뉴욕 시 현대사에서 중범죄와 관련, 가장 많은 감소를 달성했다.

현실과 길거리에 대한 인식을 변화시키면서, 삶의 질 문제의 강력한 집행은 일상의 요구 사항이 되었다. 시 전역에 걸쳐, 뉴욕시경은 공공장소에서의 음주, 소음 유발 자동차, 길거리 성매매 및 마약거래, 그리고 아주 악명 높은 '고무걸레로 차장 닦기(squeegee pests)[27]'와 같은 문제들에 대응했다. 2년 후, 사람들은 이러한 가시적인 문제들에 대해 조치를 취하는 경찰의 모습을 보면서, 이웃주민은 더욱 안전함을 느낄 수 있었으며, 몇 년 만에 처음으로 시내

27 10대 후반에서 20대 초반에 이르는 청소년이 3~6명씩 팀을 이루어 터널 출입구, 다리, 고속도로 진입구, 교차로, 신호등 앞에서나 도로상에 자동차가 잠시 정차할 때, 갑자기 자동차 쪽으로 접근, 창문이나 백미러 등을 닦아 주고 돈을 받는 일단의 청소년이 사용하는 창문닦기용 도구들의 재질이 고무로 되어 있어 이렇게 부른다고 한다. 하루 평균 40~60달러를 벌 수 있으며, 어떤 경우에는 약 100달러까지도 번다고 한다. 문제는 이들이 자동차가 도로상에 잠시 멈추는 사이에 차량 사이나 전후좌우를 왔다갔다하면서 거품 세차액을 뿌리면서 닦는데, 운전자가 거부하는데도 계속 청소를 하고 돈을 요구한다. 청소 도중에 차량이 출발하면, 얼룩진 상태로 그냥 운전해야 하며, 대금 지급을 거절하면, 차량 후드(hood)에 올라가거나, 출발하지 못하도록 차 앞을 가로막기도 한다. 심지어는 한 대의 차량 앞에 4명까지 달라붙기도 한다. 이러한 현상은 1990년대 초반 무렵까지 뉴욕 시에는 광범위하게 퍼져 있었다. 켈링과 콜(Kelling & Coles, 1996: 141-142)에 따르면, 뉴욕 시 차창 닦기의 심각성을 잘 설명하고 있다.

의 공공장소에서 두려움을 덜 느끼게 되었다. 중범죄에 대한 결과들이 그 자체를 대변해 주었다.

1994년 1월부터, 중범죄는 28% 가량 감소했으며, 살인사건은 38% 정도 감소했다. 지난 2년 동안 강도, 강간, 총격 피해, 그리고 살인범죄를 당한 범죄 피해자가 약 118,000여 명 정도 줄었다. 일곱 가지 주요범죄에 대해 도시의 모든 지역경찰서 관내에서 범죄가 줄어들었다. 이러한 성과를 과거로 돌이켜 보면, 뉴욕시경의 주요범죄가 이미 3년 전부터 감소 경향에 있었다는 것을 이해하는 것이 중요하다. 1994년에 급격한 감소의 시작이 최근의 증가 경향에 관한 억제는 아니었다. 그것들은 거의 20년 이상 동안 중범죄율을 가장 낮은 단계로 밀고 나간 결과였다.[28]

6) 미국 범죄통제전략의 시사점

심각한 범죄문제로 각종 오명을 받았던 미국의 뉴욕시는 뉴욕경찰의 성공적인 범죄통제전략을 통해 법집행기관 종사자뿐만 아니라 영국과 독일의 경찰정책가와 학계에까지 비상한 관심을 모았으며, 한국경찰에도 영향을 주었다.

범죄원인과 이를 개선하기 위한 전통적인 접근 방식에서 탈피하여, 소위 신현실주의자로 대표되는 윌슨과 켈링이 주창한 깨진 유리창이론에 토대를 둔 다양하고, 적극적인 방식의 무관용 정책 방식의 경찰활동을 전개했다. 무관용 정책 경찰활동 방식에 관해 다양한 비판과 지지 여론이 학계, 실무계에서 일어나고 있는 점도 사실이다. 심층적 범죄원인을 중심으로 한 대책을 강조했던 보수적인 형사정책가나 범죄학자의 견해에 비해 상당히 파격적인 입장을 견지, 이를 경찰활동의 기본 방식으로 채택했던 브래튼의 식견은 한국 경찰정책가들에게도 많은 시사점을 제시해 왔다.

경찰의 기본적 임무는 동서를 막론하고 범죄와 무질서로부터 사회를 보호하고, 국민에게 안전한 생활 영역을 확보해 주는 것이라고 할 수 있다. 이러

28 http://www.ci.nyc.ny.us/html/nypd/html/3100/newnypd.html(1997년 8월 12일 검색)

한 측면에서 뉴욕시경이 앞서 수행한 경찰개혁의 과정은 한국경찰에 시사하는 바가 크다. 법과 질서를 회복하여 시민들의 신뢰를 얻고자 했던 뉴욕경찰의 개혁 과정과 한국경찰이 추진했던 개혁목표의 성취과정은 닮은 점이 많다. 경찰조직 관리, 권한과 책임의 강화, 장비 및 인적 자원 확보, 부정부패 해소 등 경찰 내부의 역량을 강화해서 범죄통제를 효과적으로 수행하고, 시민에게 봉사한다는 개혁의 방향은 미국과 한국경찰 모두 일치한다. 그러나 한국경찰의 기본적인 한계로 안고 있는 문제는 경찰관리자의 임기 불안정으로 인한 지속적인 개혁 불투명, 거시적인 범죄통제전략 부재, 경찰개혁에 대한 정치적 지원의 미흡,[29] 경찰관리자의 과잉 대응으로 인한 부작용[30] 등이 초래될 수 있기 때문에, 한국경찰의 혁신 과정에서는 이러한 문제가 해결되어야 할 것이다.

한편, 뉴욕시경의 범죄 통제정책 수행에 컴스탯은 빼놓을 수 없는 요소가 되었으며, 과학적이고 객관적인 자료들은 조직관리 및 인사평가 자료로 활용되었다. 뿐만 아니라, 미시적이고 단편적인 조치에만 머무른 것이 아니라 거시적인 형사정책적 접근과 지속적인 추진이야말로 범죄 감소와 무질서 문제를 획기적으로 해결할 수 있음을 보여 주었다.

경찰활동의 궁극적인 목적은 공공의 안녕과 질서유지이다. 환언하면, 국민이 안심하고 생활할 수 있도록 안전한 생활 영역을 확보하는 것이며, 이는 기본권의 일부로 간주되고 있다(Lim, 1999: 147). 국가의 내적 안전 확보는 경찰기능의 핵심이다. 범죄문제 해결에서 최상의 전문가 경찰을 만드는 것이야말로 시민의 높은 신뢰를 받는 지름길이 된다. 한국경찰의 개혁과 발전을 위해서는 철학과 리더십이 있는 경찰지도자, 경찰개혁을 뒷받침할 수 있는 인적·물적 장비를 지원할 수 있는 경찰재정 확보,[31] 경찰조직 구성원의 적극

29 인적·물적 자원에 대한 재정 지원이 뉴욕경찰에 비해 현저히 미약하다. 예를 들면, 경찰관 복지후생, 경찰력 증원, 최신 첨단장비 지원과 같은 재정문제는 정치적 지원이 없으면 불가능하다. 뉴욕의 경우, 연방정부 차원에서도 적극 지원해 준 바 있다. 향후 경찰개혁이 정착되기 위해서는 정치적 지원 획득이 병행되어야 할 것이다.

30 단기성과에 치중한 무리한 경쟁, 언론홍보에 치중, 외근보다 내근 치중, 기본에서 벗어난 무분별한 경찰활동 전개, 1회성 행사로 전락할 가능성이 높은 프로그램 양산 등.

적인 참여 의식 등이 선행되어야 한다.

제 3 절 한국경찰의 다양한 순찰전략 변천

우리나라 경찰사에서 갑오개혁 이전에도 조선시대의 포도청 등 어느 정도 경찰적인 기관(기능적인 측면에서)의 존재를 확인할 수 있지만, 법적인 체제와 근거를 가진 제도화된 전문적인 경찰기관의 출현은 갑오개혁(1894년) 이후 근대경찰제도가 도입, 정착된 이후의 시점이라고 해야 할 것이다. 물론 경찰제도를 그 기능면에서 살펴본다면, 시대에 따라 명칭 · 역할 · 주무부서 면에서 차이가 있음에도 불구하고, 그 기원은 고조선시대까지 거슬러 올라갈 수 있을 것이다(이운주, 1999: 63).

근대화 과정에서 한국 고유의 경찰제도 발전은 좌절되고, 외국의 경찰제도가 일본을 통해 강제 이식된 측면이 있었다. 특히 현재에 이르기까지 일본경찰의 영향을 가장 많이 받았다고 할 수 있다(이운주, 1999: 89). 한편, 순찰근무 방식에서는 여전히 전통적 · 예방적 순찰근무 방식에 머물러 있는 실정이며, 그간의 순찰 제도 개선은 순찰전략의 변천이라기보다는 근무 여건 개선에 중점이 있었다고 할 수 있다. 한국 현대경찰의 출발이라고 할 수 있는 해방 시기, 그리고 파출소 근무 제도의 본격적인 개선이라 할 수 있는 3부제가 실시된 1980년 이후부터 2000년대까지 파출소의 기능, 순찰경찰관의 근무 교대 방식, 순찰전략의 변천과정을 중심으로 살펴보기로 한다.

---

31 경찰의 인적 · 물적 지원을 위한 경찰 재정문제를 사회간접자본(SOC)의 개념으로 이해해야 한다는 주장이 이상안 교수 등에 의해 최근 제기되고 있다(이상안, 2000: 321).

1. 1948년 국립경찰 탄생기를 전후한 순찰근무 방식

광복 이후의 경찰 체제를 규정지은 것은 법률 제1호인 「정부조직법」이다. 이 법은 내무부 산하에 치안국을 둘 것을 규정하고 있는데, 이러한 내무부 경찰 체제는 1948년 9월 3일 '남조선 과도정부 기구의 인수에 관한 건'(대통령령 제3호) 제1조 제1호에서 내무부가 과도정부의 경무부를 인수하도록 규정함으로써 시작된다. 1945년 10월 21일 국립경찰 창설과 동시에 순찰근무가 실시되었으며, 이때부터 각급 경찰관서에서는 순찰함을 설치했다(경찰청, 1999). 순찰함 설치의 취지는 파출소 관내 주요 범죄취약 지역에 순찰함을 설치하여, 순찰 시에 날인하도록[32]하여 범죄취약 지점에 대한 정확한 순찰근무를 유도하여 범죄예방활동에 기여하고자 한 것이다. 1948년 경찰 창설 이래 순찰근무 방식은 이처럼 지정된 순찰로 상에 순찰함을 설치하여 날인하는 방식으로 일명 정선순찰 제도라고 할 수 있다. 정선순찰을 원칙으로 하고 비상경계 등과 같은 특별한 사유가 인정될 때에만 요점순찰 및 난선순찰이 인정되었다. 정부수립 이후 1982년까지 지・파출소 외근경찰관의 근무 방식은 2부제 또는 전일제 근무 방식이었다.

2. 대도시지역 파출소 3부제 시범근무 시대

1982년 1월 5일자로 야간통행금지가 전면 해제되면서 치안수요가 급증하자, 특히 도심지 파출소의 경찰관이 하루 14~18시간 이상의 과로에 시달렸으며, 이로 인한 과로는 원만한 파출소 운영을 가로막는 장애 요인으로서, 그 시정의 필요성이 오래전부터 강조되어 왔다. 그해 7월 당시 치안본부(현 경찰청)에서는 이 점을 근본적으로 개선하고자 하는 취지에서 1982년 7월 10일

32 순찰근무 이행 여부를 확인할 수 있도록 순찰 용지에 시간대별로 당해 순찰근무자가 날인을 한 후 해당 용지를 순찰함에 넣어둔 후 정기적(주, 월별)으로 순찰 용지를 회수하여 파출소 근무일지와 함께 집중 보관했다.

그림 4-3 3부제 시범 실시에서 경찰관 배치 모형(13인 근무형)

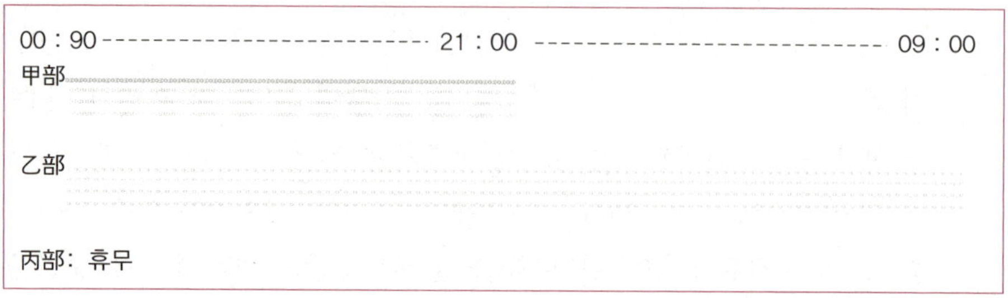

부터 6개월 간 서울의 모든 파출소와 대도시 — 서울을 비롯한 부산, 대구 등 6대 도시 — 의 도심지 파출소에 대해 3부제 근무를 시범 실시했다(경찰청, 1994: 518). 대도시의 파출소가 2부제 근무를 벗어나 3부제 근무로 전환된 시발점이라고 할 수 있다.

서울의 경우, 모든 파출소가 16인제(187개소) 혹은 13인제(363개소)로 운영되었으며, 부산 10개서, 대구 5개서, 경기 3개서, 충남 2개서, 전남 2개서, 경남 1개서 소속 파출소는 13인제(소장-경위 혹은 경사 1, 경장 3, 순경 9명으로 편성)로 각각 운영되었다. 일근, 당번, 비번으로 순차적으로 교대근무를 실시했는데, 근무 시간은 다음과 같다([그림 4-3] 참조).

일근자는 당번자와 같이 주간근무를 수행하면서, 방범순찰, 방범심방, 제조사 등 근무를 수행하도록 하고, 비번자는 휴무제를 확행, 경호경비와 작전 이외의 외근 비번자 동원을 최대한 억제했다. 파출소 감독 체계를 확립하기 위해 차장제를 신설하여 파출소장 부재 시는 차장이 반드시 소내에 위치하여 업무를 감독, 처리케 하는 등 근무의 합리화를 도모했다.

3. 112순찰-C^{3}순찰의 도입기

경찰에서는 국민의 여망에 부응하고 날로 증가추세에 있는 각종 범죄로부터 시민의 재산과 안녕 질서를 유지, 보호하기 위한 방안을 검토하던 중, 1983년부터 치안본부와 서울시경찰이 민생치안 대책의 일환으로 꾸준히 추진해 왔으나 예산 부족 등의 이유로 진전을 보지 못했던 112전담 기동순찰대 발대식(1987년 11월)을 계기로,[33] 종전의 112신고 지령제도를 시민신고 즉응 체제, 즉 C^3제도로[34] 전환한 시스템을 가동하게 되었다(박길환, 1990: 53). 그런데 시민들이 C^3라는 용어를 이해하지 못하고, 거리감을 형성한다는 이유로 실제 업무에서는 1990년 11월부터 다시 '112제도'로 개칭 사용하게 되었다(경찰청, 1994: 528).

특히 신고 · 지령 · 현장 도착 등 모두 과정이 24시간 컴퓨터로 입력 관리됨으로써 경찰의 수사력 강화에도 일조하고 있다. 112순찰차 근무자(2인 1조)는 파출소의 모든 관할구역을 순찰 담당구역으로 한다. 근무자는 출동지령을 받게 되면, 언제 어디서든지 즉각 출동하여 조치할 수 있도록 관내 지리에 정통하고 범죄 빈발지역 등을 정확하게 파악해야 한다. 112순찰은 도보순찰과 연계하여 순찰의 사각지대가 없도록 순찰선을 지정하고, 112순찰차가 파출소 관할 모든 구역에 가시화하면서 순찰을 실시할 수 있도록 한다.

이렇게 도입된 112제도는 국민의 생명과 재산을 모든 위험과 범죄로부터 지키고, 국민 편의 위주의 대민봉사를 극대화함으로써 한국경찰의 신뢰 확보

---

33 이러한 112체제는 1984년부터 경찰행정 과학화의 일환으로 당시 치안본부에 연구발전과를 신설, 이에 대한 제도, 방법을 계속 연구해 오다가 1987년 11월에 1988 서울올림픽을 대비하여 서울시경에 순찰차 100대, 형사기동대 차량 25대를 갖추고 실험 운용하기 시작했다. 1990년 4월에는 서울에 이어 5대 직할시 및 주요시와 수도권 지역경찰서에 확대 실시했다.

34 C^3란 미국 군인들이 처음 사용한 개념으로 시큐브아이 시스템(C^3I system)에서 나온 말인데, 자동화된 시스템(지휘-Command, 통제-Control, 통신-Communication, 정보-Intelligence)을 통해 최단 시간 내에 병력, 장비 등 제한된 가용자원의 활동을 극대화함으로써 신속, 정확히 임무를 완수할 수 있도록 고안된 지휘 체계를 말한다. C^3제도란 경찰자원이 최적으로 활용되는 통합 시스템으로 사건 발생 시 경찰의 도움을 애타게 기다리는 시민의 SOS인 112신고에 즉시 대응하기 위해 모든 경찰 자원을 범죄현장으로 일시에 총집결(도착)될 수 있도록 자동화된 지휘, 통제, 통신 시스템을 통합 체계화함으로써 범죄사건의 광역화, 고속화 추세에 신속히 대응하고 초동 대처 시간을 최소화한 대(對)범죄 선제 대응 체제를 말한다. C^3제도의 기본 요소는 무전기를 갖춘 기동력, 양질의 통신 시스템, 컴퓨터화 지령 시스템, 그리고 112신고 접수에서 현장 도착에 이르기까지의 과정에 대한 확인과 관리 등 네 가지이다(박길환, 1990: 58).

에 결정적 역할을 담당하게 되었다(경찰청, 1994: 529).이 제도의 운용 후 괄목할 만한 성과가 있었다면 시민신고율 증가와 출동 소요 시간의 단축으로 범인의 현장 검거에 크게 기여한 것이라 볼 수 있다(박길환, 1990: 53). 112신고가 점차 국민의 비상벨로 자리 잡게 되면서 그 신고건수는 해마다 늘었다. 2002년에는 3,522,583건이었던 112신고 건수가 2019년 18,976,334건으로 증가 접수된 것으로 나타났다.[35]

4. 범죄와의 전쟁 선포: 고가시성 전략

1980년대 이후 지속적인 범죄 증가 현상을 보이던 가운데(경찰청, 1991: 26), 대(對)범죄전쟁의 강력한 추진을 위해 경찰 인력을 증원하는 한편, 상급 경찰관서의 내근 인력을 감축하여 일선 기능을 강화했다. 특히 비민생치안 부서 경찰력을 조정하여, 민생치안부서로 대거 전환 배치했으며, 순찰차, 권총, 가스총, 통신장비, 수사 감식 장비 등 범죄대응 능력을 향상시키기 위한 민생치안 장비를 우선 확보했다(경찰청, 1991: 43).

범죄와의 전쟁에서 가장 중요한 특징은 범죄 취약 요소에 경찰력을 집중 배치한 고가시성 전략을 실시했다는 점이다. 범죄 취약 시간대, 장소별로 적절한 대응 요소를 배치하고, 국민들이 일상생활에서 불안을 느끼고 있는 생활공간에 대한 거점 배치 및 유동순찰, 주택가, 학교 주변, 공장 주변 등에 대한 검문검색을 강화했으며(경찰청, 1991: 60), 도보순찰, 자동차순찰근무 외에 방범초소 근무, '목' 검문소 운영, 이동파출소, 잠복근무, 우범지역 유동근무 등을 실시하기 우범지역 유동근무 등을 실시하기도 했다. 자율방범대 활동 등은 부족한 경찰력을 보강하는 데 중요한 역할을 했다. 각 파출소별로 조직된 자율방범대를 순찰근무뿐만 아니라 방범 홍보 및 신고 요원으로 적극 활동토록 했다.

---

35 https://www.police.go.kr/www/open/publice/publice0210.jsp(2020년 12월 5일 검색)

5. 형식적 날인 위주의 정선순찰 개선방안 시행

지서·파출소의 순찰활동이 순찰함 날인 위주로 형식화되어 범죄발생 상황에 효율적으로 대응치 못하고, 주민보호에도 미흡하다는 지적이 많았다. 이에 경찰청에서는 1993년 9월 1일부터 1994년 1월 31일까지 주민보호증진을 위한 순찰방법개선 시범운영을 추진하였다.[36] 추진사항은 ① 취약지점을 거점화하도록 순찰함 조정설치, ② 취약지역에 치안활동을 집중하는 난선식 요점순찰 실시하고, ③ 날인 위주의 정선순찰 방식을 개선하고 자율순찰제 시행,[37] ④ 순찰은 지서·파출소장 책임 하에 지역실정에 맞게 다양하게 운영, ⑤ 순찰횟수를 늘려 외근근무를 순찰중심으로 운영, ⑥ 근무일지, 순찰표 양식을 개선, ⑦ 112순찰에 도보순찰 가미, ⑧ 순찰 시 방범심방 병행 실시토록 하였다. 그러나 지휘부의 변경으로 인한 운영의지 약화, 현장지휘관들의 부정적 태도 등으로 곧바로 전국적으로 시행되지는 않았다.

그 후 1995년 3월 15일부터 다시 2년 간 경찰은 종래의 순찰함을 이용한 정선순찰 제도와 순찰함을 폐지하고 전국적으로 '담당구역 자율순찰제'를 시행했다(박병식·주희종, 1997: 46). 이는 구역순찰과 자율순찰의 개념을 결합시켜 만든 개념으로서 파출소 관할지역을 치안수요에 따라 3~5개의 소구역으로 나누고, 외근경찰관 개인별로 지정된 소구역에 대해 요점순찰을 실시하는 것이다. 순찰 방법을 개선, 순찰함·순찰표 사인 제도를 폐지하고, 경찰관 개인별로 지정된 담당구역을 중심으로 자율순찰하도록 했다. 파출소 내 근무자 1인을 제외하고 전원 거리순찰 요원화했다. 이러한 배경에는 기존의 파출소 순찰활동이 순찰함 날인 위주로 형식화되어 범죄발생 상황에 효율적으로 대응치 못하고 주민 보호에도 미흡했던 점 등이 고려된 것이다. 순찰근무가 파출소장 책임 하에 지역 실정에 맞게 다양하게 운영되어야 한다는 취지가 반영되었다.

---

36 경찰청 경무국, 『국민의 사랑과 신뢰받는 경찰』(서울: 경찰청, 1994), 106면.

37 1994.3.1~5.31 간 서울지방경찰청에서는 산하 파출소를 대상으로 형식적인 순찰의 폐단을 없애기 위해 종래 순찰함 위주의 순찰방식에서 순찰함이 없는 자율순찰제를 시범 실시하였다.

자율순찰 실시와 함께 파출소 내 근무자 1인 이외 전원이 도보순찰에 투입됨으로써 현장 치안활동 배가, 외근 경찰관의 범죄 대응 능력이 강화되었다. 주민 접촉 기회가 많아 접점근무의 활성화, 신뢰감 조성, 자율근무 방식 정착으로 인한 근무 의욕 증대 등 장점이 있었으나, 원거리·고지대 순찰 기피, 심야·우천 시 순찰 결략 사례 빈발, 부여된 임무를 일찍 종료하거나 형식적으로 수행하다는 단점이 발견되기도 했다. 이와 같은 긍정적 효과에도 불구하고 일부 직원들의 책임감 결여로 자율순찰 제도의 문제점이 노출되었다. 결국 순찰함 제도를 부활시키고, 야간 취약시간대에는 순찰표에 날인하는 방식의 정선순찰 활동을 강화하여 자율순찰 제도를 정착시켜 나가야 한다는 보완책이 대두되었다.

6. 광역파출소와 경찰서 집중순찰제

1) 광역파출소(대단위파출소) 시범운영

1990년 정부는 「범죄와의 전쟁선포」를 계기로 대대적인 인력과 장비를 민생치안 강화를 위해 투입하고, 조직 및 기구의 개편을 시도하고자 노력하였다. 이러한 상황 하에서 총무처, 한국생산성본부 등의 연구 결과를 통해 파출소의 통합·광역화를 통한 범죄대응능력 제고의 필요성이 제기되었다. 민생치안실태연구 및 조사 결과를 통해 지적되었다.[38]

38 (임학순·이은구, 1995: 66). 당시 제기된 문제점은 다음과 같다: ▸기존 파출소는 인력과 장비 등 순찰자원을 효율적이고 전략적으로 활용하지 못하고 있었다. 다시 말하면, 지역별, 시간대별 치안수요에 대응하여 순찰자원을 신축적으로 운영되지 않았다. ▸파출소가 행정구역별로 관할구역이 설정되어 있었기 때문에 치안수요에 따른 관할구역이 설정되지 않았을 뿐만 아니라 파출소 배치가 부적절했다. ▸파출소직원은 각종 조사 및 행정업무 때문에 순찰활동에 전념하지 못하고 있었는데, 순찰활동 외적인 요인들은 파출소의 방범능력을 약화시켰다. ▸파출소 직원들의 업무가 과다했을 뿐만 아니라 근무 여건이 매우 열악했으며, 파출소 외근직원은 2부제 근무를 함으로써 신체적 피로는 물론 균형 있는 개인생활을 하기 어려운 실정이었다. ▸지역에 따라서는 순찰함의 날인을 점검하는 것으로 순찰근무를 대신하고 있었으며, 순찰활동 자체도 정해진 시간에 정해진 순찰선을 따라 순찰하는 형식적인 경우가 여전히 남아 있었다. 이러한 순찰체제는 전략적 순찰이나 지역사회를 지향한 순찰활동에는 부족

이에 경찰청에서는 1991년 3월 경찰의 민생치안역량 강화(파출소의 범죄 대응 능력 제고)를 위한 지 · 파출소 운영 체계 및 근무 방식을 개선계획을[39] 수립 · 실시하게 되었다(경찰청, 1994: 519). 서울 송파경찰서를 비롯한 전국 20여 개 경찰서[40] 파출소 중에서 시범운영 지역을 지정하여 광역파출소(대단위파출소)제를 시행하였다. 일부 파출소를 폐쇄하고, 인력 및 장비를 인근 1개 파출소로 통합하여 3교대근무(일근, 야근, 휴무)를 실시하였다. 행정업무 및 지원근무 억제로 방범활동의 극대화를 모색했다.

방범 및 범죄대응 능력 강화 차원에서 기본적인 소내 및 대기근무, 청사경비 등에 소요되는 고정근무자를 방범근무로 전환했으며, 순찰 횟수 및 순찰 거리의 증가로 기동순찰 활동의 가시적 방범 효과를 높였다. 경찰서의 파출소에 대한 집약관리와 현장감독이 용이해졌다. 장비운용의 효율성 제고 및 기관운영비, 청사유지비, 사무기기 구입비 등 예산 절감에 기여했으며, 교대근무로 일평균 근무 시간이 단축되어 근무 여건 개선에도 기여했다. 그러나 이러한 긍정적인 측면에도 불구하고, 범죄발생 억제 · 예방적 측면과 검거 건수 증감을 비롯한 치안 효과면에서 뚜렷한 개선 효과가 나타나지 않았다. 전통적인 거점 치안행정(행정구역별 설치된 파출소)에 대한 주민 의식이 예상보다 강하여, 사전홍보에도 불구하고 대단위 파출소 운영에 대해 불만 여론까지 조성되었다. 관할구역 확대 및 근무 시간 축소로 인한 주민과 경찰 간 접촉 기회 감소, 유대 약화 초래, 근무 여건이 개선된 곳과 종전 파출소 직원들 간 불만이 야기되기도 했다. 이러한 점을 감안, 경찰청에서는 공통적인 환원 건의(내부의 반대 여론)를 고려하여 대단위 파출소를 더 이상 확대 운영하지 않고, 1992년 1월 15일을 기하여 종전대로 환원하기로 결정했다.

한 면이 있었다.

39 광역파출소 시범운영계획은 "1991.4.1~9.30까지 6개월 간 시범적으로 전국 20여 개 경찰서를 대상, 지역적으로 세분화된 파출소 2~3개를 통합(파출소의 광역화)하거나 치안수요의 과중으로 분할대상인 파출소에 대하여 인력, 장비 등을 집중 보강"하기로 한 것이었다.

40 1991.4.1~12.31(9개월 간)까지 20개소(서울 5, 부산 2, 경기 3, 기타 지방청 각 1개소)를 시범운영하였으나, 제반 문제점이 노출되어 경찰위원회 심의 후 1992.1~6.30(6개월 간)까지는 5개소(서울 2, 경기, 대구, 경남 각 1개소)로 축소 · 운영하였다.

그러나 한정된 경찰력을 효율적으로 운영하기 위한 지서·파출소의 광역화 논의는 계속되어 1994년에 2차 광역파출소 시범운영을 실시하였다. 1994년 3월 1일부터 12월 31일까지 서울·부산지방경찰청 산하의 파출소를 비롯한 전국의 12개 파출소를 대상지로 선정, 관할지역이 좁은 파출소는 서로 통합하여(통합광역파출소) 각각 3교대 및 2교대근무를 실시하고, 관할인구수가 늘어나 파출소의 증설이 필요한 곳에는 파출소를 신설하지 않는 대신, 112순찰차와 근무인원을 늘려 운영하는 방식(광역파출소)으로 실시되었다. 중간분석보고, 현지실태 점검 등을 통하여 얻은 결과에 의하면 ① 경찰력 증원 없이 확대 실시하는 것은 곤란하며, ② 112순찰차 중심으로 순찰을 시행함으로써 주민들과의 접촉기회 감소하며, ③ 다수의 경찰관이 상주할 수 있는 공간 확보가 어렵다는 것이 문제점으로 대두되었다.

2) 경찰서 집중순찰제 실시

지서·파출소 외근경찰의 근무 여건 개선과 부패방지를 위한 논의는 지속적으로 이어져 1999년 4월 경찰개혁위원회에서는 파출소를 지역주민과의 '협력치안센터' 및 봉사활동 위주로 개편하고 외근경찰관의 3부제 근무 정착 문제를 집중 논의하였다. 이에 따라 기존 파출소 경찰관이 수행하던 규제 및 단속, 방범순찰근무를 경찰서로 이관하여 경찰서에서 직접 관장·운영하도록 했으며,[41] 방범과에 순찰계를 두고, 112 및 도보순찰을 집중 운영하도록 했다.

112순찰 및 도보순찰을 구역별(2~5개 파출소)로 실시하는데, 순찰차 1대당 2명씩 배치하여 1~2개 파출소 구역을 담당하거나 순찰차 1~3대가 1개 파출소 구역을 담당한다. 순찰근무 시 매 시간당 40분 유동순찰, 20분 거점근무를 수행한다. 심야 취약 시간대에는 목 검문을 실시하고, 모든 신고사건은 출동하여 초동 조치한다. 도보순찰은 2인 1조로 편성하여 파출소별로 1개조씩

41 경찰청, "파출소의 치안서비스센터화 및 경찰서 집중순찰제 시범운영 상황 분석검토" 공문서 (2000년 4월), 참조.

그림 4-4 한국경찰서 순찰계 3교대제근무 모형(2안)

근무 시간 / 근무 일자	07 : 00 --------- 15 : 00 --------- 22 : 00 ------------ 07 : 00
제1일차	주간1(8시간) [07:00–15:00]
제2일차	주간2(15시간) [07:00–22:00]
제3일차	주간3(7시간) [15:00–22:00]
제4일차	야간(9시간) [22:00–07:00]
제5일차	야간(9시간) [22:00–07:00]
제6일차	------------------ 비 번 -------------------
제7일차	주간1(8시간) [07:00–15:00]

지정하고 담당구역 내에서 2시간 순찰, 1시간 파출소 혹은 방범초소에 대기하도록 했다. 112순찰조와 도보순찰조는 매일 1~2회 상호간 근무 교대하며, 관내 파악 및 구역 책임 유지를 위해 6개월 이상 동일 구역에서 계속 근무하도록 했다.

경찰서 집중순찰제는 파출소 경찰관들의 근무 여건 개선, 부정부패 방지 등에서 어느 정도 효과가 있는 것으로 분석되었으나, 순찰담당구역이 지나치게 넓어짐으로써 밀도 있는 범죄예방활동이 미흡하고, 차량 중심 순찰로 인한 도보순찰 기회 감소, 파출소 축소로 인한 주민과의 접촉 기회 감소, 경찰서 각 기능별 업무 부담 가중 등의 문제점이 노정되었다(경찰청, 1999: 690). 그 결과 대도시지역 일부 파출소는 통·폐합되었으며, 파출소는 지역주민과의 협력치안센터, 봉사활동 위주로 운영하고, 단속 업무는 경찰서에서, 순찰근무는 파출소에서 다시 관장 운영토록 방향이 재결정되었다.

7. 순찰지구대제도 도입 · 시행

1) 중심파출소 도입논의

2001년 4월부터 전면 시행되고 있는 '파출소 3교대제'에 따라 '중심파출소제' 도입 방안이 본격적으로 논의되었다. 이는 읍 · 면 단위의 2~3개의 '미니 파출소'를 하나의 권역으로 묶어 인구 및 치안수요가 많은 파출소 — 지정된 '중심파출소' — 에 인력 · 장비(순찰차, 총기) 등을 집중시킨 후, 근무경찰관의 규모를 16명 이상(3교대근무 시 평균 5명 근무 가능)으로 확대시켜 사건 · 사고 발생시 '분소' 지역까지 긴급 출동하거나 기동순찰 등 업무를 맡을 수 있도록 하고,[42] 나머지 파출소는 경찰관 1~3명이 24시간 근무하는 '분소' 형태로 운영하는 것이다. '중심파출소'는 보강된 인력 · 장비를 활용, '보조 파출소'의 관할까지 112순찰 등을 전개하는 대신, 보조 파출소 혹은 '분소'는 경찰관 1명이 민원 및 연락 업무를 맡게 된다. 인력 충원 없이 비롯된 파출소 3교대제로 치안수요가 비교적 적은 10명 미만의 농어촌 파출소의 업무 부담이 가중됐을 뿐 아니라 112신고 출동 및 순찰활동 등 정상적인 파출소 기능이 어렵기 때문이었다. 예를 들면, 10명 미만의 경찰관이 근무하는 파출소의 경우, 1개 근무조에 최대 3명 정도 배치될 수 있는데, 통상적인 소내 · 대기 근무에 2명이 지정되면, 나머지 1명만이 순찰근무 및 현장 출동을 할 수 있다. 특히 심야시간 등 인력 부족으로 1인 순찰을 하는 경우가 많아 효율적인 범죄 진압이 어렵고 경찰관 피습 및 총기 피탈 등 위험이 많고, 행정 업무 중복 수행에 따른 인력 낭비 등의 개선 필요성이 제기되어 왔다.

---

42 거주 및 유동 인구, 112신고 건수, 5대 범죄발생 · 교통사고 발생 등 객관적 치안 상황을 정확히 분석, 파출소 2~3개 관할구역을 하나의 권역으로 묶어 치안수요가 많은 곳을 중심 파출소로, 낮은 파출소는 분소로 지정했다. 나머지 파출소는 경찰관 1명이 근무하는 분소로 기능 조정, 인력 · 장비를 중심 파출소로 이관, 중심파출소는 보강된 인력 · 장비를 활용, 기존의 관할 및 분소화 파출소의 관할까지 112순찰 등 순찰활동을 전개하도록 했다.

2) 순찰지구대제도 본격 시행

파출소 제도 개선에 대해 지속적으로 노력한 끝에 경찰청에서는 드디어 2003년 8월부터 전국의 각급 파출소를 대상으로 '순찰지구대'를 설치하게 되었다. 기존 파출소체제는 인력 부족에 따른 방범활동 위축, 읍·면·동 단위의 과도한 분산 운영으로 인한 현장 대응력 취약, 규제와 봉사 기능 혼재 등 한계가 있다는 판단에 따라 경찰서 관할구역을 지역실정과 치안수요를 고려하여 3~5개 권역으로 구분하고 권역별로 파출소 인력·장비를 집중 운용하는 '순찰지구대'를 창설하고, 파출소는 봉사와 지역협력활동에 중점을 두는 '치안서비스센터'로 역할을 전환하였다(경찰청, 2004: 46). 파출소 내근자를 줄이고, 외근 순찰요원을 늘려 방범·치안 기능을 강화하겠다는 것이 경찰청의 복안이었다. '거점 파출소'로 지정된 곳(순찰지구대)은 인력이 크게 보강되는 반면, 대부분의 파출소(치안센터)는 인력이 1~3명으로 줄고, 방범활동보다는 민원 업무 처리를 주로 맡게 되었다.

이는 치안서비스 수요자인 국민이 안전하고 편안한 삶을 영위하도록 국민과 가장 가까이 있는 파출소 운영 체계를 효율화하고 파출소의 현장 대응 능력 향상과 봉사 기능 강화하기 위한 경찰 혁신 방안의 하나로서 채택된 것이다. 파출소체제가 생긴 1946년 이래 가장 획기적인 변화였다.

경찰은 2003년 5월 말 각 경찰서 관할구역을 지역 실정에 맞게 3~5개 권역으로 구분하고, 권역별 3~4개 파출소를 묶어 순찰 및 사건·사고 출동을 전담하는 '순찰지구대'와 지역주민 민원을 처리하는 '치안서비스센터'로 분리·운영하는 내용의 '파출소 운영 개선안'을 확정 발표했다. '순찰지구대'는 기존의 지역 파출소 중 사고가 많이 발생하고 유동 인구가 많은 핵심 파출소로, 이곳에 지역 파출소 인력과 장비를 집중시켜 지역에서 발생하는 모든 신고 출동과 범죄 치안활동을 담당하게 되었다. 순찰지구대는 기존 파출소 소장 3명과 순찰지도관, 관리요원 1~3명, 3개 순찰팀으로 편성되었다. '순찰지구대' 소속 경찰관은 50~70명으로 파출소 정원(도시지역 20명 내외)보다 3배 정도 늘어난 인력이며, 24시간 운영되었다. 기존 파출소—치안센터로 명칭이 변경됨 ― 는 유지하되 민원담당관 1~3명만 배치, 봉사 · 민원 기능만 유지하도록 하고, 치안과 순찰 · 방범 기능은 모두 권역별 순찰지구대로 집중시켰다. '치안서비스센터'에는 민원담당 경찰관이 1~3명 배치되어 민원처리 · 청소년 선도 · 사건신고 접수 등을 맡게 되었다. '치안서비스센터'는 주간근무(오전 9시~오후 7시)를 원칙으로 하며, 일요일과 공휴일에는 인근 서비스센터끼리 교대로 운영되었다. 하지만 경호와 대간첩 작전지역 등 특수 지역은 기존의 파출소체제로 운영되었다.

2003년 6월부터 일부 경찰서를 중심으로 '지역경찰제'[43]를 시범 실시한 결과, 공무집행 방해가 크게 감소하고 강 · 절도범 검거가 늘어나는 등 상당한 성과가 있었으며, 경찰관을 대상으로 한 설문조사 결과 80% 이상이 지지하는 등 경찰 안팎으로 공감대가 형성되었다는 판단에 따라 그해 8월부터 전국의 모든 경찰서를 대상으로 파출소를 '순찰지구대'로 재편한 '지역경찰제'를 실시하기에 이르렀다.

8. 일부 지구대의 파출소 환원

지역경찰제에 대해서는 지역주민들의 부정적 여론이 대두되었다. 기존에 지역주민들 가까이에서 치안을 담당하던 파출소가 주간에만 한 명의 경찰관이 근무하는 '치안센터'로 변경되어 치안이 불안하다는 지역주민들의 부정적 여론이 있었다. 또한 경찰의 입장에서 기존 파출소에 인력과 장비가 집중되어 낙후하고 협소한 업무공간에 대한 경찰관들의 고충과 주민과의 접촉이 줄어들면서 관내 치안 상황 파악이 어려워지는 등의 문제점이 노정되었다.

이에 경찰청에서는 '지역경찰제'를 정착시키기 위해 노후 · 협소한 지구대를 우선으로 국가예산으로 지구대를 개축 또는 리모델링하는 등의 환경개선을 추진(경찰청, 2008: 62)하는 한편, 주민의 요구에 부응하는 탄력적 인력운용을 위해 경찰서별 범죄발생 및 112신고건수를 시간대별로 분석하여 필요

43 경찰청은 이 제도를 '지역경찰제'로 명명하였다.

표 4-1 연도별 지역경찰관서 증감현황

(단위: 개소, %)

구 분	2003년	2004년	2005년	2006년
지구대 (증감)	863 –	871 (+8)	872 (+1)	826 (–46)
파출소 (증감)	187 –	199 (+12)	220 (+21)	528 (+308)
2007년	**2008년**	**2009년**	**2010년**	**대비**
824 (–2)	816 (–8)	773 (–43)	423 (–350)	–440
543 (+15)	580 (+37)	760 (+180)	1,567 (+867)	+1,380

출처: 경찰청(2011: 73).

인력을 산출·운영하는 치안맞춤형 유연근무제를 추진하였다(경찰청, 2012: 38).

또한 지역주민들의 치안불안을 해소하기 위해 일부 치안센터에까지 24시간 상주근무자를 배치하고(경찰청, 2010: 47), 파출소 폐지에 대한 지역주민들의 치안불안을 해소하기 위하여 관할구역이 넓은 농어촌 지역에서부터 시작하여 도시지역에 까지 파출소 환원을 추진하여 2004년부터 2010년까지 1,380개의 파출소를 신설하였다.

9. 112신고 대응역량 강화

1) 112순찰차 신속배치시스템(IDS) 구축·운용

지구대 시스템 도입으로 인해 광역·강력범죄에 대응력은 강화되었으나 넓어진 관할구역으로 인한 출동 시간 지연 및 순찰력 쏠림 현상, 순찰 사각지대 등이 발생하여 제한된 인력·장비의 효율성을 극대화할 수 있는 체계적·입체적인 경찰력 운영 시스템이 필요하게 되었다. 이에 경찰청은 지난 2004

그림 4-5 112순찰차 신속배치시스템(IDS) 개요도

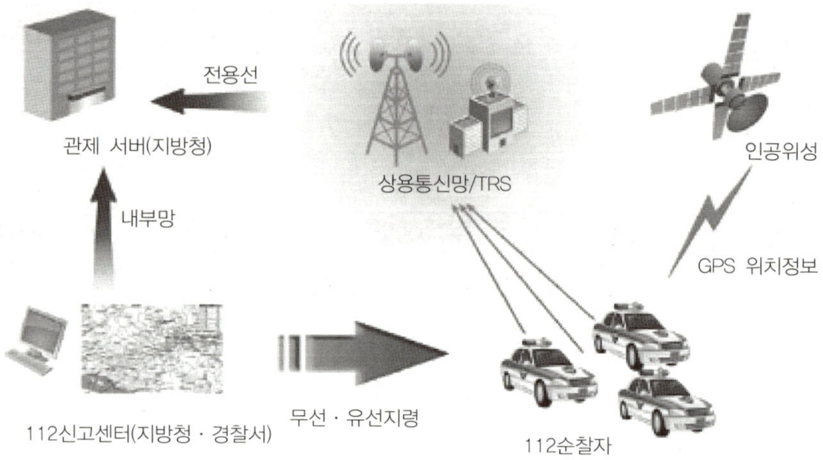

출처: 경찰청(2008: 59).

년부터 신속배치시스템(IDS)을 운용하였으며, 같은 해 인천지역 시범 구축을 시작으로 2010년까지 서울과 6대 광역시를 비롯하여 경기지역 전 경찰서에 IDS 구축을 완료하였다. IDS는 112순찰차에 위치 확인시스템(GPS) 단말기를 설치하여, 112순찰차 위치를 실시간으로 112신고센터 전자지도상에 표시함으로써 순찰경찰력을 효율적으로 운용할 수 있게 돕는다. IDS 확대 구축은 사건 현장 최근접 순찰차에게 출동을 지령함으로써 현장 도착 시간 단축 및 체계적 · 입체적 경력 운용을 통한 현장검거율 향상을 가져왔으며 네비게이션에 신고내용 · 신고자 위치 · 최단경로 등이 현시되어 일선 경찰관들의 112신고 대응업무 개선에도 상당부분 기여하였다(경찰청, 2008: 59).

2) 경찰서별 112신고센터를 지방청 단위로 통합

종래 112신고에 따른 지령 · 출동 체계는 각 경찰서별 112신고센터에서 접수받아 지구대 · 파출소 경찰관에게 출동을 지령하여, 타 경찰서 관할로 이동하는 범죄발생 시 대처가 어렵고, 지역별 치안수요 차이로 인해 신고가 집중

되는 일부 경찰서는 신고자가 장시간 대기해야 하는 등 국민 불편을 초래하는 사례가 발생하여 지방청 중심으로 112신고센터를 통합할 필요가 제기되었다. 112신고센터를 지방청 중심으로 통합함으로써 납치·날치기·차량절도·빽소니 등 여러 경찰서 관할구역을 이동하는 광역성·기동성 범죄에 대한 대응역량이 높아지고, 통합112신고센터에서 신고접수 시 관할에 관계없이 가장 가까운 순찰차에 출동을 지시하여 범죄·구조현장에 보다 신속히 도착할 수 있으며, 경찰서 간 관할 다툼을 예방하는 것은 물론, 신고 시 대기시간을 감소시켜 신속한 신고접수처리를 기대할 수 있게 되었다(경찰청, 2012: 41). 통합112신고센터 구축사업은 서울과 6대 광역시 지방청부터 통합구축을 시작하여 2013년까지 전국의 모든 지방경찰청에 통합작업을 완료하였다(경찰청, 2013: 53).

3) 112신고 대응시스템 체계화

휴대전화 보급이 확대되고 112신고에 대한 국민의 인지도가 높아지면서 폭증하는 112신고로 인해 지역경찰관의 부담은 가중되었으며, 경찰본연의 업무와 무관한 생활민원이 증가하면서 정작 긴급상황에 신속하게 대처하지 못하고, 경찰활동이 112신고 처리에 집중되면서 상대적으로 순찰활동의 비중이 축소되어 지역주민들의 치안만족도에도 부정적인 영향을 미쳤다.

이에 경찰은 2009년부터 112신고 대응시스템 개선방안을 마련하여 112신고 중 경찰업무와 무관한 신고는 타 기관으로 이관하고 긴급신고에는 출동 우선순위를 부여하였다. 기존의 '모든 112신고에 출동' 방침을 변경하여 긴급출동(code1)과 일반출동(code2)에 해당하는 신고는 경찰관이 출동하여 사건을 처리하지만, 현장조치가 불필요한 비출동(code3)의 경우 관련 기능 및 타 기관에 통보하는 등으로 경찰력의 낭비를 최소화하였다(경찰청, 2010: 50). 2016년에는 112신고 3단계 대응코드를 더욱 고도화하여 5단계로 세분화하고, 긴급성에 따른 출동시간에 차등을 두어 절박한 위험에 처한 국민이 제때에 구조를 받을 수 있도록 하였다.

표 4-2	112신고출동 대응코드			
구 분	개선 전	개선 후	분류기준	출동목표시간
긴급	code1	code0	code1 중 이동범죄, 강력범죄, 현행범 등의 경우(선지령 및 제반출동요소 공조출동)	최단시간 내
		code1	생명·신체에 대한 위험이 임박, 진행 중, 직후인 경우 또는 현행범인인 경우	최단시간 내
일반	code2	code2	생명·신체에 대한 잠재적 위험이 있는 경우 또는 범죄예방 등을 위해 필요한 경우	긴급신고 지장없는 범위 내 가급적 신속출동
		code3	즉각적인 현장조치는 불필요하나 수사, 전문상담 등이 필요한 경우	당일 근무 시간 내
비출동	code3	code4	긴급성이 없는 민원·상담 신고	타 기관 인계

출처: 경찰청(2017: 59).

2012년 4월 1일 발생한 '수원중부 부녀자 살인사건' 이후 112신고 접수요원의 업무미숙으로 인해 신속한 현장조치가 이루어지지 못한 점에 대한 여론의 질타가 이어지자 경찰은 112시스템의 문제점을 분석하여 다양한 개선방안을 마련하였다. 112요원의 전문성 부족에 대해서는 112요원의 자격기준을 마련하여 기존 근무자를 재평가하고 우수인재를 유입하기 위해 각종 인센티브를 부여하였다. 또한 출동요원이 신속히 사건내용을 파악할 수 있도록 신고자와 접수자 간의 대화내용을 출동순찰차에서 언제든지 청취할 수 있도록 개선하고, 사건발생장소 및 순찰차의 위치가 전자지도상에 실시간으로 표시될 수 있도록 시스템을 개선하였다(경찰청, 2013: 51).

범죄와 사고 등 위험에 처해있을 때 국민이 최우선으로 바라는 것은 경찰의 신속한 현장출동이다. 따라서 경찰청에서는 2017년부터 '긴급신고 현장대응시간 목표관리제'를 도입하여 긴급신고(code0·1)에 대해서는 최대한 역량을 집중하여 신속하게 대응하고자 하였다. 현장대응시간을 체계적으로 단축시키기 위해 우선 전국적인 목표를 설정하고, 경찰관서별 적절한 목표를 설정하여 추진하였다. 2018년 말 현장대응시간은 6분 2초로 2017년에서 12초를 단축하였다(경찰청, 2019: 87).

수원중부 부녀자 살인사건이 발생한 2012년 이후 112신고에 대한 중요성을 인식하고 전담조직도 정비・개편하였다. 그동안 분리되어 운영되던 치안상황실과 112지령실을 112종합상황실로 통합하여 중요사건이 발생한 경우 즉시성 있는 상황판단과 신속한 조치가 가능하도록 하였다. 치안상황 대응체계를 보다 고도화하고 상황관리의 전문성 제고를 위해 경찰청, 지방경찰청, 경찰서의 상황실장의 직급도 상향하는 등 자격요건을 강화하였다. 2019년에는 기존 생활안전국의 112기획・운영기능과 경비국의 치안상황실・위기관리 기능을 통합하여 경찰청 차장 직속의 치안상황관리관 직제를 신설하였다. 치안상황관리관은 국민적 관심이 집중된 전국 단위의 중요치안 및 재난상황을 24시간 모니터링하고 부서・지역 간 업무조정 및 현장 지원을 총괄하게 되었다(경찰청, 2020: 140).

10. 자치경찰 시대의 순찰경찰과 범죄예방

우리나라에서 자치경찰제에 대한 본격적인 논의를 시작한 것은 참여정부 때부터이다. 자치경찰 모델에 관한 각계각층의 열띤 논의 끝에 2006년 7월부터 제주지역에만 한정하여 국가경찰 조직과 분리된 2원화 모델로 자치경찰이 도입되어 지금까지 시행되어 왔다.

참여정부의 지방분권 이념을 계승한 문재인 정부는 검찰, 국가정보원 등 권력기관 개혁방안의 일환으로 경찰권한의 분산과 견제, 민주적 통제장치의 강화 차원에서 자치경찰제 도입을 논의하였다. 학계와 실무차원의 다양한 논의 끝에 경찰사무를 국가경찰과 자치경찰로 나뉘고 국가수사본부를 설치하는 등을 내용으로 하는 경찰법 개정안이 지난 2020년 12월 9일 국회 본회의를 통과하여, 2021년 7월 1일부터 시행될 예정에 있다. 문재인 정부의 자치경찰제는 국가경찰과 자치경찰이 통합된 일원화모델의 자치경찰제로서 기본적으로 자치경찰의 업무는 시・도지사 소속의 자치경찰위원회가 관장하며 각

시 · 도경찰청장의 지휘 아래 업무를 수행하게 된다.

자치경찰제를 도입함에 있어 경찰사무의 배분과 관련 소요예산의 할당을 어떻게 할 것인지에 대해 다양한 방안으로 논의하였다. 결론적으로, 개정 경찰법(국가경찰과 자치경찰의 조직 및 운영에 관한 법률)은 경찰사무는 원칙적으로 국가경찰의 사무로 하되, 생활안전 · 교통 · 경비 · 수사업무의 일부에 한정하여 자치경찰사무로 정하였다.[44] 예컨대, 주민생활과 밀접한 순찰활동, 주민참여형 범죄예방활동, 지역주민의 생활안전 관련 112신고 등 지역주민의 생활안전에 관한 사무는 자치경찰의 사무로 명시되어 있다.[45] 그러나 생활안전에 관한 사무 중에서도 112신고 처리업무의 경우 신고내용에 따라 살인, 강도 등 일반범죄신고 등 국가사무와 관련된 112신고는 여전히 국가사무로 보고 있다. 뿐만 아니라 자치경찰제 시행의 첨병역할을 담당할 지구대 · 파출소의 관리업무도 국가경찰조직인 112종합상황실에서 담당하도록 되어 있다. 이와 같이 특정한 경찰관이나 특정부서의 업무 내에서도 국가경찰사무, 자치경찰사무, 수사경찰사무 등이 혼재되어 있어 자치경찰제의 정착 시까지는 상

---

44 국가경찰과 자치경찰의 조직 및 운영에 관한 법률 제4조(경찰의 사무) ① 경찰의 사무는 다음 각호와 같이 구분한다.

1. 국가경찰사무: 제3조에서 정한 경찰의 임무를 수행하기 위한 사무. 다만, 제2호의 자치경찰사무는 제외한다.
2. 자치경찰사무: 제3조에서 정한 경찰의 임무 범위에서 관할 지역의 생활안전 · 교통 · 경비 · 수사 등에 관한 다음 각목의 사무

가. 지역 내 주민의 생활안전 활동에 관한 사무

1) 생활안전을 위한 순찰 및 시설의 운영
2) 주민참여 방범활동의 지원 및 지도
3) 안전사고 및 재해 · 재난 시 긴급구조지원
4) 아동 · 청소년 · 노인 · 여성 · 장애인 등 사회적 보호가 필요한 사람에 대한 보호 업무 및 가정 · 학교 · 성폭력 등의 예방
5) 주민의 일상생활과 관련된 사회질서의 유지 및 그 위반행위의 지도 · 단속. 다만, 지방자치단체 등 다른 행정청의 사무는 제외한다.
6) 그 밖에 지역주민의 생활안전에 관한 사무

나. 지역 내 교통활동에 관한 사무

… 이하 생략

다. 지역 내 다중운집 행사 관련 혼잡 교통 및 안전 관리

라. 다음의 어느 하나에 해당하는 수사사무

… 이하 생략

45 자치경찰사무와 시 · 도자치경찰위원회의 조직 및 운영 등에 관한 규정 제2조 제1호 별표.

당한 기간이 걸릴 것으로 생각된다.

그럼에도 불구하고 자치경찰제는 주민밀착형 치안서비스, 자율적인 지역 맞춤형 방범활동 등의 측면에서 국가경찰에 비해 장점을 발휘할 수 있다. 이러한 점을 주민들에게 가시적으로 보여줄 수 있는 업무가 지구대·파출소의 순찰과 범죄예방활동임은 분명하다. 자치경찰 시대의 지역경찰은 주민들을 만나 소통하며 지역의 치안문제를 발굴하여 개선 결과를 주민들과 공유하는 공동체 치안활동의 큰 역할을 담당할 것을 기대해 본다.

C·H·A·P·T·E·R 5

지역사회 경찰활동과 민간경비

제 1 절 지역사회 경찰활동

1. 지역사회 경찰활동

1) 등장 배경 및 전개과정

지난 수십 년 동안 지역사회 경찰활동은 현대 경찰활동에 대한 특별한 개혁을 도모하기 위해 몇 가지 소규모 도보순찰 프로젝트를 실시하면서 발전했다(Cordner, 1999: 137-149). 지역사회 경찰활동은 1950~1960년대의 경찰-지역사회관계 프로그램, 1970년대의 팀 경찰활동, 그리고 1980년대의 공공정책 형성을 주도하기 시작한 시민들의 범죄두려움 증가로부터 발전되었다(Greene, 1987: 1-15).

1980년대 미국에서 범죄에 대한 투쟁은 경찰 혼자서는 수행할 수 없으며, 오히려 광범위한 여론의 지지와 공중의 협력, 특히 시민의 조언과 지원이 반드시 있어야만 가능하다는 인식이 팽배했다. 범죄문제 해결을 위해 시민과의

표 5-1	1960년대 미국의 경찰과 지역사회관계(PCR)의 등장

1960년대에 접어들면서 미국에서 관습적인 합법적 경찰활동 방식은 사라지기 시작했으며, 새로운 서비스지향적인 방식이 채택되었다. 명백하게, 이 10년 동안은 학생들과 다른 체제 저항자들에 의해 획책된 데모, 행진, 그리고 폭동에 의해 특징지어지는 사회적 불안의 하나였다. 1960년대에 목격된 대부분의 폭력적 행동은 베트남전쟁 확대와 시민 권리를 둘러싼 저항에 집중되었다. 폭동과 행진의 과도한 분출은 경찰의 새로운 직무가 되었으며, 군중 통제를 위한 기술이 요구되었다. 군중 봉쇄 절차에서, 경험이 없었던 대부분의 경찰관들이 폭력적 상황에 배치되었으며, 그들의 생명이 위태로운 지경이었다. 많은 사람들의 눈에서, 경찰관들은 '현존하는 권력기구(the establishment)'였으며, 그래서 시민들에 의한 폭력 대상이 되었다. 이처럼 사회적 불안이 넘치면서, 많은 경찰관서에서는 그러한 문제를 해결하기 위한 방법을 찾았다. 이러한 방법 중의 가장 전형적인 것이 바로 '경찰과 지역사회관계(police-community relations: PCR)'였다. 대부분의 경찰관서에서는 이러한 PCR 프로그램을 채택했으며, 특징 중의 일부는 지역사회에 경찰서비스를 제공하면서, 대민 관계를 담당하는 경찰관을 임명했다는 점이다. 이러한 프로그램에는 범죄예방, 이웃감시, 약물남용 저항 프로그램(Drug Abuse Resistance Education: DARE), 프로젝트 ID 등이 포함되었다.

출처: Lyman(2005: 126).

공동협력, 소수민족 집단이나 사회적 불만 계층과의 대화에 중점을 두게 되었다(Binninger & Dreher, 1997: 32). 또한 부분적으로 지역사회지향적 경찰활동은 지역공동체, 지역정부, 그리고 경찰 파트너십을 진흥시키고 범죄 원인, 범죄에 대한 공포, 그리고 지역공동체의 다른 이슈들에 역점을 두었다. 보다 적극적인 문제해결책을 활용하는 관리전략일 뿐만 아니라, 철학으로 표현되었다(Oliver, 2000: 307-308).

지역사회 경찰활동은 1950~1960년대의 '경찰-지역사회관계 프로그램', 1970년대의 '팀 경찰활동' 전략, 그리고 1980년대의 공공정책 형성을 주도하기 시작한 시민들의 범죄두려움 증가로부터 발전되었다(Greene, 1987: 1-15).

비록 지역사회 경찰활동의 발전이 그러한 주제를 연구하던 다양한 많은 전문가의 노력에 기인했지만, 슈몰레거(Frank Schmalleger)는 1981년 뉴욕 주 뉴어크(Newark) 시와 미시간 주 플린트(Flint) 시에서 시행된 도보순찰에 관한 연구와 그러한 운동을 시작한 트로야노비츠(Robert C. Trojanowicz)와 켈링(Geroge L. Kelling) 교수 등에게 공을 돌리고 있다(Adams, 2006: 66). 그들에 따르면, 만약 경찰관이 관내 근린지역 내에서 더 많은 근무 시간을 도보순찰에 할애했다면, 경찰은 지역사회 구성원에게 더 긍정적인 태도들을 발전시킬 수 있었으며, 경찰에 대한 더 긍정적인 태도를 촉진시킬 수 있었다(Schmalleger, 1999: 2223-2224).

지역사회 경찰활동은 실제로 뉴저지 주 뉴어크 시와 미시간 주 플린트 시 도보순찰 프로그램 실험에서 발전되었다(Hale, 1994: 152). 뉴어크 시 도보순찰 프로그램은 1970년대 후반에 주로 범죄예방에 관한 실험이었으며, 플린트 시 실험은 뉴어크 시 실험 이후에 실시되었다.

1980년대 미국에서 범죄에 대한 투쟁은 경찰 혼자서는 수행할 수 없으며, 광범위한 여론의 지지와 공중의 협력, 특히 시민의 조언과 지원이 반드시 있어야 가능하다는 인식이 팽배했다. 범죄문제 해결을 위해 시민과의 공동협력, 소수민족 집단이나 사회적 불만 계층과의 대화에 중점을 두게 되었다(Binninger & Dreher, 1997: 32).

부분적으로 지역사회지향적 경찰활동은 경찰재단(Police Foundation)과 미시간 대학교 형사사법대학의 노력에 힘입어 발전되었다. 지역사회지향적 경찰활동은 지역공동체, 지역정부, 그리고 경찰파트너십을 진흥시키고 범죄 원인, 범죄에 대한 공포, 그리고 지역공동체의 다른 이슈들에 역점을 두었다. 좀 더 적극적인 문제해결책을 활용하는 관리전략일 뿐만 아니라, 문헌에서는 철학으로 표현되었다(Oliver, 2000: 307-308).

1992년 캘리포니아 주 법무부에서 발간한 『범죄예방 통제(*Crime Prevention Control*)』에서는 지역사회지향적 경찰활동과 문제 해결 개념과 원칙들에 관한 내용을 담고 있다(Adams, 2006: 70-72).

▸ 공공의 안전에 대해 누가 책임질 것인가를 재평가하고, 경찰과 지역공동체 간의 역할과 관계를 다시 정의한다. ▸ 경찰과 지역공동체 둘 다의 실질적인 참여뿐만 아니라, 소유 의식, 의사결정, 그리고 책임성을 공유한다. ▸ 경찰 효과성에 대한 일반 시민의 새로운 기대와 평가기준을 높인다. ▸ 경찰과 지역공동체 지도자 간에 이해와 신뢰를 높인다. ▸ 지역공동체 구성원에게 필요한 정보와 기술을 제공함으로써, 지역공동체가 주도적으로 해야 할 일들을

지원한다. ▶ 지역공동체에 문제를 일으키는 근본적인 조건들에 역점을 두고 다룰 수 있는 장기적이고 적극적인 전략과 프로그램이 요구된다. ▶ 지역공동체의 활용 가능한 자원과 그들에게 어떻게 접근하고, 움직이게 할 것인지에 관한 지식, 그리고 지역공동체 내의 새로운 자원을 발전시킬 수 있는 능력을 요구한다. ▶ 경찰서비스와 관리를 분권화하고, 전통적인 명령 통일의 원칙을 느슨하게 하고 창조적인 문제 해결을 고무시킨다. ▶ 경찰뿐만 아니라, 지역공동체에 의해 확인된 문제를 중점적으로 다루면서 개별적 사건에 대응하는 것으로부터 경찰직무의 초점을 바꾼다. ▶ 훈련을 통해 새로운 기술을 발전시키도록 헌신할 필요가 있다. 현장 경찰관은 관할구역 내의 거주/생활하는 사람들의 문화적 다양성을 더 많이 알 필요가 있다.

또한 메리랜드 주 볼티모어 시 경찰서에는 1993년 「지역사회지향적 경찰활동 프로그램의 특징과 요소들(Characteristics/Elements of Community-Oriented Policing Program)」을 공개했다. 여기에는 경찰의 임무는 볼티모어 지역공동체와의 파트너십을 갖고 생명을 보호하고, 재산을 보호하는 것이다. 시민들의 요구 사항을 이해하고 봉사하는 것이다. 질서를 유지하고, 문제를 인식하고 해결하면서, 그리고 법률과 함께 일관된 방법으로 공유된 지역공동체의 가치를 반영해 가면서, 범죄자를 체포하는 능력을 확립함으로써 삶의 질을 개선시킬 것을 강조했다.

실제로 많은 경찰관리자는 범죄와 무질서와 관련된 수많은 사회적 문제를 처리하기 위한 가장 유망한 방법으로서 지역사회 경찰활동을 찬성해 왔다 (Lyman, 2005: 331). 지역사회 경찰활동은 전략적, 그리고 문제 해결지향적 경찰활동의 범위를 넘어서 확장되어 왔다. 미국 연방정부는 지역사회 경찰활동 노력의 배후에 있는 든든한 지원자이다.

1994년 9월 13일, 미국 클린턴 대통령은 '폭력범죄 통제 및 법집행법(Violent Crime Control and Law Enforcement Act of 1994)'에 서명했다. 그 목적은 관련 기관이 지역사회 경찰활동을 활용하는 것을 조건으로 10만 명의 추가 경찰력을 거리에 배치하는 것이었다(Adams, 2006: 74). 이후 1994년 9월,

표 5-2 스콜니크(Jerome Skolnick)와 베일리(David H. Bayley)의 전통적 경찰활동 연구

다음의 리스트는 전통적 경찰활동에 관한 연구에 대한 평가를 보여 준다.

1. 경찰관의 숫자를 증가시키는 것은 범죄율을 낮추거나 혹은 해결된 범죄 비율을 증가시키지 않는다.
2. 임의적인 자동차순찰은 범죄율을 낮추지도 못하고, 또한 용의자 검거 기회를 증가시키지도 않는다.
3. 2인 탑승 경찰 순찰차들은 범죄발생률을 낮추는 데 혹은 범죄자를 검거하는 데 단독 탑승 순찰차보다 훨씬 더 효과적인 것은 아니다; 그들은 훨씬 더 안전하다.
4. 포화순찰은 범죄를 감소시키지 않는다. 대신에 그것은 범죄를 옮겨놓는다.
5. 미국인을 가장 두렵게 하는 범죄의 종류(폭력, 강간, 강도, 주거침입절도, 그리고 살인사건)는 좀처럼 순찰하는 경찰관과 마주치지 않는다.
6. 경찰의 도움을 요청하는 전화에 대응하는 것을 개선시키는 일은 범죄자를 체포하는 것 혹은 관련된 시민들을 만족시킬 수 있는 가능성에 대해 영향을 미치지 않는다.
7. 범죄는 경찰에 의한 범죄 수사를 통해 해결되지 않는다. 용의자가 곧바로 체포되었거나 혹은 누군가가 범인의 신원을 확인했기 때문에 그 범죄가 해결된다.

출처: Skolnick & Bayley(1986), Birzer & Roberson(2007: 77).

미국 법무부 장관 산하 '지역사회지향적 경찰활동 서비스 부서(Office of Community Oriented Policing Services: COPS Office)'를 설치했다. 또한 '폭력범죄 통제 및 법집행법'은 본질적으로서 미국 역사상, 가장 규모가 큰 연방 차원의 대(對)범죄 입법이었다(National Institute of Justice, 1997: 2; Birzer & Roberson, 2007: 90). 입법 후, 연방정부는 지역사회지향적 경찰활동의 실행에 직접적으로 관련을 맺게 되었다.

2) 지역사회 경찰활동의 개념

범죄문제를 경찰 혼자서 해결할 수는 없기 때문에 범죄를 효과적으로 예방하기 위해서는 시민과 경찰과의 공동협력이 필요하다. 이를 위해 경찰과 지역사회/시민과의 상호협력이 중요시되었다(Lyman, 2005: 331). 지역사회 경찰활동은 지역사회 또는 시민과 친근한 경찰활동으로 이해할 수 있다(Kerner, 1995: 249). 즉, 문제 해결을 위한 지역주민과 경찰과의 긴밀한 관계를 통한 협력 활동이며, 경찰활동에 관한 새로운 철학이기도 하다.

이는 경찰관과 일반 시민이 협력함으로써 범죄발생과 범죄두려움, 사회적 · 물리적 무질서와 이웃관계의 파괴와 관련이 있는 현실적인 지역사회의 범죄문제를 해결하는 데 기여할 수 있다는 일반적 인식에 기초한다(Trojanowiz & Bucqueroux, 1990: 5). 효과적인 지역사회 경찰활동은 이웃 간의 범죄발생 감소와 공동체 내에서의 범죄두려움 감소, 삶의 질 강화에 긍정적인 영향을 미친다.

비록 지역사회 경찰활동이 지역적으로 다양한 개념과 이론으로 구체화되더라도, 그 핵심에서는 '조직적 요소'가 공통적으로 이해된다. 지역사회 경찰활동은 기본적으로 지역사회 내에서 근무하는 순찰경찰관(beat officer)이 시민과 함께 파트너십을 갖고 지내는 문제에 관한 것이다(Bässman & Vogt, 1997: 12-13). 이러한 파트너십에 의거한 범죄예방 노력을 통해 범죄가 덜 발생하는 쪽으로, 시민의 고민에 적극 반응함으로써 범죄두려움을 줄이고, 경찰-시민 간 협력을 통해 더 효과적인 법집행이 기대된다(Langworthy & Travis Ⅲ, 1994: 257).

지역사회지향적 경찰활동에 관한 근본적인 개념은 범죄문제와 범죄상황에 간접적으로 충격을 미칠 수 있는 삶의 질 이슈를 다루기 위해, 밀착된 경찰과 시민 간에 협력적 파트너십을 형성하는 것이다(Adams, 2006: 69). 지역사회 경찰활동은 조직적 실행, 문제 해결 활동, 그리고 지역사회 파트너십 위에 만들어진 법집행 서비스 제공 철학 혹은 전략이다(Birzer & Roberson, 2007: 78).

각 지역 공동체는 다르다. 각각의 법집행관서는 그 자원과 서비스를 그들의 요구에 따라서 구조화해야 한다. 추가적으로, 경제 성장 혹은 침체에 기인한 시간 변화, 인구 변동, 그리고 COPS와 같은 활용 가능한 자원이 지역공동체의 조건과 우선순위의 변화에 적응될 수 있는 지속적인 철학이 되어야 한다. 지역사회지향적 경찰활동은 거의 모든 경찰활동에서 근본적이며 전략적인 변화에 관련된다(Oliver, 2000: 367-388). 그것은 경찰관으로 하여금 범죄, 무질서, 범죄두려움, 마약 사용, 도시의 쇠퇴, 그리고 다른 이웃관계 고민 사항과 같은 문제들의 광범위한 배열을 확인하고, 이에 대응하도록 요구하고 있다(Birzer & Roberson, 2007: 78).

지역사회 경찰활동은 북미 전역의 경찰관서에 급속도로 확산된 개념이다. 그것은 새로운 아이디어라기보다는 오히려 훨씬 이전의, 상당히 단순한, 그리고 경찰활동에서 약간의 '낭만적' 방식이 재탄생했으며, 새롭게 급변하는 사회경제적 환경에 대한 요구를 충족시키기 위해 강조되고 지지되었던 것이다. 당시에 지역사회 경찰활동은 그와 같이 인식되었으며, 다음과 같은 사항들을 지향하면서 구체화되었다.[1]

- 범죄의 감소 또는 억제, 무질서 또는 무례한 행위의 감소
- 시민의 범죄로부터의 안전감 강화
- 시민과 경찰과의 관계 개선
- 지역사회 삶의 질 향상

프리드만(Robert R. Friedmann)은 지역사회 경찰활동은 범죄를 야기하는 조건들에 대한 변화를 추구하는 지역공동체 자원에 관한 적극적인 신뢰를 통해, 더 효과적이며 효율적인 범죄예방, 감소된 범죄두려움, 개선된 삶의 질, 개선된 경찰서비스, 경찰의 정당성을 목표로 한 정책이며 전략이다. 이것은 경찰에 대한 더 큰 책임성, 의사결정에서 더 많은 대중의 공유, 시민의 권리와 자유를 위한 더 큰 고민을 위한 요구를 떠맡고 있다고 정의했다(Friedmann, 1992).

또한 지역사회지향적 경찰활동은 경찰과 시민이 창조적인 방식으로 함께 일하는 것이야말로 범죄, 범죄두려움, 사회적·물리적 무질서, 그리고 일반적인 근린관계 조건에 관련된 동시대의 지역공동체 문제를 해결할 수 있다는 개념에 근거를 둔 경찰활동에 관한 철학이다. 이러한 철학은 그들로 하여금 지역경찰 당국의 우선순위를 설정할 수 있는 권한을 허용하면서, 그리고 그들의 지역공동체 내에서 전반적인 삶의 질을 개선시키기 위한 노력에 그들을 연관시킴으로써, 이러한 목적을 달성하는 것은 경찰로 하여금 시민과의 새로

---

1 Martin, "Community Policing: The London Model," in: http://www.acsp.uic.edu/oicj/pubs/cja/080503.html(Stand: 9.29. 1997)

표 5-3 지역사회 경찰활동의 목적과 목표

▸ 목적(goals)
- 지역사회지향적 경찰활동에 관한 원칙과 정책을 개념 정의하고 설명하기
- 지역사회 경찰활동을 강화하고 모델적 접근을 확립하기
- 지역사회 경찰활동 전략과 전술을 평가하기
- 경찰관서 내에서 지역사회 경찰활동을 제도화하기

▸ 목표(objectives)
- 지역사회 경찰활동 노력에 접근하기
- 경찰에 대한 기술적 지원 제공하기
- 훈련 가이드라인들을 발전시키기

출처: Lyman(2005: 333).

운 관계를 발전시킬 수 있도록 하는 것을 요구한다는 믿음에 근거한다(Birzer & Roberson, 2007: 78).

마찬가지로, 트로야노비츠와 버케로(Trojanowicz & Bucqueroux, 1990)는 지역사회 경찰활동이 시민과 경찰 간의 새로운 파트너십을 증진시키는 철학이며 조직적 전략이라고 설명했다. 지역사회 경찰활동에 관한 몇몇 개념 정의에는 경찰직무의 모든 측면에서 지역사회에 대한 경찰 책임성, 분권화된 구조, 지역사회와 함께하는 공유된 결정, 문제 해결을 위해 권한이 부여되고 있는 경찰관을 강조하는 방침이 포함되어 있다(Lyman, 2005: 332). 지역사회 경찰활동의 목적은 일반적으로 근린지역 내에서 범죄예방, 범죄두려움 감소, 질서유지, 그리고 삶의 질 향상으로 특징지어진다.

챔피언(Dean J. Champion)과 러시(George E. Rush)는 문제지향적 경찰활동, 근린 경찰활동, 지역사회 토대적 경찰활동을 포함하여 지역사회 경찰활동에 관한 다양한 접근을 언급하면서, "만약 우리가 중요한 모습을 찾아내기 위해 이러한 용어를 분석한다면, 몇몇 공통적인 경찰활동상의 우선적인 것들이 나타날 것"이라고 했다(Champion & Rush, 1997: 3).

▸ 경찰과 지역사회 주민 간의 인간적 관계의 개선
▸ 좀 더 개선된 범죄통제전략을 통해 강화된 지역사회의 안전
▸ 범죄예방기법의 극대화

▸ '지역사회'라는 개념에 대한 일반적인 재확인
▸ 유사한 경찰활동 역할에서 더 많은 시민의 활용 등

1992년 봄, 오하이오 주 신시내티 경찰청의 로버트슨(Christopher M. Robertson)은 발표되지 않은 논문에서 "지역사회지향적 경찰활동은 범죄통제, 질서유지, 범죄예방, 그리고 기본적인 경찰서비스를 제공하는 데 비전통적인, 적극적인 접근"이라고 언급했다. 지역사회지향적 경찰활동(COP)은 전통적으로 경찰 책임성에 관한 협소한 개념 정의를 확장하면서, 범죄 조장 분위기를 만드는 조건을 확인하고 그것을 바로잡기 위해 현대적인 문제 해결 기법을 활용한다.

지역사회지향적 경찰활동은 개별적으로는 일대일(一對一) 길거리 접촉을 통해, 그리고 집단적으로는 정기적인 지역사회 모임, 교회, 학교, 레크리에이션센터에서의 각종 모임을 통해 근린지역의 문제점에 대한 시민의 인식에 관해, 시민으로부터의 요구 사항을 진취적으로 요청한다. 이러한 연관성은 중요하다. 경찰은 지역공동체에 중요한 의미가 될 수 있는 근린 지역주민의 생활에 관해 더 모호한 측면을 간과하는 경향이 있다(Adams, 2006: 68-69).

캘리포니아 주 코트 마데라(Corte Madera)와 라크스퍼(Larkspur)라는 쌍둥이 도시의 그린(Phil Green)이라는 경찰서장이 애덤스(Thomas Adams)에게 1992년 3월 23일자로 보낸 서신에서, "지역사회 경찰활동은 다른 사람들에게는 다른 것을 의미한다. 또한 몇몇 사람은 우리 가운데 많은 사람이 수년 동안 해 왔던 경찰활동에 대해 지역사회 경찰활동이라는 이름을 붙여왔다"고 썼다.

윌리엄스(Frank P. Williams Ⅲ)와 와고너(Carl P. Wagoner)에 따르면, "지역사회 경찰활동은 태도, 조직, 그리고 하부문화적 변화를 포함하여, 구조와 형태면에서 본질적인 변화를 요구하고 있다. 그것은 범죄와 관련된 지역사회의 문제와 사회적 질병과 관련된 문제를 해결하기 위해 경찰과 지역사회가 협력하여 노력하는 경찰활동의 새로운 철학을 의미한다(Williams & Wagoner, 1992).

트로야노비츠(Robert C. Trojanowicz) 교수[2]

1998년 트로야노비츠는 『발자국(*Footprint*)』이라는 뉴스레터에서 지역사회 경찰활동은 순찰경찰관으로 하여금 매일 같은 지역사회 내의 주민과 직접적이고 대면적인 접촉을 하도록 해 주는 것을 의미한다고 정의했다. 또한 경찰과 지역사회가 공동협력하여 범죄문제, 범죄에 대한 공포, 그리고 물리적·사회적 무질서를 해결하기 위해 협력할 수 있는 새로운 방법을 경찰관으로 하여금 경험할 수 있는 자유를 부여하는 것을 의미한다고 설명했다(Trojanowicz, 1998).

1993년 1월, 전 연방 법무부 장관이자 워싱턴 D.C.에 소재한 헤리티지(Heritage)재단 멤버였던 미스(Edwin Meese)는 "경찰활동에 관한 강조점과 방법이 변하면서, 조직 내 경찰관의 지위도 또한 변한다. 구체화된, 그리고 경직된 가이드라인과 규칙에 의해 제한된 상황에 대해 반응하는 것 대신에, 경찰관은 문제를 확인하고 해결하기 위해 상상력과 창조성을 활용해 가면서 생각하는 전문가가 되고 있다. 조직상의 구속복(straitjacket) 속에 갇혀 있는 것 대신에, 규칙과 과도한 감독에 의해 속박되기보다는 가치와 목적에 의해 인도되어 경찰관은 지역공동체 내에서 협력적 관계를 발전시킬 수 있도록 고무되어야 한다"고 적었다(Adams, 2006: 70).

한편, 지역사회 경찰활동을 강조한 이론은 윌슨(J. Q. Wilson)과 켈링(G. Kelling)의 논문에서도 잘 표현되고 있다. 그들은 경찰은 대체로 사람들이 거주하는 지역사회뿐만 아니라, 지역공동체를 보호하기 위한 책임감을 가져야 한다고 강조한다. 그래서 경찰은 무질서한 행동, 부랑, 만취, 청소년의 난폭한 행위, 반달리즘과 같은 질서유지적 문제에 관해 주의를 기울여야 한다. 또한 지역공동체 거주자의 삶의 질을 향상시키기 위해 근무해야 한다. 경찰은 범

2 http://www1.cj.msu.edu/~history/scrap/trojfram.jpg(2009년 4월 11일 검색)

죄를 감소시키는 데 책임이 있으며, 범죄의 존재는 시민으로 하여금 거리로 나가는 것을 회피하도록 만들며, 지역공동체 내의 사회적 통제를 약화시킨다(Wilson & Kelling, 1982).

그린(J. R. Greene)과 테일러(R. B. Taylor)는 "지역사회 경찰관은 일반적인 자동차순찰근무 경찰관보다 질서유지적 기능을 수행하는 데 더 효과적일 수 있다. 왜냐하면, 이러한 지역사회 기초적 경찰관은 지역의 법령과 지역사회의 규정에 잘 익숙해져 있다고 일컬어지기 때문이다. 지역사회와 접촉하면서, 더 많은 시간을 보내고 있기 때문에, 어떤 대응이 요구되고 있는지에 대해 더 나은 아이디어를 갖고 있다. 그리고 그들은 정상적인 것과 이상한 것을 더 잘 구별할 능력이 있다. 이러한 지역사회에 대한 강화된 민감성은 성공적인 사건 해결을 훨씬 더 잘 하게 만든다. 지역사회 경찰활동은 또한 범죄에 시민의 두려움을 낮추어야 한다. 왜냐하면, 지역사회 내 경찰관의 일상적인 존재 가시성은 시민을 더 안전하다고 느끼게 만들기 때문이다"라고 주장한다(Greene & Taylor, 1988).

표 5-4 전통적 경찰활동과 지역사회 경찰활동 개념의 비교

문 제	전통적 경찰활동	지역사회 경찰활동
경찰은 누구인가?	법집행에 대해 기본적으로 책임이 있는 정부기관	경찰은 공중이며, 공중이 경찰이라는 관점(그러나 경찰관은 전적인 주의를 모든 시민의 의무에 대해 기울이는)
경찰과 다른 공적 서비스 기관들과의 관계는 무엇인가?	종종 충돌하는 우선순위	삶의 질을 개선시키는 데 책임이 있는 많은 기관 중의 한 부서
경찰의 역할은 무엇인가?	범죄 해결에 초점을 둔다.	좀 더 광범위한 문제 해결 접근
경찰의 효율성은 어떻게 측정되는가?	범죄수사 및 체포율	범죄와 무질서의 부존재
가장 높은 우선순위는 무엇인가?	높은 우선순위의 범죄들(예: 은행강도 사건)과 폭력범죄	무엇이든지 지역공동체를 가장 불안하게 하는 것
구체적으로 경찰이 처리하는 것은 무엇인가?	사건	시민의 문제와 걱정거리

경찰의 효과성을 결정하는 것은 무엇인가?	대응시간	일반 시민의 협력
경찰은 서비스 요청 전화에 관해 어떤 평가를 하는가?	실제로 경찰이 해야 할 직무가 없을 때 맡는 직무로 여긴다.	중요한 기능이며, 훌륭한 기회로 여긴다.
무엇이 경찰의 전문성인가?	신속성, 심각한 범죄에 대한 효과적인 대응	지역사회와의 친근성
어떤 종류의 정보가 가장 중요한가?	범죄정보(특정한 범죄들 혹은 연쇄적인 범죄에 대한 연구)	범죄자 정보(개인 혹은 집단활동에 관한 첩보)
무엇이 경찰 책임성의 필수적인 특성인가?	고도로 중앙집권화된; 규칙, 규정, 그리고 정책적 지시 사항에 의해 관리되는; 법률에 대해 책임 있는	지역공동체에 대한 지역적인 책임을 강조
본부의 역할은 무엇인가?	필요한 규칙과 정책적 지시의 제공	조직 가치의 배분
경찰관서 언론담당관의 역할은 무엇인가?	현장근무 중인 경찰관들을 차분하게 유지함으로써 그들이 직무를 처리할 수 있도록 하는 것	지역공동체와의 의사소통에 필요한 채널을 조정하는 활동
경찰은 범죄자 기소를 어떻게 대하는가?	중요한 목적	많은 것들 중 하나의 도구
경찰관들은 누구를 위해 일하는가? 누가 그들의 고용주인가?	경찰서장, 시장 혹은 시정부	지역공동체 혹은 도시의 사람들(시민들)
누가 적인가?	범죄자(혹은 그들의 직무를 방해하는 자)	무질서를 야기하는 사물들, 혹은 사람들로 하여금 지역공동체에 파괴적인 행동을 저지르게 하는 상황
시민의 역할은 무엇인가?	범죄를 신고하고, 경찰관의 지시사항에 복종하면서 그들과 협력하는 것, 그렇지 않으면 참견하지 않은 채로 있기	범죄, 지역공동체의 조건들에 관한 다른 자료를 신고하기; 경찰과 협력하기; 범죄적 문제에서 지시 사항에 대한 복종; 필요할 때 도움과 지원을 제공하기; 지역공동체의 기준과 행동의 우선순위를 결정하는 데 필요한 리더십

출처: Birzer & Roberson(2007: 79-80, Table 3-1). http://www.iirp.org/library/t2000/t2000_wparks.html(2008년 11월 8일 검색)

한편, 지역사회 경찰활동을 강조한 이론은 윌슨(J. Q. Wilson)과 켈링(G. Kelling)은 경찰은 대체로 사람들이 거주하는 지역사회뿐만 아니라, 지역공동체를 보호하기 위한 책임감을 가져야 한다고 강조한다. 따라서 경찰은 무질서한 행동, 만취, 청소년의 난폭한 행위, 반달리즘과 같은 질서유지에 대해 주의를 기울인다(Wilson & Kelling, 1982). 그린(J. R. Greene)과 테일러(R. B. Taylor)는 지역사회 경찰관은 자동차순찰 경찰관보다 질서유지 기능을 수행하는 데 더 효과적일 수 있다고 했다.

2. 지역사회 경찰활동에 대한 이론적 기초

1) 깨진 유리창이론

1982년 윌슨(James Q. Wilson)과 켈링(George L. Kelling) 누군가에 의해 어떤 건물 안에 있는 유리창이 깨진 다음 재빨리 수리되지 않는다면, 다른 사람들이 더 많은 유리창을 깰 것이라는 것을 관찰했다. 깨진 유리창은 무질서를 의미하며, 무질서한 환경은 범죄를 야기하고, 범죄자는 시민의 무관심 속에서 증가하게 된다는 것이다. 무질서는 심각한 범죄라기보다 지역사회에 내재되어 있던 불쾌한 행위들에 가깝고, 범죄가 발생하기 전 경고의 징후로 나타나기 시작한다. 따라서 경찰의 역할은 질서를 유지하는 것이다(Moore & Trojanowicz, 1988). 결과적으로, 무질서를 방치하지 않는, 거리에서 법을 준수하는 시민이 더 많아질수록 이러한 시민은 범죄피해를 당할 가능성에서 멀어지게 된다.

셔먼(L. W. Sherman)은 범죄에 관한 물리적, 사회적 징조들이 무질서를 의미하며, 지역사회이 무질서는 그 지역이 통제되지 않고 있다는 느낌을 전한다고 주장했다(Lyman, 2005: 334). 결국에 무질서는 더 심각한 범죄를 야기하게 될 것이고, 무질서와 경미한 범죄를 지역사회가 통제하지 못하면, 범죄는 증가하게 될 것이라는 논리에 기초한다.

2) 규범적 보증이론

규범적 보증이론(normative sponsorship theory)은 대부분의 사람은 착하며, 합의를 형성하는 것을 용이하게 하기 위해 다른 사람과 협력할 것이라고 주장하면서, 지역사회 경찰활동과 연관 짓고 있다. 다양한 사람이 일반적인 가치와 신념, 그리고 목적을 많이 공유할수록, 이웃관계를 개선시킬 목적으로 함께 상호작용할 때, 공통적인 목적에 그들이 동의하는 경우가 더 많아질 것이라고 한다(Lyman, 2005: 334).

3) 비판적 사회이론

비판적 사회이론(critical social theory)은 사람이 그들의 욕구를 충족시키지 못하도록 하는 사회적, 경제적, 그리고 정치적 장애물을 교정하고 극복하기 위해, 어떻게, 왜 그들이 연합하는지에 초점을 맞추고 있다(Fay, 1984). 비판적 사회이론은 다음 세 가지 개념을 포함하고 있다.

- ▶ 계몽(enlightenment): 사람들은 그들이 변화를 위해 로비를 할 수 있기 전에 상황에 대해 교육받을 필요가 있다.
- ▶ 권한 부여(empowerment): 사람들은 그들의 조건을 개선시키기 위한 행동을 취해야 한다.
- ▶ 해방(emancipation): 사람들은 반성과 사회활동을 통해 해방을 달성할 수 있다.

4) 무관용 정책

지역사회 경찰활동에 관한 새로운 아이디어는 무관용 정책이다(Lyman, 2005: 335). 무관용 정책은 이론이라기보다는 몇 가지 실무적 방향이라고 할 수 있다. 기본적인 전제는 경미한 범죄가 반드시 커다란 범죄와 같이 심각하게 여겨져야 한다는 것이다. 모든 범죄가 중요한 것이 아니라, 삶의 질에 영향을 미치는 범죄가 중요하다. 경찰은 무관용 정책적 환경에서 무질서에 대한 경미한 조짐들도 심각하게 여긴다.

1980년대 후반, 뉴욕은 지하철 내에 만성적인 무임승차, 교통규칙 위반, 공격적인 구걸, 마약 남용, 지하철역 플랫폼에서 불법적으로 물건을 판매하는 행위 등 무질서와 범죄가 폭발적으로 증가했다(Glazer, 1997: 289, 291-308). 당시 뉴욕 경찰청장 브래튼은 줄리아니 시장과 함께 뉴욕 시 지하철 시스템을 정비하면서, 깨진 유리창이론을 시험했으며, 이것은 경미한 범죄자를 다루는 것, 물리적 무질서를 해소하는 것 등을 통해 심각한 범죄를 예방하는 데 기초적인 전략이자 정책이 되었다.

3. 지역사회 경찰활동에 관한 10원칙

트로야노비츠(Robert Trojanowicz)와 버케로(Bonnie Bucqueroux)는 지역사회 경찰활동에 대한 10가지 원칙을 제시하였다(Trojanowicz & Bucqueroux, 1990; Birzer & Roberson, 2007: 81-82).

1) 철학과 조직상의 전략

지역사회 경찰활동은 철학일 뿐만 아니라 경찰과 지역사회 주민 간의 긴밀한 협력활동과 범죄, 물리적·사회적 무질서 해결을 향한 새로운 방법을 가능케 하는 조직적 전략이다. 지역사회 경찰활동은 조직상의 전략은 오늘날 지역공동체 문제에 대한 해결책, 즉 시민과 경찰로 하여금, 개별적인 범죄사건에 관한 좁은 초점을 넘어서, 근린지역의 고민 사항을 다루기 위한 창조적인 새로운 방법을 탐색할 수 있도록 자유롭게 해 주는 것을 요구하고 있다는 믿음에 기초한다.

버케로(Bonnie Bucqueroux)와 *Community Policing* 교과서[3]

2) 지역공동체에 권한을 부여하고 위임하기

경찰관서에 근무하는 모든 사람은 창조적인 방식으로 그들 스스로에게 도전적인, 그리고 가르침을 주는 것을 포함할 수 있는 지역사회 문제를 해결하는 데 초점을 맞추기 위한 요구를 이해하도록 한다. 지역사회 경찰활동은 경찰관서 내에서, 더 많은 자율성(의사 결정을 할 수 있는 자유)을 현장 경찰관에게 부여하는 변화를 의미한다. 그것은 또한 경찰 전문가로서, 그들의 판단에 대해 앙양된 존경을 의미한다. 지역사회 경찰활동은 경찰관서 내에서, 더 많은 자율성을 현장 경찰관에게 부여하는 변화를 의미한다. 지역사회 내 시민과 경찰은 문제를 확인하고, 우선순위를 정하고 해결하기 위한 권리와 책임성을 반드시 공유해야 한다.

3) 분권화된, 그리고 개인화된 경찰활동

진정한 지역사회 경찰활동을 실행하기 위해, 경찰관서에서는 지역공동체 내에서 경찰과 시민 간의 직접적인 연결고리로서 활동하는 현장 경찰관의 새로운 유형을 반드시 창조하고 발전시켜야 한다. 지역공동체의 구제활동 전문

---

3 http://www.be-safe.org/books/books_communitypolicing/media_books/1634933.gif; http://www.spartanedge.com/images/bonnieblueflower-200.jpg(2009년 4월 11일 검색)

가로서, 지역사회 경찰활동 경찰관은 순찰 자동차의 고립과 경찰 무전기의 요구로 인한 고립으로부터 자유로워야 한다. 그래서 명확하게 정의된 순찰구역 내에서, 그들이 복무하고 있는 시민과의 일상적이며 얼굴을 마주하는 직접적인 접촉을 유지할 수 있어야 한다. 궁극적으로 모든 경찰관은 지역사회 경찰활동적 접근을 실천해야 한다.

4) 즉각적이며 장기적인 적극적 문제 해결

지역사회 경찰활동 경찰관의 광범위한 역할은 지역공동체 내에서 법을 준수하는 시민과의 지속적이며 부단한 접촉을 요구한다. 그래서 지역사회의 고민 사항에 대한 창조적인 새로운 해결책의 지지자로서, 그리고 자원자로서 봉사하고 있는 사적인 시민들과 함께 탐색할 수 있어야 한다.

지역사회 경찰활동 경찰관은 법집행을 하면서 도움을 요청하는 전화에 대응하고 범인을 체포한다. 시민의 삶의 질을 개선하기 위한 노력 속에서, 지역공동체의 모든 요소를 포함할 수 있는 광범위하고 장기적인 주도권을 발전시키고 모니터하기 위한 이러한 협소한 초점을 또한 넘어선다. 지역사회의 옴부즈맨으로서, 지역사회 경찰활동 경찰관은 또한 주어진 상황에서 도와 줄 수 있는 다른 공공기관과 사적인 기관에 대한 연결고리로서 활동한다.

5) 윤리, 정당성, 책임성, 그리고 신뢰

지역사회 경찰활동은 경찰과 시민 간의 새로운 접촉을 의미한다. 자경주의(自警主義)에 관한 충동을 억제하는 반면에, 광범위하게 퍼진 냉담함을 극복하는 희망을 제공하는 것이다. 상호 신뢰와 존경에 기초를 둔, 이러한 새로운 관계는 지역공동체 내에서 사람들로 하여금 전반적인 삶의 질에 대한 책임성 공유를 받아들이도록 자극한다. 경찰이 촉매제로서 봉사할 수 있다는 것을 또한 보여 준다. 지역사회 경찰활동에 따르면, 시민들은 그들의 사소한 고민거리에 관해 더 많은 것을 그들 스스로 처리해 주도록 요청받게 될 것이다.

그러나 경찰관으로 하여금 상호간의 책임성과 신뢰를 촉진시켜 주는 방식으로, 지역공동체의 고민 사항에 대한 장기적일 뿐만 아니라, 즉각적인 해결책을 발전시키는 것에 관해 사람들과 함께 노력할 수 있도록 경찰관을 자유롭게 할 것이라는 점을 의미한다.

6) 경찰위임의 확장

지역사회 경찰활동은 경찰의 전통적인 수동적 역할에 대해, 모든 영역적인 경찰서비스로 이어지는 생동감 있는 적극적인 요소를 추가시켜 준다. 24시간, 1주일의 7일 동안, 열려 있는 유일한 사회통제기관으로서, 경찰은 위기와 범죄사건들에 대해 즉각적으로 대응할 수 있는 능력을 유지해야 한다. 지역사회 경찰활동은 경찰의 역할을 확장해야 한다. 그래서 경찰은 지역공동체를 더 안전하게 하고, 장래에는 살기에 더 매력적인 곳으로 만들겠다는 약속을 할 수 있는 변화를 도모함으로써, 더 큰 영향력을 가질 수 있다(Birzer & Roberson, 2007: 82).

7) 특별한 도움을 필요로 하는 사람들을 돕기

지역사회 경찰활동은 청소년, 노년층과 연소자, 빈곤층, 장애인, 주거가 없는 사람들처럼 가장 취약한 사람들의 삶을 보호하고, 향상시키기 위한 새로운 방식을 탐색하는 것을 강조한다. 범죄예방과 경찰-지역사회관계처럼, 이전의 확대된 노력의 범위를 받아들이고 확장한다.

8) 일반 대중의 창조성과 지원

지역사회 경찰활동은 기술에 관한 현명한 활용을 장려한다. 그렇지만 지역사회 경찰활동은 인류가 함께 대화하고 노력해 가면서 성취할 수 있는 것을 능가하는 것은 아무것도 없다는 믿음에 또한 기초한다. 또한 같은 시대의 지역공동체적 고민 사항에 대한 창조적인 새로운 접근을 만들어 내는 그들의 겸비된 판단, 지혜, 그리고 경험에 의존하면서, 지역사회 경찰활동은 거리의 일선 현장에 있는 모든 사람들에게 신뢰를 투자한다.

9) 내부적인 변화

지역사회 경찰활동은 봉사 대상인 시민과 경찰 간의 간격을 메꾸어 주는 만능인으로서 근무하고 있는 경찰관과 함께, 경찰관서에 있는 모든 사람들과 연관된 완전히 통합된 접근이다. 이러한 지역사회 경찰활동적 접근은 경찰관서의 전반적인 목표를 위해 지역공동체의 광범위한 지원을 얻는 것뿐만 아니라, 문제에 관한 정보와 인식을 지역공동체에 제공함으로써, 내부적으로 중요한 역할을 한다.

10) 미래에 초점 맞추기

지역사회 경찰활동은 분권화된, 개별화된 경찰서비스를 지역공동체에 제공한다. 경찰은 외부로부터 지역공동체에 관해 명령을 부과할 수 없지만, 사람들은 동시대의 지역공동체 문제를 해결하는 것을 돕는 데 그들이 활용할 수 있는 자원으로서의 경찰을 생각할 수 있도록 고무되어 있음이 틀림없다는 것을 인식하고 있다.

4. 문제지향적 경찰활동(POP)과 지역사회 경찰활동(COP)과의 차이점

경찰과 지역사회관계 문제를 해결하고 보다 효과적인 경찰력을 창조하기 위한 노력은 지역사회지향적 경찰활동(Trojanowicz & Bucqueroux, 1990)이나 문제지향적 경찰활동(Goldstein, 1990)의 범위 안에서 만난다. 문제지향적 경찰활동과 서로 관련되어 있으면서도, 그 기원에서는 차이가 있다. 비록 문제지향적 경찰활동과 지역사회지향적 경찰활동이 전략상 실제로 분리된다 하더라도, 그것들은 지역사회 경찰활동의 제목으로 종종 하나의 모델로 평가되기도 한다(Roberg & Kuykendall, 1993: 110). 지역공동체와 경찰을 더 가깝게 접촉하도록 시도한 거의 모든 프로그램들은 지역사회 경찰활동으로 이름붙여졌지만, 용어의 의미에서 커다란 불일치는 여전히 존재한다.

문제지향적 경찰활동과 관련되어 있으면서도, 또한 그 기원에서는 차이가 있다. 지역사회 경찰활동은 지역사회 내에 직접 관여함으로써 지역공동체 내의 범죄와 무질서 두 가지 문제에 직접적으로 개입하는 것을 추구한다. 지역사회 경찰활동 경찰관은 정복을 입고 무장한 채로 범죄를 억제하기 위한 존재로 활동하지만, 경찰관은 문제가 범죄로 확산되기 전에 해결하기 위해 시민을 지원하는 조치를 취하는 것 또한 중요하다. 경찰관은 범죄예방에 관해 시민을 교육시키는 것에서부터 범죄자 체포에 곧바로 기여할 수 있는 정보수집을 위한 이웃공동체 조직화에 이르기까지 무수한 서비스를 제공한다. 게다가, 지역사회 경찰활동 경찰관은 특별한 관심이 필요한 특별한 계층에 초점을 맞추는데, 주로 어린이, 여성, 그리고 노약자 층이다. 경찰관의 노력은 지역공동체 주민의 매일 매일의 삶에 구체적인 영향을 갖는다.

- 지역사회 경찰활동은 또한 다른 형태의 경찰활동과도 구별될 수 있다. 왜냐하면, 그 우선성이 부분적으로 지역사회 투입 측면에서 유래되기 때문이다. 게다가, 물리적·사회적 무질서는 범죄와 가깝게 공존하기 때문에, CPO는 이러한 문제를 해결하는 데 지역사회의 촉진자로서 활동한다. 연결자로서 CPO의 역할에서, 경찰관은 지역사회와 일반 공중과 사적(私的) 기관과의 연결고리로서 행동하고 이웃관계 해체를 해결할 옴부즈맨으로서 행동한다. 지역사회지향적 경찰활동은 문제지향적 경찰활동과 여러 가지 방법면에서 다르다. 일선 수준의 경찰관과 지역사회의 시민과의 관계에 강조점이 있다(Holden, 1994: 17).
- 문제지향적 접근은 경찰관리를 지역사회의 리더들과 좀 더 가깝게 접촉하도록 이끌지만, 지역사회지향적 접근 방식은 경찰관과 이웃 주민의 지도자와 함께 한다. 지역사회지향적 경찰관청을 관리한다는 것은 분권화된 의사결정을 더욱더 큰 규모로 실행할 것을 필요로 한다. 문제 해결은 경찰관서의 가장 낮은 계급으로 옮겨졌다. 각 요소들에게 이웃 간

수준에서 문제를 해결할 수 있는 자유가 주어졌다. 처벌적 원칙은 필요한 곳에 유지된다. 그러나 창조성과 혁신에 강한 강조점이 있다. 지역사회지향적 경찰활동과 문제지향적 경찰활동은 여러 면에서 서로 얽혀 있다. 여기서 그 얽힘은 경찰이 문제를 정의하고 경찰정책을 수립하기 위해 지역공동체에 의존한다는 것이다.

- 문제지향적 경찰활동과 지역사회지향적 경찰활동 간의 필수적인 차이는 일반 공중의 역할이다. 문제지향적 경찰활동에서는 경찰이 문제를 정의하고 해결책을 구상한다. 일반 공중은 정보의 원천으로서, 그리고 경찰에 의해 확인된 문제에 반응하는 원천으로서의 역할을 한다. 지역사회지향적 경찰활동에서는 경찰관이 시민단체와 그 지도자를 찾아 나서거나 그러한 집단을 창조하기 위해 공동체를 조직하는 데 종사한다. 그때 이러한 집단에게 지역공동체의 요구와 문제를 확인하도록 요구한다. 경찰은 시민의 문제를 해결하기 위해 지역공동체 구성원과 함께 일한다. 켈링(Kelling, 1988)이 서술한 것처럼, "시민단체를 조직하는 것은 많은 경찰관서에서 우선적이다. 점차 경찰관서에서는 이웃의 삶의 질을 위한 그들의 기여에 관해 그들 자신을 평가하기 위한 수단을 찾고 있는 중이다. 그러한 활동들이 경찰의 직무인가? 강하게, 경찰들은 '네'라고 대답한다"(Langworthy & Travis Ⅲ, 1994: 258).

문제지향적 경찰활동과 지역사회지향적 경찰활동이 서로 구별적인 경찰전략이나 작전 스타일이라는 것은 사실이다. 그런데 두 가지 전략이 몇 가지 공통된 중요한 특징을 갖고 있다(Roberg & Kuykendall, 1993: 110).

- 분권화(순찰경찰관의 주도적인 역할)
- 기능적으로 정의되기보다는 지리적으로 정의된 하부팀
- 지역사회와의 친밀한 상호작용(지역공동체와 반응하고 협력하기 용이하도록)을 공유한다.

5. 지역사회지향적 경찰활동(COP)의 구성 요소

1) 지역사회지향적 경찰활동의 영향 요소

트로야노비츠와 버케로는 사회 내 ① 경찰관서, ② 지역사회, ③ 선출된 공식자, ④ 사업가 공동체, ⑤ 공공 또는 비영리 기관, ⑥ 매스미디어 등의 여섯 가지 구성 요소가 지역사회 경찰활동의 목적을 달성하는 데 가장 중요한 부분을 차지한다고 설명했다(Trojanowicz & Bucqueroux, 1994).

표 5-5 지역사회 경찰활동의 요소

- ► 순찰차 안의 익명성으로부터 순찰경찰관을 지역사회와 직접 만나도록 이동시킴으로써, 근린관계에 독특한 문제들에 관한 즉시성 있는 정보와 그러한 문제의 해결을 위한 통찰력을 경찰관에 제공한다.
- ► 비상 대응시스템으로부터 경찰관을 자유롭게 함으로써, 경찰관은 적극적인 범죄예방에 더 직접적으로 종사할 수 있도록 해 준다.
- ► 일반 시민에게 더 많이 눈에 띄게 하는 활동을 하게 함으로써, 시민에 대한 경찰의 책임성을 증가시킨다.
- ► 분권화된 경찰활동은 경찰관으로 하여금 지역사회 내의 구체적인 직무와 고객들과 더 큰 친밀성을 발전시킬 수 있도록 해 주며, 그들의 요구 사항을 도모해 줄 수 있는 절차를 채택하도록 한다.
- ► 경찰관으로 하여금 시민을 파트너로 인식하도록 독려함으로써, 경찰과 일반 시민 간의 관계를 증진시킨다.
- ► 의사결정과 재량을 순찰경찰 쪽으로 이양함으로써, 지역사회 문제와 기대 사항을 가장 잘 알고 있는 사람들의 수중에 더 많은 권한을 주게 된다.

출처: Lyman(2005: 332).

2) 범죄두려움 감소와 질서유지

범죄두려움 감소와 질서유지는 경찰관서의 중요한 목적이다. 범죄두려움은 범죄발생률이 끼치는 것보다 지역사회나 개인을 훨씬 더 취약하게 만드는 효과를 갖고 있다. 범죄예방과 경찰-지역사회관계 프로그램이 범죄에 대한 두려움 문제에 대하여 전통적인 경찰의 역할을 확대시키는 데 기여했다. 경찰이 지원하는 두려움 감소 프로그램은 수많은 지역에서 긍정적 결과를 만들어 낼 수 있는 잠재성을 갖고 있는데, 범죄예방 프로그램에 시민이 참여하고, 시민이 범죄를 신고하고, 시민과 경찰 간의 긍정적 관계, 그리고 범죄발생률의 감소에 각각 영향을 미친다. 그러한 수많은 프로그램이 실시되었고, 성공적인 것으로 판명되었다.

3) 시민 참여

경찰은 전통적으로 시민이 참여하는 프로그램을 개발하고 실시했다. 그런데 대부분의 경우 이러한 프로그램은 지역공동체나 시민의 요구에 아주 적은 관심이 주어짐으로써 공중 관계 구성에 미진했다. 1970년대의 팀 경찰활동 프로그램과 이전의 몇몇 경찰-지역사회관계 프로그램은 시민의 참여와 관련이 많았으며, 시민을 고려하기도 했다. 그러나 대부분의 경우에 경찰은 시민의 요구에 관해 귀를 기울이기보다는 경찰의 필요에 따라서 일반 공중을 교육시키는 데 치중했다. COP는 경찰이 시민과 더욱 가깝게 근무하게 하는 방법을 채용하고 있다.

예를 들면, 메릴랜드 주 볼티모어 카운티 경찰서에서는 지역사회 문제와 고민거리를 더 자세히 알아보기 위해 노력하면서 시민에게 물었다. 전화에 대답하고 단순히 부분적인 문제를 해결하기보다는 COP는 문제를 확인하고 시민에게 효과적이고 접근 가능한 해결책을 만들어 냄으로써, 경찰이 시민과 가깝게 함께 일하는 방침을 마련했다. COP는 또한 양방향 의사소통을 강화함으로써 범죄두려움 및 범죄 감소 프로그램에 관여함으로써 시민들이 개입할 수 있도록 시도했다.

4) 문제 해결 기법

1979년 골드스타인은 문제 해결의 세 가지 중요 요소를 확인했다. 첫째, 문제는 수많은 전문성으로 정의되어야 한다. 광범위한 법률적 서술과 분류가 누가, 무엇을, 언제, 어떻게, 왜 수중에 있는 문제와 관련이 있는지에 관한 상세한 정보로 대체되어야 한다. 둘째, 문제에 관한 정보는 내부 경찰 자원으로부터가 아니라 반드시 지역공동체 안에 있는 정보원으로부터 수집되어야 한다. 문제로 인해 영향을 받을 수 있는 공동체 내의 사람들은 일반적으로 경찰이 하는 것보다 문제에 관해 더 많은 정보를 가지고 있다. 이러한 생생한 정보는 반드시 수집, 분석되어야 하며, 효과적인 해결책을 세우는 데 활용되어야 한다. 셋째, 경찰은 문제 해결을 위해 철저하게 탐색해야 한다. 문제 해결의 핵심은 효과성이다. 다시 말하면, 경찰은 범죄나 다른 문제에 대한 이유를 찾아야 한다.

5) 새로운 가치의 조합

COP의 가장 중요한 요소는 아마도 경찰 당국이 새로운 가치를 채택하는 것이다. 다시 말하면, 경찰관서의 가치는 변화되어야 하며, 그 가치들은 경찰관이 받아들이고 COP에 집착할 수 있어야 한다. 경찰관서는 전통적으로 지역공동체 내의 범죄와 문제에 대처해 왔다. 그들은 여전히 사람들과 지역공동체에서 분리된 채로 남아 있었다. 경찰 쪽에서 너무 많이 친해진다는 것은 부패로 이어질 수 있다는 오랫동안의 사고가 있었다. 그런데 오늘날 경찰은 일반 공중의 파트너로서 자신을 보아야 한다. 쌍방향 커뮤니케이션이 이루어져야 하며, 경찰과 시민이 상호간의 문제와 한계를 이해해야 한다.

경찰은 시민과 지역공동체를 향해 고민하고 돌봐 주는 태도를 개발해야 한다. 만약 경찰관서의 가치가 변하지 않는다면, COP는 성공할 수 없을 것이다. COP 경찰관은 경찰직무에 독특한 접근을 제시해야 한다. 또한 경찰직무에 통일되고 복합적인 접근을 제공해야 한다. 한 번 COP가 채용되면, 그때에는 활동, 문제, 그리고 해결책이 더 잘 이해될 것이다.

6. 지역사회지향적 경찰활동의 활용

지역사회지향적 경찰활동을 위한 대부분의 조직적 계획은 순찰경찰관을 배치하는 방식에 변화를 초래했다. 어떤 지역공동체 경찰활동 프로그램은 길거리에서 순찰경찰관의 숫자를 증가시키는 것, 단독순찰 방식의 장점을 받아들이면서 2인 순찰 방식을 없애는 것, 순찰경찰관이 각 근무 시 최소한 순찰차에서 하차하여 근무하는 데 시간을 보내는 것을 요구하는 것, 할당된 관할구역 내에서 시민과 친해지는 것을 포함했다(Stone & DeLuca, 1994: 85). 스콜니크와 베일리에 의하면, 이웃감시, 미니경찰서, 여성과 어린이에 대한 특별한 관심, 순찰경찰관들의 가정 방문, 경찰의 이미지 개선을 위한 매스미디어 캠페인, 도보순찰, 어린이들을 위한 안전한 집의 지정, 일반 시민의 범죄에 대한 두려움을 줄이려는 전략, 지정된 순찰, 시민경찰 만들기 등이 대표적인 예로 소개되었다(Roberg & Kuykendall, 1994: 110).

디트로이트와 휴스턴 경찰서는 시민들이 다양한 경찰서비스를 받을 수 있는 곳에 작은 'storefront(일종의 파출소 혹은 출장소)'의 네트워크를 만들었다. 이 전략은 법집행이라기보다는 범죄예방을 지향하였다. storefront의 경찰관들은 자위방범에 관한 워크숍을 개최하고, 안전진단을 실시하고, 이웃 간 상호 감시 조직을 만들었다. 이러한 혁신들은 명백히 경찰 당국의 조직적 구조에 대한 의미 있는 효과를 가졌다. 예를 들면, 디트로이트에서는 storefront 범죄예방 관서들이 이미 존재하던 관할 경찰서와 완전히 분리되었다. 구역에 배치된 범죄예방 경찰관, 순찰경찰관, 그리고 수사관 간에 의사소통은 겨울 아침에 한 잔의 커피와 도너츠를 먹기 위해 storefront에 순찰경찰관을 초대해서 잠시 머무르게 한 것처럼, 조직적 장애를 붕괴시킬 수 있는 그들 자신의 비공식적인 방법을 범죄예방 경찰관들이 개발할 때에 비로소 가능해졌다 (Stone & DeLuca, 1994: 86-87).

한편, 1984년 실시된 전국 단위의 경찰관서 조사에서 143개 경찰관서가 지역사회 경찰활동을 실시 중인 것으로 보고되었다. 그런데 중요한 것은 지역사회 경찰활동을 채용한 것으로 보도된 프로그램이 상당히 광범위하여 거의 모든 경찰관서가 적어도 몇 가지 중의 하나(예: 도보순찰, 주차시키고 나서 걸어다니는 순찰, 모터사이클/스쿠터로 순찰하다가 걷기, 특별한 목적의 자동차순찰, 기마순찰, 시민들의 예약 및 자원봉사, 이웃 간 대응팀, 심지어 팀 경찰활동까지 포함)를 채용하고 있었다는 점이다. 이러한 기법들 중의 상당수는 지역사회 경찰활동 프로그램의 통합으로서 정의되기도 했다.

지역사회지향적 경찰활동의 목적은 지역공동체와 근린지역을 더 안전하게 만들기 위해, 무질서를 없애기 위해, 문제를 해결하기 위해, 그리고 범죄를 예방하기 위한 전략이다. 지역사회지향적 경찰활동의 성공을 판단하기 위해, 전략에 대한 평가는 반드시 주도적으로 이루어져야 한다. 지역공동체와 근린지역에서 무질서와 범죄를 제거하기 위한 전략을 궁리하는 것은 그들의 의도된 목적을 그들이 성취했는지를 판단하기 위해 그것들이 평가되어야 함을 요한다. 평가는 새로운 프로그램들을 확립하고, 오래된 프로그램을 개선하기 위해, 목적이 있는, 조직화된 시도들을 주도하기 위한 요구와 함께 나아간다.

지역사회지향적 경찰활동은 과거 미국 클린턴 행정부의 대(對)범죄정책의 반복되는 주제였다. 지역사회 경찰활동을 지원하기 위한 연방정부의 경비 지출의 결과로서, 상당히 많은 수의 경찰관서에서 그 전략을 시작했다. 지역사회 경찰활동 — 지역공동체와의 파트너십, 문제 해결, 조직상의 변화 — 은 효과적인가? 지역사회지향적 경찰활동에 기초를 두고 수행된 몇몇 평가들은 가능성 있는 결과들을 보여 주었다(Birzer & Roberson, 2007: 87-88).

와이코프(Mary Ann Wycoff)와 스코건(Jeffrey Skogan)은 위스콘신 주 매디슨에서 지역사회 경찰활동의 실행과 그 영향을 조사했는데, 매우 긍정적인 결과들이 밝혀졌다. 전통적인 경찰관서를 위해 변화하는 것이 가능했으며, 지역공동체와 경찰관 모두 개선된 태도에서 이익을 얻고 있음을 발견했다. 조직과 그들의 직무에 대한 경찰의 태도가 개선되었다. 이러한 변화와 동반된 것은 '근린지역 내에서 범죄가 문제였다'는 시민들의 인식이 감소했으며, 경찰이 근린지역 내의 사람들에게 중요한 문제에 근거하여 근무하고 있다는 믿음의 증가였다(Wycoff & Skogan, 2001).

뉴욕 시 지역사회 순찰관 프로그램에 대한 평가에 따르면, 만족할 만한 많은 사유와 장래에 대한 낙관스러운 점을 밝혀 주었다. 이 프로그램은 지역사회 경찰활동을 순찰구역 수준으로 실시하려는 시도였다. 1984년 예비 프로젝트로 시작하여, 1989년에는 모든 75개의 지구경찰서로 확장되면서, 프로그램은 개별적인 지역사회 순찰경찰관에게 순찰구역 내의 범죄와 질서유지 문제를 중점적으로 다룰 수 있는 책임성을 부여했다(McElroy, Cosgrove, & Sadd, 1998). 순찰경찰관의 가장 중요한 기능은 순찰구역 내의 문제를 해결하는 것이다. 그들은 길거리 수준에서 발생하는 마약범죄 문제에 대해 영향을 미치는 데 가장 효과적이었으며, 주차 및 교통문제를 처리하는 데 가장 덜 효과적이었다. 그럼에도 지역사회 지도자들은 지역사회 순찰 프로그램팀이 경찰과 시민 사이의 관계를 상당히 개선시켰다고 보고했다.

지역사회 순찰관 프로그램(CPOP)의 핵심은 지역 단위 공동체의 범죄상황에서 문제 해결 절차를 적용하는 것이다. 그 프로그램이 잘 실행되었을 때, 거주자들에게 상당한 이점을 만들어 내고 있으며, 경찰과 시민과의 관계를 개선시키고, 경찰관의 직무 만족을 강화시킨다. 그 프로그램이 잘 실시될 수 있고, 잘 실시되었다는 것은 가장 중요한 평가 결과이다. 지역사회 순찰경찰관과 감독자를 위한 훈련, 성공적인 문제 해결 전략들에 관한 정보를 배분하는 것, 각 순찰구역에서 시민 대표자들의 관여를 촉진하는 것과 다른 조치가 개선되었다(Birzer & Roberson, 2007: 88-99).

와이스버드(David Weisburd)와 에크(John Eck)는 범죄와 무질서를 감소시키는 데, 경찰 효과성에 대한 가장 강력한 증거는 범죄다발지역에 대한 경찰활동처럼, 지리적으로 초점을 맞춘 경찰 실무의 사례에서 발견된다. 그러나 연구자들은 지역사회 경찰활동이 범죄나 무질서에 대해 영향을 미치고 있는 것에 대한 일관된 증거를 발견하지 못했다. 범죄, 무질서, 그리고 두려움을 감소시키는 데, 문제지향적 경찰활동이 효과성을 가졌음을 지적하고 있다(Weisburd & Eck, 2004: 42-65).

엘턴 아이젠하워 재단연구(Milton Eisenhower Foundation Study)에서 보고된 바에 의하면, 범죄두려움이 1994년의 47%에서 1998년 41%로 감소되었다

(Adams, 2006: 74).

캔자스 주 위치타(Wichita) 시 경찰청에서는 전문적으로 훈련받은 17명의 지역사회 경찰관을 4개소의 범죄 빈발 근린지역에 배치하면서, 지역사회 경찰활동 프로그램을 주도적으로 실시했다. 많은 경찰관이 느끼기에 불가능했던 것을 성취할 수 있도록 지역공동체와 함께 일하도록 요청을 받았다(Cole, 2001: 242-245). 경찰은 근린관계 협회 관계자들과 모임을 가졌다. 세 가지 목적이 확인되었다.

- 성매매행위와 범죄를 줄인다.
- 파트너십을 통해 경찰과 지역공동체 간 협력을 개선시킨다.
- 근린지역의 상황을 개선시킨다.

주민들은 근린지역의 주도적인 활동을 안내하기 위해 조정위원회를 만들었다. 위치타 경찰청은 가장 인상적인 결과들을 보고했다. 20주간에 걸친 평가 기간 동안 성매매행위는 41% 감소했으며, 성매매행위와 관련된 범죄는 47%나 줄었다. 근린지역에서 911신고전화는 16%나 줄어들었다(Birzer & Roberson, 2007: 89).

그럼에도 골드스타인은 많은 사람들이 지역사회 경찰활동의 이점들을 알고 있다고 주장했다(Goldstein, 1987: 6-30; Lyman, 2005: 341). 지역사회 경찰활동은 범죄예방과 통제활동에서, 경찰과 시민의 상호협력을 요구하기 때문에, 지역사회 경찰활동에 관한 서비스 요소를 강조하는 행정적 철학이 요구된다. 경찰관서에 관한 정치적 환경도 반드시 고려되어야 한다. 지역사회 경찰활동에 관한 대부분의 연구는 범죄두려움의 변화, 경찰에 대한 시민의 만족도, 범죄 감소, 그리고 새로운 프로그램을 현존하는 구조 속으로 편입시키고자 노력할 때 야기되는 조직적 문제들에 초점을 맞춰 왔다. 예를 들면, 지역사회 경찰활동을 위한 적절한 훈련, 지역사회 경찰활동을 수행하는 경찰관을 위한 합당한 보상책을 개발하는 것과 같은 행정상의 많은 고려 사항들까지도 논의되고 있다(Lyman, 2005: 341-342).

지역사회 경찰활동에 관한 미국 연방정부의 지원은 장래의 지역사회 경찰활동의 힘을 강하게 유지할 뿐만 아니라, 낮아진 범죄율은 또한 그것의 추진을 제공할 것이다. 1960년대와 1970년대에, 미국은 점점 증가하는 범죄발생률을 목격했다. 그것은 일반 시민 사이에 범죄에 대한 많은 두려움을 불러왔다. 그런데 1990년대 이래, 범죄발생률이 낮아지고 있다. 예를 들면, 2002년도의 전반부 6개월 동안에 제출되었던 자료와 비교했을 때, 1993년 전반부 6개월 동안, 미국은 폭력범죄에서 3.1%의 감소를, 그리고 재산범죄에서는 0.8%의 감소를 경험했다(Birzer & Roberson, 2007: 91).

뉴욕, 로스앤젤레스, 그리고 시카고를 포함하여, 거의 모든 대도시에서 살인사건의 숫자가 상당히 감소했다. 1994년 이래 하향 추세의 범죄발생률의 관점에서, 미국의 도시들이 점점 안전해지고 있다는 믿음이 있다(Thurman & Giacomazzi, 2001). 뉴욕 시는 중요한 본보기가 되는 도시이다. 뉴욕의 폭력범죄 발생률은 계속해서 줄어들었다. 1960년대 이래 볼 수 없었던 수준까지 떨어졌다. 2002년 1월에서 3월 17일까지, 뉴욕 시 경찰청의 통계에 의하면, 뉴욕 시 살인사건 발생률은 2001년 같은 기간 동안의 살인범죄 발생률보다 거의 40%나 낮아졌다. 시 전역에서 2001년 같은 기간에 28건이 보고된 것과 비교해 보면, 85명이 살해되었으며, 맨해튼에서 겨우 11건의 살인사건들이 보고되었다. 전반적인 폭력범죄 발생률은 7.9%가 낮아졌다.

지역사회 경찰활동 전략이 전개된 이후, 미국의 범죄발생률이 하향 추세를 시작했다는 것이 우연의 일치는 아니다. 비록 역할을 하게 된 다른 요소가 있을 수 있다는 것을 인정하지만, 범죄발생률 감소에서 지역사회 경찰활동의 역할을 인정해야 한다(Birzer & Roberson, 2007: 91).

한편, 지역사회 경찰활동과 관련, 다음과 같은 비판도 제기되고 있다. 지역사회 경찰활동이 경찰활동의 모든 문제를 해결하는 열쇠가 되지는 않는다. 예를 들면, 조직범죄, 화이트칼라 범죄, 그리고 환경범죄와 같은 것들은 지역사회 경찰활동이라는 수단을 통해 해결될 수 없다는 점이다(Dölling, 1993: 9-10). 또한 지역사회지향적 경찰조직에는 부분적으로 경찰관서의 성과를 측정하기 위한 기준과 방법이 없기 때문에, 그리고 전체 규모의 평가를 수행하는 것이 비용이 많이 들기 때문에 평가하기 어렵다는 한계도 있다(Stone &

DeLuca, 1994: 87).

7. 지역사회지향적 경찰활동의 평가

지역사회 경찰활동은 부분적으로 1970년대와 1980년대에 걸친 연구 결과와 팀경찰활동과 도보순찰과 같은 그 이전의 개혁 작업으로부터 발전되었다. 지역사회 경찰활동은 경찰활동에서, 근본적인 변화를 수반하고 있다. 효과적인 지역사회 경찰활동은 근린지역의 범죄를 감소시키는 데, 시민들의 범죄에 두려움을 감소시키는 데 도움을 주고 지역공동체 내에서 삶의 질을 강화시키는 데에 긍정적인 효과를 갖고 있다. 그것은 경찰, 지역정부, 그리고 지역공동체 구성원의 노력과 자원들을 결합시킴으로써 이러한 목표들을 달성한다(Birzer & Roberson, 2007: 95).

지역사회 경찰활동은 경찰과 범죄와 무질서를 확인하는, 그리고 이러한 문제들에 대한 해결책을 위한 연구에서, 지역공동체의 모든 요소를 포함하고 있는 지역공동체 간의 협력적 노력이다. 그것은 경찰과 지역공동체 구성원들 간의 친밀하고, 상호 이익적 결합 위에 세워져 있다. 지역사회 경찰활동은 전통적 법집행과는 다르다. 왜냐하면, 그것은 경찰로 하여금 그들의 직무 범위를 확장시킬 수 있는 자유를 허용하고 있기 때문이다. 이러한 의미에서 경찰은 지역공동체의 문제해결자가 되도록 도전받고 있으며, 근무 시간을 창조적으로 활용하도록 권장되고 있다.

골드스타인(Herman Goldstein)은 많은 사람들에 의해 문제지향적 경찰활동의 선구자로서 알려져 있다. 그것은 지역공동체에 문제를 야기하는 중요한 조건에 관해 연구하고 행동함으로써, 경찰 효과성을 향상시키기 위한 방법이다. 이러한 대응은 문제의 예방, 형사사법체제를 능가하는 것, 공공기관, 지역공동체와 사적인 영역을 강조하고 있다.

지역사회 경찰활동에 관한 미래는 밝다. 1990년대와 21세기 초기 몇 년 동안에 걸쳐, 수직으로 떨어지는 범죄발생률은 지역사회 경찰활동의 미래를 위한 희망을 보여 준다. 지역사회 경찰활동은 정부의 가장 고위직 수준에 있는 지도자들에게 지지를 받고 있다. 그것은 지역사회 경찰활동이 심지어 정부의 서비스가 지역공동체 단위에 제공되는 방식을 지도하는 데, 지역사회 경찰활동이 중요한 역할을 수행할 수 있다고 제시되었다. 지역사회 경찰활동은 경찰활동 안에서, 근본적인 변화를 위한 메커니즘을 보여 준다. 이러한 변화는 지역공동체에서 치안이 이루어지는 방식뿐만 아니라, 조직적 변화의 역동성을 포함한다. 조직상의 변화는 관리 및 리더십의 변화, 조직적 구조, 목적과 가치들을 포함하고 있다.

미국 전역에 걸쳐 많은 지역공동체 내에서 신뢰 기반적 조직들이 행하고 있는 중요한 역할 때문에, 법집행조직은 이러한 그룹들과 파트너를 맺는 것의 단기적 · 장기적 이점들을 인식하게 되었다. 비록 양쪽의 당사자들이 그것을 요구하지 않는 파트너십이 없다는 것을 알고 있었지만, 모든 사람이 그러한 종국적인 결과가 잘 노력할 만한 가치가 있다는 데에 동의했다. 이렇게 성장하는 파트너십은 최근 몇 년 동안 전역에 걸쳐서 중요하게 지역사회 경찰활동 노력들의 효과성을 북돋워 주었다.

제 2 절 문제지향적 경찰활동

1. 개 념

문제지향적 경찰활동(Problem-Oriented Policing: POP)은 지역사회 경찰활동의 중요한 부분이며, 특별히 지역공동체 내의 문제들에 역점을 두고 있다. 문제지향적 경찰활동은 재발하는 범죄와 지역공동체를 해롭게 하는 무질서 문제의 원인을 확인하고 제거하기 위해 고안되었다(Michael & Roberson, 2007: 83).

경찰은 범죄를 효과적으로 통제하기 위해 범죄의 원인이 되는 현존하는 사회적 문제들을 밝혀내고, 중요하게 다루어야 한다고 주장한다. 이는 문제의 증상을 단순히 처리하기보다는 시민이 불만을 갖고 있는 원인에 관해 해결하는 것이다. 이 접근은 경찰관서로 하여금 범죄가 아니라, 지역사회 내 삶의 질에 영향을 미치는 수많은 상황에 개입하도록 허용한다(Lyman, 2005: 330-331). 그렇다고 해서 문제지향적 경찰활동의 철학을 지향하는 것이 모든 전통적 경찰활동을 포기하는 것은 아니며, 문제를 해결하기 위한 시도이다(Roberg & Kuykendall, 1993: 111).

골드스타인(Herman Goldstein, 1979)은 문제지향적 경찰활동이 본질적인 문제를 해결하기 위해 최우선적으로 경찰관서에 영향을 미치는 경찰활동을 개선하고 인사, 조직, 그리고 절차상의 모든 변화에 대해 영향을 미치기 위한 복합적인 계획이라고 정의했다(Langworthy & Travis Ⅲ, 1994: 256). 즉, 문제지향적 모델은 범죄문제를 지역공동체 문제의 증상으로서 인식하며, 다른 사회적 조직과 시민과 경찰을 함께 통합시키는 모델이다. 이는 전통적 모델을 포기하는 것이 아니라, 대신에 그것을 개선하는 것이다. POP 관리자의 경영방식은 전통적 매니저들보다는 참여적이며, 분권화가 강조된다. 전체 조직은 문제를 확인하고 해결하는 데 참여하도록 허용된다(Holden, 1994: 17).

2. 골드스타인과 문제지향적 경찰활동

1970년 후반, 경찰 전문가, 연구자, 그리고 정책형성가들은 점차 경찰활동의 효과성을 개선하는 데 관심을 갖게 되었다. 이 기간의 연구는 수년 동안 경찰활동의 기초가 되어 왔던 임의적 순찰활동, 신속한 대응, 그리고 계속 수사활동의 한계를 지적했다. 이렇게 밝혀진 것들은 문제지향적 경찰활동의 출현에 대한 기초가 되었으며, 몇 가지 중요한 통찰력을 제공했다(Goldstein, 1990: 50-57).

- 경찰은 지역공동체의 문제에 관한 범위를 다룬다. 그것들 가운데 많은 것은 성질상 엄격하게 범죄적인 것은 아니다.

▸ 체포와 기소 그 자체가 문제를 항상 효과적으로 해결하는 것은 아니다.
▸ 지역공동체의 문제들 내부에 대해 통찰력을 갖고 있는 경찰관들에게 해결책을 강구할 수 있는 재량을 부여하는 것은 문제를 해결하는 데 아주 소중하다.
▸ 경찰은 재발하는 문제를 시정하기 위해 다양한 방법을 활용할 수 있다.
▸ 지역공동체는 비범죄적 문제에 경찰이 관여하는 것에 대해 가치를 두고 있다. 이러한 문제를 해결하기 위해 경찰의 기여를 인정한다.

골드스타인(Herman Goldstein) 교수[4]

골드스타인은 1979년 경찰전략의 일부분으로서, 문제지향적 접근을 활용함으로써, 경찰이 어떻게 보다 효과적일 수 있는지를 설명했다(Goldstein, 1979: 236-258). 문제지향적 경찰활동은 범예방적이며, 형사사법시스템 활용에 의존하지 않은 채, 다른 공공기관, 지역공동체와 사적인 영역의 관여를 통해 문제 감소에 중요하게 기여할 수 있는 잠재성이 있을 때, 그러한 기관을 끌어들일 수 있는 새로운 대응에 높은 가치를 두고 있다.

문제지향적 경찰활동은 경찰 효과성을 엄격하게 평가하면서, 그리고 부차적으로는 다른 경찰관서에 도움이 되도록 하면서, 궁극적으로는 경찰의 더 나은 전문화를 지원하는 지식의 본체를 형성하는 데 기여하는 방식으로 그 성과를 공표해 가면서, 새로운 전략을 이행하는 쪽으로 책임을 지고 있다고 정의했다(Birzer & Roberson, 2007: 84).

경찰활동에서 문제 해결 아이디어에 대한 그의 기여는 주로 몇 가지 관심사항들에 관한 반응이었다.

▸ 경찰관서에서는 해당 경찰관서 외부에 운용상의 효과성을 과장하는 경

4 http://www.popcenter.org/images/goldstein_interview_cap.jpg(2009년 4월 10일 검색)

향이 있다.

▸ 경찰관서에서는 범죄를 감소시키고 예방하기 위한 조치를 발전시키는 데에 너무 적은 시간을 할애한다. 대신에, 거의 절대적으로 수동적인 경찰활동에 집중하는 경향이다.
▸ 경찰관서에서는 종국적으로 경찰이 처리해야 할 문제들을 해결하는 데 활용 가능한 지역공동체 자원이 풍부함에도 불구하고 이를 대체로 무시한다.

이와 마찬가지로, 경찰은 다른 중요한 자원을 불충분하게 활용하는 경향이 있다. 즉, 경찰관서 내에서, 하위직 경찰관의 시간과 재능을 효율적으로 활용하지 않은 채, 그들에게 다른 자원을 곧바로 활용하도록 한다(Birzer & Roberson, 2007: 84-85).

에크(John Eck)와 스펠만(William Spelman)에 따르면, 문제를 완전히 제거함으로써, 수많은 사건들을 감소시킴으로써, 야기되는 사건들의 심각성을 감소시킴으로써, 사건에 대한 더 나은 처리 방법을 고안해 냄으로써 혹은 경찰의 고려 사항으로부터 그것을 제거함으로써, 지역공동체 내에서 문제가 해결될 수 있는 다양한 방법들이 있다고 한다(Eck & Spelman, 1987).

스콧(Michael Scott)과 골드스타인(Herman Goldstein)은 '문제지향적 경찰활동을 위한 센터(Center for Problem-Oriented Policing)'와 함께, 문제지향적 경찰활동은 적어도 열두 가지 중요한 추정 사항을 수반하고 있다고 한다(Birzer & Roberson, 2007: 84-85).

① 문제는 한 건의 범죄, 하나의 사례, 한 통의 긴급전화 혹은 하나의 사건이라기보다는 경찰직무의 기본적 단위이다.
② 문제는 바로 경찰이 아닌, 시민들에게 걱정거리를 만드는 혹은 해를 끼치는 어떤 것이다.
③ 문제를 강조하는 것은 신속한 상태 이상의 것을 의미한다. 그것은 문제를 만들어 내는 조건들을 처리하는 것을 의미한다.
④ 경찰이 범인을 체포하기 전에, 일상적으로, 그리고 체계적으로 범죄를

수사하는 것처럼, 문제를 해결하려고 노력하기 전에, 일상적으로, 그리고 체계적으로 분석해야 한다. 대체로 개별 경찰관과 경찰관서는 문제를 분석하기 위해 일상적인 것과 시스템을 발전시켜야 한다.

⑤ 비록 복잡해질 필요가 있는 것은 아닐지라도, 문제에 관한 분석은 완전해야 한다. 이러한 원칙은 마치 그것이 범죄 수사를 위한 것처럼 문제 분석에도 해당된다.

⑥ 문제는 엄밀하게, 그리고 정확하게 표현되어야 한다. 문제에 관한 구체적인 측면 쪽으로 해소되어야 한다. 문제는 종종 처음에 보였던 것과는 다르다.

⑦ 문제는 다양한 이익의 관점에서 이해되어야 한다. 각 개인과 집단은 한 가지 문제에 의해 다양한 방식으로 영향을 받으며, 문제에 관해 해결되어야 할 것에 대한 다른 아이디어를 갖고 있다.

⑧ 문제를 현재 처리하고 있는 방법은 반드시 이해되어야 하며, 효과성에 관한 한계는 더 나은 대응을 찾아낼 수 있도록 하기 위해 반드시 공개적으로 승인되어야 한다.

⑨ 잠재적으로 효과적인 대응을 갑자기 끝내지 않도록 하기 위해 우선적으로 문제에 대한 어떤, 그리고 모든 가능한 대응들이 고려되어야 한다. 제안된 대응은 분석하는 동안에 학습된 것을 따라야 한다. 그것들은 체포의 활용 쪽으로도 또한 방해되는 쪽으로도 제한되어서는 안 된다.

⑩ 경찰은 문제에 관한 해로운 결과에 대해 바로 대응하기보다는 문제를 해결하는 데 적극적으로 노력해야 한다.

⑪ 경찰관서는 반드시 중요한 결정을 할 수 있도록 혹은 중요한 결정에 참여할 수 있도록 경찰관의 자유를 증가시켜야 한다. 동시에, 경찰관은 그들의 의사결정에 대해 책임질 수 있어야 한다.

⑫ 새로운 대응에 관한 효과성은 반드시 평가되어야 하며, 이러한 결과가 다른 경찰관과 공유되어야 한다. 그 결과 경찰관서는 그들이 하고 있는 것과 하지 않는 것을 체계적으로 학습할 수 있다.

3. 문제지향적 경찰활동의 전제 요소

시민들을 서로 협력하도록 주선하는 것은 문제지향적 경찰활동의 중요한 부분이다. 경찰관서로 하여금 질서유지, 지역사회 서비스 혹은 법집행을 제공하기 위해, 일반적인 책임성을 충족시키도록 하는 것만큼, 구체적 사건이 발생했을 때 경찰관서에서 대응하는 것은 중요하다(Lyman, 2005: 330).

문제지향적 접근은 경찰이 일반 시민이 그들에게 처리해 주기를 바라는 문제를 확인하고 해결하는 데 대해 더 체계적인 절차를 발전시킨다는 것을 제시하고 있다. 이 접근에는 세 가지 중요한 것이 있다(Roberg & KuyKendall, 1993: 111). 첫째, 문제가 전문적으로 정의되어야 한다. 범죄, 무질서 혹은 절도와 같이 넓은 범주에 속하는 내용은 그러한 시간, 장소, 행위에의 참가자, 동기, 그리고 다른 중요하고 상세한 것과 같은 특성을 포함하여, 효과적으로 처리되기 위해 정확하게 정의될 필요가 있다. 둘째, 문제를 연구하는 것이다. 특별한 문제에 대해 기본 자료를 모으고 분석해야 한다. 경찰관서 내부뿐만 아니라 외부로부터 정보를 취득하는 것이 중요하다. 시민, 기업, 정부당국은 그들에게 익숙한 문제와 관련하여 추가적인 식견과 해결책을 제공할 수 있어야 한다. 셋째, 응답을 제시할 수 있는 대안을 연구해야 하는데, 혁신적인 해결책과 경찰이나 형사사법 당국 이상으로 확장될 수 있는 광범위한 연구가 수행되어야 한다. 정부 서비스, 지역공동체의 자원, 시(市) 법령의 활용, 규정, 지역의 법령, 그리고 탐구되어야 할 문제를 해결하는 데 도움이 되는 그 밖의 다른 대안이 탐색되어야 한다.

4. SARA 모델

문제지향적 경찰활동 조치 내에는 서로 다른 수많은 문제 해결 기법이 있다(Eck & Spelman, 1987). 피크(Kenneth J. Peak)와 글렌서(Ronald W. Glensor)는 지역사회 문제 해결을 위한 경찰관서의 접근을 설명했다(Peak & Glensor, 1999: 85–95; Adams, 2006: 73). 지역사회 경찰활동을 시행 중인 많은 경찰관서에 의해 모방된 프로그램은 문제 해결의 네 가지 구성 요소로 이루어져 있다. 이는 Scanning(탐색), Analysis(분석), Response(대응), 그리고 Assessment(평가)를 의미한다(Birzer & Roberson, 2007: 85).

SARA 모델은 문제 해결을 위해 광범위하게 수용된 것이다. 그것은 탐색, 분석, 대응, 그리고 평가에 용이한 뼈대를 제공한다. 법집행기관은 전통적으로 경찰서비스 요청 전화에, 그리고 수동적인 경향으로 범죄신고에 대응해 왔다. SARA는 일선 경찰관에게, 감독자에게, 그리고 지휘관에게 반복된 경찰서비스 요청 전화에 관련된 문제와 범죄에 집중된 것을 확인하는 데 적극적인 방법을 제공한다. '깨진 유리창이론'에 관한 내용을 읽는 것은 SARA 모델의 유용성에 관한 훌륭한 기본적인 내용을 제공한다. 전통적인 포화적 모델은 문제를 이동시키는 데 혹은 단기간의 안심을 제공하는 데 효과적인 것으로 밝혀졌다. SARA는 장기적인 해결책을 설계하는 것을 도와 줄 수 있다(Adams, 2006: 89).

1) 탐색(Scanning)

이 단계는 문제를 확인하는 것과 관련된다. 이러한 범주에서 경찰서비스를 요청하는 전화로 이어지는 단일한 사건은 현장 경찰관에 의해 처리되며, 문제로 간주되지 않는 경우도 있다. 경찰관서는 상인, 거주자, 그리고 모임의 다른 사람들로부터 제기되는 불만을 청취함으로써, 개인적인 인터뷰를 통한 조사 및 기록 분석을 통해 지역공동체에 있는 경찰관과 다른 사람들이 관찰한 것을 통해 문제를 확인한다(Adams, 2006: 73). 즉, 경찰의 도움을 요청하는 긴급전화, 시민들에 대한 조사와 같은 자료의 다양한 출처를 통해 문제를 확인하는 것이다(Birzer & Roberson, 2007: 85).

2) 분석(Analysis)

이 단계에서는 문제의 성질에 관한 조사를 요한다. 경찰관서가 문제의 빈도, 장소, 그리고 다른 중요한 특성에 관해 갖게 되는 자료의 수집처럼, 문제에 관한 경찰과 시민으로부터의 청취 사항과 입력 사항은 중요하다(Birzer & Roberson, 2007: 85). 예를 들어, 문제 삼각형(problem triangle)을 사용해 가면서, 문제의 성질과 범위를 판단하는 것이다. 각 문제는 화재가 발생할 때 필요로 하는 산소, 열, 연소될 물건을 설명할 때 사용되는 화재 삼각형 모델과 비슷한 삼각형처럼 제시된다. 여기서의 삼각형에는 '○○번가 및 주(州)도로 지역에 있는 반달족이 야기하는 주변 지역의 상인들을 당황스럽게 하는 낙서문제'와 같은 사건을 설명할 수 있다. 피해자, 장소, 그리고 삼각형의 세 변에서 문제를 야기하는 사람들이 있다. 이것은 선별적인 법집행 모델과 유사한데, 그 모델에는 시간, 장소, 그리고 충돌 원인에 의해 충돌사건이 등재된다. 교통경찰관은 교통 법규를 위반하여 충돌사건이 발생하는 시간과 장소에서 사고를 야기하는 사람들 쪽으로 법집행상의 노력을 기울이게 된다(Adams, 2006: 73).

3) 대응(Response)

이 단계에서는 문제에 대해 한 가지 혹은 그 이상의 선호되는 해결책을 만들어 낸다. 앞의 단계뿐만 아니라, 이 단계는 창조적이며 신중한 혹은 '전혀 다른 관점'에서 이점을 얻는다. 입력될 자료는 명백히 경찰 인적 자원으로부터 나와야 한다. 또한 거주자, 전문가, 그리고 생각이 깊게 문제를 드러낼 수 있는 다른 개인으로부터 나와야 한다(Birzer & Roberson, 2007: 87). 지역공동체 대표와 다른 기관과의 협력을 통해 문제를 중점적으로 다루고 해결할 수 있는 방안을 찾는 것은 경찰관서 구성원들의 직무이다.

예를 들어, 시청의 계단위에서 몇몇 부랑자가 야영을 하면서 진을 치고 근무하는 사람들에게 말을 걸거나 돈이나 음식을 구걸함으로써, 시청 근무자로 하여금 불안감을 느끼게 한다면, 이에 대한 대응은 그 부랑자를 피난처와 같이 다른 곳으로 이동시키고, 부랑자를 보살피는 몇몇 방법을 고안해 낼 수 있다. 아마도 자원봉사자들이 부랑자에게 직업을 알선해 주려고 노력할 것이다(Adams, 2006: 73).

4) 평가(Assessment)

SARA 모델의 마지막 부분은 평가 단계이다. 문제를 확인하고, 분석하고, 그리고 해결하기 위해 참여한 모든 관계자들에 의한 대응을 통한 노력의 결과를 평가하는 것이다. 기대된 해결책의 효과성을 평가하는 것이며, 관서에서는 가능하면 효과성을 객관적으로 평가해야 한다. 이 단계는 문제 해결 조치에서 중요한 주제인 최종 산물에 대해 언급하기 때문이다(Eisenberg & Glasscook, 2001: 6-11).

표 5-6 SARA 모델의 주요 사항

	SARA 모델
탐색 (Scanning)	• 일반 시민과 경찰에 고민거리가 되는 재발성 문제를 확인하기 • 지역공동체와 경찰을 위해, 문제의 결과를 확인하기 • 그러한 문제에 대해 우선순위 매기기 • 광범위한 목적을 밝혀내기 • 문제가 존재한다는 것을 확인하기 • 그 문제가 얼마나 자주 발생하는지, 그리고 일어나는 데 얼마나 오랜 시간이 걸리는지를 판단하기 • 좀 더 근접한 조사를 위해 문제를 선택하기
분석 (Analysis)	• 문제에 선행하는, 그리고 동반하는 사건과 조건을 확인하고 이해하기 • 수집되어야 할 관련된 자료를 확인하기 • 문제 유형에 관해 알려진 것을 연구하기 • 최근에 문제가 어떻게 강조되었는지, 그리고 최근 대응의 강점과 한계에 대한 명세서를 얻기 • 가능하면 구체적으로 문제의 범위를 좁히기 • 문제에 관해 심층적인 이해를 발전시키는 데 도움이 될 수 있는 다양한 자원을 확인하기 • 왜 문제가 발생하는지에 관한 직무상의 전제를 발전시키기

대응 (Response)	• 새로운 개입을 위한 브레인스토밍 • 유사한 문제들을 가진 다른 지역공동체가 실행했었던 것을 찾아내기 • 선택 가능한 대안들 가운데 선택하기 • 대응계획의 윤곽을, 그리고 책임있는 당사자들을 확인하기 • 대응계획을 위한 구체적인 목적을 천명하기 • 계획된 행동을 실행하기
평가 (Assessment)	• 계획이 실행되었는지 여부를 판단하기(절차평가) • 대응 전후의 질적, 그리고 양적인 자료를 수집하기 • 광범위한 목적들과 구체적인 목표가 달성되었는지 판단하기 • 원래 계획을 보강하기 위해 요구되는 어떤 새로운 전략을 확인하기 • 계속된 효과성을 보장하기 위해 지속적인 평가를 실행하기

출처: Goldstein(1990), Birzer & Roberson(2007: 86).

5. 문제지향적 경찰활동의 활용 사례와 평가

1980년대 초반 문제지향적 경찰활동에 관한 실험이 위스콘신 주 매디슨(Madison), 메릴랜드 주 볼티모어(Baltimore) 카운티, 그리고 영국 런던에서 실시되었다(Goldstein, 1990: 50-57). 몇몇 지역공동체에서는 골드스타인의 문제지향적 경찰활동 접근과 유사한 원칙에 기초를 둔 프로그램을 실시했는데, 서면화가 잘 된 두 개의 프로그램은 메릴랜드 주 볼티모어 카운티와 버지니아 주 뉴포트 뉴스(Newport News)였다(Roberg & Kuykendall, 1993: 112).

메릴랜드 주 볼티모어 카운티, 버지니아 주 뉴포트 뉴스에 있는 경찰관서에서는 문제지향적 경찰활동 접근을 실행하면서, 정부로부터 노력을 인정받았다. 각각의 경찰관서에 의해 채택된 구체적인 프로그램은 어느 정도 다르다. 그러나 그 둘은 경찰관과 지역사회로 하여금 장래의 범죄가 될 사건들을 감소시키기 위해, 문제의 소지가 될 근원을 찾아내는 데 관여할 수 있도록 노력했다. 관리자는 경찰관으로 하여금 범죄원인으로 이어질 수 있는, 더 나아가 지역사회 내 범죄두려움과 혼란을 감소시킬 수 있는 정보에 대해 경찰관서를 넘어서 찾아내도록 장려했다. 특별히 경찰관으로 하여금 근린지역을 돌아다니면서, 거주자들과 대화를 나누고, 상업지역 내의 지도자들과도 대화하면서, 범죄자와 인터뷰를 하고, 심지어는 다른 공무원들과의 접촉을 해가면서, 실제로 한 문제에 대해 정보를 가졌을 법한 사람이라도 만나도록 했다. 일단 정보가 분석되면 해결책이 강구되었다. 해결책은 많은 다양한 형태로 나타난다. 예를 들면, 관내 술집(bar)의 문 닫는 시간을 엄격하게 집행하거나 혹은 노상에서 공격적인 체포활동이 문제를 해결하기 위해 취해졌다(Lyman, 2005: 331).

볼티모어 카운티는 1982년에 시작하면서, 경찰서는 사건 유발적 문제 재발에 대한 해결책을 찾을 수 있도록 15명으로 구성된 3개의 팀을 구성했다. COPE(Community Oriented Police Enforcement)로 알려진 프로그램에서 팀은 문제를 유발하는 특별한 조건을 확인하면서, 조사의 활용, 가정방문, 주민들과 대화, 사건 자료분석, 그리고 원조를 제공하는 다른 정부 당국의 의지를 탐구하면서 지역 순찰경찰관과 가깝게 근무했다. COPE의 평가에서는 경찰관의 태도도 측정되었는데, 전통적인 순찰 방식을 수행하는 통제집단의 경찰관과 비교되었다. 그 결과 COPE 참가 경찰관은 더 높은 수준의 직무 만족, 더 협력적이고 경찰 역할에 대한 서비스지향적 태도, 지역사회를 향한 더 긍정적인 태도를 가졌던 것으로 밝혀졌다. 이 결과는 경찰관의 직무만족이 문제지향적 경찰활동을 통해 개선될 수 있었으며, 경찰 역할 개념을 확장시켰다는 주장을 뒷받침했다(Roberg & Kuykendall, 1993: 112-113).

COPE 프로그램의 발전에 힘입어 볼티모어 경찰서는 보다 광범위한 도보순찰 경찰 프로그램을 실시했다. 이 프로그램 안에서 순찰경찰관은 지역공동체의 문제에 관한 정보를 수집할 책임이 있었다. 순찰경찰관이 적절한 자료를 수집하는 데 돕도록 고안된 도구 중의 하나는 문제 확인 인터뷰였다. 그것은 "범죄, 범죄두려움, 최근 제공된 경찰대응에 대한 만족, 그리고 가능한 해결책에 기여하면서, 이웃 주민의 무질서 존재"에 관한 시민의 인식을 기록하는 데 사용되었다. 경찰관은 가능한 한 많은 인터뷰를 수행하도록 격려되었다. 그러나 경찰관은 문제를 정의하기 위해, 그리고 그러한 문제를 완화시키는 데 도와 줄 수 있는 적절한 전술들을 개발하기 위해, 그들의 특별한 지역공동체에 관해 적어도 30%의 샘플을 수집해야 했다(Roberg & Kuykendall,

1993: 113).

스펠만과 에크는 1987년에 버지니아 주 뉴포트 뉴스 작전과 관련하여 어떻게 경찰이 경찰활동에 문제지향적 접근을 주도했는지, 시내 중심가에서의 강도범죄, 주택가의 주거침입절도와 부두에서의 절도범죄를 줄이는 데 성공했는지를 어떻게 보고했는지에 대해 평가하면서, 문제지향적 경찰활동을 언급했다. 경찰관은 문제를 해결하기 위한 활동 프로그램을 수행하기 위해 시민들과 함께 일했다. 마지막으로, 경찰은 성공을 결정할 그들 노력의 영향을 평가했다. 그들은 이 경찰활동을 지지했으며, 그리하여 "문제지향적 경찰관서는 지역공동체의 문제에 관해 다른 경찰 당국과 함께 일하는 데 주도권을 가질 수 있을 것이다. 그 결과 우리의 시(市) 안에서 범죄와 다른 성가신 조건들에 대해 더 효과적인 대응이 될 것이다"라고 평가했다(Langworthy & Travis Ⅲ, 1994: 257).

한편, 미국 법무부의 보고서에 따르면(2001), COPS Office와 경찰집행 연구포럼에서는 혁신적이며 탁월한 문제 해결 성과를 보였으며, 공공의 안전문제를 중점적으로 다루는 데 상당한 정도의 성공을 거둔 경찰관서들을 표창했다. 다음 내용은 우수한 곳으로 선정된 경찰관서이며, 이러한 프로그램이 성공적인 것으로 증명된 지역사회 경찰활동에 관한 몇몇 사례들이다(Adams, 2006: 78-79).

- 캘리포니아 주 고속도로 순찰대(Highway Patrol)는 Corridor Program으로 1등을 차지했다. 이 프로그램은 시행 첫해에 21명의 생명을 구했다. 특히 위험스러운 동서간 고속도로는 그들의 연구 초점이었다. 순찰근무는 도로교통 관련 위반행위에 대한 법집행을 단계적으로 증가시켰다. 벌금을 높이고, 무단횡단 금지구역을 만들고, 신호와 노견을 개선했으며, 비상전화 부스를 설치하고, 개선된 비상조치 지원을 용이하게 하고, 일반 공중의 인식을 증가시켰다.
- 뉴욕 주 버팔로 경찰청에서는 알렌타운(Allentown) 지역 내에서 장기간에 걸친 성매매행위 문제를 갖고 있었다. 법집행의 초점은 성매매행위 고객을 체포하는 일; 상습범을 구치소로 보내는 등의 대안적 형벌 선고

를 위해, '매출행위 고객 교화소를 설치하는 것; 성매매 여성 스스로 자기 존중감을 형성하는 것을 돕기 위해, 성매매 여성의 약물 복용 습관을 제거하고 재활을 추구할 수 있도록 돕고, 성매매 여성을 위한 구제활동 프로그램을 설치하는 데에 있었다.

- 캘리포니아 주 출라 비스타(Chula Vista)에서는 새로운 주택 건설 지역 내에서 높은 주거침입 범죄발생률을 갖고 있었다. 경찰관서의 관계자들은 주거침입범죄의 특성을 판단하기 위해 범인과 피해자를 인터뷰했다. 새로운 주택지역의 개발자들을 접촉했으며, 이웃감시 프로그램을 확립하는 것뿐만 아니라 주거침입할 수 있는 장소를 줄이고자 정문 현관 입구보다는 모든 문들에 데드 볼트, 모든 슬라이딩 도어에 채널락 혹은 슬라이드 볼트, 창문에는 자동잠금장치, 그리고 안이 들여다보이는 담장과 같은 설계 변경과 주거침입 방지 장치를 제안했다.
- 오클라호마 주 로저스 카운티의 보안관실에서는 가축 운반용 트레일러 절도사건과 같은 심각한 문제를 갖고 있었다. 그 트레일러는 보통 사람들이 밀집되지 않은 지주들의 부동산에서 멀리 떨어진 장소에서 보관되고 있어 쉽게 도난당할 수 있었다. 그래서 절도범은 아무런 실질적인 처벌을 받지 않은 채, 그러한 트레일러를 사용하거나 장물로 팔아버릴 수 있었다. 경찰관서는 컴퓨터 칩을 설치했다. 칩은 트레일러의 감추어진 장소에 부착되어, 트레일러의 위치를 추적하는 데 활용되었다. 프로그램 시행 결과, 이 프로그램이 시행된 후 겨우 한 건의 트레일러 절도사건이 발생했다는 절도 방지 장치에 관한 언론 보도가 있었다. 도난된 트레일러의 소유자는 이 프로그램에 참여하지 않았던 자였으며, 또한 위치 추적 칩을 설치하지도 않았다.
- 유타 주 솔트레이크 시는 주거침입 방지용 경보장치가 이유 없이 경보음을 내는 것과 경찰관이 경보장치에 대응하느라 시간을 허비하는 문제를 갖고 있었다. 대부분의 경보음은 경찰관의 직접적인 조치가 필요하지 않는 것들이었다. 그 경찰관서는 새로운 프로그램을 운용하기 시작했는데, 오경보를 감소시키기 위한 노력을 전개하면서, 잘못 경보음을

내는 경우, 해당 소유자가 일정한 비용을 부담하도록 하는 조치가 필요했다. 건물이나 주택의 소유자로 하여금 민간 경비회사와 계약을 체결하여, 경비회사에서 경보를 일차적으로 처리하도록 했다. 일단 현장에서는 민간경비회사 요원이 합법적으로 그 건물 안으로 들어간 다음, 경찰과 접촉할 수 있도록 권한을 부여했다. 이 프로그램 시행 결과, 현장 경찰관으로 하여금 좀 더 효과적으로 그들의 근무 및 서비스 시간을 활용할 수 있도록 자유롭게 해 주면서, 경보와 관련되어 경찰을 요청하는 전화가 90%나 감소되었다.

▸ 오하이오 주 사우스 유클리드(South Euclid) 시의 경우, 공립학교 내에서 괴롭힘 문제가 있었다. 학부모와 교사에게 그 문제를 널리 알리고 학교 내에서 괴롭힘 사건들이 자주 발생하는 장소를 중점관리 대상으로 선정하여, 7학년에서 12학년 학생들에 집중함으로써, 60~80% 가량의 괴롭힘 사례를 감소시켰다. 그 경찰관서에서는 학교 교정에 학교 담당 경찰을 운용했다. 학생들을 위한 쉬는 시간과 점심시간이 문제가 되면서, 학교 당국에서는 동일한 시간에 모든 학생이 복도로 나오도록 하는 대신에, 서로 다른 시간으로 수업 시간을 변경했다. 괴롭히는 아이와 그 피해자와의 상담 시간을 가지면서, 교사들로 하여금 종이 울리는 시간에 교실에 남아 있는 대신에, 팀을 이루어 복도를 모니터링하도록 하고 학교가 1 : 1 면담을 실시했으며, 괴롭힘 사건에 대해서는 일반적인 무관용정책이 있었다.

제 3 절 치안서비스의 공동생산: 민간의 범죄예방활동

사회가 미분화된 과거에는 경찰 등 정부의 노력만으로써 효과적인 범죄예방이 가능했지만, 사회의 급속한 발달과 이에 따른 치안수요의 급격한 증가로 인해 한정된 국가 경찰력만으로는 범죄를 예방하는 것은 어렵게 되었다.

범죄예방 및 통제를 위한 공식적 국가기관인 경찰의 활동을 둘러싸고 그 한계가 제기되자, 특히 미국의 경우, 1960년대 중반부터 지역사회와 주민의 자발적인 범죄예방활동 노력이 대두되었다(이건종, 1994: 15). 따라서 이러한 범죄문제에 대해 국민들의 자발적인 협조와 공동 노력이 필요하게 되었다.

경찰의 치안서비스 활동인 범죄예방활동에 시민이 함께 참여하는 활동도 경찰서비스 공동생산이라 할 수 있다. 현재는 민간경비업이 민간방범활동의 중요한 분야로 자리매김하고 있어 치안서비스 공동생산의 한 축을 이루고 있다. 이에 민간방범활동과 민간경비산업 분야에 대해 살펴보기로 한다.

1. 다양한 시민자율방범활동

공동생활을 영위하는 지역주민이 상호협력하여 범죄로부터 지역사회를 보호하기 위해 주민순찰대를 조직한다거나 경찰과 유기적인 협조 체제를 유지하면서 자위적 방범활동을 전개하는 이른바 지역방범활동 혹은 주민자율방범활동 등이 활성화되었다. 자율적인 방범활동의 대표적인 사례로 시민순찰제도 혹은 주민자율순찰을 들 수 있다. 민간의 자율방범활동은 추진 단위를 기준으로 개인 차원의 개별적 방범활동, 거주 지역 단위의 조직적 범죄예방활동, 그리고 전국 차원의 광역 방범활동 등 세 가지 유형으로 나눌 수 있으며, 특히 적극적으로 활용되는 것은 거주 지역 단위의 범죄예방활동이다. 거주 지역 단위별로 주민들이 어느 정도의 조직성을 갖고 주민 자율적으로 범죄의 예방 및 감시활동을 전개하는 자율방범활동이다. 주민기동순찰대를 조직하여 독자적 혹은 경찰과 합동으로 방범순찰을 실시하는 형태의 방범활동이 여기에 포함되었다.

최근 지역사회의 치안문제를 해결하기 위해 2019년 4월부터 전국 경찰서에서 지역공동체 치안협의체를 시행하고 있다. 매월 2~3회 경찰서의 생활안전·수사·여성청소년 등 관련 기능이 참여하여 치안문제를 논의하고 매월 1회는 경찰서장이 주재 회의를 통해 추진현황을 점검하고 중요사안을 결정한다.[5] 그리고 주민협력치안 기반 조성의 일환으로 시민경찰학교를 운영하여 지역주민이 경찰업무를 이해하고 직접 체험할 수 있는 기회를 제공하고 있다. 경찰서별로 2~4주에 걸쳐 15~20시간씩 운영되고 있는데, 경찰관들의 경찰활동에 대한 강의, 지역 범죄예방을 주제로 한 합동 토의, 지구대・112신고센터・유치장 견학 및 각종 경찰 단속활동 현장 체험 등으로 구성된다.

또한 지역주민의 다양한 의견을 수렴하여 이를 정책에 반영하기 위해 범죄예방 간담회를 개최하고 있다. 경찰은 이러한 간담회를 통해 지방자치단체 및 지역주민 대상 범죄예방활동 참여를 독려하는 한편, 범죄예방 관련 주요 성과 소개, 경찰의 인권보호 활동과 협력치안 우수사례 등 경찰 추진 정책 홍보하고 있다(경찰청, 2020: 86-87).

표 5-7 한국의 자율방범대

자율방범대는 지역주민이 지역사회 범죄예방을 목적으로 읍・면・동 또는 지구대・파출소 단위로 단체를 조직하여 대원 3~5명이 한 조를 이루거나 경찰과 합동으로 취약시간대 순찰활동을 전개하면서 범죄신고, 청소년 선도・보호 등 다양한 활동을 펼치는 단체를 말한다. 전국적으로 약 4,200개 조직, 10만 명의 대원으로 구성되어 있다. 경찰에서는 자율방범대의 활동을 지원하기 위해 지방자치단체와 협조하여 민방위 기본교육 면제 조치, 안전조끼, 플래시봉 등 안전용품과 방한용품을 지원하고 있다. 한편, 활동이 우수한 대원의 사기 진작을 위하여 2019년에는 모범대원 및 범인검거 유공대원 1,901명에 대한 포상도 실시하였다. 아울러, 범죄신고에 대해서는 「범죄신고자 보호 및 보상에 관한 규칙」에 의한 보상금도 지급하였다.

출처: 경찰청(2020: 88).

5 논의 안건은 지역사회 범죄・무질서 해결, 중요 112신고 종합대응, 사회적 약자 보호 등 지역 현황에 맞게 다양하게 구성된다. 2019년에는 총 5,813건의 지역문제를 논의하였으며, 대학가 및 주변 1인 가구 밀집 지역의 범죄예방 역량 강화를 위해 교육부-경찰청-대학교육협의회-전문대학교육협의회가 업무협약을 체결하였고, 이를 바탕으로 범죄예방진단(1,153회), 환경개선(576개소), 합동순찰(1,535회) 등 범죄예방활동을 집중 전개하였다(경찰청, 2020).

2. 치안서비스의 공동생산: 민간경비

1) 민간경비업의 의의 및 필요성

민간경비업[6]은 여러 가지 위해로부터 의뢰인의 이익이나 생명 및 재산을 보호하기 위해 특정한 의뢰인인 고객으로부터 받은 보수에 따라 안전 · 경비에 관련된 서비스를 제공하는 개인 및 단체, 그리고 영리기업을 말한다(정경선, 1999: 347). 민간경비는 공경비와 비슷한 일 — 범죄예방 및 감소 혹은 질서 유지 등 — 을 한정된 권한과 각종의 제약을 받으면서 의뢰자의 이익을 위해 수행한다는 측면에서 다르다.

이러한 민간경비업의 출현 배경 및 필요성에는 영미법계 혹은 대륙법계 경찰 제도의 경찰력은 사회 질서를 유지하고 국민의 생명과 재산을 보존하면서 국내 · 외적으로 급변하는 사회 및 정치 변동과 국민의식 변화에 따른 새로운 치안수요에 능동적으로 대처해야 하는 과중한 역할까지 부여받고 있는 실정이다. 그런데 경찰 치안수요의 변화와 경찰기능의 역할 증대에도 불구하고 절대적인 경찰 인력 및 예산의 부족, 낙후된 경찰장비, 낮은 보수 체계, 과중한 근무 시간과 업무량, 그리고 각종 조장행정기능 등으로 경찰의 사회안

표 5-8 경찰업무와 민간경비업의 특성 비교

	경찰(방범)업무	민간경비업
공권력 작용면	법집행에 관한 일반적 권한 행사	한정된 권한, 각종 제약
역할 혹은 기능면	일반 대중을 상대로 범인 체포, 범죄수사를 위한 법집행	특정한 의뢰인에 대해 대가나 보수를 전제로 한다
업무 주체면	경찰은 정부 공공기관	영리법인
자원의 성격	정부예산 확보에 의해 공급되는 공공재	서비스의 수요 및 경제성에 의해 공급되는 민간재

출처: 정경선(1999: 349) 이하 재구성.

6 public police(公共경찰)↔ private police(私경찰)라는 의미로 사용하기도 하고, public security 대 private security라는 의미에서 민간경비 혹은 사경비(私警備)라고 칭하기도 한다. 따라서 private security나 private police는 같은 개념으로 사용해도 무방하다(Walker, 1999: 58).

전 관리나 민생치안 활동을 어렵게 만들고 있다.

2) 민간경비 업무유형

민간경비업이 발달한 국가일수록 그 업무 영역은 다양하고 넓다. 그 방법 및 대상의 성격에 따라 대체로 기계경비, 시설경비(빌딩, 금융시설, 숙박시설, 판매시설, 교육시설 등), 호송 및 신변 보호 경비, 개인 정보조사, 손실방지, 보안지도 등이다. 게다가, 최근에는 컴퓨터보안 분야까지 확대되고 있다(이윤근, 2001: 143; 정경선, 1999: 348). 또한 활동 영역을 기능별로 분류하면, 재산의 보호, 개인 안전의 확보, 정보 수집 등으로 구분하기도 한다(김충남, 2001: 378). 뿐만 아니라, 민간경비의 기능적 측면에서는 물리적 안전, 정보보안, 신변 안전 등 세 가지 기본 기능으로 나눌 수 있다.[7] 우리나라에서 통상적인 민간경비업의 업무 영역으로 자리 잡고 있는 유형들은 다음과 같다.

- 시설경비: 개인이나 기업의 시설, 설비, 기타의 재산을 강・절도 등의 범죄, 화재, 파괴, 재해 등으로부터 보호하기 위해 경비원이 근무를 행하거나 감지기 또는 CCTV 등 각종 방범・보안기계 및 설비를 이용하여 침입이나 사고를 예방하는 영업이다. 가장 대표적인 민간경비업의 일종이다. 경비・보호 대상은 주로 주택, 사무실, 학교, 공장, 상가, 창고, 기계설비, 발전소, 통신시설, 박물관, 전시실 등 다양하다.
- 신변 보호: 신변 보호를 필요로 하는 특정한 의뢰인을 위해, 그 사람에게 직・간접적으로 가해지려는 위해를 방지하고 이를 사전에 제거, 안전을 도모하는 영업이다.
- 민간정보조사: 특정인의 민・형사상의 경력, 사회활동, 부동산・금융

---

7 physical security는 사람과 재산에 대한 보호와 관련되는 것으로서, 공장・건설 현장・유흥장의 입장권 통제를 위해 경비원을 입구에 배치함으로써 가시적 안전을 강구하는 것이다. 정보보안(information security)은 보통 컴퓨터 접근용 비밀번호, 제한된 기계설비 접근과 산업스파이 수사와 같은 수단들을 통해 달성될 수 있는 산업스파이 방지와 관련이 있다. 신변 안전(personnel security)은 종업원과 임원들을 테러나 데모 군중 혹은 위협을 가하는 타인들로부터 보호하는 것을 의미한다.

등의 자산 신용정보를 조사, 다양한 신용정보를 수집 · 정리 · 처리하고 이를 의뢰인에게 제공하거나 혹은 채권 추심 업무를 하는 영업이다.[8]

- 손실방지: 대형 매장이나 공장 등에서 고객이나 종업원의 절도 감시, 화재 · 기물 파괴, 재난 혹은 에너지 낭비, 자산 보호, 산업정보 유출방지 등을 위해 감시 · 도청장치 및 컴퓨터보안장치 등 각종 장비와 전문기술로 의뢰인(업체)의 재산이나 이익을 보호하는 업무를 하는 영업이다.
- 보안지도: 보안 상태의 평가, 방범시설의 설치 · 임대 · 운용, 그리고 관련된 보험 및 소송 업무 대행, 재산점검 및 감정평가, 의뢰 업체 직원들에 대한 보안교육 및 지도 등을 수행하는 영업이다.
- 호송경비: 운반 중에 있는 현금, 귀금속, 상품, 기타 물건에 대해 도난, 기타 사고의 발생을 경계하고 방지하는 영업이다. 국가와 사회적으로 매우 중요한 것들을 보면, 각종 선거 투표함, 대학입시 문제지 등도 호송경비의 대상이 될 수 있다. 미국에서는 특수 제작한 방탄 장갑차를 구비한 현금 수송 전문 경비회사가 수요자와 계약하여 무장한 경비원에 의해 수송경비 업무를 수행하는 것이 일반적이다.
- 행사장경비: 각종 경기대회, 음악 공연 등의 행사장에 모인 군중에 의해 야기될 수 있는 자연적 · 인위적 혼란 사태를 사전에 예방하거나 위험한 사태가 발생할 경우 신속히 진압하여 그 피해 확대를 방지하기 위한 경비활동으로서, 과거에는 이러한 행사장경비를 경찰에서 전담하다시피 했으나 '수익자 부담 원칙'이라는 인식 확산으로 주최 측이 점차 부담하고 있는 경향이다. 행사장경비 업무가 경비업법에서 '흥행장 등에서의 혼잡경비 업무'로 규정되어 있어 민간경비업의 담당 영역으로 전환되고 있다.

이와 같이 민간경비업 영역은 개인 및 기업의 시설과 재산의 보호에서 손실 방지, 컴퓨터보안, 사설탐정(PI), 개인정보조사 등에 이르기까지 범죄예방,

8 국내에서는 흔히 공인탐정 혹은 사설탐정 등의 명칭으로 불려지고 있다. 최근에 관련 분야 업무를 중심으로 법제화 노력이 진전되고 있다.

수사, 경비 등 모든 분야에 걸친 경찰의 유사 기능을 수행하고 있으며, 그 영역도 확대되고 있다.

CRIME PREVENTION

5일부터 '탐정사무소' 명패 달고 영업 가능하다[9]

'탐정'이라는 이름을 달고 5일부터 사무소를 열 수 있게 되었다. 탐정업 시장이 열린 것이다. '신용정보의 이용 및 보호에 관한 법률'(신용정보법)이 5일부터 시행되면서 '탐정'이라는 명칭으로 영리활동을 하는 것이 가능해졌기 때문이다.

탐정사무소는 PIA(민간조사) 등 탐정 업무와 관련된 민간 자격증을 취득하면 개업할 수 있다. 업무 연속성이 높은 퇴직을 앞둔 형사과 근무 경찰관들의 관심이 높은 것으로 알려졌다. 다만, 탐정사무소 개업이 사설탐정 합법화를 의미하지 않는다. 변호사법 위반 소지가 있거나 개인정보보호법 위반 소지가 있는 업무는 일절 할 수 없다. 가출한 아동·청소년 및 실종자 소재 확인 등 일부 업무에 한정된다. 민간 탐정의 폐해를 막기 위한 규제가 여전해서다.

경찰청에 따르면, 신용정보법 개정으로 '탐정' 명의의 영업이 가능해졌지만, 민·형사 사건에 대한의 증거수집 활동이나 잠적한 불법행위자의 소재파악 등은 여전히 현행법 위반 가능성이 있다고 밝혔다. 이같은 내용을 의뢰할 경우 의뢰인도 교사범으로 처벌될 수 있어 주의가 요구된다.

경찰은 △ 사기 사건 입증, △ 교통사고 사건의 폐쇄회로(CC)TV 확인 등 사고 원인 규명, △ 이혼 소송에서 배우자의 부정행위 입증을 위한 자료 수집 등은 변호사법 위반 소지가 있다고 설명했다. △ 잠적한 채무자나 범죄 가해자의 은신처, △ 가출한 배우자나 성인인 자녀의 거주지 등의 확인을 의뢰할 경우에도 개인정보보호법 위반 가능성이 있다.

경찰은 '탐정' 명의를 내건 업체가 늘어나면서 위법 소지가 있는 영업행위가 늘어날 것으로 보고, 올해 하반기 중으로 특별 단속을 실시한다는 방침이다. 경찰은 민간자격증 발급 단체 대상으로 자격을 허위·과장 광고하는지 점검할 방침이다. 경찰청에 따르면 민간조사(탐정) 관련 민간자격증은 27개가 등록 돼 있으며, 이 중 실제 발급 중인 자격은 4개다.

허위·과장 광고가 적발될 시에는 자격기본법 위반 등으로 3년 이하의 징역이나 3,000만 원 이하의 벌금에 처해질 수 있다. 또 '탐정' 명칭을 사용하는 업체와 심부름센터·흥신소에 대해서도 특별단속을 실시해 불법행위에 대해서는 엄단할 예정이다.

한편, 정부는 새로운 일자리를 창출하고 음성적인 사실조사 활동에 따른 폐해를 없애기 위해 '공인탐정 제도'를 도입할 계획이다.

(파이낸셜뉴스, 2020.8.20)

9 https://www.fnnews.com/news/202008041444144950

3. 한국의 민간경비업 발전과정

우리나라에서 현대적 용역경비는 6 · 25 전쟁 이후인 1950년대 미군의 진주 및 미국 원조경제의 일환으로 도입된 주한미군의 군납형태의 용역경비에서 찾을 수 있다(정진환, 1998: 285). 당시의 군납경비를 맡은 업체들이 1960년대 초 미 8군부대의 경비를 담당하면서 시작되었다.

경비업법은 산업시설 · 공공시설 · 사무소 등 기타 경비를 요하는 시설물의 경비업을 할 수 있도록 용역경비업에 관한 사항을 정함으로써, 용역경비업무의 적정을 기함을 목적으로 1976년 12월 31일 「용역경비업법」(법률 제2946호, 시행 1977년 4월 1일)이라는 법제명으로 최초 제정되었으며,[10] 제7차 일부개정(1999.3.31) 당시 법률 제명 중 '용역'을 삭제하고 '경비업법'으로 법제명을 변경하였다.[11] 이후 현재까지 총 27차에 걸쳐 개정되었다.

현행 경비업법은 경비업의 육성 및 발전과 그 체계적 관리에 관하여 필요한 사항을 정함으로써 경비업의 건전한 운영에 이바지하는 것을 목적으로 하고 있다(경비업법 제1조).

한국 경비업은 1993년 국제행사인 '93 대전엑스포 박람회' 때에 민간경비업체에서 안전 및 경호 · 경비 업무를 원활하게 수행함으로써 민간경비업체의 역량을 긍정적으로 평가받은 바 있다(정진환, 1998: 286). 이후 86아시안게임, 88서울올림픽, 2002한일월드컵, G20 · G50 국제회의, 2012년 여수엑스

표 5-9 경비업법의 개정과 주요 변경 내용

개정 과정	주요 내용
1976년 12월 31일	용역경비업법 최초 제정
1995년 12월 30일 일부개정	신변보호업무를 용역경비업으로 추가, 경비원의 자질향상을 위해 경비지도사 제도 신설, 허가권한을 경찰청장에서 관할 지방청장으로 이양

10 당시 용역경비업은 총 19개 조항으로 구성되어 있었다.

11 당시 행자위 전문위원심사보고서에 따르면, "용역은 사전적인 의미로 물재를 제공하지 아니하고, 생산과 소비에 필요한 노무를 제공하는 영업"으로서 본래의 의미와 다르게 일반에 인식되어 있어, 경비업의 건전한 육성을 위해(법률의 제명을) 개정할 필요가 있다고 하였다.

2001년 4월 7일 전부개정	특수경비업무를 경비업의 종류에 추가 기계경비업무의 신고제를 허가제로 변경 경비업 허가 5년마다 갱신 특수경비업자의 대행업자 신고 규정 특수경비원의 각종 의무 규정 등
2002년 12월 18일 일부개정	경비업자의 겸업금지의무를 특수경비업자로 한정
2005년 8월 4일 일부개정	경비원이 경비업무의 범위를 벗어난 행위를 하거나 이를 하게 한 자에 대해 형사처벌 신변보호 또는 시설경비업무 수행 일반경비원이나 특수경비원 배치시 24시간 전까지 신고 등
2013년 6월 7일 일부개정[12]	집단민원현장을 법률에 명확히 규정 경비업 허가기준 중 자본금 최저 1억원 이상, 경비원 20명 이상과 경비지도사 1명 이상의 인력을 갖출 것 다른 경비업체와 동일한 명칭으로 허가 불가, 허가받은 경비업무외의 업무에 경비원을 종사 불가, 이를 위반하여 허가가 취소된 경우 누구라도 허가가 취소된 경비업체와 동일한 명칭으로 10년 간 허가를 받을 수 없으며, 허가가 취소된 법인은 법인명 또는 임원의 변경에도 불구하고 허가가 취소된 날부터 5년 간 경비업 허가를 받을 수 없음 허가받은 경비업무 외의 업무에 경비원을 종사하게 하거나 경비업무의 범위를 벗어난 행위를 하게 해 허가가 취소된 경비업체 임원은 취소된 날부터 5년 간 경비업체 임원이 될 수 없음
2014년 12월 30일 일부개정	성범죄 전력이 있는 자의 경비업에 종사할 수 없는 기간을 5년에서 10년으로 상향 경비지도사 자격정지 기간 중 선임되어 활동 시 경비지도사 자격 취소
2016년 1월 26일 일부개정	누구든지 경비원으로 채용되기 전에도 개인적으로 일반경비원 신임교육 받을 수 있음
2017년 10월 24일 일부개정	경비지도사시험은 매년 1회 이상 실시 경비업 도급실적의 산정기간을 1년에서 2년으로 연장 등
2019년 4월 16일 일부개정	경비지도사의 시험 및 교육에 관한 업무를 위탁받은 기관 또는 단체의 임직원의 형법 제129조~제132조까지의 규정에 따른 벌칙 적용 시 공무원 의제

12 한국쓰리엠(3M), SJM 등에서의 경비업체의 과잉진압 및 폭력행위 사태가 발생하는 사건이 발생하여 이를 막기 위해 모두 여덟 건의 법안이 국회 행정안전위원회에 논의되었고, 2013년 참석의원 전원 찬성으로 개정안이 통과되었다. 이후 집단민원현장에 경비원을 배치하기 위해서 사전신청 후 허가를 받아야 하고, 일정한 자격을 갖춘 경비원들만 배치 가능하게 하였다.

포 등 각종 국제행사를 치르면서 급성장하여, 2018년에는 4,542개 업체에 158,020명의 경비원이 종사하고 있다. 질적인 면에서도 인력 위주의 단순경비에서 첨단장비 및 기술을 활용한 복합적인 형태로 발전하였다. 또한 2014년 인천아시안게임 등 대형 국제행사 유치에 따라 과거 경찰 위주의 국제행사 경호경비에 민간경비의 참여가 확대되어 민간경비 산업이 크게 기여한 바 있으며, 2018년 평창동계올림픽을 통해 한 단계 더 발전하는 계기가 되었다(경찰청, 2018: 104).

우리나라의 경우, 민간경비의 역사가 비교적 짧고, 기술적 수준도 다소 낮아 경찰의 범죄예방활동의 동반자로서 충분한 역할을 수행하기에는 다소 부족하다는 평가도 있었지만(정경선, 1999: 133), 부단한 질적 · 양적 성장을 거듭하고 있다. 앞으로도 급증하는 치안수요에 따라 민간경비업의 성장추세는 계속될 것으로 전망되며, 다양한 분야의 영역 확대를 통해 민간경비의 새로운 장이 열릴 것으로 예상된다.

1997년부터는 경비지도사 시험을 실시하여 매년 시행되고 있다. 경비지도사는 경비업의 전문가로서 경비업체 · 경비원 · 고객 · 경찰 · 소방 등 관계기관과의 사이에서 적절한 대응 및 유기적 협조 및 경비업법 제24조에 따른 경찰청장의 감독명령 준수와 경비업체와 경비원이 경비업법을 준수하도록 하는 등의 직무를 수행하고 있다(경찰청, 2018: 106-107 재구성). 또한 경비원의 신임교육을 내실화하기 위해 매 5년 단위로 민간경비 교육기관을 지정하여 민간경비 교육의 활성화 및 경비지도사와 경비원에 대한 자질 향상을 도모하고 있다.[13]

현행 경비업법에서 경비업이란 시설경비업무, 호송경비업무 신변보호업무, 기계경비업무, 특수경비업무의 전부 또는 일부를 도급받아 행하는 영업을 말한다(경비업법 제2조). 시설경비업은 경비를 필요로 하는 시설 및 장소(이하 "경비대상시설"이라 한다)에서의 도난 · 화재 그 밖의 혼잡 등으로 인한 위험발생을 방지하는 업무, 호송경비업무는 운반 중에 있는 현금 · 유가증권 · 귀

13 경찰청 홈페이지 경찰교육기관 현황 및 교육기관 인가 고시 참조.

금속·상품, 그 밖의 물건에 대하여 도난·화재 등 위험발생을 방지하는 업무, 신변보호업무는 사람의 생명이나 신체에 대한 위해의 발생을 방지하고 그 신변을 보호하는 업무, 기계경비업무는 경비대상시설에 설치한 기기에 의하여 감지·송신된 정보를 그 경비 대상시설 이외의 장소에 설치한 관제시설의 기기로 수신하여 도난·화재 등 위험발생을 방지하는 업무, 특수경비업무는 공항(항공기를 포함한다) 등 대통령령이 정하는 국가중요시설(이하 "국가중요시설"이라 한다)의 경비 및 도난·화재 그 밖의 위험발생을 방지하는 업무를 말한다.

경비업은 법인이 아니면 이를 영위할 수 없으며(경비업법 제3조), 경비업을 영위하고자 하는 법인은 도급받아 행하고자 하는 경비업무를 특정하여 그 법인의 주사무소의 소재지를 관할하는 지방경찰청장의 허가를 받아야 하며(경비업법 제4조), 유효기간은 5년으로 한다(경비업법 제6조).[14] 허가를 받은 경비업체는 전국에서 경비업 영업이 가능하다.

경비업법 외 경비업상 감독명령이 있으며, 2020년 기준 유효한 감독명령은 아래의 <표 5-10>과 같다.

표 5-10 경비업법상 감독명령

연 번	번 호	주요 내용
1	제05-2호	경비지도사 근무 여건 개선
2	제06-1호	시설경비 및 신변보호 업무 시 행사장 등 혼잡상황에 대한 명령
3	제09-1호	경비지도사의 경비원 감독 및 동일한 근무지 내에서 경비지도사의 경비원 근무 금지
4	제10-1호	호송경비업무 관련 준수사항 명령
5	제2016-1호	경비원 온라인 직무교육
6	제2017-1호	기계경비업체 오경보로 인한 불필요한 경찰신고 방지 및 기계경비업체의 출동대응 등 의무 준수 명령

14 5년마다 갱신허가를 받아야 한다.

4. 미국의 민간경비산업

미국에서 민간경비업의 역사는 서부개척 시대로 거슬러 올라가는데, 19세기 중엽 금괴 수송을 위한 대륙횡단철도 호송경비업을 민간 회사들이 수행하면서 민간경비업이 시작되었다(이윤근, 2001: 14). 최초의 민간경비업은 1851년 시카고 경찰의 형사였던 핑커튼(Allan Pinkerton)[15]이 시카고를 중심으로 한 중서부의 철도 경비를 담당하기 위해 9명의 직원으로 'We Never Sleep'이라는 모토를 내걸고 시작한 핑커튼 국립경비(Pinkerton National Detective Agency)라는 회사이다. 이 회사는 미국에서 가장 큰 경비회사로 민간경비업의 상징으로 되어 있다.

핑커튼과 경비회사 마크[16]

15 핑커튼은 1819년 스코틀랜드의 글라스고라는 도시에서 경찰관의 아들로 태어났다. 그리고 1842년 미국으로 이민을 갔다. 시카고 지역에 정착하면서, 핑커튼은 양조용 통 생산자로서 영업을 시작했다. 양조용 통을 저장하기 위한 동굴을 찾던 중 위조지폐단 소굴을 발견했다. 그들을 체포하여 보안관(Sheriff)과 함께 돌아왔을 때, 그는 곧바로 영웅 대접을 받았으며, 법집행관으로서의 공직을 시작했다. 연방재무성을 위해 위조지폐범 일당을 수사하기 시작했으며, 쿡 카운티(Cook County) 보안관을 위해 유괴사건을 수사하고, 우정국(우편)을 위해 우편물 절도를 수사했다. 그는 자신의 회사를 1855년, 즉 남북전쟁 기간 중 연합군을 위한 비밀정보요원과 링컨 대통령 신변 경호를 위해 설립, 개원했다. 화려하고 적극적인 핑커튼은 범죄 수사에 관한 대중들의 흥미를 크게 유발시켰으며, 수사상의 신기한 기법을 고안해 내기도 했다.

16 http://img.tfd.com/WEAL/weal_07_img1450.jpg(2009년 4월 12일 검색); http://www.bgsu.edu/departments/acs/1890s/carnegie/eye.jpg(2009년 4월 12일 검색)

핑커튼에 의해 1850년 시카고의 자그마한 사무실에서 설립된 '핑커튼 국립경비회사'는 가장 널리 알려진 민간경비회사의 하나이다. 소위 '핑커튼'이라고 불리는 경비회사는 무엇보다도 남북전쟁(Civil War) 이전 선거에 당선된 링컨(Abraham Lincoln) 대통령 암살과 관련이 있는 '볼티모어 음모(Baltimore Plot)'를 저지함으로써 좋은 평판을 얻었다. 수십 년이 흐르는 동안, 핑커튼사(社) 요원들은 노동자와 경영자 간의 수많은 충돌 상황 속에서 매우 중요한 역할을 수행했다.

가장 잘 알려진 것 중의 일부는 1874년과 1875년 간 일어난 맥과이어(Molly MaGuires), 1892년 피츠버그에서 발생한 홈스테드(Homestead) 파업 때였다. 서부 개척 무법 시대에 철도를 보호하기 위해 고용되면서, 그들은 미국 최초의 악명 높았던 전문 은행강도단을 조직한 존(John)과 레노(Simeon Reno)를 체포하는 책임을 맡았다.

그들은 제임스(Jesse James), 영거(Cole Younger)와 영거(James Younger)의 다른 멤버의 끈질긴 적수들이었다. 텍사스에서, 그들은 샘 배스(Sam Bass)라는 전설적인 범인을 추적 체포할 수 있도록 철도법 집행관으로 임명되었다. 그리고 1880년대 열차와 고급 사무실을 대상으로 한 전문강도단으로 소문난 짐(Jim)과 버로스(Rube Burrows)라는 범인을 사살할 수 있는 권한도 부여되었다. 핑커튼 자신은 범죄자의 신체적 특징, 배경, 동료, 그리고 은신처를 포함하여 이미 알려진 범죄자들의 상세한 정보를 강조하면서, 오늘날 '범죄자 사진 대장(rogues gallery)'으로 알려진 것의 창시자가 되었다.

1972년 민간경비의 사회안전 및 보호에 중요성을 인식, 연방법집행원조국

표 5-11 미국의 민간경비산업 분야 업무 영역

• Company guards	• Store/mall security	• Automated teller machine services
• Airport security	• School security	• Railroad detective
• Bank guards	• Nuclear facility	• Loss preventive specialists
• Executive protection agencies	• Hospital security	• Computer/information security

출처: Schmalleger(2001: 187).

(LEAA)에 민간경비자문위원회(PSAC: Private Security Advisory Council)를 설치했다. 이러한 배경 속에서 미국의 민간경비업은 발전을 거듭하면서, 단순한 인력경비 수준을 넘어 첨단전자기술을 이용 한 기계설비 · 경비 체계를 갖추고 지역 단위의 범죄예방뿐만 아니라 주요 산업시설, 군사시설 경비까지 수행하고 있다. 무장 호송경비, 경보산업, 계약경비산업, 민간조사업, 경비자문 및 기술산업, 자물쇠 및 안전장치산업, 경비기계 제조 및 유통산업 등이 민간경비업에서 최고의 성장산업으로 부각될 것이다. 뿐만 아니라 문서보관 및 폐기 업무, 경비교육, 훈련업무, 경비장비 임대 업무, 도청 탐지 업무, 인질 교섭 업무, 보험 인수 업무, 재산 점검 및 감정 업무 등과 같이 경비 관련 비즈니스 및 서비스업이 점차 활성화되고 있다(이윤근, 2000: 4, 8).

1990년 당시, 재정 관련 연구 추정치에 의하면, 민간경비산업에서 520억 달러의 경비가 지출되었다고 한다. 이는 300억 달러 규모의 정규 경찰(법집행)기관 예산의 지출 규모를 상회하는 수치였다. 또한 10,000여 개 회사에 고용된 민간경비원은 약 150만 명이었으며, 이는 주(州) 및 지방경찰관서에 고용된 정규 경찰관 554,000명의 3배나 되는 규모였다.

미국의 민간경비는 연방제 국가 특성상 다양한 방식으로 운영되고 있으며 그 분야도 다양하다. 2000년 9 · 11 테러 이후 민간경비 산업의 중요성이 확대되고 있으며, 연방정부 차원의 관리도 강화되었다. KOTRA(대한무역진흥공사)의 해외시장조사 자료에 따르면, 미국에서 발생하는 각종 테러 및 총기난사 사고 등으로 인한 위기의식으로 이에 대한 사회적 경각심이 높아지고 있다.

미국의 보안서비스산업은 기업 및 정부 서비스 분야에서 경비나 수사 및 기타 보안서비스가 점차 대중화됨에 따라 연간 1.0%씩 지속적으로 증가해 2016년 311억 달러를 기록하였고, 2021년까지 연 0.7%의 성장률로 성장해 323억 달러의 규모로 성장할 것으로 예상하고 있다. 미국 내의 보안서비스 기업은 약 1만 730개로 집계되고 있다. 보안서비스 중 상업 보안경비서비스(예: 사람, 재산 및 건물을 보호하기 위해 고용된 전문가가 포함되며, 장비보호, 모니터링, 자동기계 점검 및 방문 기록 유지 서비스 등)가 전체 시장의 70%를 차지했으며, 그 외 조사서비스(예: 법률, 보험 청구 조사부터 기업 및 기관 조사 등 다양한 카테고리를 포함하며, 최근 투자가들의 기업사기 예방을 위한 조사가 많이 이루어지는 추세로 향후 증가할 것으로 예상)(15.9%), 보안차량(예: 금융기관 보석 및 귀금속 선적 포함한 소매업체 및 카지노 등의 기업에서 현금을 인도하고 수금)(6.7%) 및 스페셜 이벤트 경호(4.4%)가 뒤를 이어 시장의 90% 이상을 차지하고 있다(최종우, 2017.5.30 재구성).

한편, 미국은 1955년 ASIS(American Society fot Industrial Security, 미국경비협회)를 발족하고 시큐리티 자격증 SPP, PCI, PSP를 운영하고, 씨큐리티 전문 교육프로그램 운영 및 자료 제공 등 민간경비활동의 효율성을 높이고, 통일성을 증진하기 위한 업무를 하고 있으며, 우리나라를 포함하여 세계 각국에 지부를 두고 있다(이상훈, 2015). 또한 미국의 Allied Universial은 전체 보안서비스시장의 최대기업으로 시장의 14.8%를 차지하고 있으며, 세계적으로 14만 명이 근무하고 있다. Securitas AB는 미국 내 두 번째 규모의 보안서비스기업으로 시장의 13.8%를 차지하고 있다(최종우, 2017.5.30 재구성).

5. 일본의 민간경비산업

일본의 현대화된 민간경비업의 시작은 1962년 7월에 설립된 '일본경비보장주식회사'의 영업 개시로 거슬러 올라간다. 이 회사는 일본 제1의 민간경비업체인 SECOM의 전신이다(이윤근, 2001: 16). 1964년 도쿄올림픽을 선수촌 경비를 계기로 급속히 발달하게 되었다. 그 후 계속된 국제행사를 치르면서 일본의 민간경비는 '안전산업'이라는 새로운 업종으로 정착하게 되었다(정경선, 1999: 360). 민간경비업이 미국에서 도입된 지 불과 40여 년 만에 놀라운 성장을 하게 된 배경에는 각종 범죄문제와 재해의 증가로 시민들의 안전에 대한 욕구(수요)가 증가한 탓도 있으며, 첨단 컴퓨터 등 전자산업의 발전도 한몫을 하게 되었다. 이렇게 발전한 일본의 민간경비산업은 중국뿐만 아니라 한국에도 이미 진출하여 굴지의 민간경비회사를 운영하기에 이르렀다.

경비업무의 내용과 영역도 시설경비, 교통 유도 경비, 의전경비, 각종 이벤트 등의 혼잡경비, 현금 및 핵연료 등의 운송경비, 신변 보호 등으로 전문화·다양화하고 있으며, 그 밖에도 주차장 무인 감시 시스템, 농가 온실 등의 기계경비, 야간 쓰레기 불법 투기 감시, 병원 의료행정 관련 서비스, 소재 확인시스템(MAC), 공단종합경비시스템 등으로 활성화되고 있다.

일본은 경비업무의 수행을 높이기 위하여 일정 수준 이상의 지식 및 능력을 필요로 하는 검정제도를 도입하고 일정한 경비업무에 대해서는 검정합격 경비원의 배치의무를 규정하고 있다(곽대경·이승철, 2008: 100). 우리나라에 경비지도사와 유사한 경비원지도교육책임자 제도가 규정되어 있다. 일본 경비원지도교육책임자는 도도부현공안위원회에서 공안위원회가 국가공안위원회 규칙으로 정한 바에 의하여 경비원의 지도 및 교육에 관한 업무에 관하여 행한 경비원지도교육책임자 강습을 받고, 그 과정을 수료한 자, 공안위원회가 국가공안위원회 규칙으로 정한 바에 의하여 경비원의 지도 및 교육에 관한 업무에 관해 앞에 언급한 자와 동등 이상의 지식 및 능력을 갖는다고 인정한 자에게 경비원지도교육책임자 자자격증을 교부한다(김태민, 2012: 129). 경비원지도교육책임자의 업무는 지도 계획서 작성과 지도 및 기록의 작성, 교육계획서를 작성하여 경비원 교육의 실시를 관리, 서류 그 밖에 경비원 교육의 실시에 관한 기록의 기재에 관하여 감독, 경비업자에게 필요한 조언 등이다(김태민, 2010: 123). 또한 우리나라 기계경비지도사에 해당하는 기계경비업무관리자는 기지국마다 기계 장치의 운용을 감독하고, 경비원에 대한 지령업무를 통제하며 그 밖에 기계경비 업무를 관리하는 업무를 행한다(김태민 2012: 167).

경비원 검정제도는 경비원의 자질을 향상시키고 전문성을 확보하기 위해 경비원의 지식과 능력을 평가하여 합격하는 자에게 1급, 2급의 민간경비원 자격을 부여하고 있으며, 공안위원회는 경비업무의 실시에 적정성을 도모하기 위해 그 종별에 따른 경비원 또는 경비원이 되려는 자에 대해서 그 지식 및 능력에 관하여 검정을 수행한다(곽대경·이승철, 2008: 95 재구성).

6. 독일 및 유럽의 민간경비산업

동서독 통합은 독일경찰에게 새로운 치안수요에 직면하면서, 1990년 초반 이후 범죄는 아주 급격한 증가세를 보였다. 국경 개방과 더불어 수많은 외국인들이 유입, 외국인 범죄가 일상화되었으며, 이러한 시기에 내적 안전문제는 더 이상 경찰만의 직무가 아닌 상황으로 바뀌었다. 독일 정부 당국은 급증하고 있는 범죄문제를 효과적으로 해결하기 위해 다양한 범죄통제 정책을 구상하면서, 권한과 임무들을 민간경비회사에 위탁 · 위임해 왔다.

유럽에서 보기 드물 정도로 일찍이 독일에서는 1901년 최초의 민간경비회사가 설립되었으며, 통합 후 현재까지 치안수요의 급격한 증가추세에 힘입어 민간경비산업은 고속 성장을 거듭해 오고 있다. 경찰의 많은 직무들이 민간경비 분야로 이관되어야 한다는 것은 확실하지만, 어떤 업무를 어디까지 이양할 것인가는 아직까지 분명하지 않다(Olschok-Tautenhahn, 2001: 20).

1) 약사(略史)

독일에서는 1870년대에 들어서 최초로 도시 단위의 야경조직이 국가 단위의 공식적인 조직으로 합쳐지게 되었다. 국가 차원의 경찰관청은 도시 단위의 야경조직을 이양받기를 원했다. 드디어 1892년 경찰비용법의 통과를 계기로, 야간순찰근무를 수행하는 공무원들을 위한 비용문제가 국가의 직접적인 경찰행정 예산으로 처리되었다.

하노버에서 최초로 경비 및 방범조직이 1901년경 생겨났다(Olschok-Tautenhahn, 1996: 134-135). 샐로먼(Salomon)과 제이콥(Jacob)이라는 두 명의 독일 사업가가 19세기 말, 미국 경비회사인 브링크사(Brink's)와 핑커튼(Pinkerton)을 방문하게 되었다(Brueckmann, 2001: 30). 이들은 미국의 민간경비산업의 발전을 유심히 살펴본 후, 1901년 7월 15일 하노버에서 독일 최초의 민간경비회사(Das Hannoversche Wach-und Schiliessinstitut Jacob und Co.)[17]

17 당시의 회사는 오늘날 "Niedersaechische Wach- und Schiliessgesellschaft Eggeling & Schorling

를 설립했다.[18] 곧이어 덴마크, 스웨덴, 네덜란드, 그리고 벨기에에서도 관련 회사들이 설립되었다(Olschok-Tautenhahn, 2002: 11).

독일에서는 1927년에 경비영업에 대한 허가 의무를 부과하는 내용의 '영업법 §34a'가 제정되었다(DSD, 2000: 31). 1983년에 이르러 1,000개가 넘는 민간경비회사가 독일에서 영업을 하게 되었다. 수차례 관련 법령이 개정되었으며, 2002년 8월에는 '경비 및 보안근무 전문자격' 제도 도입을 위한 직업교육에 대한 관련 법령이 개정되기에 이르렀다. 거의 80%가 넘는 시민들은 민간경비산업이 경찰의 수많은 업무들을 경감시킬 수 있으며, 중요한 기능을 수행할 수 있다는 데 동의한다. 또한 70%가 넘는 시민들은 범죄문제에서 경찰이 더 이상 주도적 역할을 할 수 있는 상황이 아니기 때문에 민간경비산업의 활동을 확대해야 한다는 데 공감하고 있다(Olschok-Tautenhahn, 1996: 133).

독일은 민간경비에 관한 일반법은 없으며 영업법에 의해서 규율되고 있다. 그리고 구체적인 것은 영업법에 기초한 경비업령에 따른다. 경비업자는 관할청의 허가를 필요로 하며, 경비업자의 신뢰성, 영업수단 및 안전성, 법규정 교육 및 상공회의소 증명에 있어서 문제가 있을 시 허가가 거부된다. 그리고 대중교통관련, 가게 좀도둑에 대한 보호 및 숙박업관련, 디스코텍 입구에서의 경비와 같은 활동의 수행을 위해서는 상공회의소의 시험증명을 요한다(이민형, 2011: 105-106 재구성).

2) 현황과 전망

(1) 민간경비산업의 현황

독일의 민간경비 관련 단체로는 독일경비협회(경비 및 민간보안협회: BDWS),[19] 산업안전을 위한 노동협력체(약칭 ASW), 독일탐정협회(BDD),[20]

KG(합자회사)"라는 명칭으로 바뀌었다.

18 저자는 독일경비협회 사무총장을 맡고 있다. 잡지명 DSD는 *Der Sicherheitsdienst*의 약자이다. 독일경비협회 기관지이며, 잡지는 매년 4회씩 출판되고 있다.

19 http://www.bdws.de/main.html; Bundesverbandes Deutscher Wach-und Sicherheits-unternehme e.V.

경비업연구소(FORSI),[21] 현금 및 귀중품수송연합회(BDGW)[22] 등이 활동하고 있다. 분석/상담/전략/교육과 훈련, 빌딩과 대규모 공장단지 보호, 출입문 및 안내 서비스, 화재 예방, 공장 및 사무실의 방화 장벽 설치, 구역순찰, 신변경호, 문서 수송 및 전달 심부름, 철도 건설 현장을 위한 경비소 운영, 환경 및 작업장 보호, 비상조치 서비스, 비상벨 추적, 기계설비를 이용한 원격안전관리, 공정한 거래 및 박물관 보안, 행사 및 회의 서비스, 공공교통의 보호 및 경호와 같은 근무 영역이 독일과 다른 유럽 국가들 사이에서 민간경비산업의 영역으로 인정되고 있다. 독일 민간경비산업계에는 외국 대기업들이 강력한 점유율을 나타낼 것이다. 특히 일본 대기업마저 독일 민간경비시장 문을 두드리고 있으며, 독일은 유럽에서 가장 큰 시장으로 알려져 있다.

(2) 민간경비산업에 대한 전망

유럽연합에서는 민간경비 시장적 측면에서 볼 때, 유럽을 매우 유망한 시장으로 평가하고 있으며, 지속적으로 성장할 것으로 내다보고 있다. 내적 안전을 위한 민간경비회사의 중요성은 모든 유럽 국가들 사이에서 증가하고 있으며, 관련 산업의 경제적 중요성은 계속 확대되고 있다. 경찰과 민간경비회사 간의 다양한 협력 모델은 사실적으로 혹은 법적으로 다양한 토대를 필요로 한다(Olschok-Tautenhahn, 2002: 14). 지금까지 공적인 경찰사무로 여겨져 왔던 것들이 공개적으로 위탁 혹은 위임이 이루어지고 있다. 예를 들면, 재소자 호송 업무, 교도소 감시 및 경비, 도로교통 감시, 공기업 시설에 대한 경비 등은 이제 더 이상 국가사무로 남아 있어서는 안 된다는 분위기이다.

관련 시장의 매출 규모나 민간경비업 종사자들이 얼마나 큰 규모로 성장할 수 있을지 예측한다는 것은 매우 어려운 일이다. 급격하게 성장하고 있는 것을 보면, 장래에는 기계경비 활동을 통해 사람에 의한 경비활동 영역이 상당 부분 대체될 것이라는 점이다. 즉, 인력경비서비스는 점점 더 적은 매출고

---

20 http://www.bdd.de/Um3.asp?m=BDD&s=bdsteuer&d=bdd; Bundesverband Deutscher Detektive (BDD)

21 URL: http://www.forsi-online.de/Forschungsstelle Sicherheitsgewerbe

22 http://www.bdgw.de/main.html; Bundesvereinigung Deutscher Geld-und Wertdienste e.V.

로 나타날 것으로 전망되고 있다. 장래의 시장은 공장경비, 건물(빌딩)관리 분야, 현금 및 귀중품 수송, 공공 교통기관,[23] 행사장경비 근무,[24] 항공보안 근무,[25] 사법 분야[26]에서 지속적으로 성장할 것이다. 또한 개별 회사 간, 세계적인 민간경비회사 간의 합병과 진퇴가 수시로 이루어질 것이다.

7. 한국 민간경비업의 육성 및 발전방안

한국의 민간경비업은 기본적으로 구조적인 차원에서 다음의 몇 가지 문제점을 내포하고 있다(이윤근, 2000: 16). 민간경비업체는 자금과 인력이 부족한 영세한 중소 민간경비업체들로는 경비 업무의 전문성, 균형적 발전을 도모하기 어렵다. 경비지도사 제도의 현실화, 기계경비에 대한 경비장비의 인증, 경비전문자격증, 경비인력의 자질문제(교육 훈련 부족), 연구 기능, 경찰과 민간경비와의 협력 체계, 방범기기 제조업체의 발전 수준(정진환, 1998: 293) 등이 각각 지적되고 있다. 이에 따라, 동일한 업무를 수행하고 있지만 세부적인 처우가 다른 민간경비원과 청원경찰의 이원화 문제의 개선하고 경비협회의 활성화 및 경비원 보수 및 근로 조건 개선 및 전문화 교육을 통해 민간경비 분야에 우수한 인력을 유치할 필요가 있다.

---

23 1972년부터 뮌헨 시 지하철에서 "민간인에 의한 안전근무: zivile Sicherheitsdienst: ZSD"가 투입된 사례를 주목할 필요가 있다. 그러한 요원들은 독일 전역에서 '검은 보안관(Schwarze Sheriffs)'이라는 명칭으로 신문에 대서 특필된 바 있다.

24 경비 및 민간 보안회사의 모든 종업원들의 거의 12%가 박람회, 행사장, 그리고 대규모 회의 경비근무에 종사하고 있다. 임무는 주차장 관리에서 출입자 통제, 경기장의 비상구 확보, 행사 장소 주변의 외부순찰, 경기장 및 연단과 관중석에서의 질서유지 근무에서 특별근무에 이르기까지 다양하다.

25 1974년 베를린의 테겔(Tegel) 공항에서 영업이 개시된 이래, 일반 방범경찰, 경비경찰, 베를린 공항 유한책임회사 직원들, 민간경비회사 직원들이 함께 근무했다. 베를린 경찰이 여권심사와 보안근무에 전념하는 동안, 탑승객에 대한 신체검사, 높은 위험 상황에 있는 휴대품 통관 및 검사, 수화물 · 우편물검사 · 탑승안내 등은 베를린 주 정부와 위탁계약을 맺은 민간경비회사에 의해 이루어졌다(Olschok-Tautenhahn, 1996: 150-151).

26 몇몇 연방주(聯邦州)에서는 거부된 망명신청자를 위해 본국으로 송환하는 책임을 주로 민간인을 통해 실시하고 있다. 장래에 또한 민간 교도소가 출현하는 것을 대비하여, 가능하면 준비활동으로서 이미 축적된 경험들이 활용될 것이다.

각종 자연재해 및 재난과 위험이 존재하는 현대사회에서 민간경비업의 대표적인 분야인 인력중심 시대에서 기계중심의 시대로 전환되고 있다. 앞으로의 민간경비는 날로 발전해 나가고 있는 과학기술 분야와의 접목을 통해 드론, 사물인터넷, AI(인공지능), 생체인식, 빅데이터 분석 등의 정보보안 산업과의 협력 등을 통한 새로운 경비상품 개발과 경비업 분야의 확대를 위한 노력이 필요하다.[27]

표 5-12 경찰, 청원경찰, 민간경비의 주요 항목별 비교

구 분	경 찰	청원경찰	민간경비원
이념	공공적 이익 우선 국민의 생명, 재산 보호	준공공적 이익, 기관장 및 시설주 요구 범위 내에서	개인적 이익 도급계약자 요구 범위 내에서
직무 (권한)	사회공공의 질서유지 경찰관직무집행법 범위 내 • 범죄예방, 수사, 범인 체포 • 요인경호, 대간첩작전 • 정보 수집, 분석, 배포 • 교통 단속, 위해 방지 • 공공안녕, 질서유지	근무하는 경비구역 내에서만 경찰관직무집행법에 의한 직무 수행	특별 권한 없음 직무 시는 사인으로 적용됨 • 정당방위(형법 제21조) • 긴급피난(형법 제22조) • 자구행위(형법 제23조)가 적용
교육	경찰 간부: 1년(경찰대학 4년) 경찰 비간부: 6개월 교육	경찰교육기관에서 2주간 실무교육, 임용 후 매월 4시간 직무교육	• 일반경비원: 경비협회에서 임용전 24시간, 임용 후 매월 4시간 직무교육 • 특수경비원: 임용 전 88시간 교육, 임용 후 매월 6시간 직무교육
신분	국가공무원, 연령, 계급에 따라 정년	민간인(기본 신분은 공무원이 아님)(18~50세)	민간인(18세 이상인 자)
보수	경찰공무원보수규정	행정안전부 장관 매년 최저 임금 고시	협회에서 조정하나 경비업체 자유
복장 장비	행정안전부령 규정	청원경찰법 규정	경비업법 규정

27 2019년 국내 정보보호 산업 실태조사에 따르면, 2019년 물리보안시장은 7조 2,795억 원으로 전체 보안시장의 68.9%를 차지하고 있으며 적용 분야가 확대되고 있어 지속적으로 성장할 것으로 기대하고 있으며, 중소기업 기술로드맵 사업에서 중소기업의 미래유망기술로 제시하고 있다(정의정 외, 2020).

직무 범위	광역, 공공 영역 중요 지점 설정 활동	지정된 공공 영역 시설주가 요구한 시설물 및 지역	경비업법에 규정된 5종 (시설경비, 기계경비, 특수경비, 신변보호, 특수경비업무)
무기 휴대	무기 휴대 가능	근무지역에서만 무기 휴대 가능	• 일반경비원: 무기 휴대 불가 • 특수경비원: 근무지역 내 무기 휴대 가능
손해 배상	국가 책임(국가배상법)	시설주 책임(원칙적 민사책임)	경비업자 책임(민사책임)

* 2001.4.7. 경비업법의 개정으로 특수경비 업무가 경비업법에 추가되고, 특수경비에 종사하고자 하는 경비원은 88시간의 신임교육을 받고 특수경비원으로, 임명되어 근무지역 내에서 무기를 휴대할 수 있다.

참고문헌

국내 문헌

경찰대학(1992). 『경찰순찰 활동의 발전적 개선 방안』, 용인: 경찰대학.

경찰청(1994). 『한국경찰사』, 서울: 경찰청.

______(2018). 『경찰백서 2018』, 서울: 경찰청.

______(2020). 『경찰백서 2020』, 서울: 경찰청.

경찰청 방범국(1991). 『방범전서』, 서울: 경찰청.

경찰청 경무국(1994). 『국민의 사랑과 신뢰받는 경찰』, 서울: 경찰청.

宮澤浩一(미야자와 고이치) · 장규원 역(1999). 『피해자학 입문』, 서울: 길안사.

곽대경 · 이승철(2008). "한국과 일본 경비업법의 개요 및 시사점에 관한 연구," 『한국경찰학회보』, 10(3): 100.

권창국(2002). "범죄자 프로파일링 증거의 활용과 문제점에 관한 검토," 『한국공안행정학회보』, 14: 1-26.

기광도(2001). "경찰의 범죄억제력에 관한 고찰," 『형사정책연구』, 12(4): 113-141.

김상희 · 강대형 · 이태원(1991). 『파출소 단위 방범활동의 개선 방안 연구』, 서울: 형사정책연구원.

김용환(1998). 『지역사회 경찰활동의 구체적 활동모델 개발에 관한 연구』, 연구보고서 98-15, 용인: 치안연구소.

김충남(2001). 『경찰학개론』, 서울: 박영사.

김태민(2012). “기계경비지도사 제도의 발전과제,”『한국치안행정논집』, 9(1).
______(2012). “일반경비지도사와 일본 경비원지도교육책임자 비교를 통한 정책적 시사점,”『한국치안행정논집』, 9(3).
김형청(1991).『경찰순찰활동의 실태와 발전적 개선 방안』, 서울: 형사정책연구원.
김흥순(2007). “非性別的 도시의 모색: 도시환경요소가 주는 잠재적 범죄위협에 대한 여성인식의 고찰,”『국토계획』, 42(1).
박기석(1995).『경찰관직무집행법에 관한 연구』. 서울: 형사정책연구원.
박병식·주희종(1997).『파출소근무제도 및 순찰활동 개선 방안』, 연구보고서 97-5, 용인: 치안연구소.
박상기(1996).『刑法總論』, 서울: 박영사.
박상기·손동권·이순래(1999).『刑事政策』, 서울: 형사정책연구원.
박현호(2003). “영국의 환경설계를 통한 범죄예방전략,”『한국경찰연구』, 2: 238-276.
박현호·이민식(2008). “환경설계를 통한 방범 프로그램(CPTED)의 효과분석 연구,”『치안논총』, 제24집, 용인: 치안연구소.
배종대(1999).『형사정책』, 서울: 홍문사.
법무연수원(2008).『범죄백서 2008』, 용인: 법무연수원.
______(2020).『2019 범죄백서』, 진천: 법무연수원.
서울지방경찰청(1995).『배우면서 일하고, 일하면서 배우고』, 서울: 서울지방경찰청.
서재근(1963).『警察行政學』, 서울: 삼중당.
______(1995).『공안행정학논총』, 서울: 진명문화사.
신진규(1987).『刑事政策』, 서울: 법문사.
이건종·전영실(1994).『미국의 범죄예방정책에 관한 연구』, 서울: 형사정책연구원.
이기헌·임영철·기광도(1995).『미국 경찰의 범죄예방활동에 관한 연구』, 서울: 형사정책연구원.
이민형(2011). “각국의 민간경비관련 법제에 관한 비교법적 고찰,” 한국균형발전연구, 2(1).
이상안(1989). “政策對象集團의 規制不應要因分析에 관한 연구,” 박사학위 논문, 서울대학교 대학원.
______(1998).『犯罪經濟學』, 서울: 박영사.
이상훈(2015).『미국경비협회(ASIS)의 전문화와 세계화 전략에 관한 방문연구』, 용합보안논문지, 15(3).
이운주(1999). 『경찰학개론』, 용인: 경찰대학.
이운주 외(1999). 『경찰실무전서』, 용인: 경찰대학.
______(2000). 『警察行政法』, 용인: 경찰대학.
이윤근(2000). "한국 민간경비산업의 발전방안," 『한국민간경비학회보』, 창립 세미나 자료.
______(2001). 『民間警備原論』, 서울: 엑스퍼트.
이재상(1999). 『형사소송법』, 서울: 박영사.
이황우(1994). "경찰의 범죄예방활동," 범죄예방정책과 방향: 제13회 형사정책 세미나, 67-100.
이황우 외(1999). 『刑事政策』, 서울: 법문사.
임준태 외(2007). 『비교경찰제도론』, 서울: 법문사.
임학순·이은구(1995). "파출소 방범활동 체제 개선 방안," 『치안논총』, 제11집, 용인: 치안연구소.
정경선(1999). 『경찰방범론』, 용인: 경찰대학.
정의정 외(2020). "경기도 물리보안산업의 실증 지원 정책 방안 연구," 경기도의회.
정진환(1998). 『경찰행정론』, 서울: 대영문화사.
조병인(2000). 『현대사회와 범죄』, 서울: 법문사.
최인섭(1994). "지역사회 범죄예방과 민간인 참여," 범죄예방정책과 방향: 제13회 형사정책 세미나, 서울: 형사정책연구원.
최인섭·김지선(1997). 『범죄의 두려움에 관한 연구』, 서울: 한국형사정책연구원.
최인섭·진수명(1995). 『지역사회 범죄예방활동과 민간인 참여』, 서울: 형사정책연구원.

국외 문헌

Adams, Thomas F.(2006). *Police Field Operations*, 6th ed., Upper Saddle River, NJ: Pearson Prentice Hall.
Adler, Freda, Gerhard O. W. Mueller, & William S. Laufer(2007). *Criminology*, 6th ed., New York, NY: McGraw Hill Co.

Ainsworth, Peter B.(2001). *Offender Profiling and Crime Analysis*, Cullompton, Devon: Willan Publishing.

Albrecht, H.-J.(1993). "Generalprävention," in *Kleines Kriminologisches Wörterbuch*, hrsg. v. Kaiser, Kerner, Sack & Schellhoss, 3. Aufl.

______(1997). "Zur Sicherheitslage der Kommunen," in *Konzepte Kommunaler Kriminalprävention*, hrsg. v. Kury, MPI Bd. 59.

Bernburg, John Gunnar & Thorolfur Thorlindsson(2001). "Routine Activities in Social Context: A Closer Look at the Role of Opportunity in Deviant Behavior," *Justice Quarterly*, 18: 543-568.

Binninger, Clemens & Gunther Dreher(1997). "Der Compstat-Prozeß: Die Erfolge der New Yorker Polizei in der Kirmi-nalitätsbekämpfung," in *Die Polizei* 11.

______(1998). "Der CompStat-Prozeß: Die Erfolge der New Yorker Polizei in der Kirmi-nalitätsbekämpfung," in *Die Polizei* 1.

Birzele(1995). "Kommunale Kriminalprävention in Baden-Württemberg-Von der Idee zur Umsetzung," in *Kommunale Kriminalprävention in Baden-Württemberg*, hrsg. v. Feltes, Bd. 9.

Birzer, Michael L. & Cliff Roberson(2007). *Policing: Today and Tomorrow*, Upper Saddle River, New Jersey: Pearson Prentice Hall.

Bosch, Hartmut(1998). "Kriminalpraevention. Ansatz in den neuen Bundeslaendern. Beispiel Brandenburg," in *Entwicklung der Kriminalpraevention in Deutschland-Allgemeine Trends und bereichspezifische Perspektiven*, hrsg. v. Kerner, H.-J. u. a.

Bowers, Kate J., Shane D. Johnson, & Ken Pease(2004). "Prospective Hot-Spotting: The Future of Crime Mapping?" *British Journal of Criminology*, 44: 641-658.

Bowker, Lee(1981). "Crime and the Use if Prisons in the United States: A Time Series Analysis," *Crime and Delinquency*, 27: 206-212.

Boydstun, J. E.(1975). *San Diego field interrogation: Final report.* Washington, DC: Police Foundation: Lyman, Michael D., The Police: An Introduction, 3rd ed.

Braga, Anthony, David Weisburd, Elin Waring, Lorraine Green Marzerolle, William Spelman, & Francis Gajewski(1999). "Problem-Oriented Policing in Violent Crime Places: A Randomized Controlled Experiment," *Criminology*, 37: 541-

580.

Brantingham, Paul J. & Frederic L. Faust(1976). "A Conceptual Model of Crime Prevention," in: *Crime and Delinquency*, June.

Brantingham, Paul J. & Patricia L. Brantingham(1991). "Introduction: The Dimensions of Crime," in *Environmental Criminology*, ed. Brantingham and Brantingham, Prospect Heights, Ill.: Waveland.

Bratton, W.(1998). "Crime is Down in New York City: Blame The Police," in *Zero Tolerance: Policing*, A Free Society, ed. by Norman Dennis.

Buck, Andrew, Simon Hakin, & George Rengert(1993). "Burglar Alarms and the Choice Behavior of Burglars: A Suburban Phenomenon," *Journal of Criminal Justice*, 21: 497–507.

Burke, Roger Hopkins(1998a). "A Contextualisation of Zero Tolerance Policing Strategies," in *Zero Tolerance Policing*, ed. by R. H. Burke.

______(1998b). "Begging, Vagrancy and Disorder," in *Zero Tolerance Policing*, ed.

Carr–Hill, R. A. & Nicholas Stern(1973). "An Econometric Model of the Supply and Control of Recorded Offences in England and Wales," *Journal of Public Economics*, 2(4): 289–318.

Chaiken, L. M., M. W. Lawless, & K. A. Stevenson(1974). *The impact of police activity on crime: Robberies in the New York subway system*. New York: RAND Institute.

Clarke, Judge Dennis, quoted in M. Bunyan(1997). "Judge angry as boy thugs go free," *Daily Telegraph*, 7 June.

Clarke, Ronald V.(1992). "Deterring Obscene Phone Callers: The New Jersey Experience," in *Situational Crime Prevention Successful Case Studies*, Albany, NY: Harrow and Heston.

______(1999). Hot Products: *Understanding, Anticipating and Reducing Demand Stolen Goods*, Policing and Reducing Crime Unit, Police Research Series Paper 112, London: Home Office.

______(2001). "Rational choice," in R. Paternoster & R. Bachman(eds.), *Explaining Crime and Criminals*, Los Angeles, CA: Roxbury.

Clarke, Ronald & V. Derke Cornish(1985). "Modeling Offenders' Decisions: A Framework for Research and Policy," in *Crime and Justice*, vol. 6, ed.

Michael Tonry and Norval Morris, Chicago: University of Chicago Press.

Clarke, Ronald V. & Ross Homel(1997). "A Revised Classification of Situational Crime Prevention Techniques," in *Crime Prevention at a Crossroads*, ed. Steven P. Lab, Cincinnati: Anderson.

Classen, Hans-Georg(1998). "Praeventionsprojekte aus der Praxis," in *Entwicklung der Kriminalpraevention in Deutschland*, hrsg. v. Kerner u.a.,

Cohen, Lawrence & Marcus Felson(1979). "Social Change and Crime Rate Trends: A Routine Activities Approach," *American Sociological Review*, 44: 588-608.

Conrad, J. P.(1987). "Dealing with Crime on the Street," in *Handbook on Crime and Delinquency Prevention*, ed. by Johnson Elmer H., New York: Greenwood Press.

Cook, Philip J.(1983). *Robbery in the United States: An Analysis of Recent Trends and Patterns*, U.S. Department of Justice, Washington, D.C.: Government Printing Office.

Cordner, G. & R. Trojanowicz(1992). "Police," in G. W. Cordner & D. C. Hale, eds., *What works in policing: Operations and administration examined.* Cincinnati, OH.

Cornish, D. & R. V. Clarke(2003). "Opportunities, precipitators and criminal decisions: A reply to Wortley's critique of situational crime prevention," in M. Smith & C. B. Cornish(eds.), "*Theory for situational crime prevention*," Crime prevention studies, Vol. 16, Monsey, NY and Cullompton, Devon, UK: Criminal Justice Press: 41-96.

Cromwell, Paul F., James N. Olson, & D'Aunn Webster Avary(1991). *Breaking and Entering: An Ethnographic Analysis of Burglary*, Newbury Park, Calif.

Crowe, T. D.(2000). "Crime Prevention Through Environmental Design," MA, Butterworth-Heinemann

Crowther, Chris(1998). "Policing The Excluded Society," in *Zero Tolerance Policing*, ed. by R. H. Burke.

Daniels, R., Steven Lorin Baumhover, William Formby, & Carolyn Clark-Daniels(1999). "Police Discretion and Elder Mistreatment: A Neted Model of Observation, Reporting and Satisfaction," *Journal of Criminal Justice*, 27.

Dann, Robert(1935). "The Deterrent Effect of Capital Punishment," *Friends Social Service Series*, 29.

Ditton, J.(1998). "Public support for town centre CCTV schemes: myth or reality?" in Norris et al.

Dobrin, Adam(2001). "The Risk of Offending on Homicide Victimization: A Case Control Study," *Journal of Research in Crime and Delinquency*, 38: 151-173.

Dölling, Dieter(1988). "Effizienzsteigerung durch Beurteilung der Aufklärungs-wahrscheinlichkeit?" in *Der Polizeiliche Erfolg*, hrsg. v. BKA Sonderband.

Ehrlich, Isaac(1973). "Participation in Illegitimate Activities: An Economic Analysis," *Journal of Political Economy*, 81: 521-567.

Ellingworth, Dan, Graham Farrell, & Ken Pease(1995). "A Victim Is a Victim Is a Victim? Chronic Victimization in Four Sweeps of the British Crime Survey," *British Journal of Criminology*, 35: 360-365.

Farrell, Graham(1995). "Preventing Repeat Victimization," in *Building a Safer Society: Strategic Approaches to Crime Prevention, Crime and Justice*, vol. 19, ed. Michael Tonry & David P. Farrington, Chicago: University of Chicago Press.

Farrell, Graham, Coretta Phillips, & Ken Pease(1995). "Like Taking Candy: Why Does Repeat Victimization Occur?," *British Journal of Criminology*, 35: 384-399.

Fassband, Fritz(1978). "Die Rolle der Uniformpolizei bei der Verhütung und Bekämpfung der Kriminalität," in *Kriminologische Aufgaben der Polizei*, hrsg. v. Brusten u.a.

Fattah, Ezzat A.(1989). "Victims and Victimology: The Facts and the Rhetoric," *International Review of Victimology*, 1.

Felson, Marcus(1992). "Routine Activities and Crime Prevention," in National Council for Crime Prevention, *Studies on Crime and Crime Prevention, Annual Review*, vol. 1, Stockholm: Scandinavian University Press.

______(1994). *Crime and Everyday Life: Insights and Implications for Society*, Thousand Oaks Calif.: Pine Forge Press.

Felson, M. & R. Clarke(1998). *Opportunity makes the thief: Practical theory for crime prevention, Police Research Paper 98*, London, England: Crown Publishers.

Felson, Richard B.(1996). "Big People Hit Little People: Sex Differences in Physical Power and Interpersonal Violence," *Criminology*, 34: 433-452.

Feltes, Thomas(1994). "Kommunale Kriminalprävention: Ausgangspunkt und Ziel," in *Kommunale Kriminalprävention-Modelle und Erfahrungen*, hrsg. v. Feltes.

______(1995). "Zur Einführung: Kommunale Kriminalprävention und bürgernahe Polizeiarbeit," in *Kommunale Kriminalprävention in Baden-Württemberg*, hrsg. v. Feltes, Empirische Polizeiforschung Bd. 9.

______(1996). "Organisation polizeilicher Drogenpraevention," in *Drogenpraevention und Polizei*, hrsg. v. Doelling, BKA Forschungsreihe Bd. 34.

Fyfe, N. R., Green, Walsh, Wilson & McLaren(1977). *Police Administration*, 4th ed.

Gaines, Larry K.(1993). "Coping with the Job Stress in Police Work," in *Critical Issues in Policing*, ed. by Dunham/Alpert, Prospect Heights: Waveland Press Inc.

Gaines, Lary K. & Victor E. Kappeler, & Joseph B. Vaughn(1994). *Policing in America*, Cincinnati: Anderson Publishing Co.

Gaines, L. & Pascoe, T.(2004). "Design Out Crime? Using Practice-based Models of the Design Process," *Crime Prevention and Community Safety: An International Journal*, 6(4): 9-18.

Garland, D.(2001). *The Culture of Control: Crime and Social Order in Late Modernity*, Oxford: Oxford University Press.

Gay, Schell & Schack(1977). *Improving Patrol Productivity*, Vol. II, Specialized Patrol.

GfK-Umfrage(1996). "Welches sind die dringlichsten Probleme, die in Deutschland zu lösen sind?," *DER SPIEGEL* Nr. 46: 35.

Gilsinan, J. F.(1989). "They is clowning tough:911 and the social construction of reality," *Criminology*, 27: 329-344.

Godwin(2001). "Psycho-Geographical Profiling," in *Criminal Psychology and Forensic Technology*, ed. by Grover Maurice, Godwin, Boca Raton et al.: CRC Press.

Goold, Benjamin J.(2004). *CCTV and Policing: Public Area Surveillance and Police Practices in Britain*, Oxford: Oxford University Press.

Gottesfeld, Harry(1972). *The Critical Issues in Community Mental Health*, New York: Behavioral Publications.

Greenberg, David & Nancy Larkin(1998). "The Incapacitation of Criminal Opiate Users," *Crime and Delinquency*, 44: 205-228.

Greene, Jack R.(ed.)(2006). *The encyclopedia of police science*, 3rd ed., New York et al.: CRC Press.

Hassemer, Winfred(1998). "Zero tolerance"-Ein neues Strafkonzept?" in *FS für Günther Kaiser.*

Hazelbaker, Kim(1996). "Insurance Industry Analyses and the Prevention of Motor Vehicle Theft," paper presented at the Business and Crime Prevention Conference, an International Seminar Sponsored by the National Institute of Justice and Rutgers, State University of New Jersey, New Brunswick, N.J.

Heinz, Wolfgang(1998). "Kriminalprävention-Anmerkung zur einer überfälligen Kurskorrektur der Kriminalpolitik," in *Entwicklung der Krimin-alprävuntion in Deutschland: Allgemeine Trends und bereichss-pezifische Pers-pektiven*, hrsg. v. Kerner, u.a.

Hermanutz, Max(1995). "Die Zufriedenheit von Bürger mit den Umgangsformen der Polizei nach einem persönlichen Polizeikontakteine empirische Untersuchung," in *Kommunale Kriminalprävention in Baden-Württemberg*, hrsg. v. Feltes.

Hess, Henner(1996). "New York zieht die Lehren aus den zerbrochenen Fensterscheiben, Eine neue Polizeistrategie zwischen Enthusiasmus und Kritik," in *Kriminologisches Journal*, 28.

Hess, K. M.(2009). *Introduction to Private Security*(5th ed.), Wadsworth Sengage Learning.

Hindelang, Michael J., Michael R. Gottfredson, & James Garofalo(1978). *Victims of Personal Crime: An Empirical Foundation for a Theory of Personal Victimization*, Cambridge, Mass.: Ballinger.

Holden, Richard N.(1994). *Modern Police Management*, Englewood Cliffs, NJ.: Prentice-Hall Career and Technology, 2nd ed.

Hough, Michael(1996). "The Police Patrol Function: What Research Can Tell Us?," in *Themes in Contemporary Policing*, ed.

Jeffery, C. Ray(1977). *Crime Prevention Through Environmental Design*, Sage Publications Inc.: Beverly Hills, and London.

Kaiser, Guenther(1978). "Entwicklung und Stand empirischer Polizei-forschung," in *Kriminologische Aufgaben der Polizei*, hrsg. v. Brusten, u.a.

Kelling, G. L.(1974). *The Kansas City preventive patrol experiment: A summary report*. Washington, D.C.

Kelling, Pate, Dieckman, & Brown(1974). "Introduction," in *The Kansas City Preventive Patrol Experiment: A Technical Report*, Police Foundation.

Klink, Manfred & Siegfried Kordus(1986). *Kriminalstrategie: Grundlagen polizeilicher Verbre-chensbekämpfung*.

Knights, Bob(1998). "The 'Slide to Ashes': An Antidote to Zero Tolerance," in *Zero Tolerance Policing*, ed. by R. H. Burke.

Kovandzic, Tomislav V. & John J. Sloan(2002). "Police Levels and Crime Rates Revisited, A County-Level Analysis from Florida(1980-1998)," *Journal of Criminal Justice*, 30.

Kube & Koch(1996). *Kriminalprävention: Lehrund Studienbriefe Kriminologie*, Nr. 3.

Kury, Helmut & Joachim Obergfell-Fuchs(1995). "Verbrechensfurcht und kommunale Kriminal-prävention-Analyse anhand der Bevölkerung-sbefragung in den Projektstädten und der bundesweiten repräsentativen Bevölkerung-sumfrage," in *Kommunale Kriminalprävention in Baden-Württemberg*, hrsg. v. Feltes.

Kury, Helmut & Uwe Doermann, & Harald Richter(1996). *Opfererfahrungen und Meinungen zur Inneren Sicherheit in Deutschland*, BKA Forschungsreihe Bd. 25.

Lab, Steven P.(1997). *Crime Prevention Approaches, Practices and Evaluations*, 3rd ed., Cincinnati, Ohio: Anderson Publishing Co.

Larson, R. C.(1975). "What happened to patrol operations in Kansas City? A review of the Kansas City preventive patrol experiment," *Journal of Criminal Justice*, 3.

Lasley, James R.(1986). "Drinking Routines/Lifestyles and Predatory Victimization: A Causal Analysis," *Justice Quarterly*, 6: 529-542.

Levitt, Steven(1997). "Using Electoral Cycles in Police Hiring to Estimate the Effect of Police on Crime," *American Economic Review*, 87: 70-91.

Lim, Joon-Tae(1999). *Verbrechensbekämpfung durch die vorbeugenden Maßnahmen der Polizei*, Aachen: Sharker Verlag.

Loeber, Rolf, Mary DeLamatre, George Tita, Jacqueline Cohen, Magda Stouthamer-Loeber, & David Farrington(1999). "Gun Injury and Morality: The Delinquent Backgrounds of Juvenile Offender," *Violence and Victims*, 14: 339-351.

Loy(1995). "Zusammenarbeit der Polizei mit Kommunen und Schulen in der Verkehrserziehung," in *Polizei Nachrichten*, Nr. 1 Jan.

Lyman, Michael D.(2005). *The Police: An Introduction*, 3rd ed., Upper Saddle River, New Jersey: Pearson Prentice Hall.

Manning, P. K.(1992). "Information technologies and the police." in M. Tonry & N. Morris, eds., *Modern Policing*. Chicago: University of Chicago Press.

Marvell, Thomas & Carlisle Moody(1996). "Specification Problem, Police Levels, and Crime Rates," *Criminology*, 34: 609-646.

Marzelle, Lorraine, Green Colleen Kadleck, & Jan Roehl(1998). "Controlling Drug and Disorder Problems: The Role of Place Managers," *Criminology*, 36: 371-404.

McEwen, J. T., E. F. Connors Ⅲ, & M. J. Cohen(1986). *Evaluation of the Differential Police Responses Field Policing*. Chicago: University of Chicago Press.

Meier, Robert F. & Terance D. Miethe(1993). "Understanding Theories of Criminal Victimization," in *Crime and Justice: A Review of Research*, vol. 17, ed. Michael Tonry, Chicago: University of Chicago Press.

Miethe, Terence & Robert Meier(1994). *Crime and Its Social Context: Toward an Integrated Theory of Offenders, Victim, and Situations*, Albany, N.Y.: State University of New York Press.

Moffat, R.(1983). "Crime prevention through environmental design: A management perspective", *Canadian Journal of Criminology*, 25(4): 19-31.

Mueller, Henning Ernst(1997). "Pilotprojekt zur Videoueberwachung von Kriminalitaetsschwerpunkten in der Leipziger Innenstadt," in *Die Polizei.*

Müller-Dietz, Heinz(1985). "Integrationsprävention und Strafrecht," in *FS für Hans-Heinrich Jescheck*, hrsg. v. Vogler.

Murray, C.(1994). "The physical environment," in J. Wilson & J. Petersilia(eds.), *Crime*, San Francisco, CA: Institute for Contemporary Studies.

Newman, Oscar(1973). *Defensible Space: Crime Prevention through Urban Design*, New York: Macmillan.

Norris, C., J. Moran, & G. Armstrong(1998). "Algorithmic surveillance: The future of automated visual surveillance" in Norris et al.

Olschok-Tautenhahn, Harald(1996). "Private Sicherheitsunternehmen in der Bundesrepublik Deutschland-Bestandsaufnahme und Ausblik," in *Privates Sicherheitsgewerbe*, hrsg. v. Polizeifuehrungsakademie.

Office of the Deputy Prime Minister & Home Office(2004). *Safer Places-The Planning system and Crime Prevention*, UK.

Paulsen, Derek J. & Matthew B. Robinson(2004). *Spatial Aspects of Crime: Theory and Practice.*

Phillips, David(1980). "The Deterrent Effect of Capital Punishment," *American Journal of Sociology*, 86: 139-148.

Piquero, Alex & George F. Rengert(1999). "Studying Deterrence with Active Residential Burglars: A Research Note," *Justice Quarterly*, 16: 451-472.

Pollard, Charles(1998). "Zero Tolernace: Short-term Fix, Long-term Liability?," in *Zero Tolerance Policing a Free Society*, ed.

Pyle, J. David(1983). *The Economics of Crime and Law Enforcement*, New York: The Macmillan Press.

Reiner, Robert(1997). "Policing and the Police," in *The Oxford Handbook of Criminology*, ed.

Reiss, A.(1971). *The police and the public*, New Haven: Yale University Press.

Rengert, George & John Wasilchick(1985). *Suburban Burglary: A Time and a Place for Everything*, Springfield, Ill.: Charles C. Thomas.

Reynolds, Horgan(1980). "The Economics of Criminal Activity," in *The Economics of Crime*, ed.

Riegel(1984). Polizei-und Ordnungsrecht des Landes Baden-Württemberg.

Robinson, Matthew(1999). "Lifestyles, Routine Activities, and Residential Burglary Victimization," *Journal of Criminal Justice*, 22: 27–52.

Romeanes, Terry(1998). "A Question of Confidence: Zero Tolerance and Problem–Oriented Policing," in *Zero Tolerance Policing*, ed.

Roncek, Dennis W. & Donald Faggiani(1985). "High Schools and Crime: A Replication," *Sociological Quarterly*, 26: 491–505.

Roncek, Dennis W. & Pemela A. Maier(1991). "Bars, Blocks, and Crimes Revisited: Linking the Theory of Routine Activities to the Empiricism of Hot Spots," *Criminology*, 29: 725–753.

Rubin, Paul H.(1980). "The Economics of Crime," in *The Economics of Crime*, ed.

Schimpler, Wolfgang(1988). "Effizienz der Kriminalpraeventionaus der Sicht des Praktiker," in *Der Polizeiliche Erfolg*, hrsg. v. BKA Sonderband.

Schmalleger, F.(2001). *Criminal Justice Today: An Introduction Text for the Twenty–First Century*, 6th ed., Upper Saddle River, NJ: Prentice–Hall.

Schneider, H.–J.(1993). *Einführung in die Kriminologie*, 3. Aufl.

Schöch, Heinz(1985). "Empirische Grundlagen der Generalprävention," in *Festschrift für Hans–Heinrich Jescheck*, hrsg. v. Vogler.

Schröder, Jochen(1997). "Zielgerichtete polizeiliche Streifentätigkeit," in *Die Polizei*.

Schwartz, Martin D. & Victoria L. Pitts(1995). "Exploring a Feminist Routine Activities Approach to Explaining Sexual Assault," *Justice Quarterly*, 12: 9–31.

Schwind, Hans–Dieter(1998). "Prävention und Polizei–Bericht aus dem Arbeitskreis 3," in *Entwicklung der Kriminal–prävention in Deutschland*, hrsg. v. Kerner u.a.

Sellin, Thorsten(1973). "Enrico Ferri," in *Pioneers in Criminology*, Montclair, New Jersey: Patterson Smith.

Sherman, Lawrence W.(1992). "Attacking Crime: Police and Crime Control," in *Modern Policing*, ed.

Sherman, Lawrence W. Patrick R. Gartin, & Michael E. Buerger(1989). "Hot Spots of Predatory Crime: Routine Activities and the Criminology of Palce," *Criminology*, 27: 27–55.

Siegel, Larry J.(2003). *Criminology*, Belmont, CA: Wadsworth/Thomson Learning, 8th ed.

Silverman, Eli B.(1998). "Below Zero Tolerance: The New York Experience," in *Zero Tolerance Policing*, ed.

Spelman, William(1993). "Abandoned Buildings: Magnets for Crime?," *Journal of Criminal Justice*, 21: 481-495.

______(1995). "Once Bitten, Then What? Cross Sectional and Time-Course of Repeat Victimization," *British Journal of Criminology*, 35: 366-383.

Stack, Steven(1987). "Publicized Executions and Homicide, 1950-1980," *American Sociological Review*, 52: 532-540.

Steffen, Wiebke(1988). "Sicherheitsgefühl und symbolische Effizienz," in *Der Polizeilice Erfolg*, hrsg. v. BKA, Sonderband.

______(1998). "Neue Entwicklungen in Bayern," in *Entwicklung der Kriminalpraevention in Deutschland-Allgemeine Trends und bereich-spezifische Perspektiven*, hrsg. v. Kerner, H.-J. u. a.

Stephen, James & Tracy Snell(1996). *Capital Punishment, 1994*, Washington, D.C.: Bureau of Justice Statistics.

Stephenson, Geoffrey Michael(1992). "Police on Crime," in *The psychology of criminal justice*, New York et al.: Wiley-Blackwell.

Stone, Alfred R. & Stuart M. deLuca(1994). *Police Administration: An Introduction*, Englewood Cliffs NJ: Prentice Hall Career and Technology, 2nd ed.

Streng, Franz(1998). "Wie weit traegt das broken windows-Paradigma?," in *FS für Guenther Kaiser*.

Tedeschi, James T. & Richard B. Felson(1994). *Violence, Aggression, and Coercive Actions*, Washington, D.C.: American Psychological Association.

Thibault, Edward A. & Lawrence M. Lynch, & R. Bruce McBride(1985). *Proactive Police Management*, Englewood Cliff, Prentice Hall, Inc.

Tittle, Charles R.(1969). "Crime Rates and Legal Sanctions," in *Social Problems*, April, 16(4): 409-423.

Tittle, Charles R. & Alan Rowe(1974). "Certainty of Arrest and Crime Rates: A Further Test of the Deterrence Hypothesis," *Social Forces*, 52: 455-492.

Trickett, Alan, Dan Ellingworth, Tim Hope, & Ken Pease(1995). "Crime Victimization in the Eighties: Changes in Ares and Regional Inequality," *British Journal of Criminology*, 35: 343-359.

Trojanowicz, R.(1982). *An evaluation of the neighborhood foot patrol study in Flint, Michigan*. East Lansing, MI: Michigan State University.

Ulen, Thomas & Robert Cooter(2000). *Law Economics*, 3rd ed., New York et al.: Addison-Wesley.

Walker, Samuel(1983). *The Police in America: An introduction*, New York: McGraw-Hill.

______(1993). "Broken Windows" and Fractured History: The Use and Misuse of History in Recent Police Patrol Analysis, in *Critical Issues in Policing*, ed.

______(1999). *The Police in America*, New York et al.: McGraw-Hill.

Weisburd, David & Lorraine Green with Frank Gejewski & Charles Bellucci (1994). Jersey City Police Department, "Defining the Street Level Drug Market," in *Drugs and Crime: Evaluating Public Policy Initiatives*, ed. Doris Layton MacKenzie & Craig Uchida, Newbury Park, Calif.

Welsh, Brandon C. & David P. Farrington(2011). "Evidence-Based Crime Policy," in *The Oxford Handbook on Crime and Criminal Justice*, edited by Michael Tonry. New York: Oxford University Press, in press.

Wertham, Frederic(1948). *The Show of Violence*, Garden City, N.Y.: Country Life Press.

Wilson, James Q.(1975). *Thinking about Crime*, New York: Vantage Books.

Wilson, James Q. & George L. Kelling(1982a). "The Police and Neighborhood Safety, BROKEN WINDOWS," in *The Atlantic Monthly*, March.

______(1982b). "Broken Windows: The police and neighborhood safety," in *Atlantic Monthly*, March.

Wolfgan, Marvin E.(1958). *Patterns in Criminal Homicide*, Philadelphia: University of Pennsylvania Press.

Wright, Richard T. & Scorr Decker(1994). *Armed Robbers in Action: Stickups and Street Culture*, Boston: Northeastern University Press.

Wuertenberger, Thomas, Dirk Heckmann, & Rainer Riggert(1994). *Polizeirecht in Baden-Wuerttemberg*, 2. Auflage.

Yang Xiaowen(2006). "Exploring the Influence of Environmental Features on Residential Burglary Using Spatial-Temporal Pattern Analysis," University of Florida.

Yunker, James(2001). "A New Statistical Analysis of Capital Punishment Incorporating U.S. Postmoratorium Data," *Social Science Quarterly*, 82: 297-312.

기타 문헌

경찰청(2020). "파출소의 치안서비스센터화 및 경찰서 집중순찰제 시범운영 상황 분석검토," 2000년 4월 공문.

여성가족부·통계청(2020). "통계로 보는 여성의 삶," 2020년 9월 2일 자료.

최종우(2017). "미국 보안 시장동향," 2017년 5월 30일 자료.

찾아보기

ㅇ

ㅈ

ㅊ

저자 소개

임준태(林俊泰, Lim, Joon-Tae)

동국대학교 경찰사법대학 교수
국립경찰대학 졸업
연세대학교 행정대학원(사법행정 전공)
연세대학교 대학원 법학박사(형사법 전공)
독일 프라이부르크 법과대학 법학박사(Dr. jur. Polizeiwissenschaft u. Kriminologie)
미국 Penn State University Law School(LLM) 법학석사

[경 력]
한국사이버안보법정책학회 부회장, 한국국가정보학회 감사
한국경찰연구학회 회장(2008~2009)
연세대·고려대 법무대학원 및 행정대학원 외래교수
경희대 법과대학 겸임교수
국무총리실 정책평가위원회 전문위원
치안정책연구소 연구관 및 연구위원
아시아경찰학회(AAPS) 이사(Committee Member)
한국형사정책학회 이사
한국공안행정학회 이사
국회입법고시, 행정고시 및 5급 승진시험 출제위원
경찰청 『경찰 60년사』 집필위원
삼성화재 보험범죄방지 자문위원
수사전문화 과정 수료(한국)
Forensic Behavioral Science, Crime Scene Investigation, Geographic Profiling Course in BCIT, Canada
– Sam Houston Univ. at Texas in USA Visiting Scholar
– School of Criminology at Simon Fraser Univ. in Canada Visiting Scholar
– Max-Planck Institute for Public and International Law at Heidelberg in Germany Visiting Scholar
– Justice Institute of British Columbia in Canada Visiting Scholar

강소영(姜昭瑩, Kang, Soyoung)

건국대학교 경찰학과 교수
국립인천대학교 졸업
동국대학교 대학원 범죄학 석사
동국대학교 대학원 경찰학 박사

[경 력]
경찰청 규제심사위원/적극행정 지원위원
경찰청 교통안전시설 심의위원
경찰청 과학수사 자문위원

통계청 한국범죄분류 자문위원
경기남부경찰청 시민감찰위원
충청북도 감사 자문위원
충주시 정보공개 심의위원
분당경찰서/혜화경찰서 경미범죄 심사위원
분당경찰서/충주경찰서 집회시위 자문위원
경찰대학 치안정책연구소 범죄통계분석센터장/범죄수사연구실 선임연구관
경찰대학 산학협력단 부단장

김재운(金載雲, Kim, Jae-Woon)

연성대학교 경찰경호보안과 교수
국립경찰대학 졸업
연세대학교 행정대학원(경찰행정 전공)
동국대학교 대학원 경찰학 박사

[경 력]
중앙경찰학교 수사학과
대구성서경찰서 수사과장
천안동남경찰서 경무과장 · 생활안전과장
서울동대문경찰서 교통과장
한국형사정책연구원 파견연구원
순천향대 · 용인대 외래강사
경희대 · 성균관대 법학전문대학원 겸임교수
공무원재해보상심의회 위원

박현호(朴顯虎, Park, Hyeonho)

용인대학교 경찰행정학과 교수
국립경찰대학 졸업
영국 University of Portsmouth, ICJS 형사정책학 석사
영국 University of Portsmouth, ICJS 경찰학 · 범죄학 박사

[경 력]
국립경찰대학 경찰학과 전임교수
ISO TC 292 Security & Resilience(보안 및 리질리언스) 셉테드 분야 프로젝트 리더
범죄과학연구소(www.crimescience.kr) 소장
ISO TC 272 Forensic Science(법과학) WG 등록 전문가
한국경찰연구학회 회장
한국셉테드학회 부회장
한국방범기술산업협회 부회장
국제CPTED협회(ICA) 정회원
경찰청 외사자문위원, CPTED 관련 법률안 책임연구위원
경찰청 Geopros 범죄 지리적 프로파일링 시스템 개발 자문위원
지식경제부 기술표준원 '범죄예방 환경설계 표준화' 연구개발 책임위원

개정판

범죄예방론

펴낸날 제1판 제1쇄 2009년 7월 20일
개정판 제1쇄 2021년 3월 19일
지은이 임준태 · 강소영 · 김재운 · 박현호
펴낸이 임춘환
펴낸곳 도서출판 대영문화사
주소 (본사) 사무실: 경기도 고양시 일산서구 주화로 70
우신프라자 307호 (㊇ 10387)
(본사) 물류센터: 경기도 고양시 일산서구 덕산로
107번길 68-50 (㊇ 10205)
등록 1975년 12월 26일 제3-16호
전화 (031) 913-3062, (031) 914-3884~5
팩스 (031) 913-3839
홈페이지 http://www.dymbook.co.kr

ISBN 978-89-7644-780-7
값 29,000원